Chauncey Loomis
Verloren im ewigen Eis

SERIE
PIPER

Zu diesem Buch

Im Jahr 1871 erregte ein Todesfall die amerikanische Öffentlichkeit, der sich viele tausend Kilometer nördlich zugetragen hatte: Charles Francis Hall, Geschäftsmann aus Cincinnati, war davon besessen, in der Arktis Überlebende der legendären Franklin-Expedition zu finden und als erster den Nordpol zu erreichen. Er freundete sich mit den Eskimo an, die seit Generationen in einer Gegend lebten, in der so viele Amerikaner und Europäer verschollen und verhungert waren. Immer wieder kehrte er in die unwirtliche Arktis zurück – bis er selbst den Tod fand, so weit nördlich des Magnetpols, daß die Kompaßnadel nach Süden zeigte. Fast hundert Jahre später trieb die Frage nach den Umständen von Halls Tod den Forscher Chauncey Loomis in das Land der Eskimo, wo er Halls Körper aus seinem eisigen Grab holte. Die Spuren, die er dort fand, bestätigten den Verdacht, daß Hall einem persönlichen Drama zum Opfer gefallen war.

Chauncey Loomis, geboren 1930 in New York, unterrichtete viele Jahre englische und amerikanische Literatur. Mehrfach führte ihn sein Forscherdrang auf Expeditionen in die peruanischen Anden und in die Arktis. Sein Dokumentarfilm über die Exhumierung von Charles Francis Hall war ein internationaler Erfolg. Heute lebt er in Massachusetts.

Chauncey Loomis
Verloren im ewigen Eis

Der rätselhafte Tod des Arktisforschers Charles Francis Hall

Mit einer Einführung von Andrea Barrett

Aus dem Amerikanischen von
Gaby Wurster

Mit 15 Abbildungen

Ein **MALIK** Buch

Piper München Zürich

Für meinen Vater

Ungekürzte Taschenbuchausgabe
November 2002
© 2000 Random House und Chauncey Loomis
Titel der amerikanischen Originalausgabe:
»Weird and Tragic Shores«, Random House,
New York 2000
© für die Einleitung: 2000 Andrea Barrett
© der deutschsprachigen Ausgabe:
2001 Piper Verlag GmbH, München,
erschienen im Verlagsprogramm Malik
Umschlag / Bildredaktion: Büro Hamburg
Isabel Bünermann, Julia Martinez /
Charlotte Wippermann, Katharina Oesten
Foto Umschlagvorderseite: Chauncey Loomis
Satz: Satz für Satz. Barbara Reischmann, Leutkirch
Druck und Bindung: Clausen & Bosse, Leck
Printed in Germany   ISBN 3-492-23703-7

www.piper.de

INHALT

EINFÜHRUNG
von Andrea Barrett

Charles Francis Hall sticht durch seine außerordentliche Besessenheit selbst aus der großen Menge der Exzentriker heraus, die Mitte des 19. Jahrhunderts zur Entdeckung des Nordpols aufbrachen. Aus seinem Leben hatte er selber eine Legende gemacht. Er glaubte, er sei von Gott berufen, eine Mission zu erfüllen. Nachdem er der Kugel aus einem zu Boden gefallenen Revolver knapp entgangen war, schrieb er in sein immer gegenwärtiges Tagebuch: »Durch göttliche Vorsehung entronnen! Nur die Hand des Allmächtigen konnte mich vor dieser schrecklichen Gefahr schützen, der ich gerade ausgesetzt war.« Ein Jahrzehnt später mußte er seinem schrecklichen Ende dennoch ins Auge sehen. Ob er damals noch immer an eine göttliche Fügung glaubte?

In Chauncey Loomis' herausragendem Bericht über Halls Leben wird deutlich, daß es tatsächlich mythische Elemente gibt. Über Halls Kindheit und Jugend ist fast nichts bekannt. Mit siebenundzwanzig kam er wie aus dem Nirgendwo nach Cincinnati; seine Schulbildung war mäßig, seine Ziele verschwommen. In den elf Jahren, die zwischen seiner Ankunft in Cincinnati und seiner ersten Reise in die Arktis liegen, die er 1860 unternahm, betrieb er eine Präge- und Gravurwerkstatt. Er gab erst unregelmäßig ein Blatt heraus, dann eine Tageszeitung und schrieb glühende Editorials über seine Begeisterung für Heißluftballone und Heißluftmaschinen. Vielleicht als Reaktion auf den frühen Tod des heldenhaften Arktisfahrers Elisha Kent Kane entwickelte er eine Leidenschaft für die Arktis, besonders am Herzen lag ihm die Suche nach Sir John Franklins verschollener Mannschaft.

Die Franklin-Suche hatte jenes Jahrhundert entscheidend geprägt und viele Jahrzehnte lang die Erkundungen des arktischen Archipels bestimmt. Im Jahr 1845 liefen zwei Schiffe mit mehr als 100 Mann auf der Suche nach der Nordwestpassage von England aus. In der Baffin Bay, am Eingang zum Lancaster Sound, wurden sie noch einmal gesichtet, dann verlor sich ihre Spur. Wie Loomis schreibt, suchten zwischen 1848 und 1853 mehr als 30 Mannschaften vergeblich nach Spuren von Franklin und seinen Männern, und in den darauffolgenden Jahren gab es weitere vereinzelte Suchaktionen. John Rae fand 1854 erste Hinweise auf die Katastrophe, einige Jahre später entdeckte Francis McClintock auf King William Island handfeste Beweise. Franklins Schiffe waren vom Eis eingeschlossen und 1848 verlassen worden. Die Männer hatten mitgenommen, was sie tragen konnten, und waren in der Hoffnung, die Arktis zu Fuß hinter sich lassen zu können, zum Great Fish River aufgebrochen. Auf ihrem Pfad fand McClintock weggeworfene Gegenstände und schließlich auch Leichen.

Nachdem McClintock 1859 mit seinen entmutigenden Funden nach England zurückgekehrt war, wollte man die Suche schon fast aufgeben. Doch man hatte nur wenige Leichen entdeckt, und es war möglich – wenn nach zwölf Jahren auch höchst unwahrscheinlich –, daß Überlebende bei den Inuit untergekommen waren oder auf irgendeiner Insel festsaßen. Genau zu jener Zeit, als alle den Mut verloren, entwickelte Charles Francis Hall einen glühenden Eifer. Er, ein Autodidakt, Bücherwurm und fanatischer Tagebuchschreiber mit einem Hang zu fetten Unterstreichungen, Großbuchstaben und Fingerzeigen am Heftrand, er hinterließ eine Spur, auf der man nachvollziehen kann, wie seine Liebe zur Arktis wächst. Loomis schreibt:

Seit 1857 haben die Notizbücher nur noch ein Thema, die Arktis. [...] Er kaufte und lieh alle Bücher, die er über den Norden finden konnte. Er las Humboldt, Scoresby, Barrow, Parry, Ross, Franklin, Richardson, Beechey, Back, McClure und natürlich Kane und informierte sich über arktische Seefahrt, Geschichte und Geographie, Flora und Fauna. Er las gewissenhaft, machte gewissenhaft Notizen und prägte sich gewissenhaft ein, was er gelesen hatte.

Bald nach McClintocks Entdeckung verkaufte Hall seinen Zeitungsverlag und bereitete eine eigene Nordpolexpedition vor. Als junger Mann war er noch ziellos herumgeirrt, nun konzentrierte er sich plötzlich ganz auf die Suche nach Franklin, in dem überwältigenden, sicheren Gefühl, daß darin seine Bestimmung lag.

Hall war verachtenswert und rührend zugleich, so stur, daß es abstoßend war, und so naiv, daß es einem das Herz brach. Manchmal war er fanatisch, manchmal lächerlich. Zur Vorbereitung auf das eisige arktische Wetter, mit dem er auf seiner ersten Nordfahrt rechnete, kampierte er in manch kalter Herbstnacht im Zelt auf einem Hügel hinter Cincinnati. Und trotz fehlender Erfahrung auf seiner ersten Fahrt, bei der es ihm nicht gelang, auch nur die kleinste Spur von Franklin und seiner Mannschaft zu finden, war er auf andere Weise erfolgreich. Er paßte sich dem Leben der Inuit an. Er aß wie sie, schlief wie sie, reiste wie sie.

Halls zweite Fahrt dauerte fünf Jahre. Sie war voller Gefahren, Enttäuschungen, Krankheit, Mord und Meuterei, doch er kam mit Inuitgeschichten über das Schicksal von Franklins Mannschaft, zahlreichen Relikten und einer größeren Gewißheit zurück, daß es keine Überlebenden mehr gab. Bei seiner

Rückkehr war Hall endlich ein gefeierter Held. Als er zu seiner dritten Reise aufbrach, war er nicht mehr der armselige, schlecht ausgerüstete Einzelgänger, sondern der berühmte Kommandant einer gutausgestatteten Expedition, die von der Regierung finanziert wurde. Kaum ein Jahr später war er tot, er war 50 Jahre alt.

Das Verdienst dieser inspirativen, einfühlsamen Biographie ist nicht, daß Loomis Hall *erklärt* – das kann niemand, nicht einmal Hall selbst –, aber sie verdeutlicht die ökonomischen Bedingungen, unter denen Hall lebte, sie liefert Hinweise auf bestimmte Schlüsselereignisse (die im Hinblick auf Halls Jugend und auch auf die Umstände seines Todes manchmal etwas dürftig sind), und sie beschreibt sein Lebensumfeld. Wie erklärt sich der Ausbruch einer Massenbegeisterung für die Erkundung der Arktis im 19. Jahrhundert? Warum war Hall empfänglich für diese Begeisterung? Inwieweit waren seine Expeditionen und auch die Fahrten anderer Entdecker vom amerikanischen Bürgerkrieg beeinflußt?

Wie alle Arktisforscher jener Zeit veröffentlichte auch Hall seine Expeditionstagebücher für ein interessiertes Publikum. Welchen Einfluß hatte die Beobachtung arktischer Kultur, der Sitten und Bräuche, der Sprachen und Landschaften in der zivilisierten Welt auf die Vorstellungen von anderen Orten und anderen Rassen? Es gibt auch intimere Schilderungen: Was passiert innerhalb einer kleinen Gruppe von Männern, die monatelang in Kälte und Dunkelheit auf sich allein gestellt sind? Und die Hauptfrage: Wie starb Hall? In einem ergreifenden Epilog spiegelt sich Halls Besessenheit in Loomis' Suche nach den Umständen seines Lebens und Sterbens; 1968 bricht er auf zu Halls eisigem Grab. Die schauerliche Beschau von Halls Überresten führt zu quälenden Vermutungen; mehr blieb nicht von einem Leben, das in Wirrnis und Not endete, dessen Spuren weitgehend verloren sind und über das es widersprüchliche Hinweise und Aussagen gibt.

Doch die Faszination dieser Biographie geht nicht allein von ihrer Hauptfigur Hall aus: Da sind Ebierbing und Tookoolito – ein Eskimopaar in der langen Tradition der Kartenzeichner und Jäger, das Entdeckungsreisenden von Parry bis Peary das Überleben ermöglicht hat. Sie freundeten sich mit Hall auf seiner ersten Reise an, standen ihm in seinen letzten Tagen zur Seite und mußten dafür mit ihrer Gesundheit bezahlen. Da sind wunderbare Schilderungen des arktischen Winters, der Schlittenfahrten, der Robbenjagd, der Feste, aber auch des Hungers – sie vermitteln einen lebhaften Eindruck dieser Welt und ihrer Kultur. Halls dritte Expedition endete nicht mit seinem Tod; in einem bewegenden Bericht schildert Loomis die qualvollen sechs Monate, in denen ein Teil der Mannschaft auf schmelzenden Eisschollen fast 2000 Meilen nach Süden driftete.

Für Leser, die mit den Fakten der Polarforschung und den Überlieferungen der Arktisentdecker des 19. Jahrhunderts vertraut sind, liefert diese Biographie einen weiteren entscheidenden Teil des Puzzles. Für die, die ihre erste Reise in die Arktis unternehmen, ist es eine hervorragende Einführung in jene Zeit, jenen Ort und die Hauptthemen der Arktisforschung; vor allem ist es eine Annäherung an eine tragische Figur, an einen erstaunlichen Mann, der »so weit nördlich des Magnetpols starb und begraben wurde, daß die Kompaßnadel an seinem Grab nach Südwesten zeigt«.

Für ihre Kurzgeschichtensammlung Schiffsfieber *bekam Andrea Barrett den National Book Award. In ihrem jüngsten Roman* Jenseits des Nordmeers *beschreibt sie das Leben von Naturforschern und Entdeckern Mitte des 19. Jahrhunderts in der kanadischen Arktis.*

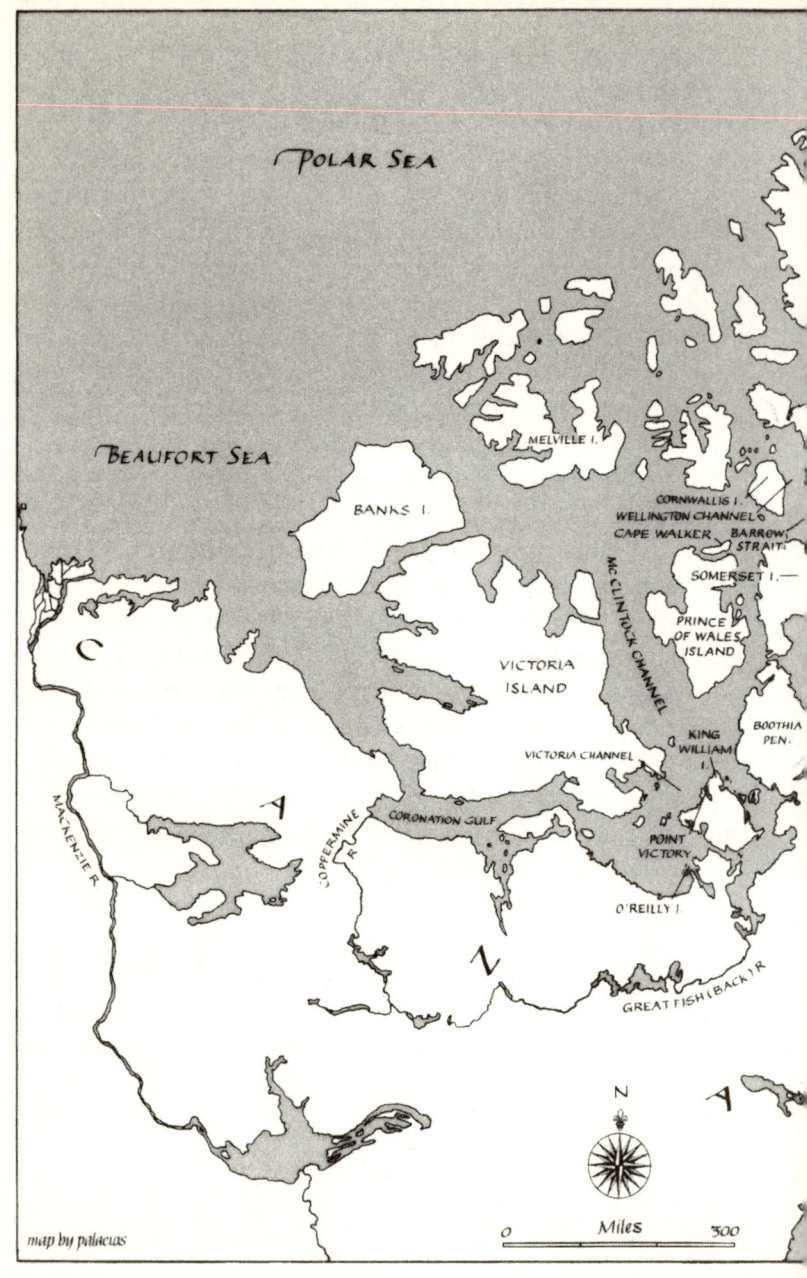

POLAR SEA

BEAUFORT SEA

MELVILLE I.

BANKS I.

CORNWALLIS I.
WELLINGTON CHANNEL
CAPE WALKER   BARROW STRAIT

SOMERSET I.—

PRINCE OF WALES ISLAND

VICTORIA ISLAND

MC CLINTOCK CHANNEL

BOOTHIA PEN.

KING WILLIAM I.

VICTORIA CHANNEL

COPPERMINE R.

CORONATION GULF

POINT VICTORY

MACKENZIE R.

O'REILLY I.

GREAT FISH (BACK) R.

N

Miles
0   300

map by palacios

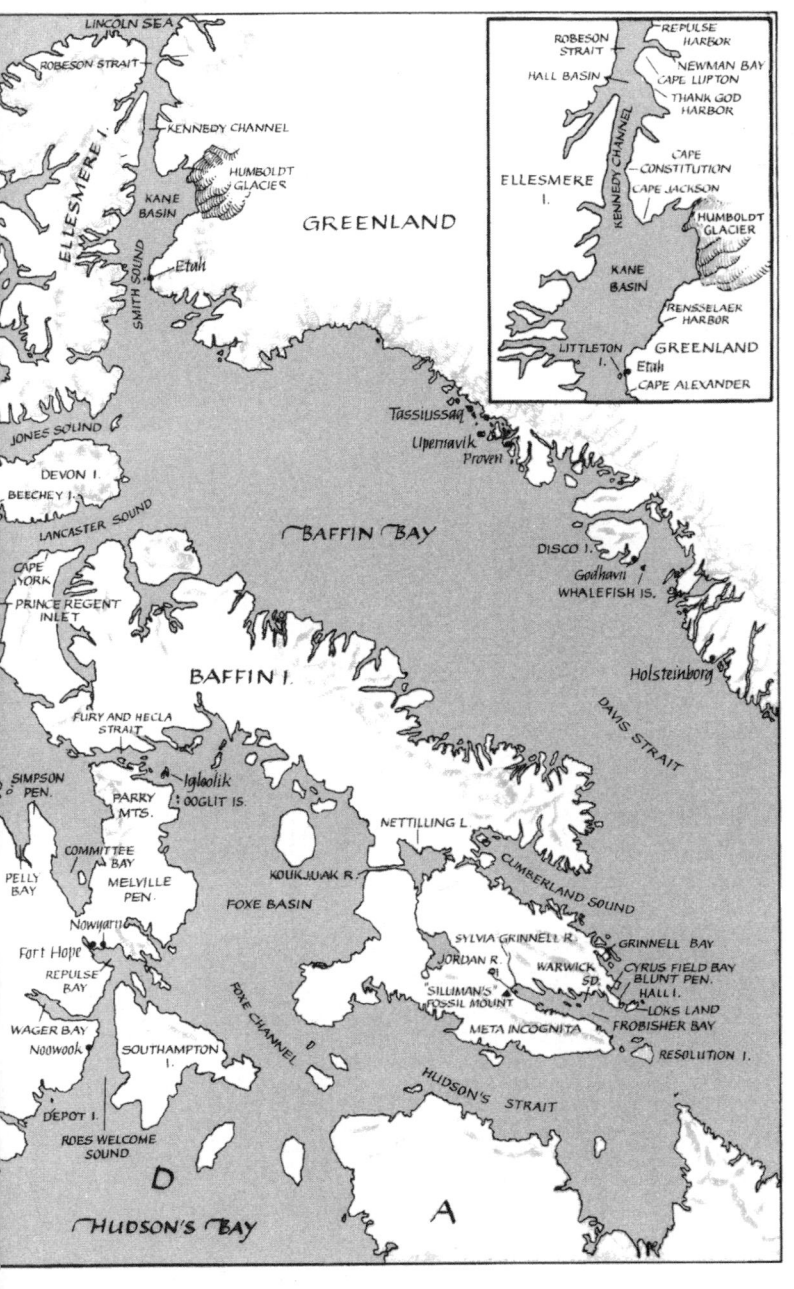

Nein, hinter dem fernen Horizont gibt es keine weiteren sonnigen
Kontinente, keine weiteren Inseln der Glückseligkeit, die den Träu-
mer über die unbefahrene See locken, es gibt nur noch diese unheimlichen, tragischen Gestade, diese Klippen aus ewigem Eis und festes
Land unter gefrorenem Schnee, die nie etwas Nützliches hervorge-
bracht haben außer der späten und traurigen Erkenntnis, daß Heldenmut, Beharrlichkeit und Tapferkeit des Menschen größer sind, als
man sich träumen läßt.

Blackwood's Edinburgh Magazine, November 1855

Im 19. Jahrhundert beherrschte die Polarforschung die Vorstellung der Menschen, wie die Weltraumforschung sie heute beherrscht. Die Kälte, die unberührte Erhabenheit der Arktis, ihre Schönheit und ihre Schrecken, die unbekannten Schätze und Gefahren, die in den unerforschten Weiten liegen, sprachen die Phantasie und das Bedürfnis des Menschen nach Herausforderung an. Im Viktorianischen Zeitalter verfolgte die Öffentlichkeit in der Presse die Vorbereitungen für eine Nordfahrt mit derselben Aufmerksamkeit und Begeisterung, wie sie heute einen Raumflug am Bildschirm verfolgt. Der Leser erfuhr damals, was eine Eisenverschalkung war, wie Schiffsschrauben zum Einsatz kamen und welche genialen Methoden es gab, Kabinen zu heizen – genauso, wie wir heute etwas über Raketenspitzen, Festkörpertreibstoffe und Sauerstoffgeräte erfahren. Im 19. Jahrhundert wurden diese Expeditionen zunehmend zu einer Angelegenheit von nationalem Interesse. Kontroversen traten auf, und die Fragen von damals klingen heute noch vertraut: Sollte man das Geld und die ganze Energie denn nicht besser für praktische und humanitäre Zwecke verwenden? Handelte es sich lediglich um ein nationales Unternehmen, oder flossen die Leistungen vieler Länder zusammen? Wurde die Wissenschaft womöglich zu anmaßend? Sollten diese Forschungsreisen unter militärische Kontrolle

gestellt oder weiterhin als private Unternehmungen durchgeführt werden?

Trotz wachsender Zweifel und zunehmender Fragen beschäftigte die Polarforschung den Menschen weiter. Die Arktis war
ein Feld, wo er seine Phantasie ausleben konnte. Viele Bücher
über den Hohen Norden waren damals Science-fiction-Ge-
schichten über untergegangene Kulturen und eigentümliche
Kreaturen. Jules Verne schrieb über dieses Gebiet seine besten
Sachbücher und utopischen Romane. Für ihn war die Polarforschung eine Manifestation faustischen Strebens und un-
bezwingbaren Willens. Und die Geschichte scheint ihm recht
zu geben.

In der ersten Hälfte des 19. Jahrhunderts konzentrierten die
Briten ihre Anstrengungen auf die Erkundung der Nordwestpassage – eine Suche, die schon im 15. Jahrhundert mit John
Cabot begann, der auf unbekannte Landmassen stieß, die seinen Weg in den Orient blockierten. Er suchte damals eine kurze
Handelsroute nach Kathei, dem alten Nordchina. Noch viele
Jahrhunderte nach seiner unbeabsichtigten Entdeckung des
subarktischen Amerika waren Expeditionen zur Erforschung
der Nordwestpassage Geschäftsunternehmen, die von uner-
bittlichen Kaufleuten mit vornehmlich finanziellen Interessen unterstützt wurden. Die Namen der Seefahrer – Frobisher,
Davis, Hudson, Bylot, Button, Baffin – sind vielleicht heute romantisch verklärt, doch das Ziel ihrer Fahrten war so klar und
pragmatisch wie die Zahlen in einem elisabethanischen Haupt-
buch. Als diese Zahlen massive Defizite anzeigten, ging die erste Phase der Suche zu Ende. Die Kaufleute konnten ihr Geld
nicht länger in Abenteuer stecken, die meist in der Vergeblich-
keit, manchmal sogar in der Katastrophe endeten.

Im 18. Jahrhundert spielte die britische Regierung eine zunehmend wichtige Rolle in der Polarforschung, und damit än-
derten sich auch deren Ziele. Anfangs mochte es immer noch
Hoffnung auf einen schnellen Seeweg gegeben haben, mit der

Zeit aber wurde klar, daß die Passage von geringem merkantilem Interesse wäre, selbst wenn man sie fände. Diese Hoffnungen schwanden also, andere Gründe für die Suche rückten in den Vordergrund: wissenschaftlicher Erkenntnisdrang und nationales Ansehen. Unterstützt von der Royal Society und getrieben von dem Wunsch, die Passage für Großbritannien zu entdecken, setzte die Krone Schiffe der Flotte ein und schrieb eine Belohnung von 20000 Pfund aus. Gleichzeitig übte sie permanent Druck auf die Hudson's Bay Company aus, die Suche voranzutreiben, während die Gesellschaft auf dem kanadischen Festland Pelzhandel trieb.

Die ersten zweieinhalb Jahrhunderte der Suche waren ein quälendes Ausschlußverfahren. Fast 200 Jahre hofften die europäischen Handelsnationen, daß es einen Seeweg durch gemäßigte Zonen Amerikas gebe, doch diese Hoffnungen wurden ihnen nach den Landexpeditionen der Pelzhändler weitgehend genommen. Gänzlich zerschlagen wurden sie schließlich von George Vancouver, der die Westküste Nordamerikas genauestens erforschte. Noch 100 Jahre lang erkundeten weitere Expeditionen um den Preis hoher Geldsummen und vieler Menschenleben vergeblich die Westküste der Hudson Bay. Ende des 18. Jahrhunderts erkannten die Engländer, daß die Passage, sollte es sie tatsächlich geben, ganz oben im Norden liegen mußte, irgendwo im arktischen Archipel nördlich des kanadischen Festlands. Nur zwei Seefahrer hatten die Küsten des mutmaßlichen Polarmeers gesehen – Samuel Hearne erreichte 1771 im Auftrag der Hudson's Bay Company die Mündung des Coppermine River, und Alexander Mackenzie fuhr im Auftrag der North West Company den Mackenzie River hinunter bis zur Tidegrenze. Doch weder Hearne noch Mackenzie erforschten das offene Meer weit über die Flußmündung hinaus.

Mit dem Ausbruch der Napoleonischen Kriege wurde die Polarforschung zeitweilig eingestellt. Noch im frühen 19. Jahrhundert, nach fast drei Jahrhunderten der Entdeckungsfahrten, lag die Geographie des kanadisch-arktischen Archipels immer noch im dunkeln. Die Gründe für diese dauerhafte Unzugänglichkeit liegen auf der Hand – die Karte vom Norden Kanadas spricht für sich. Die Inselwelt und ihre äußeren Begrenzungen sind ein chaotisches Puzzle; Golfe, Buchten, Sunde, Meeresarme und Meeresstraßen, Inseln und Halbinseln bilden ein Labyrinth, das für jeden frühen Seefahrer ein Alptraum war, ein Horror, der durch die Mißweisungen des Kompasses in unmittelbarer Nähe des Magnetpols noch größer wurde. Für die Verwegenen und die Optimisten war jede Bucht schon eine Wasserstraße, die zu den Schätzen des Fernen Ostens führte, für die Ängstlichen und die Pessimisten war jede Meerenge eine Bucht, die sie für immer gefangenhalten konnte. Die Geschichte der Entdeckung der Nordwestpassage ist eine Geschichte der Irrungen. John Cabot hielt Neufundland für China. Henry Hudson tastete sich durch die Hudson Strait und segelte im vollen Vertrauen, den Pazifik erreicht zu haben, mit der *Discovery* nach Süden zur Hudson Bay, seine Fahrt endete in Desillusionierung, Meuterei und Tod. Martin Frobisher hielt eine Bucht von Baffin Island für die Seestraße nach Asien. Luke Foxe betrachtete Roes Welcome Sound als Bucht. William Baffin und Sir John Ross unterlagen demselben Irrtum, ein jeder dachte im Abstand von zwei Jahrhunderten, daß der Lancaster Sound, die wirkliche Einfahrt der Nordwestpassage, ein Meeresarm oder eine Bucht sei.

Die komplexe Anordnung von Land und Meer war an sich schon schlimm genug, doch es kam noch etwas hinzu: Packeis. Der Schrecken des Eises lag für die Seefahrer in seiner Doppelnatur – massiv und driftend. Es konnte die Schiffe rammen und zermalmen, es war unheimlich und vielgestaltig, es tauchte plötzlich in verschiedenster Beschaffenheit, Form und Größe auf und verschwand genauso plötzlich wieder. Das Eis bewegt sich und verändert ständig die Geographie des arktischen Archipels. War in einem Jahr eine Durchfahrt offen, konnte sie im nächsten Jahr von Treibeis oder gar Packeis verstopft sein. Manchmal wurde ein Schiff durch einen offenen Kanal oder eine Wasserrinne in eine Falle gelockt, die über Nacht zuschnappte und das Schiff auf Jahre einschloß. Eines Nachmittags im Jahr 1831 konnte John Ross in wenigen Minuten zu Fuß von der Stelle, wo die *Victory* feststeckte, über das Eis zu jener Stelle gehen, wo sie im Winter zuvor eingeschlossen war; in einem Jahr hatte das Schiff also nur wenige Meilen zurückgelegt und mußte schließlich aufgegeben werden. Ross fiel des öfteren dem Eis zum Opfer. So spähte er den Lancaster Sound hinab und meinte, Berge zu erkennen, die eine Bucht umschlossen – wahrscheinlich eine optische Täuschung, eine arktische Luftspiegelung über dem Eis.

Doch der Erkundung des Archipels standen weitere Hindernisse im Wege: Kälte, Dunkelheit, Hunger, Skorbut. Die Kälte durchdrang selbst Schiffe, die gegen den Winter gut verschalkt waren. Der Alltag gestaltete sich schwierig, der Radius für Erkundungen abseits des Schiffes war eingeschränkt. Inmitten von blankem Eis, schneidender Kälte und in der anhaltenden, deprimierenden Dunkelheit der langen arktischen Winter mußten die Mannschaften wochenlang in ihren festgefrorenen Schiffen ausharren. Die psychischen Qualen waren nicht weniger verheerend als die physischen.

Hunger war in der Arktis eine immerwährende Bedrohung, weitaus schlimmer noch war Skorbut. Die Marineschiffe waren normalerweise sehr gut mit Proviant ausgerüstet, doch konservierte Lebensmittel konnten nicht gegen Skorbut vorbeugen. Dagegen half zum Beispiel Zitronensaft. Die Seefahrer hatten auch herausgefunden, daß Frischfleisch am besten war, nur war es für die Männer, die mit den Jagdtechniken der Eskimo nicht vertraut waren, nicht so einfach zu beschaffen. Skorbut ist heimtückisch und entkräftend; die Symptome wie Zahnfleischbluten und das Wiederaufbrechen alter Wunden und Narben zeigen sich erst allmählich (ein an Skorbut leidender amerikanischer Matrose bekam große Schmerzen in den Fingerknöcheln und erinnerte sich daran, daß sein Lehrer ihn 25 Jahre zuvor mit dem Lineal geschlagen hatte). Der Kranke wird matt, apathisch und anfällig und stirbt oft an einer anderen Krankheit, zum Beispiel an einer Lungenentzündung. Ein unkontrollierter Verlauf der Krankheit führt unausweichlich zu einem langsamen und qualvollen Tod.

Die komplexe Geographie des kanadisch-arktischen Archipels, die vernichtende Kraft und die veränderliche Natur des Eises, die Kälte, die lange Dunkelheit im Winter, drohender Hunger und Skorbut, die Geschichte der Fehlschläge und Katastrophen, die die Nordfahrer ereilten – all das führte dazu, daß die britischen Entdeckungsfahrten im 19. Jahrhundert zu sorgfältig geplanten und bestens ausgerüsteten Operationen ausgebaut wurden. Nach den Napoleonischen Kriegen wurden die britischen Expeditionen hauptsächlich von der Krone finanziert und unterstanden normalerweise der Admiralität, die während der Kriege an Macht, Vermögen und Ansehen gewonnen hatte. In den folgenden Friedensjahren war die Polarforschung ein wichtiges Einsatzgebiet der Marine, und die Forschungstechnik bekam einen entschieden militärischen Zuschnitt.

Sir John Barrow, stellvertretender Marineminister, war vom Norden völlig fasziniert. Als der berühmte Walfängerskipper William Scoresby 1817 gute Eisbedingungen meldete, drängte Barrow sogleich, eine Reihe von Marineexpeditionen nach Norden und Nordwesten auszuschicken. In den folgenden 30 Jahren leiteten William Edward Parry, John und James Ross, George Back und Sir John Franklin Expeditionen, die mehr Erkenntnisse über die Gewässer des arktischen Archipels lieferten als alle Forschungsreisen in den 200 Jahren davor, trotzdem war die Nordwestpassage immer noch nicht entdeckt und schiffbar gemacht. Diese Fahrten brachten lediglich die Erkenntnis, daß die Nordwestpassage keine geeignete Handelsroute war und ihre Entdeckung nicht länger sofortigen Reichtum versprach.

Wissen ist Macht, konnte Sir John Barrow 1844 behaupten und führte die Hudson's Bay Company als Beispiel vor, wie geographische Forschung zu Macht verhalf und im Gegenzug Profit einbrachte. Doch die meisten Arktisexperten wußten, daß das subarktische kanadische Festland eine Sache war, die hochpolare Inselwelt Kanadas jedoch eine andere. Es würde sehr lange dauern, bis dieses öde Land und dieses karge Meer die Investitionen in die kostspieligen und gefährlichen Entdeckungsfahrten lohnen würden.

Doch Barrow beharrte mit einem sehr viel zwingenderen Argument als möglichen Profit auf der Fortsetzung der Suche: dem Nationalstolz. Voller Dünkel merkte er an, die Briten hätten bei ihren verschiedenen Expeditionen das »Portal zur Nordwestpassage« gefunden und »die Welt würde sie auslachen, wenn sie nun die Schwelle nicht überschritten«.[1] Sir John Barrow und andere Kabinettsmitglieder sahen nur ungern, daß Russen und Franzosen die Arktis befuhren, und fürchteten, ein Rivale könnte vor ihnen den Archipel durchqueren. In einem persönlichen Brief an Lord Haddington, den Ersten Seelord, appelliert Barrow an den Stolz der Admiralität: »Nachdem die Admiralität schon so viel getan hat, wäre es äußerst demütigend und kaum glaubhaft, wenn eine andere Seemacht vollbringen würde, was wir begonnen haben.«[2]

Doch nicht nur die Admiralität betrachtete diese Expeditionen als ein lohnendes nationales Unternehmen, auch die Presse begleitete die meisten Mannschaften, die an den Küsten Großbritanniens in See stachen, mit patriotischer Begeisterung. Das *Blackwood's Edinburgh Magazine* hatte sich schon immer für die Arktis interessiert; es verglich die britischen Entdeckungsfahrten mit den großen Schlachten, die die britische Armee geschlagen hatte, und vertrat die Meinung, die Briten seien trotz der Annehmlichkeiten der Zivilisation immer noch hart im Nehmen, und das würden sie in der Polarforschung zeigen. »Der Angelsachse ist kein Feigling«, verkündete das Blatt, schrieb jedoch den Forschungseifer speziell dem »dänischen Element in der britischen Nation« zu, »dem Geist der Odin-Verehrung, der sie noch immer beseelt«. Den Franzosen gestand die Zeitung immerhin zu, »tapfer wie die Löwen« zu sein, doch es stehe zu vermuten, daß im Gegensatz zu den Briten »nur wenige die unerträgliche Ödnis, die Leiden und die Dunkelheit von zwei oder drei arktischen Wintern aushalten können«.[3] Patriotismus als wetteiferndes Streben nach Macht und Ruhm, die sich in geographischen Entdeckungen manifestierten, spielte bei der Polarforschung des 19. Jahrhunderts eine große Rolle, in dessen Verlauf Briten, Russen, Amerikaner, Dänen, Norweger und Franzosen ihre Flaggen mit solch patriotischer Inbrunst in die Eiswüsten der Arktis pflanzten, als hinge das Prestige ihres jeweiligen Landes davon ab.

Es gab aber auch andere Interessen, länderübergreifende und weitaus idealistischere Motive. Die Suche nach wissenschaftlichen Erkenntnissen, ob sie nun sofortigen Nutzen brachten oder nicht, hatte an Bedeutung gewonnen, und Einrichtungen wie die Royal Society, die Geographical Society of London und die British Association for the Advancement of Science waren wichtige Interessengruppen, die Druck auf die Regierung ausübten, damit sie diese kostspieligen Expeditionen finanzierte. Noch überzeugender als das Eigeninteresse der Wissenschaftler war die öffentliche Begeisterung für den wissenschaftlichen Fortschritt. Neue Erkenntnisse, die bei den Arktisexpeditionen in Meteorologie, Hydrologie und Magnetismus gewonnen wurden, waren weder für den Laien noch für den Politiker von ausschlaggebender Bedeutung, doch im frühen 19. Jahrhundert beherrschte ein romantisches Bild von der Wissenschaft das Denken der Öffentlichkeit – eine volkstümliche, idealisierte Sicht, die unwissenschaftlichen Vorstellungen entsprang und nur entfernt etwas mit dem minutiösen Prozeß wirklicher wissenschaftlicher Forschung zu tun hatte. Für die Enthusiasten war es »die Sturmfront der Zivilisation«, deren Nutzen und Möglichkeiten unerschöpflich schienen. Im Jahr 1845 schrieb George Henry Lewes: »Die Wissenschaft erneuert sich Jahr für Jahr, fast Tag für Tag, sie kommt Schritt für Schritt voran, wobei jede Mehrung ihrer Möglichkeiten zu ihrem Fortschritt beiträgt [...]. Die wunderbare Flut der Forschung strömt weiter und ewig weiter und wird mächtiger und immer mächtiger.«[4] Entdeckungen waren Teil der Forschung, wenn auch nicht selbst eine wissenschaftliche Disziplin, so doch eine spannende Parallele, denn zumindest im Denken der Menschen führten sie wie die reine Wissenschaft zur Aufdeckung der Geheimnisse dieser Welt oder, im militärischen Jargon jener Zeit, »zur Eroberung der Natur«.

Die Polarforschung war daher auch Ausdruck des im 19. Jahrhundert vorherrschenden Optimismus. Damals vermutete man hinter jeder Ecke eine neue Herausforderung und empfand es als selbstverständlich, daß all diese Herausforderungen im Geist der Eiferer der Alten Welt angenommen und überwunden wurden, und die unerforschten Weiten des Globus waren eine der größten Herausforderungen. Das *Blackwood's Edinburgh Magazine* schrieb die unentdeckten Gebiete der göttlichen Vorsehung zu, nannte sie »Stimulans und Lohn des wachsenden Fortschritts der Menschheit«, und die Zeitung spekulierte, daß »die offensichtliche Bestimmung dieser göttlichen Fügung darin liegt, dem Menschen Hindernisse in den Weg zu legen, damit er seine Fähigkeiten, diese zu überwinden, zur Meisterschaft ausbildet«. Hinter vielen Entdeckungen des 19. Jahrhunderts liege der Wunsch des viktorianischen Menschen »zu streben, zu suchen, zu finden und nicht zu weichen«.[5] Nicht zufällig hat Tennyson den Weg seines *Ulysses* zu geistiger Erfüllung als eine Entdeckungsreise durch die Natur angelegt. Tennyson war fasziniert von der Welterkundung, die er in vielen Gedichten mit spirituellem und intellektuellem Streben verbindet. Und er war damit nicht allein. Tatendrang, Eifer und Optimismus im Denken des 19. Jahrhunderts fanden in den Härten der Entdeckungsfahrten lebendigen Ausdruck. Jene Männer, die ihren Weg durchs Eis, durch den Urwald, über die Berge und durch die Wüste fanden, wurden von der Öffentlichkeit als Helden gefeiert und standen für das Ideal des Menschen, der die Natur bezwingt. Wenn eine Expedition in unbekannte arktische Gewässer aufbrach, waren die Menschen, ja die ganze Nation emotional beteiligt.

Im Sommer 1845 fuhren die *HMS Erebus* und die *Terror* unter dem Kommando von Sir John Franklin durch den Lancaster Sound in das Labyrinth des kanadisch-arktischen Archipels. Im Mai waren die beiden Schiffe mit 129 Mann von England ausgelaufen. Am vierten Juli erreichten sie nach einer stürmischen Atlantiküberquerung die Whalefish Islands vor der grönländischen Westküste. Dort wurden die Vorräte vom Begleitschiff übernommen und letzte Vorbereitungen für die Weiterfahrt getroffen. Das Begleitschiff kehrte mit Briefen der Männer nach England zurück. »Du kannst Dir gar nicht vorstellen, wie glücklich wir sind!« schrieb ein Matrose, und ein anderer fiel ein: »Sir John ist ein herausragender, erfahrener Mann, wir haben uneingeschränktes Vertrauen zu ihm!«[6] Von den Whalefish Islands segelten die *Erebus* und die *Terror* nach Norden in die Baffin Bay und umschifften so das tückische Middle Pack, eine Packeisdrift, die bei allen Arktisfahrern berüchtigt war. Schließlich erreichten sie den Lancaster Sound. Über diese Wasserstraße hoffte Franklin durch den komplexen arktischen Archipel in die Beaufort und die Bering Sea zu gelangen und so die Nordwestpassage zu finden.

Die letzten Weißen, die beide Schiffe sichteten, waren die Besatzungsmitglieder des Walfängers *Enterprise,* der Ende Juli in der Baffin Bay kreuzte. Skipper Martin sah die *Erebus* und die *Terror* an einem Eisberg auf 75° 12′ nördlicher Breite und 61° 6′

westlicher Länge ankern. Martin fuhr zur *Erebus* und drehte bei. Vom Eismeister James Reid und auch von Sir John persönlich erfuhr der Skipper Pläne und Ziel der Expedition. Die beiden Schiffe warteten, daß der Eisriegel brach und sie in den Lancaster Sound einfahren konnten.

Noch eine Woche blieb die *Enterprise* in der Nähe von Franklins Schiffen, ein Offizier besuchte Martin sogar noch einmal. Bei seiner Aussage vor der Admiralität nannte Martin zwar nicht den Namen des Offiziers, aber möglicherweise handelte es sich um Francis Rawdon Moira Crozier, den Kapitän der *Terror*. Der Offizier setzte Martin die genauen Ziele ihrer Fahrt auseinander. Kommandant Sir John Franklin war ein befahrener Marineadmiral und ein berühmter Forschungsreisender. Als Midshipman hatte er 1801 an der Entdeckung der australischen Küste teilgenommen, 1818 war er Erster Offizier bei einer Fahrt zum Nordpol, die allerdings abgebrochen werden mußte. Von 1819 bis 1822 und von 1825 bis 1827 führte er zwei Landexpeditionen durch die kanadische Tundra zur zerklüfteten Eismeerküste, die er zum Teil erforschte. Franklin hatte große Erfahrung und genoß hohes Ansehen, doch er war beinahe 18 Jahre nicht mehr in der Arktis gewesen, und mit fast 60 Jahren war er zu alt für ein solches Unternehmen. Trotz seines Alters sah die Admiralität in ihm einen der besten Männer für die Leitung der jüngsten Expedition zur Entdeckung der Nordwestpassage, und Franklin selbst war ehrgeizig genug, das Kommando übernehmen zu wollen. William Edward Parry, ein enger Freund und Gefolgsmann Franklins, schrieb an die Admiralität: »Er ist befähigter als jeder andere, den ich kenne. Wenn Ihr ihn nicht fahren laßt, wird er an seiner Enttäuschung zugrunde gehen.«[7] Schließlich übertrug die Admiralität dem ernsthaften, gottesfürchtigen, verantwortungsbewußten und erfahrenen Sir John Franklin das Kommando über die größte Arktisexpedition, die eine Nation je ausgeschickt hat.

Franklins Offiziere prahlten vor Skipper Martin mit ihren

Vorräten und ihrer Ausrüstung. Martin sagte später aus, die Ausrüstung sei für einen sechsjährigen Aufenthalt in der Arktis vorgesehen gewesen. Entweder hatte Martin das mißverstanden, oder aber die Männer hatten mit der Großzügigkeit der Marine angegeben – in Wahrheit war die Expedition nur für drei Jahre ausgerüstet. Trotzdem war die Menge an Vorräten auf den beiden Schiffen beeindruckend: 123 974 Pfund Mehl, 58 264 Pfund Rind- und Schweinefleisch, 914 Pfund Rosinen, 907 Pfund Senf, 6430 Pfund Tabak, 3266 Pfund Seife und eine Vielzahl anderer, mehr oder weniger notwendiger Dinge wie zum Beispiel zwei Drehorgeln, 200 Füllfederhalter, große Mengen an Tinte und Papier, gebundene Ausgaben des *Punch* und 100 Bibeln. Die Schiffe hatten schon arktische und antarktische Gewässer befahren und waren kurz vor Franklins Aufbruch zusätzlich mit Polarnavigationsinstrumenten bestückt worden. Der Bug war mit Eisen verschalkt, Warmwasserheizröhren waren in den Kabinen angebracht, und vor allem waren sie mit Hilfsdampfmaschinen und Schiffsschraubenantrieb ausgerüstet, der zum erstenmal auf einer Arktisfahrt zum Einsatz kam. Die Admiralität war sich des Erfolgs dieser üppig ausgestatteten Expedition so sicher, daß sie für den Fall einer unvorhergesehenen Seenot keinerlei Vorbereitungen für eine mögliche Rettung und Bergung traf. Sobald Sir John das Begleitschiff hinter sich ließ, war er auf sich allein gestellt. Admiralität, Regierung und Volk mußten nur noch vertrauensvoll darauf warten, daß die Schiffe nach ein, zwei, höchstens aber drei Jahren am westlichen Ende der Nordwestpassage wieder auftauchten.

Kurz nach dem Besuch des Offiziers bekam Martin eine persönliche Einladung von Sir John zum Dinner an Bord der *Erebus,* doch Martin sagte ab. Ein paar Tage später entfernte sich die *Enterprise* von Franklins Schiffen, die immer noch am Eisberg lagen und darauf warteten, daß das Eis vor dem Lancaster Sound brach.

Noch lange nach Martins letzter Sichtung von Franklins Schiffen in der Baffin Bay warteten Admiralität und Briten in aller Gelassenheit ab; schließlich würde es mindestens ein Jahr, wenn nicht länger dauern, bis sich Sir John seinen Weg durch das arktische Labyrinth zur Bering Sea gebahnt hätte. Im Frühjahr 1847 dachte man schon etwas aufgeregter über den Einsatz von Rettungsmannschaften nach, aber die Admiralität wollte noch den Sommer abwarten. Doch auch Sommer und Herbst vergingen ohne eine Nachricht von Franklin. Im darauffolgenden Frühjahr und Sommer schickte die Admiralität drei Rettungsschiffe aus. Man dachte zwar noch nicht an einen Notfall, aber allmählich schwand der Optimismus. Die erste Rettungsmannschaft fuhr zuversichtlich in die Bering Sea, wo sie Franklin am westlichen Ende der Nordwestpassage abzufangen hoffte. Doch von Franklin keine Spur. Die zweite Rettungsexpedition unter dem Kommando von Dr. John Rae, einem Offizier der Hudson's Bay Company, und Sir John Richardson, der Franklin in den 20er Jahren jenes Jahrhunderts auf beiden Landexpeditionen begleitet hatte, fuhr den Mackenzie River hinunter und suchte die nordkanadische Küste ab. Richardson kehrte erfolglos nach England zurück, Rae setzte die Suche fort. Bei der dritten Rettungsexpedition unter der Leitung von Sir James Ross lagen die größten Hoffnungen. Ross segelte mit seinen Schiffen *Enterprise* und *Investigator* durch den Lancaster Sound in den Binnenarchipel des Nordmeers und schickte Erkundungstrupps in verschiedene Richtungen aus. Er selbst suchte zusammen mit dem jungen Leutnant Francis Leopold McClintock, der später Berühmtheit erlangen sollte, die Nord- und Westküste von North Somerset Island ab. Doch immer noch keine Spur von Franklin. Im November 1849 kehrte Ross ohne Erfolg nach England zurück und überreichte Lady Franklin den Brief, den sie ihm hoffnungsfroh für Sir John mitgegeben hatte. Es war der erste von vielen Briefen, die sie noch schreiben sollte: »Liebster, möge es der Wille Gottes sein, solltest Du noch nicht zurück sein, bevor Du diesen Brief öffnest, und er Dir Trost in all Deiner Drangsal schenken möge ...«[8]

Damals hatte sie schon allen Grund, sich um ihren Mann zu sorgen, und die Admiralität und die ganze Nation sorgten sich mit ihr. Die Franklin-Expedition hatte schon über vier Jahre keinen Kontakt mehr zur zivilisierten Welt gehabt, und alle drei Rettungsmannschaften waren mit leeren Händen zurückgekommen. Die Admiralität setzte eine Prämie von 20000 Pfund aus, sollte ein beliebiges Schiff Franklin und seine Männer finden und bergen, und rüstete selbst eine Reihe von Expeditionen aus, die 1850 in See stachen. Das öffentliche Interesse war groß, und die merkantilen Interessen erwachten zu neuem Leben. Bücher über die Arktis verkauften sich gut, in öffentlichen Lokalen wurden Arktisausstellungen ausgerichtet. Wie so oft in solchen Fällen kam auch der Wunderglaube zum Zug. »Zadkiel«, ein bekannter Astrologe, blickte in die Kristallkugel, die er bei Lady Blessingtons Auktion erstanden hatte, und sah Franklins Mannschaften im Packeis. Er sagte voraus, daß Franklin und die meisten Männer gerettet werden würden. Spektakulärer noch war der Auftritt des Geistes einer gewissen Weasey Coppin, eines kleinen Mädchens, das an einem Magenleiden gestorben war. Kurz nach ihrem Tod erschien Weasey ihrer Familie und projizierte eine vollständige Karte der Arktis auf den Boden des Coppinschen Wohnzimmers, zu sehen waren unter anderem zwei Schiffe, die vom Eis eingeschlossen waren. Anschließend erschienen wie von Geisterhand die Worte »Erebus und Terror. Sir John Franklin. Lancaster Sound, Prince Regent Inlet, Point Victory, Victoria Channel.«[9] Lady Franklin spottete keineswegs über Weaseys Offenbarungen – in ihrer Sorge hatte sie selbst schon eine Wahrsagerin aufgesucht –, sie hielt die Vision für glaubwürdig. Von Anfang an hatte sie beharrlich behauptet, ihr Mann sei befehlstreu, und schließlich hatte er den Befehl, von Cape Walker nach Südwesten zu fahren, in das Gebiet, das Weaseys Geist gesehen hatte. Sie glaubte, daß sich die Admiralität trotz aller guten Vorsätze auf die falsche Region konzentrierte, nämlich auf den Norden statt auf den Süden von Cape Walker. Im Jahr 1850 rüstete die Admiralität zwei separate Expeditionen aus, die Hudson's Bay Company eine weitere, und die Vereinigten Staaten schickten eine eigene Expedition aus. Insgesamt zwölf Schiffe gingen im Frühjahr 1850 auf Franklin-Suche, doch keines dieser Schiffe fuhr das Gebiet an, das Lady Franklin für das fragliche hielt.

Also beschloß sie, eine eigene Expedition auszurüsten, die sie selbst und einige Freunde finanzierten und organisierten. Unter dem Kommando von Charles Forsythe setzte die *Prince Albert* am 5. Juli 1850 in Aberdeen Segel und fuhr in die richtige Richtung: den Prince Regent Inlet hinunter, an North Somerset Island entlang, unweit der Küste, die Ross und McClintock ein Jahr zuvor abgesucht hatten, und schließlich nach Süden Richtung King William Island zur Mündung des Great Fish River (heute Back River). Die *Prince Albert* kam aber nur bis zum Prince Regent Inlet, dort zwang das Eis sie zur Umkehr. Doch im Archipel wimmelte es von Suchschiffen; die *Prince Albert* traf bei der Ausfahrt aus der Baffin Bay eines dieser Schiffe und bekam die Nachricht, eine britische Mannschaft habe Hinweise gefunden, daß Franklin auf Beechey Island überwintert habe. Man hatte die Überreste von Hütten gefunden, Reste von Lebensmitteln und drei Gräber, allerdings keine schriftlichen Aufzeichnungen und Nachrichten. Es war zwar nur ein Strohhalm, doch es war immerhin das erste Zeichen von Franklin. Die *Prince Albert* kehrte mit diesem Strohhalm für Lady Franklin nach England zurück.

Viele Schiffe überwinterten im Nordmeer, auch die USA hatten sich schon in die Suche eingeschaltet. Landesweit hatten amerikanische Zeitungen Berichte über Franklins Verschwinden veröffentlicht, und das Interesse der Amerikaner wuchs noch mehr, als Lady Franklin bei einem Amerikabesuch Präsident Zachary Taylor in einem Brief um Hilfe bat. Die US-Regierung sprach sich zunächst dagegen aus, dann aber bot der New Yorker Großreeder Henry Grinnell zwei Schiffe sowie finanzielle Unterstützung an, und die USA nahmen an der Suche teil. Unter dem Kommando des Marineoffiziers Leutnant Edwin deHaven fuhren die *Advance* und die *Rescue* im Sommer 1850 ins Nordmeer, an Bord befand sich auch der Chirurg und Naturforscher Elisha Kent Kane.

Im Winter 1850/51 war die arktische Inselwelt Schauplatz einer Reihe merkwürdiger Szenen. Beim Versuch, Kontakt mit Franklin aufzunehmen, ließen die Suchmannschaften Drachen und Ballone steigen, schossen Signalraketen ab, legten große Kohle- und Proviantlager an, fingen Füchse, steckten ihnen Nachrichten an und ließen sie wieder laufen. Einige Männer, allen voran Francis Leopold McClintock, schauten den Eskimo nach und nach arktische Reise- und Überlebenstechniken ab und experimentierten mit Schlitten. Doch alle Versuche schlugen fehl, und auch das Indiz, Franklin könnte auf Beechey Island überwintert haben, war nicht besonders aufschlußreich, wäre es doch schon im Winter 1845/46 und damit zu früh gewesen, um daraus sein weiteres Schicksal abzuleiten. Trotz allem schöpfte Lady Franklin neuen Mut und schickte die *Prince Albert* noch einmal aus.

So ging die Suche weiter. Schiff um Schiff, Briten und Amerikaner, trafen von Westen und von Osten aus im Archipel zusammen. Zwischen 1848 und 1853 fuhren fast 40 Schiffe in mehr als 30 Expeditionen auf der Franklin-Suche ins Nordmeer. Der Ausbruch des Krimkriegs 1853 schien die weitere Suche zu vereiteln. Trotz Lady Franklins glühender Proteste wurden 1854 die Namen von Sir John Franklin und seiner 129 Männer von den Listen der Admiralität gestrichen, die »eisenbeschlagenen Portale der Admiralität«,[10] wie der *Daily Telegraph* schrieb, blieben allen Petitionen verschlossen. Auch Lady Franklins Appelle an die Vereinigten Staaten blieben fruchtlos, denn langsam erlosch das Interesse der US-Bürger am Schicksal dieser verschollenen Mannschaft.

Doch gerade als alle Hoffnung schwinden wollte, entdeckte Dr. John Rae ganz zufällig weitreichende Hinweise auf das Schicksal der Franklin-Expedition. Rae war nicht auf der Suche nach Franklin, sondern erkundete für die Hudson's Bay Company die Küste von Boothia; dabei traf er auf Eskimo, die ihm berichteten, Jäger hätten vier Jahre zuvor 40 Weiße gesehen, die unweit von King William Island übers Eis nach Süden marschiert seien. Die Männer seien krank und ausgezehrt gewesen und hätten Robbenfleisch von den Jägern gekauft. Einige Zeit später erfuhr Rae, daß die Eskimo an der Südküste von King William Island und auf dem Festland an der Mündung des Great Fish River Leichen gefunden hätten.

Des weiteren meldete Rae, daß es, so die Eskimo, in einem oder mehreren Zelten am Great Fish River Tote gebe, einige Leichen befänden sich unter einem kieloben liegenden Boot, andere lägen verstreut in der Gegend. Diese Nachricht schockierte die Nation. In Raes Bericht hieß es weiter: »Aus der Verstümmelung mancher Leichen und aus dem Inhalt der Töpfe muß geschlossen werden, daß unsere armen Landsleute sich in die grauenvolle letzte Überlebensmöglichkeit retten mußten.«[11] Kurzerhand wurde Rae beschuldigt, nur auf die Belohnung zu spekulieren, die für Hinweise auf Franklins Schicksal ausgesetzt war. Sein Bericht wurde angezweifelt; er stütze sich auf »verlogene Wilde«, die die Weißen womöglich selbst umgebracht hätten. Allein der Gedanke an kannibalische Praktiken unter der Elite der britischen Marine war untragbar.

Doch Raes Bericht wurde größtenteils durch die Gegenstände bestätigt, die er den Eskimo abgekauft hatte, hauptsächlich Silberlöffel und -gabeln, die ohne jeden Zweifel von Franklins Schiffen stammten. Man hätte Raes Informationen bei einer weiteren Expedition nachgehen sollen, doch die Regierung stellte sich quer. Der Krimkrieg war immer noch im Gang, und die Suche hatte bereits astronomische Summen verschlungen. Die *Times*, die den britischen Arktisabenteuern immer schon ein wenig skeptisch gegenüberstand, applaudierte: »Wir freuen uns über die jüngste Entscheidung der Admiralität, den bereits verlorenen Leben nicht noch weitere wertvolle Leben zu opfern.«[12] Doch immer noch galt Lady Franklin die Sympathie der Öffentlichkeit – und von Charles Dickens, der die Admiräle in den *Household Words* »knauserige Flegel« schimpfte und feststellte: »Keine Regierung, kein Parlament, das sich selbst rühmt, eifersüchtig über die Ehre Englands zu wachen, kann sich dieser Pflicht entziehen.«[13] Die Regierung sandte daraufhin einen kleinen Landtrupp aus, und Lady Franklin organisierte erneut eine private Expedition unter dem Kommando von Francis Leopold McClintock.

Am 1. Juli 1857 setzte die *Fox* in Aberdeen Segel – elf Jahre nach Franklins Verschwinden. McClintock überwinterte in der Baffin Bay, dann segelte er zur Boothia Peninsula und schickte einen Trupp über Land zur Westküste von King William Island. Dort, an einem Ort, der ironischerweise Point Victory heißt, fand sich in einer Steinpyramide die erste und einzige schriftliche Aufzeichnung der Franklin-Expedition. Die Nachforschungen ergaben weitere Hinweise auf das Schicksal der Mannschaft. Die meisten Hinterlassenschaften waren vielsagend und bedrückend: Silberbesteck mit den Familienwappen Franklins und einiger Offiziere, ein Steingutkrug mit der Aufschrift »R. Wheatly, Wein- und Spirituosenhändler, Greenhithe, Kent«, die Kleiderbürste des Matrosen Henry Wiles, ein einzelner Strumpf mit dem Namensschild W. Orrens (ein befahrener Matrose der *Erebus)*, ein Sextant mit Hornbys Namen (Unteroffizier auf der *Terror)*, Splitter und Beschläge eines Gewehrkoffers aus Mahagoni, Feldflaschen, eine Schaufel, Eispickel, Seile, Decken und weitere Gegenstände aus der zivilisierten Welt.

Der Suchtrupp fand auch Gebeine, wenige zwar, doch sie gaben ausreichend Aufschluß über die Qualen, die Franklins

Männer ausstehen mußten. In einem Rettungsboot, das auf einem Schlitten verzurrt war, fanden McClintocks Männer zwei Skelette. Ein Trupp der *Erebus* und der *Terror* hatte das Boot fast 65 Meilen übers Eis geschleift, bevor die Männer erschöpft aufgaben und Boot, Schlitten sowie zwei Kameraden zurückließen. McClintock selbst fand neben einem Felsen ein weiteres Skelett. Er untersuchte die Kleiderfetzen und stellte fest, daß es sich um die Überreste von Unteroffizier Harry Peglar handelte.

Das Schriftstück von Point Victory ist kurz gehalten, bestätigt jedoch im wesentlichen die Fakten. Der erste Teil, datiert vom 28. Mai 1847, war auf einem Formblatt niedergeschrieben, das alle Expeditionen der Royal Navy benutzten. Darin wird die Position der *Erebus* und der *Terror* nordwestlich von King William Island gemeldet und von dem Aufenthalt der Mannschaft auf Beechey Island im ersten Jahr berichtet, der auf die Erkundung des Wellington Channels und der Westküste von Cornwallis folgte. Dieser Teil der Aufzeichnungen endet mit den Worten:

Sir John Franklin leitet die Expedition.
Alles in Ordnung.
Ein Trupp, bestehend aus zwei Offizieren und sechs Matrosen, verließ die Schiffe am Montag, dem 24. Mai 1847.

Leutnant Graham Gore und der Maat Charles Des Voeux, beide von der *Erebus*, unterzeichneten das Dokument. Sie schrieben zwar, alles sei in Ordnung, doch das Ende stand damals schon bevor.

Der zweite Teil der Aufzeichnungen wurde fast ein Jahr später an den Rand des oben erwähnten Formblatts geschrieben. Kapitän Fitzjames von der *Erebus* meldete, daß die beiden Schiffe am 12. September 1846 vom Eis eingeschlossen wurden (sie waren also schon festgefroren, als Gore und Des Voeux ihre

Nachricht verfaßten, doch damals wußten sie noch nicht, wie fatal diese Vereisung sein sollte). Laut Fitzjames wurden die Schiffe am 22. April 1848 aufgegeben, 105 Mann hatten überlebt. Unter dem Kommando von F. R. M. Crozier marschierten sie übers Eis nach King William Island. Sir John Franklin war am 11. Juni 1847 verstorben, Fitzjames nennt jedoch keine Todesursache. Unter Fitzjames' Unterschrift hatte Crozier hinzugefügt: »Aufbruch am morgigen 26. zum Back's Fish River.«

Steingutkrug, Kleiderbürste und Tafelsilber führten zur nächsten Station. Die Männer hatten alles Unnötige zurückgelassen und waren an der Küste entlang nach Süden gestapft. Die Gebeine am Weg bewiesen, daß Croziers Reihen auf ihrem verzweifelten Marsch nach Süden, wo sie Wild vermuteten, stetig durch Skorbut- und Hungertod dezimiert wurden.

McClintock und seine Männer marschierten in ihren Fußstapfen an der Küste von King William Island hinunter zur Mündung des Great Fish River, dann aber beschlossen sie, mit ihren Neuigkeiten nach England zurückzufahren. Das Ende von Crozier und den anderen Überlebenden war zwar nicht aufgeklärt, doch McClintock war der Meinung, er habe bereits genug zu berichten – grausame Nachrichten zwar, doch zwölf Jahre nach Franklins Verschwinden war dies fast zu erwarten. Lady Franklin und die anderen Hinterbliebenen hatten nach Jahren der quälenden Ungewißheit nun zumindest weitgehend Sicherheit über das Schicksal ihrer Angehörigen. Für die britische Nation war es ein Schock. Die romantisch-heroische Vorstellung von der britischen Marine, die mit aller Macht selbst die rauheste Natur bezwingt, schrumpfte plötzlich zum jämmerlichen Bild eines Francis Crozier, der die wenigen ausgemergelten Überlebenden einer großartigen Expedition am kargen Küstensaum eines arktischen Eilands entlangführt.

So ging eine weitere Phase der Polarforschung zu Ende: die Franklin-Suche, die ein ganzes Jahrzehnt mit intensiven Erkundungen ausfüllte, ganze Flottillen und Hunderte von Menschen beschäftigte und Millionen Pfund und Dollar verschlang. Natürlich wurden Entdeckungen gemacht, die geographischen Gegebenheiten des arktischen Archipels waren nun zumindest erkannt und das Gebiet mit Ausnahme der nördlichsten Punkte erkundet und kartographiert, sogar eine Nordwestpassage war gefunden und befahren worden. Man könnte sogar behaupten, daß Franklin selbst eine Passage gefunden hatte, nur bei ihrer Befahrung war er tragisch gescheitert. Sicher ist, daß Kapitän Robert McClure und einige seiner Männer sich zu Wasser und zu Land den Weg von der Bering Sea zum Atlantik bahnten. Auf der Suche nach Franklin mußte McClure sein Schiff im Eis vor Banks Island lassen. Sie marschierten nach Melville Island, wo sie durch einen glücklichen Zufall von einer anderen Suchmannschaft gerettet und nach Osten Richtung Atlantik gebracht wurden. Die erste Durchfahrt der Nordwestpassage erfolgte von Westen nach Osten und kam zum Teil durch beinahe katastrophale Irrtümer und großes Glück zustande.

Über das Meereis und die arktischen Gezeiten wurden große Erkenntnisse gewonnen, bemerkenswerte Beiträge lieferten die Arktisfahrten auch zu Magnetismus, Meteorologie, Zoologie, Botanik und Geologie. Sogar der Handel profitierte durch neue Fischgründe. Doch der Preis für diese Gewinne war hoch, und das Scheitern der Franklin-Expedition nahm der romantischen Verklärung der Wissenschaft einiges von ihrem Schmelz. Diese Episode war nicht nur für Großbritannien traumatisch, sondern auch für Europa und die USA: Ein Teil ihres nationalen Selbstverständnisses und -vertrauens war mit Sir John aufgebrochen und mit ihm verschollen. Sogar das *Blackwood's Edinburgh Magazine* änderte seine Haltung und sprach der Öffentlichkeit in einem Artikel aus dem Herzen, indem die Wissenschaft als »selbstgefälliges Monster« tituliert wurde, als »Moloch, der vorgibt, zum Gemeinwohl zu handeln«:

Wir geben zu, daß unser Herz nicht so sehr an dem Abenteuer der Wissensmehrung hängt, um ein Opfer wie Franklin und seine Männer ohne einen Schauder des Grauens zu betrachten. Auf solch kostspielige Art und Weise Forschung zu betreiben, die nichts ist als Forschung um der Forschung willen, hat etwas Erschreckendes, Unerbittliches und Unmenschliches.[14]

Die Frage bliebt: Warum? Warum mußten 129 der besten Männer der Royal Navy so elend sterben? Auch Vilhjalmur Stefansson stellt diese Frage und gibt auch gleich die Antwort:

Eines der größten Rätsel um die Entdeckung des kanadischen Nordens ist der Tod von Sir John Franklin und seiner Mannschaft. Warum mußten sie in einem Gebiet, das Eskimo seit Generationen bewohnten, wo sie ihre Kinder aufzogen und ihre Alten pflegten, bis auf den letzten Mann aus Hunger und Fehlernährung sterben? [...] Die Eskimo jagten noch mit steinzeitlichen Waffen, die Briten waren mit Gewehren und Musketen ausgerüstet, die zwar nicht so gut waren wie heutzutage, aber sicherlich effektiver als die Bögen der Eskimo. Bestimmt hatten sie auch Haken und Netze zum Fischfang, wohingegen die Eskimo nur Haken hatten. Aus dem Holz und dem Metall der Schiffe hätten sie Harpunen fertigen können, die besser gewesen wären als die Eskimowaffen aus Treibholz, Kupfer und Knochen.[15]

Doch daß die Briten in der Arktis nicht ausreichend gejagt hätten, stimmt nur zum Teil. Skipper Martin von der *Enterprise* hatte die Schiffe in der Baffin Bay gesichtet und erklärt, die Männer hätten in ihrer Freizeit Seevögel gejagt. Stefansson dagegen hielt die arktische Jagd keineswegs für ein Freizeitvergnügen, sondern für den eigentlichen Lebensinhalt von Menschen, die vor dem Einsatz von Flugzeugen und Eisbrechern in der Arktis überleben wollten: Die Briten hätten sich zu sehr darauf verlassen, daß die französisch-kanadischen Führer und Indianer für sie jagten. Offiziere oder Matrosen, die auf die Jagd gingen, paßten nicht in den militärischen Verhaltenskodex, der zu jener Zeit vorherrschte. Jagen war vor allem ein Sport, und keine alles entscheidende Überlebenstechnik, weswegen Kapitän George Nares jene, die auf seiner Polarfahrt jagten, als »Sportsmänner« bezeichnete.

Disziplin und Marinekodex des 19. Jahrhunderts – der Briten ganzer Stolz – minderten die Überlebenschancen der Arktisfahrer zusätzlich. Statt der warmen Kleidung, die die Eskimo über Jahrhunderte perfektioniert hatten, trugen sie Marineuniformen; Bilder vom Anfang des Jahrhunderts zeigen britische Offiziere in Uniform und Zylinder vor einem Eisfeld. Die Hierarchie mußte selbst unter lebensfeindlichsten Bedingungen aufrechterhalten werden; die Mannschaftsränge waren gezwungen, auf Landmärschen unverhältnismäßig große Lasten zu schleppen, und es gibt sogar Aufzeichnungen, nach denen sich Offiziere von den Matrosen auf Schlitten ziehen ließen. Die meisten Expeditionen waren personell aufgebläht, weil die Offiziere ihre Burschen brauchten.

Laut Stefansson lag der größte Fehler der britischen Arktisexpeditionen des 19. Jahrhunderts in der Unfähigkeit, von den Eskimo zu lernen. Viele Nordfahrer verachteten und mißtrauten den Eingeborenen, und wenn sie überhaupt Beziehungen zu ihnen hatten, fühlten sie sich keineswegs wohl. Selbst für McClintock, der die Schlittentechnik von ihnen übernahm, waren sie »rohe Esquimaux«. Bei Franklins zweiter Landexpedition drohten seine Männer im Mackenzie-Delta auf Eskimo zu schießen, weil diese angeblich aggressiv geworden waren. Vielleicht kann ein Vorfall von 1834 am Great Fish River zur Lösung des Rätsels von 1847 beitragen: In jenem Jahr töteten drei Männer der Back-Expedition ohne Backs Wissen drei Eskimo, die, so die Männer, Pfeile auf sie abgeschossen hätten.

Nachrichten verbreiten sich schnell unter den Eskimovölkern, und sie haben, wie schon viele Entdecker feststellen mußten, ein sehr gutes Gedächtnis. Aus dem Grund halfen die Eskimo von King William Island und vom Great Fish River den Weißen noch dreizehn Jahre später vermutlich nur äußerst widerwillig.

Stefansson argumentiert weiter, daß die Weißen damals versuchten, sich von der arktischen Umwelt und den Eingeborenen abzukapseln, anstatt von ihnen zu lernen und sich an die äußeren Lebensbedingungen anzupassen. Die Weißen wollten nicht von und mit der Arktis leben – sie wollten ihr trotzen. Indem sie sich in großen, schwerfälligen Trupps bewegten, mit logistischen Problemen kämpften und unabhängig sein wollten von der Natur, die sie hätte ernähren können, waren sie leichte Beute für Hunger und Skorbut – ein Tod, den Stefansson für sinnlos hält. Natürlich spricht Stefansson in eigener Sache, immerhin war er einer der größten Fürsprecher der Arktis. Von ihm stammt der berühmte Begriff »die freundliche Arktis«, ein Bild des Hohen Nordens, das unserem Sprachgebrauch diametral entgegengesetzt ist. Stefansson hat oft übertrieben: Zwar mag die Arktis gelegentlich »freundlich« sein, doch ihre Lebensfeindlichkeit ist nicht von der Hand zu weisen. Trotz ihrer großen Erfahrung sind auch schon viele Eskimo ertrunken, erfroren oder verhungert, und Eskimogeschichten über kannibalische Praktiken in den eigenen Reihen sind nicht selten.

Nach McClintocks Rückkehr im Jahr 1859 erschien die weitere Suche nach Franklin sinnlos, gar grausam. Vielen Leuten reichten schon die Schlagzeilen über die Tragödie. Weitere Informationen würden nur zusätzliches Grauen bringen und erneut das Schreckgespenst des Kannibalismus heraufbeschwören. Selbst Lady Franklin fügte sich in das Ende der großen Suche. Admiralität und Marine, US-Regierung und Krone, mächtige Handelsgesellschaften und vermögende Privatleute hatten ihr Bestes getan; nun war es an der Zeit, die Suche einzustellen und dem Drama durch die Historie zu Ruhm zu verhelfen. Tennyson, ein weitläufiger Verwandter Franklins, schrieb das Epitaph auf dessen Gedenkstein in der Westminster Abbey:

Nicht hier! Dein Gebein liegt in nordisch' Eise
Und du, Seele des Seehelden,
Bist nun auf einer glücklicheren Reise
Zu einem Pol nicht hier auf Erden.

Doch noch während sich McClintock auf dem Rückweg von seiner letzten Arktisreise befand, bereitete ein unbekannter Kaufmann aus Cincinnati in Ohio seine Nordfahrt vor. Er hatte einen göttlichen Ruf bekommen und hoffte, ganz allein zu vollbringen, was Regierungen und Marineflotten nicht geschafft hatten, nämlich Überlebende der Franklin-Expedition zu finden und zu bergen. Gerade als der Vorhang über die Tragödie um Franklin fallen sollte, boxte sich Hall auf die Bühne, ein bärtiger, vierschrötiger, halbgebildeter Mann, der nach all den Aristokraten und Marineoffizieren, den Staatsmännern und Finanzmagnaten, die vor ihm das Stück bevölkert hatten, ziemlich gewöhnlich wirkte. Getrieben von schicksalhafter Bestimmung sowie religiösem und patriotischem Missionseifer wollte Hall ein Entdecker werden. Er arbeitete praktisch allein und legte eine Energie, eine Willensstärke und eine Eigenständigkeit an den Tag, die selbst für die Verhältnisse im Amerika des 19. Jahrhunderts bemerkenswert waren. Seine Besessenheit von der Arktis trieb ihn auf drei Expeditionen an diese unheimlichen und tragischen Gestade, bis er schließlich so weit nördlich des Magnetpols starb und begraben wurde, daß die Kompaßnadel an seinem Grab nach Südwesten zeigt.

ERSTES KAPITEL

Cincinnati, New London, New York

Charles Francis Hall kam 1849 im Alter von 27 Jahren nach Cincinnati, er hatte wenig Geld, wenige Besitztümer und eine junge Frau namens Mary. Woher er kam, warum er kam und ob er in Cincinnati bleiben wollte oder nur auf der Durchreise Richtung Westen war, weiß niemand. Wie viele rastlose Amerikaner jener Zeit hinterließ auch er keine Spuren, bis er lange genug an einem Ort gelebt hatte, um in den Adreßbüchern registriert zu werden. Was über sein früheres Leben bekannt ist, weiß man hauptsächlich aus diversen Kurzbiographien, die nach seinem Tod verfaßt wurden. Zwar sind sie zum Teil recht ungenau, doch alle stimmen darin überein, daß Hall 1821 in Rochester, New Hampshire, zur Welt kam. Seine Frau jedoch erwähnte in einem Brief, er stamme aus Vermont und sei als Kind mit seinen Eltern nach Rochester gezogen.

Übereinstimmend wird auch die ländliche Einfachheit seiner Kindheit hervorgehoben: Hall hatte nur eine niedere Schulbildung; nach ein paar Jahren Volksschule kam er vermutlich zu einem Schmied in die Lehre. Wiederholt wird seine Liebe zu Büchern beschrieben. »Und so schlug er sich eben durch«, heißt es, »wie so viele andere Traumtänzer, deren Herzenswunsch und Streben sämtlich über ihren Alltag hinausging.« Der Autor dieser biographischen Skizze sieht jedoch einen Vorteil in Halls Lehrzeit als Schmied: »Es war zwar nicht nach seinem Geschmack, doch durch die schwere körperliche Arbeit bekam er Muskeln und härtete ab, was ihn indirekt auf die schwierigen Abenteuer seines späteren Lebens vorbereitete.«[16]

Halls frühe Jugend aber bleibt verschwommen – selbst die ausführlichste Darstellung überbrückt diese Jahre mit nur zwei Sätzen: »Bereits als Junge verließ er seinen Geburtsort und gab damit auch das Schmiedehandwerk auf. Nach einigen Erfahrungen hier und da blickte er nach Westen und ließ sich in Cincinnati nieder.«[17] Worin bestanden diese »Erfahrungen hier und da«? Ging Hall nach New York oder Boston (in den Bostoner Adreßbüchern von 1843 und 1844 gibt es einen C. F. Hall), um das Stadtleben kennenzulernen und sich einen neuen Beruf zu suchen? Oder ging er gleich nach Westen und kam nach Cincinnati, nachdem er auf dem Weg seine »Erfahrungen« gesammelt hatte? Hinweise auf mögliche Aktivitäten gibt es keine. Er war ein Wanderer unter vielen, einer von Tausenden namenlosen Strichen in den Statistiken über die Migrationsrate. In den Geschichtsarchiven taucht er erst 1849 mit seiner Eintragung im Adreßbuch von Cincinnati auf: »Hall, Charles F., 5. Straße Süd, zwischen Park und Mill.«

In Anbetracht seiner späteren Laufbahn als Entdecker könnte man sich Hall in jungen Jahren natürlich gut als Grenzer vorstellen, der nach Westen wanderte und die große Wildnis durchquerte. Doch sollte er wirklich diesen Wunsch gehabt haben, so muß Cincinnati eine herbe Enttäuschung gewesen sein, denn Mitte des 19. Jahrhunderts unterlag die Stadt einer rasanten Entwicklung: Zählt man die Vororte am anderen Ufer des Ohio mit, dann wohnten schon damals fast 200 000 Menschen dort.

Cincinnati war eine Stadt mit regem Handel und Gewerbe. Es gab Banken, Börsenmakler, Versicherungsgesellschaften, es gab sogar eine Handelsschule, doch das Finanzgewerbe blieb hinter dem produzierenden Gewerbe zurück. In Cincinnati begegneten sich William Procter und James Gamble, die 1837 mit einer kleinen Kerzenzieherei und einer Seifensiederei fusionierten. Hier begann John Brunswick mit dem Bau von Billardtischen, hier züchteten Charles und Maximillian Fleischmann Hefe, hier fertigte Dietrich Gruen Armbanduhren. Cincinnati war eine Stadt der Macher, sie zog Nutzen aus der technologischen Revolution, und sie war fasziniert von den Maschinen, die sie reich machten. 1850 schließlich war Cincinnati immer noch eine Grenzstadt, doch nun in dem neuen, übertragenen Sinn als Vorreiterin in Technik und industrieller Fertigung.

Im amerikanischen Nationalmythos wird mit der Wanderung nach Westen stets die Erschließung ländlicher Gebiete in Verbindung gebracht, doch in Wahrheit zogen Cincinnati, St. Louis und San Francisco sehr viel mehr Menschen an als das weite Land. Sollte Charles Francis Hall nach Westen gekommen sein, um Gleise zu legen oder die Wildnis in Farmland zu verwandeln, war er in Cincinnati sicherlich am falschen Ort. Es gibt jedoch keinen Grund zur Annahme, daß er Scout oder Pionier werden wollte. Vermutlich hatte er die ariden Hügel von Neuengland verlassen, weil er des Landlebens überdrüssig war und ein Leben in einer aufstrebenden Stadt im Westen vorzog. Zehn Jahre lang war Cincinnati nicht nur sein Wohnort – er schwelgte auch im unternehmerischen Geist der Stadt.

Seine Karriere begann bescheiden. Mit seiner Frau bezog er eine Pension im Westen von Cincinnati. Irgendwo hatte er sich Kenntnisse über die Herstellung von Siegelbildern angeeignet (spiegelverkehrte Gravuren auf Metallplatten, die in Siegelpressen verwendet wurden), und bald arbeitete er bei Benjamin C. True, einem hochqualifizierten Graveur. Drei Jahre lang lernte Hall in Trues Werkstatt ein Handwerk, das damals weitaus wichtiger war als heute. Heutzutage gibt es hohlgeprägte Siegel nur noch beim Notar, doch damals wurden sie als Beglaubigungszeichen und als gewerbliche Erkennungszeichen auch in der Wirtschaft verwendet. Kunstvoll geprägte Siegel auf Briefpapier und Umschlägen waren das Äquivalent zum heutigen Logo, sie gehörten zum guten Ton eines jeden Unternehmens, und in Cincinnati mit seinen vielen neuen Betrieben blühten 1850 die Geschäfte der Siegelgraveure.

Doch wie Halls weiterer Lebensweg zeigt, war er nicht dafür geschaffen, für oder mit anderen zu arbeiten. Das Streben nach Unabhängigkeit wurde für ihn zur Obsession. Nach drei Jahren bei True gründete er sein eigenes Geschäft. In der Fourth Street, mitten im Geschäftsviertel von Cincinnati, fand er eine geräumige Werkstatt und eröffnete dort mit Pauken und Trompeten Halls Gravur Werkstatt. Hall hatte in den drei Jahren bei True bestimmt nicht sehr viel von dem filigranen Handwerk der Siegelgravur und Linienmanier gelernt, er bewunderte zwar handwerkliche Kunstfertigkeit und Technik, doch ihm fehlte die jahrelange Übung und auch die Geschicklichkeit, um es auf einem der beiden Gebiete zu Erfolg zu bringen. Sicherlich konnte er einfache Siegel herstellen, doch während seiner Zeit in Cincinnati war er in erster Linie Unternehmer, ein Geschäftsmann, der die Fähigkeiten anderer zu vermarkten wußte. Auf dem brillantesten »Hall«-Siegel, das heute im Smithsonian Institute aufbewahrt wird, sind die Initialen »B.C.T« eingraviert sowie »True F« [fecit]. Der Meister arbeitete demnach für seinen ehemaligen Lehrling. Und zu gegebener Zeit würde der Lehrling seinen Meister ehren, indem er ein kleines Kap weit nördlich von Cincinnati nach ihm benannte.

Der gewitzte Hall trieb das Kapital für den Aufbau seines Geschäfts auf, und mit den Jahren gelang es ihm mehr und mehr zu expandieren. Er war ein Wegbereiter, der einzige Graveur in der Stadt, der Jahr für Jahr ganzseitige Anzeigen im städtischen Adreßbuch schaltete. In diesen Anzeigen, die prachtvoll mit verschiedenen Schriften abgesetzt und mit Beispielen von Halls Siegeln illustriert sind, wirbt er für »Siegelbilder in allen Variationen« aus seiner Werkstatt und »Halls verbesserte Schlag- und Hebelpresse«.

Hinter der Bezeichnung »Halls verbesserte Schlagpresse«

verbirgt sich eine Geschichte, die einen typischen Charakterzug Halls offenbart: seine Aggressivität. In diesem Fall hatte ein Patent seinen Zorn heraufbeschworen. Die meisten Prägemaschinen jener Zeit wurden entweder mit Hebel oder Schraube bedient; man legte die Vorlage in den Prägestock, drückte den Hebel oder drehte die Schraube und preßte die Metallplatten zusammen. Diese Maschinen wogen gut und gern zehn Pfund, sie waren unhandlich, teuer und langsam, vor allem die Schraubstockvariante. Ende der 40er Jahre hatten zwei Erfinder aus Cincinnati, E. P. Cranch und James Foster, eine kleine Schlagpresse entwickelt, die wie eine Heftmaschine mit einem leichten Handschlag betrieben wurde. Die Erfindung war zwar sehr einfallsreich, doch das Patentamt lehnte Fosters ersten Antrag auf Patentierung ab, weil die mechanischen Einzelteile des Geräts nicht neuartig waren. Einige Jahre später stellte Foster erneut einen Antrag und argumentierte überzeugend, die Geräte seien zwar nicht neuartig, dafür aber zu einem neuen Zweck zusammengesetzt. Allerdings hatte Foster die Rechte auf die Maschine in der Zwischenzeit schon an einen gewissen Platt Evens verkauft. Dessen Anwalt wandte sich umgehend ans Patentamt und stellte klar, daß die Rechte seinem Mandanten gehörten, obwohl Fosters Antrag Evens Anspruch keineswegs streitig machte. Nun wollte Hall wissen, ob Evens tatsächlich über ein Patent verfügte, oder ob es sich lediglich um einen Werbetrick handelte.[18]

Das Patentamt antwortete, Evens habe das Patent noch nicht. Sofort startete Hall eine Kampagne gegen Evens und nützte dabei die Möglichkeiten, die ihm seine Druckerei bot. In einem Flugblatt feuerte er eine Breitseite auf Evens ab, indem er mit der Neuheit »Halls verbesserte Schlagpresse« warb und Evens beschuldigte, »Behauptungen am Rande des Meineids« aufzustellen.

Kurz nach Halls Breitseite bekam Evens das Patent, und Hall klagte unverzüglich die Hälfte der Besitzrechte ein. Anfang des

Jahres 1855 entschied das Oberste Gericht von Cincinnati zu Halls Gunsten. Man kann sich natürlich fragen, ob die Hälfte der Besitzrechte an einem Patent für eine Schlagpresse den ganzen Aufwand lohnte, doch Hall schien einfach gerne um des Streits willen zu streiten.

1855 ließ Halls Interesse am Siegelgeschäft nach, und er fand ein anderes Ventil für seine Energie: Er beschloß, eine Zeitung herauszugeben. Anfangs war der *Cincinnati Occasional* eine bescheidene Sache; die erste Ausgabe erschien am 5. August 1858 und bestand nur aus einem kleinformatigen einspaltigen Blatt. Thema war die erfolgreiche Inbetriebnahme der Telegraphengesellschaft *Atlantic Cable*; auch spätere Ausgaben waren diesem Thema gewidmet. Möglicherweise hat Cyrus Fields Gesellschaft Hall unterstützt, es ist aber auch nicht auszuschließen, daß Hall von der letzten Errungenschaft des technischen Fortschritts begeistert war. In befehlsheischendem Ton ermahnte er die Stadtväter, das Ereignis zu feiern:

> Auf jedem Hügel am Rande der Stadt sollen Signalfeuer brennen, und Freudenfeuer sollen an jeder Straßenecke lodern. An jedem Punkt, der von der Stadt aus sichtbar ist, soll Böllerschuß auf Böllerschuß und Leuchtrakete auf Leuchtrakete antworten. Leuchtende Ballons sollen sich in die Lüfte schwingen, die vom Glockengeläut aller Kirchen beben, und die Drähte über Land und über See sollen zittern, wenn wir dem Rest der Welt unsere Wünsche schicken. Alte Welt und Neue Welt sind nun eins – auf ewig eins! Berge, Täler und Hügel sollen Beifall spenden – freuet euch! –, denn Gott ist groß.[19]

Halls Stil ist oft elegant und gestelzt, und es wimmelt nur so von kraftvollen Ausrufezeichen, Versal- und Kursivschrift.

Der *Occasional* war zunächst ein Nachbarschaftsblatt, das sich über Anzeigen der Geschäfte in der Fourth Street finanzierte. Bald wurde die Liste der Anzeigenkunden jedoch länger, und Hall wurde ehrgeiziger. Die kleine, nur unregelmäßig erscheinende Zeitung bestand bald aus mehreren Seiten und kam fast jeden Tag heraus. Trotz allem war der *Occasional* keine Zeitung im herkömmlichen Sinne. Hall brachte in jeder Ausgabe nur ein paar aktuelle Meldungen, den Rest füllte er mit glühenden »Worten des Herausgebers«. Der *Occasional* war sein Steckenpferd, das Sprachrohr seiner Schrullen und Hobbys, zum Beispiel seiner Begeisterung für Heißluftballone. Im Herbst 1858 war das Blatt voll mit Bildern von Ballonen und Berichten über Ballonversuche, Ballonrennen, Ballonunfälle; und Hall setzte sich auch mit den technischen Problemen auseinander, denen sich die Ballonfahrer gegenübersahen. Offenbar hielt er das Thema Heißluftballone für gut verkäuflich, doch sein Interesse war nicht nur kommerzieller Natur. Er ließ 1000 Exemplare seiner Zeitung aus Godards Ballon *Leviathan* über der Stadt abwerfen. Natürlich war das nur ein öffentlichkeitswirksames Spektakel, doch aus Halls Artikel geht deutlich hervor, wie sehr ihn die Ballonfahrt als ein Aspekt des technischen Fortschritts faszinierte. Er wies darauf hin, daß das Spektakel drei Triumphe des Menschen und seiner Fähigkeit, die Naturgewalten für sich zu nutzen, in sich vereine: Die Nachricht kam telegraphisch, übermittelt durch den »unbegreiflichen elektrischen Strom«, die Zeitung wurde mit dampfbetriebenen Maschinen, »den nützlichen Dienern unserer Zeit«, gedruckt, und die Ausgabe war von einem Ballon aus verteilt worden, der »durch die Expansionsfähigkeit feinen Gases« flog. Für Hall war der Ballon ein Symbol menschlichen Tatendrangs. »Bricht ein Aeronaut in den Himmel auf, so verliert dieses Ereignis trotz seiner Häufigkeit nicht an Faszination«, schrieb er. »Jeder neue Versuch, sich von seinem Wohnort Erde aus in die Lüfte zu schwingen, weckt in uns Bewunderung für den Wagemut und entfacht die Neugier, welche neuen Triumphe Geschicklichkeit und Tatendurst feiern werden.«[20]

In jenem Winter stieg die Auflage von Halls *Occasional* zeitweise auf 5000 Exemplare. Das stachelte seinen Ehrgeiz an, und
von da an gab er eine Tageszeitung heraus. Die letzte Ausgabe
des *Occasional* erschien am 17. Dezember 1858, die erste Ausgabe der *Daily Press* am 22. Februar 1859. Für die neue Zeitung
stellte Hall einen Chefredakteur ein; die *Daily Press* wurde
zunächst sehr viel professioneller als ihr Vorgänger, war aber
auch etwas langweiliger, weil der schrullige Inhalt und die ex-
zentrische Form fehlten, die den *Occasional* lebendig gemacht
hatten. Nach drei Monaten kündigte der Chefredakteur, oder er
wurde gefeuert; danach strotzten die Seiten der *Daily Press* wieder vor Majuskeln, kursiven Passagen und Ausrufezeichen, und
auch die Ballone spielten in der Berichterstattung wieder eine
vornehmliche Rolle.

Hall war nicht nur stolz auf seine Zeitung, er war auch stolz
auf seine neue Druckmaschine, die nicht mit Dampf, sondern
mit Heißluft betrieben wurde – die Heißluftmaschine war sein
neuestes Steckenpferd. »Mit Heißluft gedruckt«, stand in fetten Lettern im Impressum seiner *Daily Press*, und das Thema
fand entsprechend oft Eingang in sein Editorial.

Während Hall geschäftig seine Unternehmen managte, Anzeigenkunden anheuerte, gerichtliche Zweikämpfe ausfocht,
neue Erfindungen erprobte und Pläne für seine weitere Laufbahn
schmiedete, schien sein häusliches Leben in aller Seelenruhe
weiterzugehen. In den Jahren, die im dunkeln liegen, wie auch
in den ruhmreichen Jahren, war und blieb Mary Hall stumm
und still hinter den Kulissen von Halls Leben verborgen. Sicherlich war sie sehr geduldig und hatte es bestimmt nicht
leicht. Der ehrgeizige, launische, jähzornige und rastlose Hall
war gewiß kein umgänglicher Gatte. In den 50er Jahren wohnten sie in den Räumen seiner Werkstatt, wo sie ihm 1855 das erste Kind gebar, eine Tochter namens Anna. Als fünf Jahre später
das zweite Kind zur Welt kam, war Hall schon auf dem Weg in
die Arktis und hatte Frau und Kinder im Grunde verlassen.

Wann, wie und warum Hall sich für die Arktis zu interessieren begann, weiß man nicht. Später behauptete er, er habe sich schon in den 50er Jahren für das Thema Arktis interessiert und seit seiner Ankunft in Cincinnati viel darüber gelesen. Die große Leidenschaft aber muß erst gegen Ende der 50er Jahre erwacht sein, kurz bevor er beschloß, sich auf den Weg nach Norden zu machen. Vielleicht hatte Elisha Kanes Tod sein Interesse geweckt.

Kane starb am 16. Februar 1857 im Alter von 36 Jahren in Havanna. Schon mit 18 litt er unter rheumatischem Fieber und demzufolge an einem schwachen Herzen. Doch Kane trotzte der Krankheit und führte ein kurzes Leben voller Abenteuer und Reisen, von denen selbst der gesündeste Mensch meist nur träumen kann. Als Arktisfahrer hatte er sich einen Namen gemacht, wenngleich er zuvor bereits Südamerika, Afrika und Europa bereist hatte. Kane entstammte einer wohlhabenden, angesehenen Familie aus Philadelphia und hatte seine Privilegien zu nutzen gewußt. Er studierte an den Universitäten von Virginia und Pennsylvania und wurde Doktor der Medizin. Durch umfassende Lektüre über sein eigenes Fach hinaus wurde er ein »Gelehrter« in genau jener weitreichenden Bedeutung, die heute nicht mehr existiert: Er kannte sich in Chemie, Physik, Geologie, Botanik und Zoologie aus; fast reflexartig beobachtete, vermaß und notierte er alle Naturphänomene, ohne sich je am Makel des Amateurwissenschaftlers zu stören.

Kane nahm an der ersten und zweiten von Grinnell finanzierten US-Arktisexpedition zur Franklin-Suche teil, 1850–1851 als Schiffsarzt, 1853–1855 als Kommandant. Besonders die zweite Expedition war eine Tortur. Erstes Ziel war die Suche nach Franklin, doch die Männer hofften trotzdem, das »offene Eismeer« zu finden, ein weites eisfreies Gewässer, nördlich des Packeises, das so viele Expeditionen blockiert hatte. Verfechter des »offenen Eismeers« hielten dafür, daß bei 80° nördlicher Breite das Packeis verschwinde. Kane und andere gingen davon aus, daß Franklin irgendwo im Polarmeer vom Eis eingeschlossen war und es nicht durchbrechen konnte. Die Hypothese eines »offenes Eismeers« ist ein Beispiel dafür, wie theoretische Geographie die Forschungsreisenden mitunter in fatale Fallen locken konnte. Die Männer der zweiten Grinnell-Expedition wagten sich in die Gewässer zwischen Ellesmere Island und Grönland und fuhren direkt ins Eis, weil sie davon ausgingen, daß es sich öffnen würde. Sie mußten ihr Schiff verlassen und mit Schlitten und Booten den Rückzug nach Süden antreten. Daß nur drei Männer starben, war Kanes Verdienst; er hatte von den Eskimo Techniken zum Überleben gelernt.

Kane schrieb zwei Bücher über seine Arktisfahrten, die Bücher wurden Bestseller, er wurde berühmt. Der kleine, kränkliche Mann wurde zum Idol, ein wohlausgewogenes Beispiel für Vornehmheit und Mut, Männlichkeit und Wissensdurst. Sein Tod wurde im ganzen Land betrauert. Seine sterblichen Überreste wurden feierlich auf ein Schiff geleitet und von Havanna nach New Orleans überführt, wo eine Kapelle und die Stadthonoratioren sie empfingen und auf einen Flußdampfer brachten. Unter Glockengeläut fuhr der Schaufelraddampfer den Mississippi und den Ohio hinauf, Trauernde säumten die Ufer. Am 7. März erreichte das Schiff Cincinnati. Wenn Hall an jenem Tag in der Stadt war, so hatte er sich sicherlich dem Trauerzug angeschlossen und Kanes sterbliche Hülle vom Dampfer zum Sonderzug begleitet, der ihn zur nächsten Station auf seiner langen Reise nach Philadelphia brachte. In seinen späteren Schriften bezieht sich Hall ständig und mit großem Lob auf Kane, den Patrizier aus Philadelphia, den er schließlich auf seine Weise imitierte. So könnten die Ereignisse des 7. März 1857 entscheidend für Halls Karriere als Entdecker gewesen sein.

Tatsache ist, daß Hall 1857 und 1858 Bücher über die Arktis verschlang. Schon jahrelang hatte er Notizen über seine Lektüre gemacht; in unzähligen kleinen Kladden schrieb er flüchtige Gedanken, Zitate und Zahlen nieder. Diese Notizbücher sind illustre Sammelsurien. Auf ein paar Seiten finden sich nacheinander folgende Einträge: ein Leserbrief von Baron Humboldt über die Sklaverei (er war dagegen), ein Zitat von Lord John Russell über den prosaischen Stil (die Empfehlung, Defoes Sachlichkeit nachzuahmen), eine Zahl, die offenbar für sich spricht (Großbritannien hatte sich im Krimkrieg mit 85 Millionen Pfund verschuldet), eine Liste der Dinge, die Hall lesen wollte; Bibelzitate, lateinische Merksätze und Zeitungsfüllsel. Halls Notizbücher zeugen von der unspezifischen, aber willensstarken Vorgehensweise des Autodidakten.

Seit 1857 hatten die bis dahin wahllos geführten Notizbücher nur noch ein Thema: die Arktis. Hatte er früher nur hin und wieder etwas dazu gelesen, studierte er diese Region nun gezielt und intensiv. Regelmäßig besuchte er die Young Men's Mercantile Association Library und durchforstete die neuesten Magazine und Zeitungen nach den jüngsten Aktivitäten in der Arktis und ging auch das Archiv nach Daten durch. Er kaufte und lieh sich alle Bücher, die er über den Norden finden konnte. Er las Humboldt, Scoresby, Barrow, Parry, Ross, Franklin, Richardson, Beechey, Back, McClure und natürlich Kane und informierte sich über arktische Seefahrt, Geschichte und Geographie, Flora und Fauna. Er las gewissenhaft, machte gewissenhaft Notizen, und er prägte sich gewissenhaft ein, was er gelesen hatte. Aus den Notizbüchern geht hervor, daß er sich besonders dem Problem des Überlebens in der Arktis annahm. Er notierte Kanes Glaubenssatz, Frischfleisch sei das »Wundermittel« gegen Skorbut, und listete die Lebensmittelvorräte der einzelnen Expeditionen auf. Es finden sich Artikel zur Ernährung, beispielsweise der Bericht eines Chemikers über die Tatsache, daß fettes Fleisch nahrhafter sei als mageres, oder der Bericht über eine alte Frau, die einen Monat lang nur von einem halben Pfund Zucker gelebt hatte. Außerdem übernahm er Expertenempfehlungen, zum Beispiel von Kane, für

Kleidung und Lagerbau und heftete sogar einen Zeitungsartikel über empfohlene Verhaltensweisen im winterlichen Ohio ab (eine Liste, die nicht der Komik entbehrt, bedenkt man, was Hall bevorstand; so wird empfohlen, daß man »nie mit dem Kopf im Luftzug unter einem Fenster schlafen [...], bei trockener Kälte nie Überschuhe aus Gummi tragen [...], sich nicht im Kirchengestühl an Kissen lehnen« sollte).

Auch Halls private Gedanken kommen in diesen Notizbüchern zum Ausdruck. Wenn er Zahlen und Fakten niederschrieb, zitierte er auch immer kurze, moralisch aufbauende Sätze. Da er bald eine Entscheidung treffen würde, die sein ganzes Leben veränderte, riß er sich am Riemen und verschrieb sich dem Motto: »Der Entschlossene überwindet alle Hindernisse.«

Bei der Lektüre einer Kolumbus-Biographie beeindruckte ihn die Besessenheit dieses Mannes. Mit großen handschriftlichen Lettern zitierte er folgende Passage:

Keine Not, keine Entbehrung, kein Spott, keine Schmähung und keine Enttäuschung, die er nicht erlitten hätte! Sein Beispiel soll jeden Tatendurstigen ermutigen, nicht aufzugeben.

Hall glaubte oder wollte glauben, daß man durch Willen und Ausdauer alles erreichen kann. Er mußte daran glauben, denn es war das einzige, was er in eine Idee investieren konnte, die allmählich in ihm Gestalt annahm.

Im Frühjahr 1859 schrieb er in der *Daily Press* Berichte und Leitartikel über die Arktis und machte auf diese Weise sein bislang privates Interesse am Norden publik. Am 25. Mai 1859, 14 Jahre nach Franklins Verschwinden, stellte er in einem dieser Artikel die Frage: »Ist Sir John Franklin noch am Leben?« – es folgte ein schwülstiger Erguß voller Lyrikzitate (»Betten sich die Tapfren nachts zur Ruh, kommen ihnen die Wünsche des Vaterlands zu«), der insgesamt vage bleibt, zumindest, was die Antwort auf die gestellte Frage angeht. Doch Hall war der Meinung, daß Franklin durchaus noch am Leben sein könnte: »In der Geschichte der Seefahrt geschah es oft, daß eine unsichtbare Hand den Seemann, der in den tosenden Wogen versunken war, ans rettende Gestade zog, und in den Annalen der Todesqualen, wenn das Herz mutlos wird und die Hand versagt, fiel oft ein Meteoritenstrahl auf die Seele, und ein starker Arm ward plötzlich zugegen.«

Eine Woche später erschien ein Editorial unter der schlichten Überschrift »Lady Franklin«. Hall zitierte »Lady Franklins Bitte an den Norden«, die folgendermaßen beginnt: »Oh, wo bist du, du lange Ersehnter? Im weißen Meer unterm weißen Himmel?« Hall hatte tiefes Mitgefühl für die Dame und ihre Seelenqualen. »Alle Menschen müssen größtes Interesse am Schicksal dieser wagemutigen Männer haben und eifrigst dazu beitragen, sie ihrem Land und ihren Familien wiederzubringen.« Damit man sie wiederbringen konnte, mußten sie noch am Leben sein.

In jenem Frühjahr bereitete sich Isaac Hayes, der Kane auf der zweiten Expedition als Arzt begleitet hatte, auf eine erneute Fahrt in den Norden vor. Er wollte beweisen, daß es das offene Eismeer wirklich gab, und er wollte den Nordpol erreichen. Am 30. Juni verfaßte Hall einen Artikel mit dem Titel »Die Erkundung der Arktis« und kam zu folgendem Schluß:

Die Vereinigten Staaten sollten großzügig zum Fortkommen der Arktiserkundung beitragen. Nirgendwohin blickt das neugierige Auge so bereitwillig wie nach dem unbekannten Norden. Dort oben am Polarkreis gibt es Millionen Quadratmeilen offenes Eismeer, Eisberge und bislang unentdeckte Lande. Sollen die Vereinigten Staaten die ersten sein, die ihre Flagge in den Nordpol stecken! Die Amerikaner können es – und werden es! Dr. Hayes, wir sind bei Eurer Arktisfahrt dabei!

Halls Angebot an Hayes war zunächst nur rhetorisch, doch bald kam es zu einer Entscheidung. Zwei Wochen nachdem er diese Zeilen geschrieben hatte, verkaufte er seine Zeitung und machte sich daran, eine eigene Expedition zu organisieren. Er wollte Überlebende der Franklin-Expedition finden und bergen.

In den zehn Jahren seines Lebens in Cincinnati hatte Hall es zu etwas gebracht. Als Migrant ohne Ausbildung war er gekommen, nun, am Ende des Jahrzehnts, war er ein ziemlich erfolgreicher, vielleicht sogar ein sehr erfolgreicher Geschäftsmann. Er hatte sich begeistert in die Arbeit gestürzt, hatte die technischen und finanziellen Unternehmungen der Stadt unterstützt, zu ihrem Aufschwung beigetragen und in ihrem Geist gelebt. Als Autodidakt hatte er sich beträchtlich weiterentwickelt, sogar seine Handschrift war im Laufe dieser zehn Jahre besser geworden. Er hatte Frau und Tochter, bald sollte er auch einen Sohn haben. Er war zwar als Exzentriker verschrien, doch bei Freunden und Nachbarn war er beliebt.

Und dann beschloß Hall mit 38 Jahren plötzlich, sich von seinen Geschäften zurückzuziehen und ein Unternehmen zu starten, für das er nicht die geringste Qualifikation mitbrachte, ein Abenteuer, das nichts als Härten versprach. Nach seiner ersten Expedition schrieb er: »Es scheint mir, ich sei berufen.«[21] Die Stimme, die ihn berufen hatte, kam aus dem Himmel; davon war er felsenfest überzeugt. Hall war fromm, er glaubte, daß Gott ihn dazu ausersehen habe, Überlebende der Franklin-Expedition zu finden oder zumindest ihr Schicksal aufzudecken. Doch die Stimme kam nicht nur aus dem Himmel, sie kam auch aus seinem Herzen. Bedürfnisse und ein Verlangen, das er selbst nicht fassen konnte und das wir nur dunkel erahnen können, trieben ihn zu dieser Entscheidung. Vielleicht stand er zu sehr im Leben und sehnte sich nach einem Bild der Wildnis, das damals in den Köpfen vieler amerikanischer Romantiker herumspukte, während die Wildnis selbst zügig verschwand. Hall schien sein Leben in Cincinnati genossen zu haben, doch vielleicht wurden ihm seine kleinen Unternehmen, seine Patentpresse, seine Werkstatt, seine Zeitung und die öffentlichen Spektakel langsam lästig. In jenen zehn Jahren war er unweigerlich in das Netz aus Verantwortungen und Abhängigkeiten geraten, die Teil jedes zivilisierten Lebens sind. Er hatte viel gewonnen, doch es ging auf Kosten seiner Unabhängigkeit. Er hätte weiter nach Westen gehen und Siedler werden können, doch er war kein Bauer, dieses Leben lag ihm nicht. Außerdem schossen im Westen immer neue Gemeinden aus dem Boden, Hall jedoch wollte dem Leben in einem Gemeinwesen entfliehen. Der hohe Norden war der Ort, an den er sich zurückziehen wollte.

Was immer seine Motive waren, Hall machte sich unverzüglich an die Arbeit und suchte Unterstützung für sein Vorhaben. Als ersten Schritt wollte er möglichst viele bekannte Bürger der Stadt mobilisieren, eine Petition zu unterzeichnen, die die britische Regierung bewegen sollte, ihm ein Schiff zur Verfügung zu stellen. Die *Resolute* wurde von den Briten 1853 bei der Franklin-Suche im Eis aufgegeben und zwei Jahre später von Walfängern im Meer treibend gefunden. Sie wurde wieder seefest gemacht und von der US-Regierung nach England zurückgebracht. Einige wichtige Männer hatten Halls Petition schon unterschrieben, darunter auch der Gouverneur Salmon Chase und Senator George Pugh. Er war noch auf Unterschriftenfang, als in Cincinnati die Nachricht eintraf, Francis Leopold McClintock sei am 24. September mit der *Fox* in Portsmouth eingelaufen. Neben der Meldung, Franklin sei vermutlich tot und die Schiffe verloren, brachte er auch Relikte von Croziers Todesmarsch entlang der Küste von King William Island mit.

Wer hätte da nicht den Mut verloren? Nach McClintocks Neuigkeiten schien jede weitere Suche sinnlos. Doch Hall hielt unbeirrt an seinen Plänen fest. Er redete sich ein, daß viele Fragen noch offen seien und daß McClintock nicht ausführlich mit den Eskimo auf King William Island habe sprechen können, die, dessen war sich Hall sicher, die Antwort auf alle Fragen hatten. »Darüber hinaus war ich überzeugt, daß man immer noch Überlebende finden könnte«, schrieb er einige Jahre später. In einem Anfall vaterländischen Wettstreits fuhr er fort: »Ich sagte mir also, nachdem England das Feld geräumt hat, gebt doch mir, einem einfachen Bürger der Vereinigten Staaten, die Chance, dem Sternenbanner zu Ruhm zu verhelfen, es weiter zu versuchen und vielleicht die Sache zum Erfolg zu führen.«[22] Er war überzeugt, daß er die Arktis erreichen würde, und trainierte für seine Expedition auf eine Weise, die seinem Ruf als Exzentriker gerecht wurde. Auf einem Hügel hinter dem Observatorium von Cincinnati schlug er ein Zelt auf und verbrachte an diesem Ort, den er für ausreichend wild hielt, mit spartanischem Proviant ein paar kalte Herbstnächte. Die einzige Härte, die er erleiden mußte, war der Neugier einiger Mitbürger zuzuschreiben. Eines Nachts statteten ihm zwei betrunkene Iren einen Besuch ab und forderten Whiskey von ihm; sie gingen steif und fest davon aus, daß er Alkohol bei sich habe. Als er verneinte, schossen sie auf ihn. Hall suchte barfuß und halb nackt das Weite. Die Zeitungsartikel über diesen Vorfall sorgten in der ganzen Stadt für große Heiterkeit.

Doch wichtige Männer wie Gouverneur Chase, Senator Pugh, Bürgermeister Bishop, der Fabrikant Miles Greenwood und der künftige Gouverneur William Dennison nahmen Hall und sein Projekt ernst. Sie waren beeindruckt von seiner Entschlossenheit und ließen sich von seiner Überzeugung mitreißen, daß mehr getan werden konnte, als McClintock getan hatte. Vielleicht wollten sie auch nur wie alle anderen, die den tatkräftigen Hall unterstützten, ein Abenteuer aus zweiter Hand erleben.

Aus irgendeinem Grund verwarf Hall die Idee, England leihweise um die *Resolute* zu bitten, und verfaßte statt dessen ein Rundschreiben über sein Projekt, das 28 Honoratioren unterzeichneten:

Dies ist eine Bitte an alle Männer, denen die Menschheit, Geographie, Geschichte und Naturkunde am Herzen liegen, mit allem, was in Eurer Macht steht, Eurem Landsmann Charles Francis Hall aus Cincinnati, Ohio, zu helfen und ihm die Organisation und Ausstattung einer amerikanischen Expedition zu ermöglichen, erstens um nach Überlebenden der Expeditionsmannschaft von Sir John Franklin zu suchen (insgesamt 138 Männer [die Zahl ist falsch], davon sind erwiesenermaßen nur 27 tot), zweitens die letzte Franklin-Expedition zufriedenstellend und hinreichend zu rekonstruieren und drittens neue Erkenntnisse in Geographie und Navigation, Naturgeschichte und Naturkunde zu gewinnen.

Zu diesem Zeitpunkt hoffte Hall noch, eine vollständig ausgerüstete Expedition auf die Beine stellen zu können. In dem Rundschreiben umreißt er seinen ehrgeizigen Plan:

Für eine solche Expedition braucht man ein richtiges Schiff oder richtige Schiffe mit einer kompletten, erfahrenen Mannschaft, mit Offizieren und einem Kommandanten, Ausrüstung, Kleidung und Proviant für zwei, drei Jahre. Sie soll am ersten Tag des Monats Juni 1860 von einem Hafen der Ostküste ablegen und via Davis' Strait, Baffin Bay, Lancaster Sound, Barrow Strait, Prince Regent Inlet zum Bellot Strait und zur Nordküste von Boothia fahren, dort mit der Suche beginnen und sie auf King William Island und die umliegenden Regionen ausdehnen, bis alle Gebiete der arktischen Welt umfassend abgesucht wurden und entweder das humanitäre Ziel erreicht und Überlebende der Mannschaft von Sir John Franklin gefunden wurden oder das Schicksal der Männer besiegelt werden muß, das bis zum heutigen Tag noch nicht feststeht, immerhin sind es 111 Menschenleben, nach deren Geschichte die laute Stimme der Menschheit und aller großherzigen Naturen fragt und die nicht in ewiger Vergessenheit ruhen dürfen, solange man hoffen kann, mit zielgerichtetem Geist und amerikanischem Tatendrang auch nur einen einzigen Überlebenden zu finden oder die Lösung des Rätsels um ihren Tod zu liefern.

Anfangs hoffte Hall noch auf zwei Schiffe und das Kommando über eine große Expedition und wollte der bekannten Route durch den Lancaster Sound in den Archipel folgen. Doch seine hochtrabenden Pläne wurden bald bescheidener.

Im Januar 1860 merkte Hall, daß seinem Erfolg in Cincinnati Grenzen gesetzt waren; er konnte dort das Interesse reicher Männer wecken und Geld sammeln, doch die Entdecker, die die Arktis befahren hatten, die Walfänger, die Schiffe bereitstellen konnten, und die Männer mit wirtschaftlicher und politischer Macht, die seine Pläne Wirklichkeit werden lassen konnten – sie alle saßen an der Ostküste. So schrieb er eifrig an Isaac Hayes, Henry Grinnell, Cyrus Field und andere und legte seinen Briefen Empfehlungsschreiben seiner prominenten Mitstreiter aus Cincinnati bei. Anfang Februar hatte er die Vorarbeit geleistet, am 7. Februar reiste er in den Osten; es war das erste Mal, daß er in seine alte Heimat zurückkehrte. An jenem Tag begann Hall auch, ein richtiges Tagebuch zu führen. Bis dahin waren seine Notizbücher Sammelsurien flüchtiger Gedanken und unzusammenhängender Fakten, nun aber schrieb er Tag für Tag Berichte über seine Aktivitäten. Die Einträge waren zunächst kurz und sachlich, doch je größer seine Begeisterung wurde, desto länger wurden auch seine Eintragungen. Hinter den schillernden Worten und dem bombastischen Stil kommt gelegentlich auch der Mensch Hall zum Vorschein – ein Mann, der die Welt eher unsicher betrachtet, der seine Tatkraft und seinen Ehrgeiz aber kaum verhehlen kann.

Bei seinem Aufenthalt in Columbus hatte er eine Unterredung mit Gouverneur Dennison, dann nahm er den Zug nach Philadelphia, wo er zwei Tage blieb, bevor er nach New York weiterfuhr. In Philadelphia traf er Isaac Hayes und Elisha Kanes Bruder Robert; sie sprachen lange über seine Pläne und über Hayes' bevorstehende Nordpolexpedition. Unweigerlich zog es ihn auch zu den Werften, wo er zufällig Bekanntschaft mit einem Schonerkapitän machte, der 1853 auf einem Walfänger im Norden gewesen war und einige Schiffe gesichtet hatte, die in jenem Jahr auf der Franklin-Suche den Archipel befahren hatten.

In New York blieb er nur einen Tag. Er schmiedete Pläne für einen längeren Aufenthalt, zuerst aber wollte er nach New London und mit Walfängerreedereien über Schiffe verhandeln. Er nutzte den Tag und traf mit dem Mann zusammen, der seine Laufbahn als Entdecker mehr als jeder andere Mensch fördern sollte: Henry Grinnell war damals Manager einer Londoner und Liverpooler Versicherungsgesellschaft, doch dies war gewissermaßen nur eine Beschäftigung für den Lebensabend; Grinnell hatte in den Jahren zuvor ein Vermögen gemacht. Im großen Walfängerhafen New Bedford geboren, ging er mit 20 nach New York und arbeitete als Buchhalter bei einer Handelsgesellschaft, dann führte er zusammen mit seinem Bruder die Fischverwertungsfirma Grinnell & Company, die schon vor Henrys Eintritt von einer kleinen Tranfabrik zu einer großen Reederei expandiert war. Unter Führung der Grinnell-Brüder sowie ihres Schwagers Robert Minturn wuchs die Firma und wurde bald eines der größten Unternehmen in New York. Henry Grinnell hatte sich 1850 aus der Firma zurückgezogen, nicht um in den Ruhestand zu gehen, sondern um mehr Zeit für seine anderen Interessen zu haben. Er war Gründungsmitglied und erster Präsident der American Geographical and Statistical Society (heute American Geographical Society) und gewissermaßen Schirmherr der amerikanischen Aktivitäten in der Arktis. Als sich die Regierung 1849 dagegen aussprach, eine Rettungsexpedition auf die Franklin-Suche zu schicken, sprang Grinnell ein und organisierte und finanzierte die erste Expedition. Drei

Jahre später stach die zweite Grinnell-Expedition unter Kanes Kommando in See. Grinnell war immer noch an der Tranproduktion und der Reederei beteiligt und interessierte sich vielleicht auch deshalb für das Nordmeer, doch seine Motive für die Ausrüstung der Expeditionen waren ganz und gar uneigennützig und entsprangen eher einer Mischung aus humanitärem und wissenschaftlichem Interesse; Grinnell war Geschäftsmann, aber er war auch Philanthrop.

Am 13. Februar aßen Hall und Grinnell gemeinsam zu Abend. Hall war sehr angetan von Grinnells großem Interesse für »die neue Franklin-Rettungsexpedition«, wie Hall sein Projekt nannte. Sie verabredeten sich für die Zeit, wenn Hall wieder in New York wäre, und Grinnell gab ihm die Namen einiger Männer, die er in New London treffen sollte. Dorthin fuhr Hall am nächsten Tag mit der Norwich & Worcester Railroad. Dem New Yorker N&W-Agenten erklärte Hall Ziel und Zweck seiner Reise und bekam eine Freifahrt. Halls Überredungskünste kamen auch in kleinen Dingen zum Tragen, denn seine Mittel waren sehr beschränkt.

Hall handelte schnell; er wußte, daß die Woche in New London über Ja oder Nein seiner Expedition entscheiden würde. Am Morgen nach seiner Ankunft wandte er sich an die Reederei Williams & Haven. Er war begeistert, als ihm die beiden für nur 2000 Dollar die *Amaret* anboten, einen kleinen Schoner von 91 Tonnen. Seine Begeisterung rührte weniger daher, daß dies ein günstiges Angebot war, sondern weil die *Amaret* früher *Rescue* hieß und auf der ersten Grinnell-Expedition Begleitschiff der *Advance* gewesen war. Hall sah es als gutes Omen, daß das Schiff auf Kanes erster Arktisfahrt dabeigewesen war, und blieb bei dem Namen *Rescue.* Er wollte das Schiff aber erst kaufen, wenn auch alles andere geklärt wäre und er über das nötige Geld verfügte, doch er versicherte Williams & Haven, das Angebot in naher Zukunft mit großer Wahrscheinlichkeit anzunehmen.

Die meiste Zeit verbrachte Hall mit den Walfängern von New London und Groton, die ihm Geschichten von ihren Arktisfahrten erzählten und die in seinem weiteren Leben noch eine große Rolle spielen sollten. Er konnte stundenlang zuhören, wenn diese harten, erfahrenen Männer über ihre Erlebnisse in den Walgründen der Baffin Bay oder des Davis Strait schwadronierten. Skipper Christopher Chapel erzählte von seinen Wintern im Northumberland Sound (heute Cumberland Sound), George Tyson schilderte ihm die Robbenjagdtechniken der Eskimo, die er während seiner Jahre im Norden beobachtet hatte, William Sterry, ein Hansdampf auf allen Schiffen und bei den Skippern sehr geschätzt, erzählte ihm von seinen langen Aufenthalten bei den Eskimo. Haven von der Reederei Williams & Haven schockierte ihn mit dem Bericht »über das unehrenhafte Benehmen eines sehr bekannten Skippers (er ging in die Geschichte ein), der sein Schiff während eines langen Winters in ein ... verwandelte«.

Hall hörte sich die Geschichten der Walfänger gerne an, doch er verfolgte auch ein pragmatisches Interesse: Er mußte einen Kapitän und eine Mannschaft für seine geplante Reise finden. Schon am Anfang seines Aufenthalts in New London traf er John Quayle, auf den seine erste Wahl als Kapitän fiel. Quayle war nicht nur ein befahrener Arktisskipper, er hatte auch die *Rescue* auf ihren drei letzten Fahrten kommandiert und war mit dem Schiff vertraut, das Hall kaufen wollte. Hall war beeindruckt von Quayle, und Quayle hätte auch gerne das Kommando übernommen, doch Hall war umsichtig genug, sich noch andere Möglichkeiten offenzuhalten, was sich später als sehr klug herausstellen sollte. Die Skipper Christopher Chapel und B. F. Brown boten Hall eine Passage auf ihren für den Sommer geplanten Fahrten in die Baffin Bay an, falls er kein eigenes Schiff finden sollte. Attraktiver noch war das Angebot von Sidney O. Budington. Auch er konnte ihm nur eine Freifahrt anbieten, doch er hatte in Halls Augen einen weiteren Pluspunkt: Bei ihm lebte der Eskimo Kudlago, den er auf seiner letzten Fahrt von der Baffin Bay mitgebracht hatte. Wenn Hall mit Budington fahren würde, könnte er Kudlago als Dolmetscher und Führer einsetzen. Nach dem Treffen schrieb Hall: »Er war der feinste Kerl von diesem so seltsamen Volk, den ich je kennengelernt habe.« (Natürlich hatte Hall damals noch keine Vergleichsmöglichkeiten. Kurz darauf traf er in New York auf der Straße einen Chinesen und fragte ihn, ob er Eskimo sei.) Hall schloß Kudlago sofort ins Herz, als er hörte, daß die amerikanischen Matrosen ihn »Yankee John« nannten, weil er lieber mit Amerikanern arbeitete als mit Eskimo. Budingtons Frau hatte Kudlago Englisch und die Umgangsformen der zivilisierten Welt beigebracht. Sie sagte zu Hall, Kudlago lerne schnell, doch er bleibe immer völlig ungerührt. Als er das erste Mal die eindrucksvollste aller menschlichen Erfindungen gesehen habe – eine Lokomotive, die an ihm vorbeistampfte –, habe er keine Miene verzogen. »Er betrachtet die Werke der Zivilisation mit Interesse«, schrieb Hall, »doch niemals mit Verwunderung.«

Der Aufenthalt in New London gefiel ihm und gab ihm Auftrieb. Er hatte Männer getroffen, die die Arktis kannten, und jeder einzelne hatte ihm versichert, es sei durchaus möglich, daß es Überlebende der Franklin-Expedition gebe. Außerdem hatte er ein Schiff und in John Quayle einen erfahrenen Kapitän gefunden. Und wenn er aus irgendwelchen Gründen die *Rescue* nicht kaufen könnte, könnte er das Angebot der Skipper annehmen und zumindest bis Baffin Island fahren. Wie optimistisch er war, zeigt sich in seiner Reaktion auf das schlechte Wetter, das in New London fast die ganze Woche über anhielt: »Es ist ein Sakrileg zu sagen, die Elemente führten Krieg«, schrieb er, »die Elemente führen nie Krieg. Als der Schnee in mein Gesicht wehte, in meine Kleider drang bis auf die Haut, da sagte ich: ›Wie schön du bist! Die gleiche Hand, die auch die Sterne schuf, hat dich erschaffen – Welten – Systeme! Die gleiche Macht, die auch die Himmel regiert, regiert nun auch dich.‹ Gelobt sei Gott! Die Elemente sind immer in Frieden.« Eine gefährliche Einstellung für einen Mann, der vorhatte, in die Arktis zu gehen.

Mit dem Dampfer fuhr Hall nach New York zurück. Auch auf dem Schiff bekam er dank der Freundlichkeit des Agenten eine Freifahrt. »Alle sind mir wohlgesonnen, wenn ich ihnen von meiner geplanten Expedition erzähle«, schrieb er über diese kleine Spende. Am Nachmittag des 23. Februar kam er in New York an, am Abend zog er sich mit Grinnell zurück und erzählte dem Mann, von dem er hoffte, daß er der Schirmherr seines Vorhabens werden würde, von seinen Fortschritten in New London. Grinnell bot Hall an, seine Bibliothek zu benutzen, und nahm ihn am nächsten Tag mit zur American Geographical and Statistical Society. In den folgenden Wochen verbrachte Hall dort viele Stunden und verschlang Berichte über die Arktis, die er in Cincinnati nicht bekommen konnte.

Hall achtete den heiligen Sonntag und verbrachte ihn wenn möglich immer allein. An seinem ersten Sonntag in New York sinnierte er in seinem Hotelzimmer über alles, was ihm beschert worden war, und listete es sorgfältig in seinem Tagebuch auf:

1. Ein Schiff von großer historischer Bedeutung, richtig ausgerüstet für das nordische Eis, steht schon für die Expedition bereit.

2. Ein befahrener Kapitän, der Esquimaux-Sprache mächtig und fast befähigter als diese, Schlittenhunde zu führen, wartet nur darauf, das Kommando zu übernehmen. [Hall hatte davor einen Brief von Quayle bekommen, in dem dieser sein Angebot wiederholte, das Schiff zu führen.]

3. Die Familie Kane hat ihre Unterstützung zugesagt.

4. Auch Mr. Childs von Childs & Peterson [eine Firma aus Philadelphia] hat Hilfe angeboten.

5. Und zu guter Letzt der Größte von allen: Henry Grinnell, jener Mann, dem die Welt Dankbarkeit schuldet für seine Großherzigkeit, zwei Expeditionen auszuschicken, die jene bergen sollten, die in den unbekannten Norden gefahren sind, um der Menschheit einen Dienst zu erweisen, Henry Grinnell, er ist auf meiner Seite. Er, so sage ich, ist der Größte von allen. Er glaubt wie ich, daß es Überlebende der Franklin-Expedition gibt und daß bislang noch keine richtig angelegte Suche unternommen wurde, um diese bedeutende Tatsache zu bestätigen.

6. Ich möchte hier auch die freundlichen Menschen in meiner lieben Stadt Cincinnati nicht vergessen: Senator Chase, Gouverneur Dennison in Columbus und all die anderen, die dieses Vorhaben nach Kräften unterstützen.

Punkt sechs ist natürlich nachträglich hinzugefügt – eine Antiklimax, denn die Zeit im Osten hat fast jeden Gedanken an seine »liebe Stadt« verdrängt. In Wahrheit war er ein wenig benommen von den dortigen Erlebnissen, besonders von seinen Treffen mit Grinnell und Field.

Grinnell und andere Männer der gehobenen Gesellschaft waren natürlich beeindruckt von Hall und seiner Mission. Bestimmt war Hall manchmal ein Speichellecker, aber meist war er viel zu beschäftigt, als daß er sich große Gedanken über seine niedrige soziale Stellung gemacht hätte. Er hängte sich an die Reichen und Mächtigen, weil er darin die einzige Möglichkeit sah, sein Projekt voranzutreiben. Sollte er beeindruckt gewesen sein von ihrer Grandezza und betreten über seine eigene Inferiorität, so war das nicht von Bedeutung und beschäftigte ihn nur marginal. Diese Reichen und Mächtigen wiederum waren nicht von Halls Speichelleckerei beeindruckt, sondern von seiner Ernsthaftigkeit und Entschlossenheit. Dieser linkische, manchmal sogar ungehobelte Mann hatte die Gabe, durch seine eigene Überzeugung andere für sich zu gewinnen.

Die Organisation der Expedition trat schnell in die letzte Phase. Nachdem Hall Quayles Brief und dessen wiederholtes Angebot bekommen hatte, telegraphierte er ihm, er solle sobald als möglich nach New York kommen, die Fahrtkosten würden natürlich übernommen werden. Hall wollte Grinnell mit Quayle bekannt machen; von Grinnells Zustimmung hing sehr viel ab, immerhin hatte Hall noch keine festen Zusagen von ihm oder anderen Geldgebern. Fast eine ganze Woche wartete er nervös auf Quayles Ankunft. Die Reederei Williams & Haven hatte verlangt, daß er sich bis zum 8. März bezüglich des Kaufs der *Rescue* entscheide. Am 6. März bat er sie in einem Brief, die Frist um zehn Tage zu verlängern.

Endlich traf Quayle aus New London ein. Hall nahm ihn gleich mit zu einer Unterredung in Grinnells Kontor. Zu Halls Enttäuschung zögerte Quayle, den Posten anzunehmen, und behauptete in aller Bescheidenheit, andere seien besser geeignet, zum Beispiel Christopher Chapel. Wenn Chapel das Kommando übernähme, würde er, Quayle, gerne als Erster Offizier mitfahren, ein Angebot, das Hall als »großzügig und voller Wertschätzung für den Mann« befand. In seiner Naivität kam er überhaupt nicht auf den Gedanken, daß Quayle nur Zeit schinden wollte. Er telegraphierte unverzüglich an Chapel und bat ihn nach New York. An jenem Abend aßen Quayle, Hall und Grinnell in dessen Villa zu Abend und diskutierten weiter über die Expedition. Sie kamen überein, daß die Route nach King William Island durch die Hudson Strait, Foxe Channel sowie Fury and Hecla Strait führen sollte, und nicht, wie auf Nordfahrten üblich, durch den Lancaster Sound. Quayle kippte versehentlich sein Glas über die Karte, und der Wein lief über die vorgeschlagene Route, was alle als gutes Omen betrachteten.

Die beiden nächsten Tage sollten entscheidend sein. Grinnell hatte Hall gebeten, an einer Versammlung der American Geographical and Statistical Society teilzunehmen, wo Isaac Hayes sprechen sollte, den Hall in New York verschiedentlich getroffen hatte. Er war von Philadelphia gekommen, um letzte Vorbereitungen für seine Nordpolexpedition zu treffen und sie der Versammlung vorzustellen. Eine weitere Attraktion waren Sidney Budington und der Eskimo Kudlago, die Hall auf Bitten der Society telegraphisch eingeladen hatte.

Am Morgen traf Chapel mit seiner Gattin in New York ein, und Grinnell und Hall suchten sie sogleich in ihrem Hotel auf. Mrs. Chapel erklärte mit ruhiger, aber fester Stimme, sie könne nicht zulassen, daß ihr Mann noch einmal in die Arktis fahre, Chapel widersprach nicht. Halls Enttäuschung hielt sich nur deshalb in Grenzen, weil er gespannt war, wie die abendliche Versammlung der Society ausgehen würde.

Über die Versammlung schrieb er nichts, statt dessen klebte er drei Zeitungsausschnitte in sein Tagebuch, die über das Ereignis berichteten. Hayes sprach ziemlich lange und zeichnete seine geplante Route ins »offene Eismeer« und zum Nordpol auf einer großen Karte nach. Hall hatte nur einen kurzen Vortrag gehalten, seine Pläne skizziert und auf die Tatsache hingewiesen, daß McClintock nur das Schicksal einer kleinen Gruppe von Franklins Männern hatte nachweisen können. Für die Reporter war Kudlago die größte Attraktion, auch wenn sie ziemliche Schwierigkeiten mit seinem Namen hatten. Halls Vertrauen in Quayles Fähigkeiten schien gerechtfertigt, als der Skipper mit Kudlago fließend in dessen Sprache redete und seine Kommentare zur Zivilisation für die Presse übersetzte.

Doch hinter diesen publikumswirksamen Einlagen bahnte sich heimlich, still und leise etwas ganz anderes an. So bemerkte Hall im Lauf des Abends, daß Hayes und Quayle sich privat in einer Ecke unterhielten, doch er maß dem Vorfall zunächst keine Bedeutung bei. Der Tagebucheintrag am nächsten Tag offenbart den Gegenstand dieses Gesprächs:

Am liebsten würde ich gar nicht über dieses Doppelspiel schreiben, diese widerliche Unmenschlichkeit von Dr. I. I.

Hayes und Kapitän P. T. Quayle. Ich, der ich mich mit Haut und Haar der Errettung verschollener Überlebender von Sir John Franklins Mannschaft verschrieben habe, ich treffe mich auch noch mit diesen Leuten, die so tun, als wären sie mir freundlich gesonnen, doch in ihren Herzen verurteilen sie mich offenbar zutiefst! Warum? Kapitän Quayle wurde mir von den verschiedensten Bürgern New Londons als der geeignete Mann und Kommandant der Neuen Franklin-Rettungsexpedition empfohlen, ich wurde ihm vorgestellt, und er schien ganz versessen auf das Abenteuer zu sein. Hayes hat von seinen herausragenden Fähigkeiten als Kapitän erfahren und über irgendwelche Kanäle ein Treffen mit ihm arrangiert, damit hat er meine Arbeit zurückgeworfen. Diese verdammenswerten Machenschaften wurden mir von Kapitän S. O. Budington aus New London zugetragen. Vorhang zu! Ich werde weitermachen, so Gott will.

Hayes hatte Hall den Kapitän für seine eigene Expedition abspenstig gemacht. Hall fügte später hinzu, er habe Beweise für ein früheres Treffen zwischen Hayes und Quayle, an jenem Abend hätten sie nur so getan, als würden sie sich zum erstenmal sehen.

Quayles Absage war ein herber Schlag, doch Hall hatte noch andere Optionen. Budington, der Hall von den »verdammenswerten Machenschaften« in Kenntnis gesetzt hatte, wiederholte sein Angebot, ihn nach Baffin Island mitzunehmen, wenn er mit der *George Henry* auf Fahrt ging. Er versicherte Hall auch, daß er mit Kudlagos Hilfe auf Baffin Island eine Gruppe von Eskimo anheuern und mit einem kleinen Trupp zu Boot vom Cumberland Sound oder Frobisher Strait nach King William Island übersetzen könnte. Er bot sogar an, den Umbau eines Expeditionsschiffs zu überwachen. Chapel und seine Gattin suchten ihn am nächsten Tag auf, entschuldigten sich für das Benehmen ihres Freundes Quayle und sagten Hall, daß

Chapels Bruder im Sommer zur Repulse Bay fahren und ihn mitnehmen würde; dort könne er Eskimo anheuern, die ihn durch Fury and Hecla Strait nach King William Island führten. Doch Hall hatte noch einen anderen Plan, den er in seinem Tagebuch allerdings nur sehr vage andeutet. Er schreibt lediglich, daß er zwei Tage nach der Versammlung, am Samstag, dem 10. März, Henry Grinnell »einen grob skizzierten Vorschlag« unterbreitet und Grinnell ihn gebeten habe, am Montag seine Meinung zu erfragen.

Hayes' Verrat beschäftigte ihn noch immer. Das Wochenende verbrachte Hall grübelnd in seinem Hotelzimmer. »Er tut mir leid«, schrieb er, ohne es jedoch zu meinen. »Mir tut er leid wegen seiner Feigheit und Schwäche«, fuhr er fort und ereiferte sich: »Ich spucke auf seine Listigkeit! Seine Schlechtigkeit!«

Eine Enttäuschung folgte auf die andere. Am Montag ging er wie vereinbart zu Grinnell: »Um 16 Uhr besuchte ich Mr. Grinnell. Er kam zu dem Schluß, daß es unvernünftig wäre, wenn ich weiter verfahre wie geplant. Mein Herz ist – nun, ich tue, was Gott mir befiehlt –« Doch Hall war nicht kleinzukriegen. Den Unterricht in Navigation, den er bei einem »älteren Herrn« nahm, setzte er fort, denn: »Ich muß das Navigieren lernen. Wie sonst soll ich die armen Überlebenden der Franklin-Expedition aus dem hohen Norden herausführen?« Er sah sich wohl gern als Führer und verschwendete keinen Gedanken daran, daß die »armen Überlebenden« möglicherweise mehr Ahnung von Navigation hatten, als er jemals lernen könnte. Nach Grinnells Kritik setzte er nicht nur den Unterricht fort, er schmiedete bereits neue Pläne. Auf den hinteren Seiten seines Tagebuchs notierte er:

Der Unterzeichnende C. F. Hall aus Cincinnati, Ohio, wird am letzten Dienstag des Monats Mai (Deo volente) an Bord des guten Schiffes *George Henry* gehen, nachdem Kapitän S. O. Budington und die Eigner des besagten Schiffes, die Herren Williams und Haven aus New London, mir großzügig eine Passage zum Northumberland Inlet anboten. Ziel meiner Reise ist der Erwerb von Wissen über Sprache und Leben der Esquimaux, des weiteren der Besuch von King William, Boothia und Victoria Island, um meine privaten Nachforschungen zu betreiben und das Schicksal der 105 Männer der Franklin-Expedition aufzudecken, die, wie man nun weiß, am 25. April 1848 noch lebten. [Hall bezieht sich auf die Nachricht, die McClintock in der Steinpyramide bei Point Victory gefunden hatte.]

Und er führt seinen Plan aus: Mit einer Gruppe von Eskimo würde er die *George Henry* verlassen und mit einem kleinen Boot einen Arm des Northumberland »Inlet« hinaufsegeln, das Boot über die kurze Strecke »zu einem See [tragen], der, so die Eingeborenen, unweit der westlichen Begrenzung des besagten Inlet liegt. Vom See aus wird unsere Reise nach Westen gehen zu einem schiffbaren Fluß, so die Eskimo, der in den Foxe Channel mündet.« Vom Foxe Channel aus würden sie nach Igloolik am Fury and Hecla Strait segeln und dort weitere Eskimo anheuern, die sie nach King William Island führten. Doch Hall nahm diese Route nicht. Aus irgendeinem Grund fuhr die *George Henry* nicht einmal in den Cumberland Sound ein. Doch der Plan ist trotzdem beachtenswert, weil er sich auf die sogenannte »Geographie des Hörensagens« der Eskimo stützt. Kein weißer Mann war jemals bis zum Ende des Cumberland Sound vorgedrungen, ja nicht einmal bis ins Innere von Baffin Island. Es ist ein Beispiel für die Gabe der Eskimo, die Geographie eines Gebiets mündlich zu überliefern, eine Gabe, mit der Hall bald vertraut werden sollte: Der See westlich des Cumberland Sound ist Nettilling Lake, der schiffbare Fluß heißt Koukjuak.

Hall schließt seinen Plan mit der Erklärung hehrer wissenschaftlicher Motive im Dienste der Menschheit und einer Aufstellung der geschätzten Kosten:

2¹/₂ Jahre Salär für einen Gefährten à 600 Dollar	1500 Dollar
Proviant für lange Fahrten, vornehmlich Pemmikan	250 Dollar
Instrumente, Chronometer, Munition und Gewehre	350 Dollar
Boot mit Ausrüstung (Spezialanfertigungen)	100 Dollar
Sonstiges, Tauschobjekte für die Esquimo	300 Dollar
	2500 Dollar
+ zusätzliches Pemmikan	500 Dollar
	3000 Dollar

Er hoffte, Grinnell würde nicht nur zu dieser bescheidenen Summe beisteuern, sondern sie auch verwalten, sobald Hall das Geld beisammenhätte. Einen Tag nach der Niederschrift dieses Plans las er ihn Grinnell laut vor, der ihn zu Halls Erleichterung billigte und ihm auch schriftlich zusagte, die Summe aufzubringen und zu verwalten. »Er ist ein Menschenfreund«, jubelt Hall in seinem Tagebuch. »Er ist ein Segen für die Welt, und die Welt wird ihn und sein Gedenken auf immer segnen.« In derselben Nacht schrieb er an Williams & Haven und bat sie um eine Passage auf der *George Henry*.

Nun waren seine Pläne abgesegnet, er konnte nach Cincinnati zurückkehren. Davor besuchte er jedoch noch Horace Greeley in der Redaktion der *New York Tribune*. Wie Hall sich erhofft hatte, sagte ihm der Verleger zu, alle Expeditionsberichte aus der Arktis großzügig zu vergüten, auch wenn er zugegebenermaßen skeptisch war, daß es Überlebende der Franklin-Expedition gab. Hall stattete auch Grinnell einen letzten Besuch ab, bevor er den Zug nach Philadelphia bestieg. Grinnell hatte an jenem Tag einen Brief seines Sohnes Cornelius aus England erhalten. Auf einer Gesellschaft, die Lady Franklin gegeben hatte, hatte Grinnell jr. Francis Leopold McClintock getroffen, der sich sehr kritisch über Hayes' Verhalten bei der zweiten Grinnell-Expedition geäußert hatte. Als die Schiffe im

Kane Basin steckenblieben, hatte Hayes den verzweifelten Versuch unternommen, Upernavik per Schlitten zu erreichen, mußte jedoch umkehren. McClintock hatte dem jungen Grinnell erklärt, daß die Schlittentour zwar mit Kanes Erlaubnis unternommen wurde, daß es aber nichtsdestotrotz ein Akt der Desertion war. Hall hörte natürlich gerne, daß sein neuer Feind vom berühmtesten noch lebenden Arktisfahrer kritisiert wurde, und verließ New York in dem süßen Gefühl, daß er in einer gerechten Sache handelte – so süß, daß er sogar über die bittere Tatsache hinwegkam, daß er sich von einem gewissen J. B. Kitchen (der in Halls Tagebüchern nur dieses eine Mal auftaucht) 25 Dollar für die Rückfahrt nach Cincinnati leihen mußte.

Er blieb einige Tage in Philadelphia und Pittsburgh und kam am 20. März in Cincinnati an, wo ihn gleich eine schlimme Erkältung eine Woche lang ans Bett fesselte. Im folgenden Monat sind seine Tagebucheinträge eher knapp. Er lernte weiterhin Navigation anhand eines Lehrbuchs und korrespondierte mit dem Osten, er las weitere Bücher über die Arktis und stöberte in den Zeitungen nach entsprechenden Artikeln. (Er machte eine Notiz über einen Bericht aus New York, aus dem hervorging, daß Grinnell die Hayes-Expedition finanzierte, verlor aber kein Wort darüber, daß er und Hayes nun beide in Grinnells Diensten standen und dessen Gunst teilten.) Er bestellte eine Tonne Pemmikan, ließ von einem Zimmermann Kanes Schlitten nachbauen und beschaffte Feuerwaffen und Schießpulver. Es ist anzunehmen, daß er sich zeitweise auch um seine schwangere Frau und seine Tochter kümmerte, doch die beiden finden in seinen Tagebüchern keine Erwähnung.

Sein Hauptproblem war natürlich das Geld. Er stellte eine Liste von 30 möglichen prominenten Sponsoren zusammen, die jeweils 100 Dollar geben sollten. Angeführt wurde die Liste vom Präsidenten und Vizepräsidenten der Vereinigten Staaten, es folgten Senatoren, Kongreßabgeordnete, Richter und Kaufleute. Doch daraus wurde nichts. Er bekam zwar von einigen Personen Geld, nicht aber vom Präsidenten und auch nicht vom Vizepräsidenten. Miles Greenwood, ein Fabrikant aus Cincinnati mit philanthropischen Ideen, steuerte als erster eine Spende bei und fungierte in Cincinnati gewissermaßen als Schirmherr für Halls Vorhaben. Er organisierte Vorträge, bei denen Hall seine Pläne publik machte, und richtete sogar eine Gala im Burnet House aus.

Es ist nicht schwierig, die Finanzierung der »Neuen Franklin-Rettungsexpedition«, wie Hall sein Abenteuer trotz geschmälerten Umfangs beharrlich nannte, nachzuvollziehen. Von den Sponsoren bekam er offensichtlich kein Bargeld, sondern Zusagen über die Begleichung anfallender Rechnungen. Die Kosten seiner Expedition wurden also übernommen, bis zu welcher Höhe (ob er sein angestrebtes Ziel von 3000 Dollar erreichte), ist jedoch nicht bekannt. Im Anhang seines Buches *Arctic Researches and Life Among the Esquimaux* findet sich nur eine Art Bilanz. Der Etat ist mit 980 Dollar gering, die Ausgaben lesen sich wie folgt:

James Green, New York, zwei automatische Thermometer	3 Dollar
Anson Baker & Co., New York, 6 Musketen, 1 Gewehr, Ersatzschlösser etc.	159 Dollar
John H. Brower & Co., New York, 210 Pfund Borden's Fleischzwieback	30 Dollar
J. & G. W. Crandall, New London, Wollhemden	7 Dollar
Harris, Williams & Co., New London, Pfeifen, Tabak	20 Dollar

Die beiden größten Einzelposten waren das Boot mit nur 105 Dollar und das Pemmikan mit 240 Dollar. Auf der Habenseite sind einige größere Spenden verzeichnet, darunter auch Grinnells 343 Dollar, doch die meisten Beträge sind eher gering, und Mrs. Halls klägliche 27 Dollar sind keineswegs die kleinste Summe.

Auch gespendete Leistungen und Ausrüstungsgegenstände notierte er gewissenhaft. Die wichtigste Spende kam von Williams & Haven, die Hall und seiner kärglichen Ausrüstung freie Hin- und Rückfahrt schenkten. Die Expedition war so bescheiden, daß Hall sogar Posten auflistete wie: »Z. B. Coffin, Cincinnati, O., ein Pfund Tee« oder »Hamlen & Smith, Cincinnati, O., ein Dolch, Zahnzange« und: »Thomas H. Bates & Co., New York, Angelhaken, neun Meter Nadeln und zwei Dutzend Nadelkissen«. Das war die Ausrüstung der Neuen Franklin-Rettungsexpedition.

»Donnerstag, 10. Mai – Lebewohl gesagt – Aufbruch nach Osten, Vorbereitung der Ausschiffung am 29. in New London, Ct.« Nachdem er wie immer eine Freifahrt bekommen hatte, blieb er einen Tag in Philadelphia und kam am 13. Mai in New York an. Ein paar Tage kümmerte er sich zuversichtlich um die Finanzierung der Expedition und verbrachte viele Stunden der Vorfreude mit Grinnell. Alles schien bestens. Dann holte ihn seine Vergangenheit ein und drohte, die Früchte monatelanger harter Arbeit zu vernichten: Aufgrund eines nicht beglichenen Schuldscheins sollte Halls Ausrüstung beschlagnahmt werden, doch die Sache wurde beigelegt und die Ausrüstung wieder freigegeben. Nun war das letzte Hindernis auf der Neuen Franklin-Rettungsexpedition beseitigt, und Hall konnte aufbrechen. Vor seinem Aufbruch nach New London hatte Grinnell noch eine gute Nachricht für Hall: Die *Rescue* sollte als Begleitschiff der *George Henry* mit auf Fahrt gehen. Auch wenn der Schoner für den Walfang und nicht als Expeditionsschiff bestimmt war, wärmte es Hall doch das Herz, daß eines von Kanes Schiffen bei seiner Reise dabei war.

ZWEITES KAPITEL

Baffin Island.
Der Weg

Am 20. Mai 1860 stachen die *George Henry* und die *Rescue* mit 31 Personen in New London in See. Beteiligt an der Neuen Franklin-Rettungsexpedition war nur einer der Männer – Charles Francis Hall selbst. Die *George Henry* ging schließlich auf Walfahrt, und die Expedition war für Offiziere und Mannschaft nur ein Nebeneffekt. Sobald Hall mit seinem Schlitten, seinem Boot und seiner kärglichen Ausrüstung auf Baffin Island von Bord gehen würde, ginge die *George Henry* auf Walfang. Die Presse hatte ausführlich über die Expedition berichtet, und so fand sich auch ein Grüppchen Schaulustiger am Kai ein, die Hall, begleitet von Henry Grinnell und dem Bürgermeister von New London, auf einem Hafenboot zur *George Henry* fahren sahen. Grinnell hielt eine kleine Rede, während der Schleppdampfer das Boot aus dem Hafen lotste. Er mahnte Hall, daß die Entdecker früherer Zeiten sich nicht nur auf ihre eigene Kraft, sondern auch auf die Macht Gottes verlassen hätten. Hall schrieb später: »Er bat mich, dasselbe zu tun, empfahl mich der Gunst des Allmächtigen an und sagte mit feuchten Augen Lebewohl, dann ging er schnell an Bord des Schleppers, der die Besucher zum Kai zurückbrachte.«[23]

Halls emotionaler Aufruhr bei der Abfahrt wurde bald von anderen Gefühlen überschattet. Kaum hatte das Schiff Montauk Point passiert, wurde er auch schon seekrank. Einige

Wochen ging es ihm ziemlich schlecht, doch als sie schließlich in nordische Gewässer einfuhren, erholte er sich und war so aufgeregt, wie eine Landratte auf ihrer ersten Seereise nur sein kann. Das Meer versetzte ihn in ehrfürchtige Faszination. In allem sah er Gott – in den Sturmvögeln, die nur wenige Zentimeter über dem Wasser durch die Luft stachen, in den Walen und Tümmlern, die täglich in nächster Nähe des Schiffs aus den Wellen brachen, in den Stürmen, die das Schiff und Hall, der sich an einen Mast klammerte, umtosten, in den gespenstischen Brechungen des arktischen Lichts. Schon viele Nordfahrer hatten beim Anblick ihres ersten Eisbergs geschaudert – Hall verfiel in anbetungsvolle Trance. Noch bevor er ihn sehen konnte, spürte er seine Nähe am Abfallen der Temperatur; und als das Schiff darauf zuhielt, »erschien ein Berg aus Alabaster, der ganz ruhig im Schoße der dunklen, blauen See lag.« Der Eisberg wurde sein »Idol« und verursachte den üblichen Ausbruch von Majuskeln, Ausrufezeichen und Unterstreichungen. »Ich stand mitten in Gottes Werk! Der Große Baumeister verlieh ihm seine Gestalt! Er, der solcherart Monumente erschuf und sie in die Wellen des Meeres senkte, er ist Gott, und es kann keinen anderen Gott geben!« Je weiter die *George Henry* nach Norden fuhr, desto exaltierter wurde er:

20. Juni, 53° 7' nördl. Breite, 51° 16' westl. Länge. Wir nähern uns der Nordachse der Erde, ja, der Erfüllung meiner innigsten Wünsche! Alles, was mit der Arktis zusammenhängt, interessiert mich zutiefst. Ich liebe den Schnee, das Eis – Eisberge – die Fauna und Flora des Nordens! Ich liebe die kreisende Sonne, die arktische Nacht, wenn die Seele in stiller, frommer Ehrfurcht mit Gott kommunizieren kann! Ich bin auf einer Mission der Liebe, ich spüre, daß ich eine Pflicht ausübe, die ich der Menschheit, mir selbst und Gott schulde! Und dieses Gefühl macht mich stark, erfüllt mich mit Ver-

trauen und mit der Bereitschaft, die Sache, der ich mich verschrieben habe, entweder zu tun oder zu sterben.

Er war zwar erst auf 53° 7′ Breite vorgerückt, aber er hatte schon das Gefühl, sich der Nordachse zu nähern. Wenngleich er die Arktis bislang nur aus Büchern kannte, war er überzeugt, sie zu lieben. Die Zeit und seine Erlebnisse würden diese Liebe und seinen Glauben an Gott als Schöpfer der Arktis stärken. Doch im Norden sollte er auch weniger göttliche Dinge sehen. Am Anfang seiner ersten Reise aber schwelgte er noch in der Begeisterung des Neubekehrten.

Hall verbrachte auf See viel Zeit mit Lesen und Tagebuchschreiben, aber er sah auch Offizieren und Matrosen bei der Arbeit zu und sprach mit ihnen in ihrer Freizeit über die Arktis. Auch der alte Arktismatrose William Sterry, den Hall aus New London kannte, war dabei. »Sterry, der Küfer – Sterry, der Schiffszimmermann – Sterry, der Schiffsschlosser – Sterry, der Schiffswagner – Sterry, der Jockey – Sterry, das Genie – der unsterbliche Sterry«, nennt er ihn in seinem Tagebuch. Sterry unterhielt Hall ständig mit seinen Mätzchen und seinem Geplauder, doch er kannte die Eskimo so gut wie kein anderer, denn er hatte lange Zeit bei ihnen gelebt, und er erzählte dem wißbegierigen Hall sehr viel über deren Bräuche. Auch Budington, den Hall jeden Tag mehr schätzen lernte, erzählte ihm gerne von den Eskimo, so auch die Geschichte von Ugarng, den er, wie Kudlago, einige Jahre zuvor mit nach Süden genommen hatte. Eines Tages habe Ugarng den Kapitän in vollem Ernst gefragt, warum seine Hunde, die seinen Schlitten zögen und ihm bei der Robbenjagd nützlich seien, andauernd stürben, während seine alte Mutter, die ihm zu gar nichts nütze sei, immer noch lebe. Das fand Hall gar nicht komisch.

Auch Kudlago war an Bord, doch er hatte sich im Nebel vor Neufundland eine schlimme Erkältung zugezogen und war seitdem krank. Hall hatte also wenig Gelegenheit, mit ihm zu sprechen. Kudlago wurde gepflegt und genoß eine spezielle Behandlung. Auf seinen Wunsch hin wurde an Deck ein Zelt aufgestellt, und es wurden Eiderenten geschossen, damit er rohes Herz und Leber essen konnte, wie er es gewohnt war, doch sein Zustand verschlechterte sich ständig; wahrscheinlich hatte er eine Lungenentzündung. Obwohl die Eskimo an viele Härten gewöhnt sind, sind sie manchen Erkrankungen gegenüber seltsamerweise sehr empfindlich und empfänglich für bestimmte Viren. Ende Juni war Kudlago so krank, daß er aus dem Zelt zurück in seine Koje verlegt wurde. Am 1. Juli, Grönland kam gerade in Sicht, starb er. Kurz zuvor hatte er noch über seine Heimat gesprochen; laut Hall waren seine letzten Worte: »*Teik-ko se-ko? Teik-ko se-ko?*« (Habt ihr Eis gesehen? Habt ihr Eis gesehen?) Hall übernahm die Aufgabe, ihn vor der grönländischen Küste ins Seemannsgrab zu senken. Kudlagos Tod war ein großer Verlust, denn Hall brauchte einen Führer und Dolmetscher und hätte ihn natürlich gerne mitgenommen. Trotzdem fand er offenbar morbides Vergnügen daran, beim Begräbnis zu ministrieren.

Am 7. Juli liefen sie Holsteinsborg an und blieben dort mehrere Wochen. Hall war schrecklich aufgeregt, weil die Sonne in der vergangenen Nacht nicht untergegangen war und weil sie mit Kajaks in den Hafen fuhren. Er konnte es kaum erwarten, an Land zu gehen und endlich Fuß auf arktischen Boden zu setzen. In seinem Buch über die Expedition schreibt er, er habe sich bei der Landung gebückt, eine Handvoll steinige Erde genommen, sie an seine Lippen gedrückt und eine feierliche Ansprache an die Umgebung gehalten: »Grönländische Berge, ich grüße euch!«[24] – eine von vielen operettenhaften Stellen in Halls Schriften, pure Fiktion vielleicht, Einlagen, die den Leser fesseln sollten, und doch durchaus denkbar in jenen gefühlsüberfrachteten Zeiten.

In Holsteinsborg vertrieb sich Hall die Zeit mit dem Zusammenstellen von Statistiken und Proben: Der Bezirk Holsteinsborg wurde von 187 Eskimo und zehn Dänen bewohnt, es gab 29 Gebäude in der Stadt, 24 davon hatten Öfen. Die Einwohner hatten im vergangenen Jahr rund 4500 Pfund Robbentran und 1800 Pfund Haifischleber gewonnen; die zwölf Lehrer im Bezirk verdienten zwischen 6 und 125 Kronen jährlich. Wenn Hall keine Zahlen sammelte, streifte er mit Sextant, Teleskop, Maßband und Hämmerchen durch das Dorf und die Umgegend. Er war wissenschaftlich nicht so geschult wie Kane, aber er hatte sich botanische und geologische Kenntnisse angeeignet und teilte den im 19. Jahrhundert zwanghaften Hang zu wiegen, zu messen und zu sammeln.

Bei einer Exkursion begleitete ihn Adam Beck, ein Eskimo, dem er besonderes Interesse entgegenbrachte. Beck war bei der Franklin-Suche in eine ziemlich düstere Episode verwickelt gewesen, die ihn schließlich ruiniert hatte. Sir John Ross legte auf seiner Fahrt in den Archipel einen Zwischenstop am Cape York ein; Beck, der 1850 und 1851 (damals wurde am intensivsten nach Franklin gesucht) Ross' Dolmetscher auf der *Felix* war, sprach mit dortigen Eskimo und gab deren Geschichte an die britischen Offiziere weiter. Demnach waren 1846 am Cape York zwei Schiffe vom Eis gerammt worden, die Mannschaften hatten an Land gehen müssen und waren schließlich von Eskimo massakriert worden. Zutiefst schockiert, daß die Franklin-Expedition womöglich so ein Ende genommen hatte, fragten die Offiziere Beck unerbittlich aus. Ross glaubte seinem Dolmetscher, andere jedoch nannten ihn einen Lügner. Unter der Führung des dänischen Dolmetschers Carl Peterson wurde erneut ein Trupp nach Cape York ausgeschickt, um Becks Geschichte zu überprüfen. Peterson kam mit der Nachricht zurück, daß die Eskimo Becks Aussagen nicht bestätigt hätten, Beck hingegen behauptete steif und fest, er habe wahrheitsgemäß weitergegeben, was man ihm erzählt habe. Nur wenige glaubten ihm, die meisten nahmen insgeheim an, daß er sich das grausige Seemannsgarn zusammengesponnen hatte, um eine Belohnung zu kassieren. Beck wurde für die Arktisfahrer gewissermaßen zum Paria, zu einem Mann, dem der Ruch des Grauens anhaftete.

Während Hall und Beck die Berge um Holsteinsborg erklommen, sprachen sie über die Vorfälle vor zehn Jahren. Beck war völlig am Ende, er war ruiniert, aber er behauptete immer noch, er habe die Wahrheit gesagt. Hall schenkte Becks Version Glauben und hielt ihn schlichtweg »für ein Sprachrohr, das die Schauermärchen der Cape-York-Esquimaux übermitteln sollte«. Bei dem Gespräch mit Beck sah er sich zum erstenmal mit einem Problem konfrontiert, das bei seinen Reisen noch eine entscheidende Rollen spielen würde: Wie kann man in Eskimogeschichten Wahrheit und Dichtung unterscheiden? Selbst wenn man glaubte, daß die Geschichten einen wahren Kern enthielten, wie konnte man sicher sein, daß die richtigen Personen gemeint waren? Vielleicht hatten die Cape-York-Eskimo ja wirklich eine Geschichte erzählt, die auf Tatsachen beruhte, vielleicht handelte es sich aber auch um Vorfälle aus einer fernen Vergangenheit, die gar nichts mit Franklin zu tun hatten. Hall sollte später erfahren, daß Eskimo dazu tendierten, unterschiedliche Geschichten über die *kadloona*, die Weißen, zu vermischen.

Obwohl Hall Mitleid mit Beck hatte und ihm seine Geschichte abnahm, wollte er ihn nicht als Führer und Dolmetscher engagieren; statt dessen fragte er einen anderen Eskimo, Lars Kleijt, der im Hafen von Holsteinsborg Lotse war. Doch Lars lehnte ab. Seine Frau war erst kürzlich gestorben, und er wollte seine Kinder nicht in der Obhut seiner greisen, unzuverlässigen Mutter lassen. Hall mußte sich also damit zufriedengeben, daß er in Holsteinsborg nur Hunde besorgen konnte. Er kaufte sechs gute Huskys und hoffte, auf Baffin Island einen Eskimo zu finden, der ihm beibrachte, mit den Hunden umzugehen.

Die *George Henry* und die *Rescue* liefen am 24. Juli mit Kurs auf Baffin Island aus. In Holsteinsborg hatte Hall einen Vorgeschmack auf die Arktis bekommen, er hatte die arktische Flora und Fauna sowie das Leben der Eskimo studieren können, die in eigenen Siedlungen wohnten und großen Eindruck auf ihn machten. »Gott hat dieses Volk mit den edelsten Tugenden gesegnet«, schrieb er. Doch der erste Eindruck kann auch täuschen – Dänisch-Grönland war eine Sache, der kanadische Norden eine andere. Grönland war zivilisiert; seit dem 18. Jahrhundert schon missionierten die Dänen, und die Grönland-Eskimo nannten sich selbst voller Stolz »Grönländer«. Viele Eingeborene hatten mittlerweile dänisches Blut, sie lebten in Häusern und waren zumindest teilweise zivilisiert. Als Hall Grönland verließ, machte er sich auf den Weg in den unzivilisierten, unerforschten Norden, auf den Weg in die arktische Wildnis.

Kapitän Budington wollte statt zum Northumberland Inlet zur Frobisher Strait fahren. Das kam Hall entgegen, denn wie viele Weiße glaubte auch er, die Frobisher Strait wäre eine Wasserstraße, durch die er zum Foxe Channel käme. Auf der zweiwöchigen Fahrt zog ihn das arktische Meer erneut in seinen Bann. Wie die Forschungsreisenden vor ihm betrachtete auch Hall voller Ehrfurcht die eigenartigen und oft wunderschönen arktischen Luftspiegelungen – optische Täuschungen, die bei der Lichtbrechung in den kalten Luftschichten über dem Nordmeer entstehen. Am Horizont erschienen Berge, die plötzlich wieder verschwanden. Die Sonne war umgeben von einer reflektierenden Korona, so daß leuchtende Nebensonnen mit eigenen Lichtringen entstanden. Wenn der Mond aufging, schien er riesenhaft am Himmel und nahm die merkwürdigsten Gestalten an. Zwischen Himmel und Wasser bewegten sich mit wundersamer Geschmeidigkeit die unbeschreiblichsten Erscheinungen. Und wie immer war in allem Gott:

1000 jugendliche Gestalten von schönster Statur tanzen hin und her, sie schlingen ihre weißen Arme ineinander – Körper, die sich ständig verändern, miteinander verschmelzen, fallen, steigen, springen, hüpfen, hopsen, wirbeln, drehen, innehalten und schließlich wieder ihren Schlangentanz beginnen – nie müde – immer verspielt – immer hell und luftig, anmutig und angenehm fürs Auge. Wer kann solch wundervolles Spiel göttlichen Zaubers schauen und nicht ausrufen: »Lieber Gott, wie mannigfaltig sind Deine Wege! Du in Deiner Weisheit hast all das erschaffen, die Erde ist voll Deiner großartigen Werke!«

Einige Tage nach dem Spiel der Lichter wurde die *George Henry* vor Baffin Island vom Nebel umschlossen, Budington mußte tagelang in größerer Entfernung von der Küste kreuzen. Als sich der Nebel lichtete und die Sicht auf die Erhebungen der Insel besser wurde, betrachtete Hall hingerissen die niedrigen, aber zerklüfteten, schneebedeckten Berge. Während sie an der Küste entlang nach Süden zur Frobisher Bay segelten, sah Hall stundenlang durch sein Teleskop aufs Land, bis er eines Tages ein eigenartiges Bild vor die Linse bekam: ein kleines, offenes Boot mit Weißen an Bord. Die Küste vor Baffin Island zwischen Cumberland Sound und Frobisher Bay war ein großer Walgrund, ein Walfänger war jedoch nicht zu sehen.

Kapitän B. rief sie an: »Wer seid Ihr?«
Der Steuermann gab im Offizierston zurück: »Von der *Ansell Gibbs* aus New Bedford.«
»Woher?«
»Von Norden.«
»Wohin?«
»Nach Süden.«
Als der Kapitän und ich zum Fallreep gingen, nickte er wissend und sagte leise: »Die sind abgehauen!«

Im Boot waren neun Matrosen. Sie waren tatsächlich abgehauen. Acht Männer waren von der *Ansell Gibbs*, der neunte war von einer Walfängerflotte im Cumberland Sound. Sie hatten erfahren müssen, daß sie das entbehrungsreiche Leben der Walfänger im Hohen Norden nicht aushielten, hatten kurzerhand ein Boot geklaut und waren nach Süden gefahren, in der Hoffnung, Neuschottland zu erreichen. Sie hatten den Cumberland Sound erst vor wenigen Tagen verlassen, aber schon litten sie unter Hunger und Kälte. Trotzdem blieben sie nur ein paar Stunden an Bord der *George Henry*; offensichtlich aus Angst, festgenommen zu werden, stachen sie wieder in See. Hall sah ihnen nach und schöpfte Hoffnung angesichts dieses verrückten Unternehmens. »Wenn neun Männer so eine Reise machen können – fast 2000 Meilen ohne größere Vorbereitung –, muß auch ich meine Pläne beherzt verfolgen!«*

Zwei Tage nach der Begegnung mit den Deserteuren der *Ansell Gibbs* ankerte die *George Henry* in einer Bucht, die von den Eskimo Ookoolear genannt wurde, Hall taufte sie aber nach Henry Grinnells Sohn in Cornelius Grinnell Bay um. Er nahm

---

* Die Deserteure der *Ansell Gibbs* waren nicht gerade ein gutes Beispiel, doch das wußte Hall damals noch nicht; welches Ende sie genommen hatten, erfuhr er erst bei seiner Rückkehr in die Vereinigten Staaten. Nachdem sie sich von der *George Henry* entfernt hatten, ging ihnen auf der Fahrt nach Süden der kärgliche Proviant aus. Sie schossen einen Bären und aßen einen Teil des Fleischs. Schließlich flüchteten zwei Männer mit dem Rest des Fleischs und dem einzigen Kompaß an Bord. Einer der Verbleibenden starb, die anderen Männer, unter dem Kommando eines gewissen Samuel Fisher, aßen seine Leiche. Kurz darauf wollte Fisher einen seiner Gefährten umbringen, doch der Täter wurde zum Opfer und als solches verzehrt. Zwei Monate nach dem Beginn ihrer schrecklichen Reise wurden die Deserteure der *Ansell Gibbs* von Eskimo vor Labrador gerettet. Sie waren also nicht, wie Hall glaubte, ein Beispiel für Willensstärke und Verwegenheit, sondern für Dummheit und Selbstüberschätzung.

sich überhaupt des öfteren die Freiheiten eines Entdeckers, und in den darauffolgenden Jahren streute er großzügig die Namen von Freunden und Gönnern über die Arktis. Hall führte eine Tradition fort, die andere Entdecker lange vor ihm begonnen hatten; seit den Tagen von John Cabot und Martin Frobisher hatten sie die Ortsnamen der Eskimo durch Namen von Mitgliedern des britischen Königshauses, von amerikanischen Politikern, Großunternehmern, Dichtern, Romanciers, Marineoffizieren, Schiffen, Ehefrauen und Freundinnen ersetzt, als wollten sie das rauhe, unheimliche Land durch den Zauber eines Namens zähmen.

Der Walfänger *Black Eagle* war schon in der Grinnell Bay, als die *George Henry* Anker warf. Der Skipper kam an Bord, mit ihm der Eskimo Ugarng, den Budington einige Jahre zuvor mit nach Süden genommen hatte. Ugarng, erfahrener Jäger und Gatte vieler Frauen, war der Führer der Nugumiut, eines Nomadenstamms aus der Frobisher Bay. Wie viele Eskimovölker wanderten auch die Nugumiut je nach Jahreszeit in ein bestimmtes Gebiet. Im Winter lebten sie in der Frobisher Bay, jagten Robben durch Eislöcher und Walrosse am Rand der Schollen, im Frühjahr zogen sie nach Nordwesten und folgten den Robben, die sich in der Sonne aalten, bis ans Ende der Bucht. Im Sommer wanderten sie weiter nach Nordwesten zum Lake Amadjuak, wo sie Moschusochsen und Hochwild jagten. Im Spätsommer gingen sie wieder nach Südosten zur Grinnell Bay; dort bearbeiteten die Frauen im Frühherbst die Felle des Wilds, das sie am See erlegt hatten, eine Arbeit, die nach den religiösen Geboten der Nugumiut vor dem Beginn der Winterjagd erledigt sein mußte. In dieser Phase ihrer jährlichen Wanderung, als sie in ihrem Sommerlager in *tupic* (Fellzelten) wohnten und sich auf die nächste Jahreszeit vorbereiteten, traf Hall zum erstenmal jene Eskimo, die in den folgenden beiden Jahren seine Gefährten und Lehrmeister sein sollten.

So bald als möglich ging Hall mit Ugarng an Land und besuchte die Eskimo in ihrem Lager. Halls Hunde tollten ausgelassen herum und wälzten sich im Schnee, während er Bekanntschaft mit den Männern und Frauen machte. Da war Kokerjabin, Kudlagos Frau, die bei der Nachricht vom Tod ihres Mannes in tiefe Trauer fiel. Da war Paulooyer, von den amerikanischen Walfängern Blind George genannt, weil er zehn Jahre zuvor durch eine Krankheit erblindet war, da war Nikujar, Ugarngs Hauptfrau, die Blind Georges Frau gewesen war, bis er blind wurde und nicht mehr für sie sorgen konnte. Da waren auch Nukertou, Kunniu, Kimmiloo, Shimerarchu und viele andere, die größtenteils blutsverwandt oder durch die sich ständig ändernden Ehebünde verschwägert waren. Halls erste Reaktion deutete schon seine künftigen Beziehungen zu den Eskimo an. Angenehm berührt nahm er Zeichen ihrer Aufrichtigkeit wahr; die Walfänger konnten ihre Ausrüstung am Strand lassen, ohne Angst zu haben, daß sie gestohlen würde. Andererseits entdeckte Hall mit Schrecken das Skelett einer Eskimofrau, die drei Jahre zuvor gestorben war. Neben dem Skelett lagen ihr verrottendes Zelt und ihre Besitztümer. Freunde und Verwandte hatten sie einfach dort sterben lassen, wo sie sich hingelegt hatte.

Während des kurzen Aufenthalts in der Grinnell Bay sichtete Hall die Umgebung des Eskimolagers. Eines Tages ereignete sich etwas, das ihn außerordentlich beeindruckte. Sein Tagebucheintrag beginnt: »Montag, 13. August 1860 – Gott sei Dank, ich lebe noch! Gerade noch bin ich mit dem Leben davongekommen! Durch göttliche Vorsehung dem Tode entronnen! Nur die Hand des Allmächtigen konnte mich vor dieser schrecklichen Gefahr schützen, der ich soeben ausgesetzt war.« Um Quarzkristalle von den Felsen zu schlagen, hatte er sich vorgebeugt, dabei war sein Revolver aus dem Holster gerutscht, auf einen Stein gefallen, und ein Schuß hatte sich gelöst. Die Kugel traf ihn nicht, doch der Pulverdampf hatte einen entsetzlichen Moment lang so im Gesicht und an den Händen gebrannt, daß er sich tödlich verletzt glaubte. Als er merkte, daß ihm nichts passiert war, wurde er fast hysterisch und konnte das Ereignis nur als Wunder werten. Unverzüglich errichtete er an jener Stelle »zum Gedenken an das Ereignis und dem Angedenken der Güte Gottes, der mich so beschützt hat, ein Denkmal aus Steinen«. In vielen späteren Einträgen bezieht er sich auf diesen Unfall, der beweise, daß Gott seine schützende Hand über ihn halte, auf daß er seine Mission zu Ende bringe.

Budington ging im Süden der Grinnell Bay auf Walfang, die Bucht hieß in der Sprache der Eskimo Nugummiuke, Hall benannte sie in Cyrus Field Bay um. Am 16. August segelten die *George Henry* und die *Rescue* nach Süden, an Bord viele Eskimo aus der Grinnell Bay, die Budington als Helfer für die Fangsaison angeheuert hatte. Auf der Fahrt vertiefte Hall seine Beziehung zu Ugarng und schenkte ihm bei der Ankunft in der Cyrus Field Bay ein sehr gutes Messer. Die beiden Männer verstanden sich gut und wollten gleich am Nachmittag zusammen für eine Woche auf Karibujagd gehen. Hall rüstete sich mit Munition, einem Messer, einem nautischen Kalender, Sextant und Proviant und wartete und wartete, bis er schließlich erfuhr, daß Ugarng ohne ihn aufgebrochen war. Er eilte zu seinem Tagebuch. »Ugarng ist ein Schurke, und zwar einer der größten Schurken überhaupt, soviel ist klar! Was mußte ich nicht schon alles mitmachen? Kudlagos Tod, Nebel, Gegenwind, Flauten und Stürme und unsere Verspätung hier! Und jetzt auch noch Ugarngs Verrat!« Es war seine erste Erfahrung mit der Unzuverlässigkeit der Eskimo.

Einige Tage später bekam Hall Gelegenheit, mit den Eskimo zu wandern. Budington fuhr mit einer Eskimomannschaft auf der *Rescue* hinaus, um Walgründe zu sichten. Hall begleitete sie durch die Cyrus Field Bay zur Blunt Peninsula, die Frobisher Bay und Cyrus Field Bay trennt. Die *Rescue* segelte in eine Bucht, die sich tief in die Halbinsel schneidet. Auf beiden Seiten erhoben sich steile Klippen, doch am hinteren Ende versperrte eine schmale Landzunge die Durchfahrt zur Frobisher Bay. Die *Rescue* ankerte, die Mannschaft fuhr mit Booten an Land. Hall ging zu Fuß über die Landzunge, kletterte über eine Flanke und sah hinaus auf die sogenannte Frobisher Strait, die er in den folgenden zwei Jahren erkunden und erforschen würde, doch das wußte er damals noch nicht. Auf der anderen Seite der schimmernden Seestraße sah er die Berge eines Landes namens Meta Incognita. Und er sah auch eine weiße Linie aus Eis und Schnee, die sich über die Gipfel der Berge zog: ein Gletscher; allerdings sah er ihn so schwach, daß er ihn damals für eine Luftspiegelung hielt. Er blickte durchs Teleskop nach Nordwesten, auch dort meinte er, einen Berg zu erkennen, der die »Straße« verriegelte und eine Bucht schuf, doch das schrieb er ganz richtig einer optischen Täuschung zu, sehr wahrscheinlich der Spiegelung einer Inselgruppe 50 Meilen buchtaufwärts. Die Frobisher »Strait« war tatsächlich verriegelt, aber nicht von einem Berg, sondern von Flachland, das Hall ein Jahr später Greenwood's Land nennen würde, das er aber aus 100 Meilen Entfernung kaum hatte sehen können.

Der Blick vom Felsen aus war wunderbar. Hall war auch deshalb so aufgeregt, weil er das Gefühl hatte, sich mitten in der Geschichte der Entdeckungen zu befinden. Wenn die Geographen recht hatten, dann hatte er eine der frühesten Entdeckungen vor Augen, die in der Arktis gemacht worden waren. Zur Vorbereitung auf seine Expedition hatte Hall Frobishers Fahrtenbücher studiert und wußte, daß Martin Frobisher fast 300 Jahre zuvor genau die Wasser befahren hatte, auf die er nun blickte. Seit damals waren nur einige wenige Walfänger dort gewesen, und Hall entdeckte die Frobisher Strait und Meta Incognita von seinem Felsen aus praktisch noch einmal.

In Hochstimmung und mit großem Optimismus bezüglich seiner Expedition kehrte er zur *George Henry* zurück. Er würde einen Eskimoführer finden, er würde eine Mannschaft finden, und zusammen würden sie an Bord des Forschungsboots gehen, durch den Foxe Channel und schließlich nach King William Island segeln. Voller Vorfreude unternahm er eine Versuchsfahrt mit seinem Boot und war begeistert, wie leichtgängig es war. Budington trug noch zu seinem Optimismus bei, indem er ihm Sterry anbot, der ihn, wenn er wollte, nach King William Island begleiten könne. Hall hatte sich mit Sterry oft über seine Pläne unterhalten und wußte, daß der alte Arktisfahrer sich nichts mehr wünschte, als mit dabeizusein. Einige Tage später kam eine Gruppe Nugumiut an Bord der *George Henry*, geführt von dem Jäger Koojesse. Hall, der das Vertrauen in Ugarng verloren hatte, sah auf den ersten Blick, daß Koojesse genau der richtige Mann für ihn war, und bot ihm die Führerstelle an. Koojesse war geschmeichelt, meinte aber, daß es schon zu spät im Jahr sei und sie die Reise bis zum nächsten Sommer aufschieben sollten. Auch Budington hatte schon dementsprechende Andeutungen gemacht, doch davon wollte Hall nichts wissen. Er wurde langsam unruhig und wollte nicht länger warten.

Am nächsten Tag jedoch erfuhr Hall von Koojesse und Ugarng etwas, das ihn, sollte es wahr sein, zur Änderung seiner Pläne zwang. Er bat die beiden in seine Kabine und legte ihnen eine Karte des Gebiets vor, auf der er die Route durch die Frobisher Strait zum Foxe Channel einzeichnete.

Als ich mit dem Stift die Frobisher Strait entlangfuhr und ihnen zeigte, welcher Route ich folgen wollte, wenn wir eine Länge von 72° erreicht hätten, bedeuteten sie mir innezuhalten und schrien: »*Ar-gi! Ar-gi!*« (Nein! Nein!). Sie nahmen meine Hand und führten den Stift rundherum zur Meta Incognita, folgten der Nordküste des Landes in südöstlicher Richtung bis zu jener Wasserstraße, die bei 66° Länge in die Hudson Strait führt, und endeten bei Kings Cape. Somit ist die Frobisher Strait eine Bucht!

Wenn dies den Tatsachen entsprach, so könnte er natürlich nicht durch die Frobisher Strait in den Foxe Channel gelangen und müßte eine andere Route finden, möglicherweise in südwestlicher Richtung durch die Hudson Strait. Zunächst traute er den geographischen Kenntnissen der beiden Männer nicht so recht, doch als auch andere Eskimo behaupteten, die sogenannte Strait sei eine Bucht, ließ er sich überzeugen. Ab Mitte September nannte er dieses Gewässer in seinen Tagebüchern fortan Frobisher Bay. Ein Eskimo gab ihm noch eine zusätzliche Information: Der Inlet mit Namen Jackman Sound schneide sich nicht nur tief in die Meta Incognita, sondern durchtrenne das Land ganz und münde in der Hudson Strait. Sollte sich Hall für diesen Weg entscheiden, wäre diese schmale Passage eine Abkürzung zur Hudson Bay. Auf seinen späteren Fahrten ist jedoch nie die Rede vom Jackman Sound. Sollte er dort gewesen sein, so hätte er feststellen können, daß sich auch ein Eskimo irren kann: Jackman Sound ist eine Bucht, keine Seestraße und auch kein Kanal.

Spätestens am 26. September war alle Hoffnung dahin, King William Island noch zu erreichen. Einige Tage zuvor hatte die *Georgiana* (ebenfalls ein Walfänger von Williams & Haven) unter dem Kommando von George Tyson beigedreht, den Hall in New London kennengelernt hatte. Am 26. September fiel Schnee, am Mittag schaukelten die drei Schiffe im auffrischenden Wind in der Dünung. Die Walfangboote wurden zurückgerufen und Vorbereitungen für schwere See getroffen. Am Nachmittag hatte der Wind schon Sturmstärke erreicht, am Abend schließlich war klar, daß der Anker der *Rescue* nicht halten würde. Hilflos spähten Hall und Budington in die Nacht und mußten mit ansehen, wie der Schoner an die Felsküste getrieben wurde. Zu Halls Schrecken riß sich auch sein Boot vom Anker und folgte der *Rescue.* Der Orkan tobte zwei Tage lang. Als er abflaute, fand man die *Rescue* und Halls Boot irreparabel an den Klippen zerschellt. »Wie sehr mich dieser Verlust mitgenommen hat, muß ich nicht betonen«, schrieb er, »ein unersetzlicher Verlust für mich. Eine Zeitlang drohte dieser Schlag mich fast zu vernichten, doch dann besann ich mich; ich weiß, daß alles in Gottes Hand liegt. Ich beuge mich also seinem Willen.« Doch eine bedingungslose Kapitulation entsprach nicht Halls Natur; noch während er zusehen mußte, wie sein Boot zur Küste trieb, konnte er Budington überreden, ihm für seine Expedition eine Schaluppe zu leihen.

Der Sturm zwang Hall zur Einsicht in die Gefahren des arktischen Herbstes. Boot hin oder her – er mußte sich eingestehen, daß es Wahnsinn wäre, vor dem nächsten Sommer nach King William Island aufzubrechen. Budington war enttäuscht, weil er nur einen Wal hatte einbringen können, und beschloß kurz nach dem Sturm, die Heimreise anzutreten, auch wenn die Fahrt ursprünglich für 18 Monate geplant war. Hall stand plötzlich vor einer schwerwiegenden Entscheidung. Sollte er mit der *George Henry* in die Staaten zurückkehren oder bei den Eskimo bleiben? Die Entscheidung wurde ihm abgenommen. Budington mußte feststellen, daß die Davis Strait schon von schweren Packeisriegeln blockiert war, auch wenn die Cyrus Field Bay nur langsam zufror. Die *George Henry* mußte also im Norden überwintern. Hall hatte nun einen ganzen Winter und ein ganzes Frühjahr in der Arktis vor sich. Er wollte das Schiff als Standquartier und Basislager nehmen, aber soviel Zeit wie möglich mit den Eskimo verbringen. Das Leben an Bord war angenehm und ruhig, Budington genoß weiterhin Halls Bewunderung, mit der Mannschaft verstand sich Hall gut. Es gab nur einmal Spannungen, als sich Hall an Weihnachten von Sterry und anderen Matrosen überreden ließ, einen Teil des Alkohols auszuschenken, den sie für den Notfall als Brennstoff mitführten. Daß die Männer ihn in den Tee gossen und den ersten Weihnachtstag als Saufgelage begingen, entsetzte Hall und machte ihn wütend auf die Männer, doch auf sich selbst war er noch viel wütender.

Im Herbst verbrachte er zunehmend Zeit im Lager der Eskimo und lernte ihre Bräuche kennen. Sein Unterricht wurde wesentlich erleichtert durch die Ankunft eines Paars: Ebierbing, den die Walfänger Joe nannten, und Tookoolito, genannt Hannah. Dieses Zusammentreffen war ein Glücksfall in Halls Leben. Er saß in seiner Kabine und schrieb, als er hinter seinem Rücken eine weiche, leise Stimme vernahm: »Guten Morgen, Sir.« Bevor er sich umdrehte, dachte er, er träume – die Stimme einer Dame von vornehmen Manieren, und eine Dame hätte er auf Baffin Island kaum erwartet. Dann drehte er sich um – vor ihm stand eine Frau mit Krinoline und einer großen Haube. Ihr Gesicht lag im Schatten der Deckenleuchte, erst als sie ihren Kopf drehte, sah er, daß sie eine Eskimo war – Tookoolito. Sie stellte erst sich vor, dann ihren Mann, der sie in die Kabine begleitet hatte.

Hall hatte schon von den beiden gehört; sie waren auf der ganzen Insel sehr bekannt. Anfang der 50er Jahre hatte sie ein Skipper mit nach England genommen, wo sie mehrere Jahre blieben, sich eine zivilisierte Lebensweise aneigneten und soviel Aufmerksamkeit erregten, daß sie sogar zur Audienz bei Königin Viktoria und zum Dinner mit Prinz Albert geladen wurden. Offenbar hatte die höfliche Heuchelei auf Ebierbing abgefärbt (vielleicht wirkte Victorias Korpulenz aber auch ganz besonders attraktiv auf einen Eskimo), jedenfalls erklärte er Hall, die Königin sei »hübsch«. Auch auf Tookoolito hatte die Königin Eindruck gemacht, am imposantesten aber fand sie das Schloß: »Ein wunderbarer Palast, seien Sie dessen versichert, Sir.« Wie er bei einem Besuch im Lager feststellen durfte, hatte das Paar englische Gewohnheiten mit in die Arktis gebracht. Im *tupic* strickte Tookoolito Socken und kochte Tee, nicht in Krinoline, sondern nach Eskimoart gekleidet. Auch andere Englandimporte fielen Hall auf. So drehte Tookoolito, die sich eine Erkältung eingefangen hatte, beim Husten den Kopf und hielt die Hand vor den Mund. Hände und Gesicht waren immer sauber, ihr Haar frisiert. Sie erzählte Hall, wie sehr sie die Sprache der amerikanischen Walfänger schockiere. »Wenn sie nur nicht fluchen würden! Ich halte das für eine sehr schlechte Angewohnheit.«

Tookoolito und Ebierbing weckten Halls missionarischen Eifer, als er hörte, daß ihr kultivierter Lebensstil auch andere Eskimo beeinflußt hatte. Unter manchen Eskimofrauen im Cumberland Sound galt Hygiene nun als eine Tugend, einige hatten schon stricken gelernt und kleideten sich wie Tookoolito. Hall glaubte, daß sie alle Eskimo auf den Pfad der »Zivilisation und Erleuchtung« führen könne (diese Phrase taucht in seinen Tagebüchern des öfteren auf). Man müßte nur Kolonien gründen wie in Grönland und drei, vier Tookoolitos hineinsetzen, dann würde sich die Zivilisation rasch in der Arktis verbreiten. Man müßte die Eskimo dazu erziehen, andere Eskimo zu erziehen. Umgehend begann er, Tookoolito Lesen und Schreiben beizubringen. Zu Weihnachten schenkte er ihr die Bibel, die er von der Young Men's Christian Union of Cincinnati bekommen hatte. »Sie spürt, daß sie auf dem Pfad des Wissens weitereilen muß, daß sie erst lernen und verstehen und dann andere unterrichten muß«, schrieb er in sein Tagebuch. »Wenn Gott ihr ein langes Leben schenkt und ihren edlen Absichten wohlgesonnen ist, wird man ihrer sicherlich einmal als ›Mutter vieler Engel‹ gedenken.«

Hall wollte Tookoolito und Ebierbing unterrichten, er wußte aber, daß auch sie ihm vieles beizubringen hatten. Sie sprachen Englisch, besaßen ein paar europäische Kleider und nach außen hin europäische Gewohnheiten, aber sie waren immer noch Eskimo – zäh und an das Leben in der Arktis gewohnt. »Tatsache ist: Um das Ziel, das ich in meinem Herzen trage, zu erreichen – um mein Vorhaben erfolgreich auszuführen – um die King William Island und die umliegenden Gebiete zu begehen – um die Geschichte von Sir John Franklin und seiner berühmten Expedition vollständig zu belegen, muß ich lernen, wie die

Esquimaux zu leben!« Tookoolito und Ebierbing sollten seine Lehrmeister sein.

So lernte er, daß die Welt der Eskimo ein Fest war, auf das der Hunger folgte. Viele Eskimo sind unverbesserliche Verschwender und sparen selten in der Zeit, damit sie in der Not haben. Die Nugumiut verschlangen ihre Beute, kaum hatten sie sie erlegt. Wenn die Geister mit ihnen waren, und das waren sie für gewöhnlich, machten sie aus ein paar Robben einen Festschmaus. Sie kamen zu einem Freßgelage zusammen, das Leib und Seele ergötzte. Eines Tages fanden Hall und ein Matrose der *George Henry* das Dorf offenbar leer vor, dann aber hörten sie heiteren Lärm aus einem Zelt. Der Matrose hob die Zeltklappe an, steckte den Kopf hinein und zog ihn schnell wieder heraus, weil es angeblich schrecklich stank. Angewidert zog er von dannen, während Hall sich einen Ruck gab und eintrat. Im Zelt drängten sich mehr als ein Dutzend Eskimo, alle mit einem Messer in der Hand, alle blut- und tranverschmiert. Die einen hieben mit dem Messer auf Häute, Fleisch und Tran ein, die anderen tranken heißes Robbenblut aus einer Schüssel, die sie herumgehen ließen. Fast 80 Jahre später wurde der französische Anthropologe Gontran de Poncins in der Zentralarktis Zeuge einer ähnlichen Szene: »Von meinem Lager aus erschienen mir ihre Gesichter im Profil, glänzend von Fett und von Blut triefend; und mit ihren abgeflachten Schädeln, ihren Haaren, die die Stirn bedeckten, ihren Schnurrbärten, die ihnen tief über die Mundwinkel herabhingen [...], und ihren riesigen Kinnbacken riefen sie in mir unauslöschlich Bild des Steinzeitalters hervor, so daß ich immer an dieses Schauspiel denken muß, wenn ich von prähistorischen Menschen lese oder höre.«[25] Hall, der sich unbedingt an das Leben der Eskimo anpassen wollte, dachte mitnichten an den Frühmenschen. Er wußte, was er zu tun hatte; er machte deutlich, daß er gerne an dem Fest teilhaben würde. Eine Frau griff in einen Topf, zog vier Robbenwirbel heraus und gab sie ihm. Er kostete, befand sie für eßbar und wollte auch das Blut probieren.

Als sie mir das Gefäß mit dem Esquimaux-Eintopf gaben, zögerte ich erst. Der Topf war ein paarmal herumgegangen und immer wieder aufgefüllt worden, doch seine äußere Erscheinung war alles andere als einladend. Vielleicht war er nie geputzt worden, so sah er jedenfalls aus. Doch dann nahm ich all meinen Mut zusammen und beschloß, davon zu kosten. Als der Topf wieder bei meinem Nebenmann landete, fragte ich Koojesse: »Pe-e-uke?« (Ist das gut?) »Armelarng, armelarng!« (Ja! Ja!) Alle Augen waren auf mich gerichtet, als ich mich daranmachte, es ihnen gleichzutun und ihre Lieblingssuppe zu probieren.

Hall fand die Suppe ausgezeichnet (jedenfalls schrieb er das) und bestand den entscheidenden Test. »Sollen doch die, die Schlechtes dabei denken wollen, Schlechtes dabei denken. Eines ist sicher: Weder mein Gewissen noch mein Magen hat diese Tat verdammt! [...] Ich werde essen um des Lebens willen und zumindest für die nächsten drei Jahre die verbreitete Auffassung ablegen, um des Essens willen zu leben!«

Halls erster Robbenschmaus fand Ende Oktober statt. Danach gab es kein Festessen mehr, weil es ganz einfach keine Robben mehr gab. Er begriff allmählich, wie klein der Überlebensspielraum in einer Region ist, wo kleine Ursachen große Wirkung haben können. Die Mangellage im Herbst und Winter 1860 war von der Temperatur verursacht – nicht von der Kälte, wie man meinen könnte, sondern von der Wärme. Die Eskimo sind von der Beständigkeit des Wetters abhängig, und plötzliches Tauwetter im Winter kann sich genauso verheerend auswirken wie plötzlicher Frost im Sommer. In jenem Jahr bildete sich das Eis nur langsam, denn auf Frostperioden folgte Tauwetter, oder Stürme ließen das Eis brechen, bevor es sich festigen konnte. Wenn es kein Eis gab, konnten nur schwerlich Walrosse und Robben gefangen werden, und dann gab es nicht nur Nahrungsmittelknappheit, sondern auch Mangel an Brennstoff in Form von Tran – praktisch das einzig Brennbare, was die Nugumiut beschaffen konnten. Auch Wasser gab es nur in geringen Mengen; ohne Brennstoff konnten Schnee und Eis nicht geschmolzen werden. Wenn Hall Tookoolito und Ebierbing in jenem Winter besuchte, war es im Iglu kalt und düster, die Stimmung gedrückt. Auch das Winterleben im Iglu war ein Problem, weil das Tauwetter nicht nur die Eisbildung verhinderte, sondern auch die Schneehütten abschmelzen ließ. Hall bemerkte in seinem Tagebuch, daß das Tauwetter die Substanz des Iglu auffresse und einem Großbrand in einem Haus gleichkomme. Am 22. Dezember wurde das Dorf durch Regenfälle zerstört, viele Eskimo mußten Zuflucht auf der *George Henry* suchen.

Hätten die Nugumiut in ein anderes Gebiet gehen können, wäre die Not nicht so groß gewesen. Das Tauwetter, das ihnen das Leben schwermachte, hinderte sie jedoch auch an der Wanderung, die in Schnee und Eis schon beschwerlich genug ist, die Schmelze vereitelte aber auch die Schlittenfahrt.

Hall verbrachte viel Zeit im Eskimodorf. Er aß mit dessen Bewohnern, zeigte Verständnis für ihre Probleme und schmeichelte sich bei ihnen ein. Die Eskimo akzeptierten ihn und zeigten ihm Dinge, die sie normalerweise vor einem Weißen verbargen. Vieles, was Hall sah, gefiel ihm, vieles aber auch nicht. Die Bekanntschaft mit einem *angeko,* einem Schamanen, ließ ihn, den überzeugten Christen, zürnen. Er war empört, daß der *angeko,* ein sehr junger Mann, soviel Macht über die ganze Gemeinde hatte. »Dieser Esquimaux hat soviel Macht über seine Leute, daß er nur mit dem Finger schnippen muß, und alle springen.« Eines Tages schnippte der *angeko* mit dem Finger und zitierte Koojesse und Hall in sein Zelt zur Begehung eines Rituals. Er rief Kudlagos Geist an, der, so sagte er, nicht ruhen könne – Ruhe könne er erst finden, wenn die *kadloona* ihm ein doppelläufiges Gewehr opferten. Hall geriet außer sich. Er hatte gesehen, daß das Zelt des *angeko* voller Häute und Felle war, die ihm die Eskimo geopfert hatten, und erklärte mit bissigem Unterton – nach Halls Meinung war der *angeko* ein notorischer Faulenzer –, daß er ihm ein Gewehr gebe, wenn er ihn im folgenden Sommer auf seiner anstrengenden Reise nach King Williams Island begleiten würde. Der Schamane verstand ihn nicht, er dachte, Hall würde ihm das Gewehr vorbehaltlos geben, und bot ihm in seiner Begeisterung an, eine von seinen drei Frauen zu wählen, was zwar sehr großzügig war, Hall jedoch nicht milde stimmen konnte.

In seinem ganzen Tagebuch läßt sich Hall verächtlich darüber aus, daß der Aberglaube dieses ansonsten edle Volk verderbe. Er begriff zwar, daß der Aberglaube Teil ihres Lebens war und auf eine lange Tradition zurückblickte, doch immer wieder brach sein missionarischer Eifer durch: »Es wäre eine Ehre für unser Land, wenn ein großherziger christlicher Philanthrop ihnen den einzigen wahren Gott nahebringen würde.« Hall war schockiert von der »Heiterkeit«, die am Tag des Herrn herrschte, und bemitleidete die Eskimo, weil sie »Gott, Gottes Wort, Christus, den Sündenfall, Reumut und das ewige Leben im Himmel« nicht kannten.

Vor allem Blind George, der Gottes Beistand dringend brauchte, weckte Halls Mitgefühl. Hall hatte ihn in der Grinnell Bay kennengelernt und seitdem oft getroffen. Georges Leben war eine Qual. Seine Mutter hatte sich erhängt, er hatte zwei Kinder verloren (ein Kind war durch Gottes Gnaden gestorben, nachdem es zur Gänze behaart und mit schwarzen Blattern zur Welt gekommen war), und er war erblindet, als er sich gerade einen Namen als Führer und Jäger machte. Dann hatte seine Frau ihn verlassen und war zu Ugarng gegangen, das noch lebende Kind hatte sie mitgenommen. George konnte ein wenig Englisch und sprach mit Hall öfter über seine Probleme. »Mitter Hall! Mitter Hall!« rief er, wenn er etwas von ihm wollte. Einmal sollte Hall Ugarng bitten, ihm seine Tochter für eine Weile zu »leihen«, weil er so einsam sei (Ugarng entsprach Georges Wunsch), normalerweise klagte er aber nur über seine Unzulänglichkeiten. Hall war nett und freundlich zu ihm, nahm ihn mit in seine Kabine, brachte ihm stundenlang Englisch bei und sprach ihm Mut zu.

Doch menschliches Mitgefühl war Hall nicht genug – George brauchte vor allem den Trost des christlichen Glaubens. »Ich will tun, was in meiner bescheidenen Macht steht, und ihm die großartigen ewigen Wahrheiten eröffnen.«

Allerdings hielt der christliche Zorn dem christlichen Mitgefühl die Waage. Hall war oft wütend auf die Nugumiut; vor allem ihre offensichtliche Gleichgültigkeit gegenüber dem Tod brachte ihn auf. Bei seinem ersten Besuch im Dorf hatte er das Skelett einer alten Frau gesehen, die man einfach hatte sterben lassen. Anfang Januar mußte er hilflos mit ansehen, wie eine andere alte Frau das gleiche Schicksal traf; es war Nukertou, die bei seinen Besuchen immer sehr nett zu ihm gewesen war. Zufällig erfuhr er, daß sie krank war, und besuchte sie in ihrem Iglu, wo sie auf ihrem Bett aus Schnee und Fellen lag. Hall sah, daß sie todkrank war. Die Verwandten kümmerten sich nicht um sie. Zusammen mit Tookoolito brachte er ihr eine Funzel in den dunklen Iglu, sie machten ihr Bett, fütterten sie, massierten sie, doch sie wurde immer schwächer. Eines Tages sah er, daß Nukertou einen neuen Iglu bekommen hatte, doch er mußte entsetzt erfahren, daß es nur ihre Sterbestatt war, ein Grab, in dem sie lebendigen Leibes lag. Erst wollte er die alte Frau mit aufs Schiff nehmen, doch ihm wurde klar, daß er dadurch seine Beziehungen zu den Eskimo aufs Spiel setzen würde. Einige Tage später kam er wieder ins Dorf; der Eingang zum Iglu der Frau war mit Schneeblöcken verschlossen. Man sagte ihm, Nukertou sei gestorben. Ungläubig verschaffte er sich Zutritt zum Iglu; sie lebte noch, lag aber im Sterben. Als

Tookoolito kam – seine zivilisierte Tookoolito, die keineswegs abergläubisch war – und ihm sagte, daß Nukertou nun alleine sterben müsse, da »wir unsere Fellkleider nie wieder anlegen können, wenn wir bei ihrem Tod zugegen sind«, war er schockiert. Er protestierte: »An Weihnachten habe ich dir ein gutes Buch gegeben, die Bibel. Dieses Buch ist das Wort Gottes. Es sagt dir und mir und jedem, daß man den Kranken, den Notleidenden, den Hilflosen, den Armen, den Witwen und Waisen helfen muß.« Doch Tookoolito ließ ihn einfach stehen. Später hörte er, wie sie Ebierbing von dem Vorfall berichtete. Halls Haltung war ihr schleierhaft.

Die ganze bitterkalte Nacht lang wachte Hall am Bett der sterbenden Frau, unterbrochen nur durch Kratzgeräusche von draußen. Die Eskimo wollten den Eingang wieder verschließen, was Hall nicht nur zu verhindern wußte – er konnte sie sogar überreden, ihm und der Sterbenden eine Zeitlang Gesellschaft zu leisten.

Sie blieben eine halbe Stunde, dann gingen sie wieder. Wieder war ich allein mit der sterbenden Esquimaux, deren Ende immer näher rückte. Die Kälte kroch in ihren Leib und stahl sich auch in meinen Körper. Die Funzel der Eingeborenen, die Licht und Wärme spendete, war ausgegangen, weil der Tran fehlte. Nur noch meine Laterne gab Licht, das Öl hielt ich durch die wärmende Bewegung meiner kreisenden Hände flüssig. Während des Tages waren meine Fellstrümpfe naß geworden vom Schweiß, und nun waren meine Füße fast erfroren. Alle paar Minuten mußte ich aufspringen und mich schlagen, ich mußte ja etwas tun, um meine Glieder vor Frostbeulen zu schützen. [Nach zwölf Stunden Wache starb Nukertou.] Ich hielt die Lampe vor ihr Gesicht. Sie atmete nicht. Da saß ich nun auf der Schneeplattform neben ihr, ihre zerzausten Haare, matt und voller Rentierborsten, fielen zottig über ihre tätowierte Stirn. Ich rief: »Nukertou! Nukertou!« Doch sie antwortete nicht, es herrschte nur noch die Stille des Todes.

Während Nukertou im Sterben lag, festigte sich das Eis in der Bucht. In der zweiten Januarwoche war die *George Henry* festgefroren. Nun waren die Bedingungen besser, und die Eskimo machten sich auf die Wanderung. Ugarng und einige seiner Freunde zogen nach Norden zur Grinnell Bay, wo sie sich bessere Jagdbedingungen erhofften, Ebierbing und Tookoolito wollten sich ihnen anschließen, Hall ging mit. »Da ich den großen Wunsch hege, Erkundungen zu machen und mich vor allem an das wirkliche Leben der Inuit anzupassen [Hall übernahm die Eigenbezeichnung der Eskimo: *Inuit* – Mensch], beschied ich schließlich, mit Schlitten und Hunden eine Exkursion zu unternehmen.« Am 10. Januar, die Temperatur betrug minus 35 Grad, brach er mit Tookoolito, Ebierbing und Koodloo, einem Kusin der verstorbenen Nukertou, und einem Hundegespann zur Cornelius Grinnell Bay auf. Hall ging davon aus, daß sie für die Wanderung nur anderthalb Tage brauchen würden.

Am ersten Tag führte Ebierbing die Hunde meisterhaft, sie stießen schnell nach Norden vor, erst über Land, dann über das Eis in der Bucht. Am späten Nachmittag schlugen sie das Lager auf. Hall sah fasziniert zu, wie Ebierbing und Koodloo Schneeblöcke schnitten und in nur einer Stunde einen Iglu bauten. Tookoolito richtete das Innere wohnlich her, indem sie erst eine Tranlampe aus Speckstein aufstellte und einen Kessel mit Schnee aufsetzte, dann legte sie Bretter, Segeltuch und Buschwerk auf die Schlafplattform und bedeckte sie mit Karibufellen. Anschließend bereitete sie ein Abendessen aus Griebensuppe aus Cincinnati, rohem Selchfleisch, Zwieback und Kaffee zu, und während das Essen köchelte, trocknete und flickte sie die Kleider, eine lebenswichtige Arbeit, denn schon ein wenig Feuchtigkeit oder ein kleiner Riß konnten bei diesen

Temperaturen und dem schneidenden Wind den Tod bedeuten. Hall begriff schnell, warum die Eskimo nie ohne Frauen wanderten. Nach dem Essen rauchten die Männer, dann gingen sie zu Bett. Seine erste Nacht in einem Iglu verbrachte Hall zwischen Koodloo und Ebierbing.

Am nächsten Tag war der Weg nach Norden durch Preßeisrücken und massive Preßeishügel, sogenannte Hummocks, versperrt. Sie legten nur eine kleine Strecke zurück und mußten eine weitere Nacht auf dem Eis in der Bucht verbringen. Der Wind wuchs sich zum Sturm aus und brachte heftige Schneefälle aus der Davis Strait mit sich. Auch am nächsten Tag stürmte es, und sie mußten mehr als zwanzig Stunden im Iglu zubringen. Am späten Nachmittag wagte sich Ebierbing hinaus.

Ebierbing war gerade draußen (vier Uhr nachmittags). Er kam mit der verblüffenden Nachricht zurück, daß nur zehn Ruten südlich von unserem Iglu Wasser ist. Das Eis ist gebrochen und hat sich über eine kleine Strecke bewegt. Der Riß oder Bruch geht von O nach W und bewegt sich nach Westen aufs drei Meilen entfernte Land zu. Der Sturm, der gestern nacht und heute aus Osten kam, machte schwere See, so daß das Eis um uns herum gebrochen ist! Wenn es weiter nach N oder NW ins offene Meer driftet, müssen wir aufbrechen.

Das Land war zwar nur drei Meilen entfernt, aber es war viel gefährlicher, im Sturm zu wandern, als auf der Scholle zu bleiben. So warteten sie im Iglu angespannt ab, daß sich der Sturm legte, während die Scholle unter ihnen abdriftete und sie hörten, wie die Eismassen mit schrecklichem Getöse brachen. Selbst als der Wind am Abend abflaute, schaukelte die Scholle ungemütlich bis zum Morgengrauen weiter. Am Morgen schließlich schnitt Ebierbing ein Loch ins Igludach und spähte hinaus. Es war klar und ruhig.

Sie brachen über das sturmgebeutelte trügerische Eis zum Land auf, kamen jedoch nur langsam voran. An der Südküste der Grinnell Bay trafen sie auf Ugarng, der einige Tage vor ihnen nach Norden gegangen war. Neben Ugarngs Lager bauten sie einen Iglu und richteten sich gemütlich ein. Die Tortur schien überstanden. Aber es war knapp gewesen – am nächsten Morgen sahen sie, daß die Scholle, auf der sie gelagert hatten, gebrochen war und ins offene Meer hinaustrieb.

Einige Tage lang hatten sie reichlich zu essen. Hall hatte Proviant mitgenommen, und Ugarng hatte am Tag ihrer Ankunft eine Robbe erlegt. Doch schon am dritten Tag wurden die Lebensmittel knapp. Koodloo und Ebierbing gingen auf die Jagd und ließen Hall mit den Frauen allein. In jener Nacht schlief Hall neben Tookoolito und Punnie, einer von Ugarngs Frauen, und laut Halls Tagebuch ereignete sich folgendes:

Trotz *tuktoo*-Fellen und Decken waren meine Füße fast erfroren. Diese Kälte und dieser Schmerz gestern nacht! Was tun? Ich tat alles, um sie warm zu bekommen, schließlich drang eine süße, leise Stimme an mein Ohr: »Ist Euch kalt, Mr. Hall?«
Ich antwortete: »Meine Füße sind fast erfroren, ich bekomme sie einfach nicht warm.«
Tookoolito mit ihrer schnellen Auffassungsgabe – nur die kleine Punnie lag zwischen mir und ihr (Punnie schlief in der Mitte) – bewegte sich ans Fußende ihres Lagers, tastete nach meine Füßen, nahm sie und zog sie an sich. Meine Verlegenheit schwand, als sie sagte: »Eure Füße sind ja wie Eis, man muß sie auf Inuitart wärmen!«
Tookoolito schmiegte ihre warmen Füße an meine eiskalten Füße und legte sich wieder unter ihre *tuktoo*-Felle. Bald fragte sie mich mit ihrer wohlklingenden Stimme: »Geht es Euren Füßen besser?« – »Ja«, antwortete ich, »und vielen, vielen Dank!«

Und dann sagte diese edelherzige Inuit: »Dann laßt Eure Füße doch einfach liegen, wo sie nun sind. Gute Nacht, Sir.« Meine Füße wurden nicht nur mollig warm, sie glühten nachgerade die restliche Nacht über. Als ich am Morgen erwachte, lagen schätzungsweise nicht weniger als drei Paar warmer Füße nebeneinander und ineinander verwoben, so daß ich einige Schwierigkeiten hatte, zu sagen, welches meine eigenen waren!

Die Situation war keine Einladung zu einer Liebelei. Hätte Ebierbing ihm seine Frau angeboten, wie beispielsweise der *angeko*, so wäre der Beischlaf für die Eskimo, weniger vielleicht für den frommen Hall, in Ordnung gewesen. Doch Ebierbing hatte ihm Tookoolito nicht angeboten, und es war ganz normal, daß Frauen und Männer sittsam in der Behaglichkeit des Iglus nebeneinanderlagen. Wäre die Phantasie mit Hall durchgegangen und hätte er die Situation ausgenützt, so hätte Ebierbing ihn aus Rache durchaus töten können.

Diese Anekdote wirft die Frage auf, ob und welche Beziehungen Hall zu den Eskimofrauen hatte. Hatte er während der insgesamt fast zehn Jahre in der Arktis einem Peter Freuchen oder einem Stefansson nachgeeifert und sich eine Eskimo als Gespielin genommen? In seinen Tagebüchern findet sich keine derartige Erwähnung, aber vielleicht liegt das nur an der viktorianischen Verschwiegenheit (auf die allerdings nicht nur die Viktorianer ein Monopol haben; auch Stefansson schweigt sich noch im 20. Jahrhundert in seinen autobiographischen Schriften über seine Eskimofrau aus). Natürlich ist Skepsis angebracht, doch es ist durchaus denkbar, daß Hall auf eine sexuelle Beziehung mit einer Eskimo verzichtete, was vielleicht auf seinen aufrichtigen und tiefen christlichen Glauben zurückzuführen ist.

Ein weiterer Hemmschuh mag eine gewisse Art des Rassismus gewesen sein. So nah Hall den Eskimo auch kam, war da doch immer etwas, das ihn von ihnen trennte. Sicherlich hatte auch Hall seine heimlichen Anfälle von Lust und Frust, aber im Grunde war er zu sehr ein Kind seiner Zeit, war erfüllt von dem im 19. Jahrhundert vorherrschenden Überlegenheitsgefühl der weißen Rasse – der Geschlechtsverkehr mit einer Eskimo wäre ihm vermutlich entwürdigend vorgekommen. In seinen Schriften äußert er sich unverhohlen ärgerlich und angewidert über die weißen Männer, die diesbezüglich offenbar weniger Bedenken hatten.

Am nächsten Abend kamen Koodloo und Ebierbing von der Jagd zurück, brachten jedoch nichts außer schwarzer Haut und *krang* (rohe Walhaut mit Walfleisch) von einem Wal, den sie im vergangenen Herbst gefangen hatten. Dann wurde das Wetter wieder schlechter. Hall und die Eskimo mußten drei Tage lang im Iglu bleiben und sich von den Resten der Robbe, der schwarzen Haut und *krang* ernähren. Am vierten Tag trat eine leichte Wetterbesserung ein; Hall wollte mit Koodloo schnell zum Schiff gehen und Nachschub holen, auch wenn es am heiligen Sonntag war. Doch Hall hatte unterschätzt, wie geschwächt er durch den Hunger war; nach nur wenigen Stunden im Kampf gegen Tiefschnee und Eishügel mußte er umkehren und ins Lager zurückgehen. Also sollte Ebierbing Koodloo begleiten, und Hall blieb wieder mit den Frauen zurück. »Punnie und Tookoolito sind nun meine Gesellschaft am Abend und meine Bettgenossinnen.« Und schnell fügt er hinzu: »Das heißt, wir schlafen auf demselben Lager, aber unter verschiedenen *tuktoo*-Fellen.« Diesen Umstand mußte er selbst in seinem privaten Tagebuch betonen.

Während sie im Sturm auf der Scholle festgesessen hatten, hatte Hall das Verhalten der hungernden Hunde als abstoßend empfunden. In jenen Tagen hatte Tookoolito Hall von seinem Bart befreit, der im Sommer ein guter Schutz gegen Moskitos, im Winter aber ein lästiges Geflecht von Eiskristallen war. Als sie das Lager abgebrochen hatten, hatten die ausgehungerten

Hunde den Iglu gestürmt und waren über alles hergefallen, was sie nur in die Fänge bekamen, einschließlich Halls Barthaare. Nun sollte Hall am eigenen Leib erfahren, wie sich wirklicher Hunger anfühlte.

Ugarng kam von der Jagd zurück; er hatte zwei Tage und eine Nacht über einem Atemloch gelauert, aber nicht eine einzige Robbe gefangen. Wenn Ugarng und sein Gefährte Jack auch in den folgenden beiden Tagen nichts erlegen würden und wenn auch Ebierbing und Koodloo keinen Nachschub vom Schiff holen könnten, würde es kritisch werden. Es gab kaum noch Nahrungsmittel und fast keinen Brennstoff mehr.

Beim Anblick des verfaulten Walfleischs, das Tookoolito im Iglu aufgehängt hatte, schrieb er:

Eines Abends fragte ich Tookoolito, ob ich das schwarze Fleisch probieren dürfe, das sie aufgehängt hatte. Ich wußte, daß es für die Hunde war, trotzdem hatte ich einen irrsinnigen Heißhunger darauf. Tookoolito meinte, sie könne sich nicht vorstellen, daß ich das äße; allein der Gedanke daran mache sie ganz krank.

Am 24. Januar war nur noch ein Stück schwarze Haut übrig, »1 1/4 Inches breit, 2 Inches lang und 3/4 Inch dick« (selbst in größter Not nahm Hall akribisch Maß). Da es keinen Tran gab, brannte die Lampe nicht, im Iglu war es dunkel, die Temperatur im Inneren bewegte sich um minus 15 Grad. Abgesehen von ein paar kurzen Ausflügen, bei denen Hall sich nach Ebierbing umsah, kauerte er den ganzen Tag unter seinen Fellen und versuchte, Tagebuch zu führen.

Um Mitternacht kam Jack aus Ugarngs Iglu herüber – auf der Harpune Fleisch und Tran einer frisch erlegten Robbe. Hall ging hinaus und half ihm, dabei griffen die Hunde an. Eine Weile kämpften die beiden ausgehungerten Männer im Eingangstunnel des Iglus gegen die ausgehungerten Hunde. Die Hunde gewannen; sie rissen alles Fleisch und alles Fett von der Harpune, bevor die Männer sie vertreiben konnten.

Doch nur wenige Stunden nach dem Kampf um Nahrung kam Rettung. Ebierbing, der so erschöpft war, daß er fast kollabierte, erschien mit einem Schlitten voll Proviant vom Schiff und mit einer Robbe, die er am Morgen gefangen hatte. Auf dem Hinweg hatten seine Hunde ein Robbenloch gewittert, und Ebierbing hatte es mit einem Schneehügel und einem Schwall Tabaksaft markiert, auf dem Rückweg hatte er eine ganze Nacht mit der für die Eskimo typischen Geduld am Loch ausgeharrt. Im Morgengrauen schließlich hatte er gehört, wie die Robbe Luft holen wollte, und das Tier durch die kleine Öffnung im Eis auf seine Harpune gespießt.

Dieses Mal mußte Hall sich nicht zwingen, am Festschmaus teilzunehmen. Er sah zu, wie die Eskimo das Tier zerlegten, dann trank er mit ihnen das Blut und aß rohes Fleisch, Leber und Eingeweide. Nach dem Essen saß er neben der brennenden Lampe und las einen Brief von Budington, der ihm schrieb, daß alle auf der *George Henry* geglaubt hätten, Hall sei im Sturm umgekommen. Im Dorf in der Cyrus Field Bay leide man Hunger, nicht eine einzige Robbe habe man fangen können, seit Hall mit seinem Trupp weitergezogen sei. Budington schließt seinen Brief, indem er betont, daß er sich auf Halls Rückkehr freue. Doch Hall blieb lieber, wo er war. Trotz aller Qualen, die er hatte ausstehen müssen, fand er das Leben im Iglu »bezaubernd«.

Hall verbrachte einen weiteren Monat mit Ebierbing und Tookoolito in der Grinnell Bay. Die Robbenjagd war erfolgreich und trotz Außentemperaturen von bis zu minus 50 Grad war das Leben im Iglu sehr viel angenehmer als in den ersten 20 Tagen.

Nur eines störte ihn in jenem Monat: Aus heiterem Himmel tauchten plötzlich der *angeko* und seine Frauen auf und labten sich, sehr zu Halls Verdruß, an der Beute, die Ebierbing und Ugarng in Schwerstarbeit erlegten. »Einem hungrigen Mann

Essen zu geben ist in Ordnung, und es ist in unser aller Augen eine Selbstverständlichkeit, aber er hat so einen riesigen Magen und ist so gefräßig wie ein Eisbär, und es ist kaum einzusehen, daß wir diesen Magen mit unseren beschränkten Lebensmittelrationen füllen.« Das »wir« ist eine Anmaßung, denn Ebierbing und Ugarng gaben dem *angeko* klaglos zu essen. Die Nächstenliebe der Christen schien engere Grenzen zu stecken als die der Eskimo.

Am 21. Februar, 43 Tage nach seinem Aufbruch, kehrte Hall schließlich, geführt von Ebierbing, zur *George Henry* zurück. Auf dem Weg machten sie halt und erlegten eine Robbe (Hall sah zum erstenmal, wie eine Robbe getötet wurde, »die schönen, ausdrucksvollen Augen des Opfers« erregten sein Mitleid), trotzdem kamen sie in weniger als einem Tag zum Schiff. Nachdem Hall die Glückwünsche der Crew zu seinem Überleben entgegengenommen und sich eine warme Mahlzeit einverleibt hatte, zog er sich in seine Kabine zurück. »Und dann ging ich wieder in das kleine Heim, das ich mein eigen nennen darf, und dankte Ihm, der mich und meinen Leib während meiner ersten persönlichen Erfahrungen mit dem Leben bei den eingeborenen Inuitstämmen im eisigen Norden geschützt hat.«

Geschützt hatten ihn vor allem die eingeborenen Inuitstämme. Ohne Ebierbing und Tookoolito wäre sein Tod unausweichlich gewesen. Er wußte, daß er den Eskimo das Überleben verdankte und daß sie ihm vieles beigebracht hatten, doch aus irgendeinem Grund konnte er sich diese Abhängigkeit nicht voll und ganz eingestehen, und als er über den Abschied von Tookoolito in der Grinnell Bay schrieb, drehte er das Abhängigkeitsverhältnis kurzerhand um: »Der Abschied von Tookoolito war bewegend. Auch sie war traurig, doch die Hoffnung, daß sie und ihr Mann bald wieder mit mir auf Exkursion gehen dürften, linderte ihre tiefe Trauer über meinen Aufbruch. Sie und Ebierbing sind wirklich wie Kinder für mich, und ich hege ihnen gegenüber väterliche Gefühle.«

Doch auf den Eisschollen der Grinnell Bay und in den winterlich ungastlichen Bergen des Landes war Hall das »Kind« der Eskimo: Kurz nach seiner Rückkehr zum Schiff ereignete sich ein schrecklicher Vorfall, der deutlich macht, was einem Weißen in der Arktis zustoßen kann. Hall erfuhr, daß einige Matrosen Skorbut hatten. Er selbst hatte in jenen 43 Tagen und selbst in der Hungerwoche keine Symptome von Skorbut gezeigt und war überzeugt, daß die richtige Ernährung, vor allem Frischfleisch, nicht nur vorbeugend, sondern auch heilend wirkte. Er besprach sich mit Budington, und zwei der skorbutkranken Matrosen, James Bruce und John Brown, sollten über die Blunt Peninsula zur Frobisher Bay gehen und dort eine Zeitlang mit den Eskimo leben und jagen. Eine Woche nach ihrem Aufbruch folgten mit dem Schlitten auch Koojesse und ein anderer Eskimo, die in der Frobisher Bay Frischfleisch und Walroßelfenbein tauschen wollten. Bruce sagte später, er und Brown hätten den Eindruck gehabt, daß sie vom Skorbut geheilt seien, und wollten mit Koojesse zum Schiff zurückkehren. Doch im letzten Moment änderte Bruce seine Meinung; es war bitter kalt, und er wollte die Wanderung aufschieben. Brown hingegen, der erst 18 Jahre alt war, war etwas ungestümer und konnte es kaum erwarten, wieder an Bord zu sein, um Mehlpudding und Apfelmus zu essen. Bruce mußte einsehen, daß es keinen Sinn hatte, mit dem Jungen zu streiten.

Brown brach also mit den Eskimo auf, doch mit dem vollbeladenen Schlitten ging ihm das alles zu langsam. Gegen Koojesses Rat zog er alleine weiter und hängte die Eskimo ab. Am späten Abend erreichten Koojesse und sein Gefährte das Schiff und legten sich gleich schlafen. Erst am nächsten Morgen fiel ihnen auf, daß Brown nicht an Bord war.

Die Suche war eine psychische und physische Tortur. Bei eisiger Kälte und schneidendem Wind litten die Suchtrupps Kälte, Erschöpfung und Durst. Bald fanden sie jedoch Spuren von Brown. Auf seinem Pfad konnten sie nachvollziehen, welche

Todesangst er ausgestanden haben mußte, als er merkte, daß er sich verirrt hatte und die eisige Nacht hereinbrach. Seine Fußspuren schlängelten sich um Hummocks und Eishügel von der Küste zur Bucht und wieder zurück zur Küste. Dann war er offenbar neben einem Hügel durchs Eis gebrochen und naß geworden. In dem Moment mußte er gewußt haben, daß er sterben würde. Gegen Morgen wankte er nur noch; auf einer Strecke von zwei Meilen bilden seine Fußspuren zwölf ineinandergreifende Kreise. Nach zehn Stunden Suche fand man seine Leiche. Er lag rücklings auf dem Eis, die Hände an den Seiten. Im Schnee waren noch Spuren seiner Mühsal zu sehen; er hatte versucht aufzustehen, hatte sich dann aber in seine Erschöpfung und in den Tod fügen müssen. Im Winter konnte man kein Grab ausheben, also ließen sie ihn liegen, wo er gestorben war, und bedeckten ihn mit Eis und Schnee. Im Juni würde Tauwetter einsetzen, und er würde in die Bucht hinabsinken.

Browns Tod war für Hall ein Schock. »O mein Gott!« schrieb er an jenem Abend. »Deine Wege sind nicht unsere Wege! Auf Deinem unergründlichen Wege hast Du es für angemessen gehalten, uns von Angesicht zu Angesicht der Wirklichkeit gegenüberzustellen, der letzten Wirklichkeit, so grausam sie auch sein möge. Du hast uns gezwungen, mit Schaudern zu sehen, was auf Gottes Erden passieren kann!« Der Fund der Eisleiche, »kalt und starr wie die Denkmäler aus Eis um uns herum«, konnte Hall in seinem Glauben an Gott nicht erschüttern, doch er würde nie wieder so vorbehaltlos glauben wie früher. Der Mann, der noch ein Jahr zuvor geschrieben hatte: »Es ist ein Sakrileg zu sagen, die Elemente führten Krieg [...]. Die Elemente sind immer in Frieden«, war damals noch nicht in der Arktis gewesen, hatte keine Gletscher gesehen, kein Packeis, keine arktischen Stürme und keine tödliche Kälte erfahren. Was er in seinen ersten acht Monaten im Norden erlebte, erreichte mit Browns Tod einen Gipfelpunkt.

DRITTES KAPITEL

Frobisher Bay.
Die Erkundung

John Brown starb Mitte März. Kurz darauf machte Hall seine Pläne fürs kommende Jahr. Er wußte, daß das Eis erst in etwa vier Monaten brechen und die Bucht frei sein würde für seine Fahrt nach King William Island. Für die Zwischenzeit nahm er sich ein anderes Projekt vor. »Ich muß in diesem Frühjahr die Frobisher Bay erkunden«, schrieb er am 29. März, »und zweifelsfrei herausfinden, ob es sich bei der Annahme, es sei eine Wasserstraße, um einen Mythos handelt.« Zum einen war sein Interesse geographischer, zum anderen historischer Natur. Von Koojesse wußte er, daß die Nugumiut seit Generationen die Geschichte überlieferten, nach der vor vielen Jahren *kadloona* in ihr Land gekommen seien. Koojesse gab zwar zu, die Geschichte nicht in allen Einzelheiten zu kennen, allerdings wisse er einen Ort, an dem Relikte der *kadloona* zu finden seien. Hall fragte sich, ob damit die Frobisher-Expedition gemeint war, auch wenn es unwahrscheinlich war, daß die Eskimo Geschichten über Vorfälle überlieferten, die sich vor fast drei Jahrhunderten zugetragen hatten. Im April las er an Bord der *George Henry* noch einmal die Bücher über Frobishers drei Fahrten.

Martin Frobisher war von adliger Geburt, ein Seemann aus Berufung und ein Freibeuter aus Neigung. Während der Herrschaft Königin Elisabeths I. wurde mit dem Segen der Krone viel Kaperei getrieben, doch Frobisher ließ sich des öfteren richtiggehend zur Piraterie hinreißen und saß in London ein paarmal im Zuchthaus, weil er unerlaubterweise Schiffe gekapert hatte. Seine Gewandtheit als Navigator und Kommandant wurde jedoch nie angezweifelt, und 1575 übertrug ihm eine Gruppe abenteuerlustiger Kaufleute unter dem Vorsitz von Michael Lok das Kommando über eine Expedition zur Entdeckung der Nordwestpassage. Sie ließen ein Schiff bauen, die *Gabriel*, ein weiteres kauften sie, die *Michael.* Im Juni 1576 stachen die beiden Schiffe zusammen mit einer Pinasse in See und machten sich auf den Weg nach Nordwesten.

Frobishers erste Arktisfahrt nahm einen schlechten Anfang. Vor Grönland wurden die Schiffe im Sturm getrennt, die *Michael* fuhr nach England zurück und meldete, daß die *Gabriel* mit Frobisher an Bord abgetrieben sei. Doch Frobisher und seine Crew von 18 Mann waren trotz der Stürme, die das kleine Schiff fast zerrissen, weiter nach Nordwesten gefahren. Frobisher zeigte, was er konnte.

Am 20. Juli sichtete Frobisher ein bergiges Land, das er Queen Elizabeth's Foreland nannte (wahrscheinlich das heutige Resolution Island), doch wegen »außerordentlich festem Eis« konnte er nicht anlegen. Die *Gabriel* kreuzte vor der Küste, bis das Eis schließlich brach und ein paar Männer unter dem Kommando des Handelskapitäns Christopher Hall an Land gehen und eine kleine Insel erkunden konnten, die sie Hall Island tauften. Als der Erkundungstrupp wieder an Bord war, fuhr Frobisher in eine tiefe Bucht, die er für die Straße nach Kathei hielt. »Er nannte dieses Gewässer nach sich selbst Frobisher Strait, wie auch Magellanus am südwestlichen Ende der Welt die Passage zur Südsee [...] nach sich selbst Magellanstraße nannte.«[26]

Auf der Fahrt die »Strait« hinauf, nahm Frobisher an, das Land zur Linken sei Amerika, das zur Rechten Asien. Nachdem er etwa 100 Meilen an einigen Inseln vorbeigesegelt war, fuhr er die Küste an. Er entdeckte Anzeichen menschlicher Besiedlung und eine Feuerstelle. Von einer Hügelkuppe aus »sichtete er in weiter Ferne ein paar kleine Wesen, die im Wasser trieben, und glaubte, es seien Tümmler oder Seehunde oder irgendwelche eigentümlichen Fische, doch als sie näher kamen, sah er, daß es Menschen in kleinen Fellbooten waren.«[27] Es war wohl eines der frühesten Zusammentreffen von Eskimo und Weißen, und zu allem Übel muß man sagen, daß sich die beiden Parteien mit Mißtrauen begegneten. Noch übler ist, daß das Mißtrauen berechtigt war. Frobisher dachte, die Eingeborenen wollten ihm den Weg zu seinem Schiff abschneiden, und eilte zurück. Die Eskimo wiederum waren zögerlich, als die Matrosen sie an Bord locken wollten. Nach einiger Zeit fand ein vorsichtiger Austausch von Geschenken statt, ein paar Eskimo gingen sogar an Bord. Frobisher war entsetzt über ihre Eßkultur: »Sie kamen an Bord und brachten ihm Lachs und rohes Fleisch und Fisch und verschlangen alles begierig vor den Augen unserer Männer.«[28] Er befahl, diesen Wilden gegenüber vorsichtig zu sein, doch fünf Matrosen gingen mit den Eskimo an Land und verschwanden. Frobisher fuhr so nah wie möglich an der Küste entlang, ließ Hörner blasen und Geschütze abfeuern, doch die Eskimo ließen sich dadurch nicht stören. Von den Männern fehlte jede Spur. Frobisher konnte es sich kaum leisten, fünf von 18 Männern zu verlieren, also nahm er eine Geisel. Er schlug einen Gong und lockte mit irgendwelchem Schnickschnack einen Eskimo im Kajak zum Schiff. Als der Eskimo beidrehte, lehnte sich der kräftige Frobisher über die Reling, packte den Eskimo und hievte Mann und Kajak auf die *Gabriel*. Doch auch das machte keinen Eindruck auf die Eskimo, und so entschied er, mit der verbleibenden Mannschaft, der Geisel und dem Kajak nach England zurückzukehren und die fünf Verschollenen ihrem Schicksal zu überlassen.

Auf der Rückfahrt befand sich ein unauffälliges Objekt an Bord der *Gabriel*, ein Stein, der das Leben vieler Menschen verändern sollte. Frobisher hatte Michael Lok versprochen, ihm

»das erste Ding zu bringen, das er in dem neuen Land fand«, und das erste Ding war ebendieser Stein, den er an der Küste von Hall Island aufgelesen hatte. Lok ließ ihn von verschiedenen Leuten analysieren, doch sie fanden darin keine wertvollen Mineralien. Aber Lok gab nicht auf. Schließlich fand er einen italienischen Naturkundler, der behauptete, in dem Stein sei viel Gold enthalten.*

In der ganzen Aufregung um den Stein vergaßen Lok und die Kaufleute fast das eigentliche Ziel der Expedition: die Entdeckung der Nordwestpassage, und daß Frobisher offensichtlich einen Seeweg gefunden hatte. Lok bekehrte auch andere zu seinem Irrglauben bezüglich des Goldes und gründete am 17. März 1577 die Cathay Company. Lok wurde Präsident, Frobisher »Großadmiral über alle Meere und Gewässer, Lande und Eilande sowie über Kathei und die anderen neu entdeckten Orte«[29], heißt es in der königlichen Urkunde über die Konzessionierung der Gesellschaft. Die Königin selbst stiftete 1000 Pfund und lieh der Gesellschaft ein Schiff. Die nächste Expedition sollte ein vollausgerüstetes und sehr viel ehrgeizigeres Unternehmen sein. Frobisher hatte 120 Mann unter seinem Kommando, drei Schiffe und alle Macht eines »Großadmirals«. Die Expeditionsteilnehmer sollten auf Hall Island eine Mine bauen und weitere Goldadern suchen, außerdem sollten sie die fünf Verschollenen finden. Dabei war die weitere Erkundung der Frobisher Strait und die Erkenntnis, ob der Weg auch wirklich nach China führte, zweitrangig.

Frobisher erreichte die nach ihm benannte Meeresstraße ein Jahr nachdem er sie auf der ersten Fahrt gesichtet hatte. Die drei Schiffe ankerten vor Hall Island, die Mannschaften gingen sofort an Land und machten sich auf die Suche nach *ore*, doch

---

* Lok fragte den Italiener, wie er das Gold gefunden habe, nachdem alle anderen gescheitert seien. Man müsse der Natur eben zu schmeicheln wissen, lautete die Antwort.

sie fanden kein Gold. Frobisher aber gab nicht auf, und bald stießen seine Männer auf den umliegenden Inseln auf reichlich Erz.

Kurz darauf entdeckten sie Eskimo. Frobisher ging kein Risiko ein, »da er bei seiner ersten Reise ihre listige und grausame Natur so gut kennengelernt hatte, schützte er sich nun besser.«[30] Er näherte sich den Wilden sehr vorsichtig und in einer großen Gruppe. Nach der anfänglichen Kontaktaufnahme kamen sie den Eskimo nah genug, um ihren Lebensstil zumindest kennenzulernen. Sie verzeichneten die verschiedenen Gerätschaften, die geschickt aus Knochen, Zahn, Häuten und Stein hergestellt waren; sie sahen, daß die Eskimo kleine Hunde verzehrten und große Hunde vor die Schlitten spannten. »Sie benutzen Hunde, wie wir Pferde benutzen.« Einige Männer wurden auch in eine Hütte aus Walknochen und Häuten eingeladen. Sie waren schockiert über die »Schlampigkeit« der Eskimo, so der Chronist George Beste: »Ihre Löcher besudeln sie mit dem Schmutz von ihren viehischen Eßgewohnheiten und wohnen so lange an einem Ort, bis ihre eigene Schlampigkeit sie vertreibt und sie sich einen besseren Platz suchen müssen.«[31]

Doch Frobishers Männer waren weniger an ethnolgischer Feldforschung interessiert – sie wollten Geiseln nehmen; zum eigenen Schutz, aber auch als Pfand zur Aufdeckung des Schicksals der fünf Verschollenen. Frobisher und ein Gefährte versuchten, zwei Eskimo mit Gewalt zu entführen, doch die Männer wehrten sich, sie jagten die Engländer zurück zu ihren Booten und »schossen den General [Frobisher] mit einem Pfeil ins Gesäß«. Doch bald darauf konnte ein Matrose einen jungen Eskimo fangen und ihn über die fünf Vermißten befragen.[32] Er gab zu, daß er die Männer kannte, bestritt jedoch, daß die Eskimo sie getötet und gegessen hätten. Dann fand man ein Wams und verschiedene Schuhe, und es gab wieder Hoffnung, daß sie überlebt hätten, doch die Kleidungsstücke waren die letzten Spuren, die man je von ihnen fand.

Die Beziehungen zu den Eskimo wurden immer angespannter und schließlich gewalttätig. Auf einem kleinen Kap, das daraufhin Bloudie Point genannt wurde, stießen Frobishers Männer und eine Gruppe von 16 Eskimo zusammen. Die Eskimo kämpften erbittert, doch schließlich merkten sie, daß ihre Niederlage besiegelt war und sprangen von einer Klippe. Nach dem Kampf fand Frobisher eine Eskimo, die er samt Kind gefangennahm und zusammen mit der ersten Geisel nach England brachte. Alle drei starben innerhalb eines Monats nach ihrer Ankunft in England.

Das Hauptziel der Expedition war erreicht, die drei Schiffe waren mit Gestein beladen. Es war zunächst schwierig gewesen, Erzadern zu finden. Die Männer hatten sich von einem Felsen in die Irre führen lassen, der so glänzte, daß »er ganz aus Gold zu sein schien«, aber er bestand hauptsächlich aus schwarzem Blei. Nach weiteren Erkundungen wurde auf einer kleinen Insel in der kleinen Bucht, die Countess of Warwick Sound genannt wurde, eine Mine errichtet. Während die meisten Männer nach den fünf Vermißten suchten und gegen die Eskimo kämpften, schürften die Bergleute fast 200 Tonnen Gestein, das die Naturkundler für äußerst wertvoll hielten. Im Jahr 1577 fiel der Schnee schon früh, und Mitte August wurde die Expedition von schweren Stürmen gebeutelt. Frobisher ließ seine drei Schiffe mit dem Gestein beladen und setzte Segel mit Kurs auf England, ohne daß er versucht hätte, Kathei über die Frobisher Strait zu erreichen. Offenbar hatte er den Eindruck, genug geleistet zu haben.

In England analysierten verschiedenste Experten die Gesteinsproben und kamen zu ebenso verschiedenen Ergebnissen. Manche hielten das Gestein für wertvoll, andere meinten, es sei wertlos. Die Königin drückte zurückhaltende Zweifel aus, indem sie das neue Land Meta Incognita nannte: Unbekannter Wert. Jedenfalls wurde eine dritte Expedition organisiert. Ein Jahr nach Frobishers zweiter Fahrt stachen 15 Schiffe in See;

sie sollten 2000 Tonnen des Gesteins mitbringen und mit 100 Menschen eine Kolonie auf Meta Incognita gründen. Die Unternehmungen der Cathay Company wurden immer komplexer und immer teurer. Frobishers Flotte der dritten Expedition war die größte, die bis zum Zweiten Weltkrieg die Arktis befahren hat.

Schwere See setzte Frobishers letzter Arktisfahrt zu. Kaum war die Flotte in die Strait eingefahren, zog auch schon ein Sturm auf und peitschte die eisbeladenen Wasser. Dann folgten »tückischer Nebel und Dunst«, die sich zwei Wochen lang nicht mehr lichteten. Am 26. Juli gab es »so schreckliche Schneefälle, daß der Schnee ein Fuß tief auf den Luken lag und so schnell gefror, wie er fiel«. Anfang August zog ein »verheerender Sturm« auf,[33] der die Flotte beinahe vernichtete. Das Schiff mit der Holzladung ging unter, und der Plan, eine Kolonie zu bilden, mußte aufgegeben werden. Es ging nur noch darum, die Schiffe so schnell wie möglich mit Erz zu beladen.

Zu den Eskimo gab es wenig Kontakt. Mittlerweile waren die Eingeborenen der Region den Weißen gegenüber argwöhnisch geworden und gingen ihnen aus dem Weg. Am Bear Sound wollte Frobisher sich einer Gruppe nähern, »die schnellstens flüchtete, als sie ihn kommen sah«. Am nächsten Tag verfolgte er bei steifer Brise mit vollen Segeln in seiner Pinasse ein Boot voller Eskimo, doch sie konnten ihm entkommen. Vor seiner Rückkehr nach England ließ Frobisher eine Hütte bauen und deponierte dort allerlei Krimskrams, »um die Leute zu locken und für die folgenden Jahre etwas zutraulicher zu machen«.[34] Doch es sollte in den folgenden Jahren keine Fahrt mehr geben. Sobald die Schiffe beladen waren, segelte Frobisher zum letztenmal aus seiner Strait hinaus.

In England wurde das Gestein nach langwierigen und kostspieligen Analysen schließlich für wertlos erklärt. Die Cathay Company mußte die Aktionäre mit 115 Prozent ihrer ursprünglichen Einlage entschädigen und zu diesem Zweck ihren gesamten Besitz einschließlich der Schiffe zu Geld machen. Michael Lok war bankrott, auch Frobisher verlor eine große Summe, im Gegensatz zu Lok aber, der als Geschäftsmann für den Rest seines Lebens ruiniert war, war Frobisher ein geschickter Seemann und berühmter Abenteurer, und sein Mut hatte einen guten Marktwert. Er schloß sich Francis Drake und John Hawkins an und wurde zur Geißel für die Spanier; bei jeder größeren Seeschlacht war er dabei, auch bei der Vernichtung der Armada. Die Fahrten nach Baffin Island waren nur eine kleine Episode in seiner Vita.

Mit dem Großteil der Steine, die unter solchen Gefahren und mit solchen Kosten aus der Frobisher Strait geholt worden waren, wurden Straßen repariert, der Rest wurde im Hafen von Bristol versenkt; vor einigen Jahrzehnten wurde das Hafenbecken ausgebaggert, und man fand ganze Tonnen dieses Gesteins. Frobisher Strait verschwand für mehrere Jahrhunderte aus dem Denken der Menschen in der zivilisierten Welt. Frobisher selbst lebte zwar noch, doch die Kartographen verlegten Meta Incognita fälschlicherweise in den Süden von Grönland. Drake umsegelte die Strait 1585 und taufte sie Lord Lumley's Inlet, weil er nicht wußte, worum es sich handelte. Geographen und Forschungsreisende des 18. und des frühen 19. Jahrhunderts hatten schon etwas mehr Ahnung von der Arktis, und viele leiteten die korrekten Koordinaten der vermeintlichen Meeresstraße und von Meta Incognita ab, aber es gab keine Bestätigung für die Richtigkeit ihrer Angaben. Noch im 19. Jahrhundert erscheint Frobisher Strait in kartographischen Darstellungen in einer Vielzahl von ungenauen Umrissen, die sich allesamt als falsch erwiesen.

Hall hatte sich mit Frobishers Geschichte befaßt und war auf das Treffen mit Ookijoxy Ninoo, Ebierbings betagter Großmutter, in der Field Bay vorbereitet. Er hatte gehört, daß die alte Frau alle überlieferten Geschichten ihres Volkes kannte, und war ganz versessen darauf, mit ihr über die *kadloona* zu sprechen, die vor langer Zeit in der Region gewesen sein sollten. Er ging zu ihrem Zelt, Tookoolito nahm er als Dolmetscherin mit. Das Gespräch mit Ookijoxy Ninoo blieb ihm lebhaft in Erinnerung.

Die alte Frau erzählte Hall die ganze Geschichte über die *kadloona*. Hall fragte sie, wie viele Schiffe damals gekommen seien. »Sie antwortete, die Schiffe seien jedes Jahr gekommen, erst zwei, dann drei, dann *amasuadlo comooarchchua* (viele, eine große Menge Schiffe).« Hall verglich diese Information mit den Angaben in John Barrows *Sammlung von Reisen und Entdeckungen in einer chronologischen Ordnung*. Auf der ersten Fahrt war Frobisher mit nur zwei Schiffen gekommen, auf der zweiten mit drei und auf der dritten mit einer Flotte von 15 Schiffen. Die mündliche Überlieferung schien mit der Historie übereinzustimmen. Aufgeregt drängte Hall die Alte, ihm mehr zu erzählen.

Sie erinnerte sich, daß man ihr als kleines Mädchen gesagt hatte, die *kadloona* hätten viele Eskimo getötet und viele mitgenommen, doch die Eskimo hätten auch fünf *kadloona* gefangen. Hall dachte an die fünf Männer, die auf der ersten Frobisher-Fahrt unter mysteriösen Umständen verschwanden, und fragte die alte Frau, was man mit ihnen gemacht habe. Sie hätten mindestens einen Winter bei den Eskimo gelebt, im Frühjahr hätten sie ein *umiak* gebaut (ein großes Fellboot, das im Gegensatz zum ein- oder zweisitzigen Kajak für mehrere Leute Platz bot), einen Mast gesetzt und seien für immer davongesegelt. Wenn ihre Geschichte wahr war, dann war das Geheimnis um die fünf Männer aufgedeckt – sie waren beim Versuch, mit ihrem primitiven Boot England zu erreichen, ertrunken, verhungert oder erfroren.

Hall fragte, wo die meisten Vorfälle mit den *kadloona* stattgefunden hätten. Zum Teil auf Kingaite, sagte sie, der Hochfläche auf der anderen Seite der Bucht (bei den Weißen unter dem Namen Meta Incognita bekannt), das meiste habe sich aber auf der Insel Niountelik und Umgebung abgespielt. Auf Niountelik hätte sie selbst Holz und Kohle gesehen und *oug* (etwas Rotes – Hall fiel später ein, daß es Ziegel waren) sowie große Stücke eines sehr schweren Steins, so schwer, daß selbst der stärkste Eskimo Mühe hatte, sie anzuheben. Als Hall sich fragte, was es mit diesem Gestein auf sich gehabt haben könnte, meinte Tookoolito, es könnte sich um Eisen handeln.

Nur eine Woche zuvor hatte Hall eine Exkursion nach Niountelik unternommen, eine kleine Insel in der Mündung eines engen Sunds in der Frobisher Bay. Er hatte aber nicht nach Relikten der Frobisher-Expedition gesucht, außerdem war die Insel verschneit. Nun dämmerte ihm, daß der Sund durchaus der Countess of Warwick Sound gewesen sein könnte, wo Frobisher die meisten seiner unglücklichen Schürfungen unternommen hatte. Aus zwei Gründen versetzten Hall die Erzählungen der alten Frau in Aufregung: Zum einen hatte er nun Gelegenheit zu beweisen, was bisher bloße Spekulation gewesen war – das Gewässer, das nach Frobisher benannt war, war tatsächlich der Ort, den dieser auf seinen Arktisexpeditionen angefahren hatte –, zum anderen wurde deutlich, wie außerordentlich gut und verläßlich das Gedächtnis der Eskimo ist. »Ich dachte bei mir, wenn Vorkommnisse einer Expedition, die vor fast 300 Jahren stattgefunden hat, den Eingeborenen im Gedächtnis bleiben und diese Fakten bewiesen werden können, wieviel mehr kann dann über Sir John Franklins Expedition vor nur 16 Jahren herausgefunden werden? Ich bin überzeugter denn je, daß man ihr rätselhaftes Schicksal mit gezielter Hilfe leicht hätte herausfinden können und immer noch herausfinden kann.«

Seit Hall in der Field Bay war, war er neugierig auf die Inseln und die Berge, die er im Südosten des Ankerplatzes der *George Henry* ausmachen konnte. Sie lagen genau in der Mündung der

Frobisher Bay, möglicherweise waren sie Schauplatz von Frobishers erstem Landgang in der neuen Welt gewesen. Irgendwo in dem Gewirr aus Hügeln, Buchten und Kanälen mußten Loks Land liegen, benannt nach Michael Lok, und Hall Island, wo Christopher Hall das erste Stück *ore* aufgesammelt und so den ersten Goldrausch in Kanada ausgelöst hatte. Hall fragte Ookijoxy Ninoo über das Gebiet aus. Sie kannte keine Geschichte, die mit Frobisher zu tun hatte, aber sie sagte, daß die Eskimo es »Land des Grauens« nannten; vor Jahren waren viele Eskimo auf dem Eis vor der Küste verschwunden, und seitdem mied man diese Region. Als Hall sie fragte, ob sie selbst dort gewesen sei, schrak sie zusammen: »Nie! Nie!«

Anfang Juni fuhr Hall mit dem Schlitten zum Land des Grauens. Dabei waren Ebierbing und Koodloo, die beide nicht besonders begierig auf diesen Ausflug waren. Je näher sie der abweisenden Nordküste von Loks Land kamen, bekam auch Hall ein ungutes Gefühl. Kalter Nebel zog auf und hüllte die ganze Gegend ein. Eine Weiterreise auf dem tückischen Eis war unmöglich, und sie mußten auf einer kleiner Insel vor der Küste lagern und warten, bis sich der Nebel lichtete und der Schneesturm vorüber war, der kurz darauf eingesetzt hatte. Das war kein sehr vielversprechender Anfang. Dann klarte es jedoch wieder auf, und auf ihrem Weg entlang der Küste von Loks Land sahen sie so viele Robben, daß sie nur langsam vorankamen. Hall mußte feststellen, daß nichts einen Eskimo davon abhalten konnte, eine Robbe zu jagen, selbst wenn es keinen unmittelbaren Bedarf an Fleisch und Tran gab. Ebierbing und Koodloo erlegten »fast außer sich vor Freude«, so Hall, die Robben, die überall ringsherum auf dem Eis lagen. Sogar Halls Tagebuch war blutverschmiert. Ebierbings und Koodloos Freude wurde noch übertroffen, als sie einen Eisbären sichteten. Sie verfolgten ihn mit den Hunden und töteten ihn mit nur einem Schuß. Ebierbing dankte Hall, daß er sie in dieses Schlaraffenland geführt hatte, das sie immer so gefürchtet hatten, es gebe doch dort »reichlich Land, reichlich Wasser und reichlich Robben«, trotzdem schienen sich die Eskimo unsicher zu fühlen.

Hall wollte unbedingt durch einen engen, tiefen Kanal zwischen den steilen Klippen im Osten von Loks Land und Hudson Island fahren (Hall taufte ihn zu Kanes Ehren Kane Channel), aber Koodloo wollte umkehren. Mittlerweile hatten sie das »große Wasser« erreicht, das damals so viele Eskimo aufs offene Meer hinausgetragen hatte. Doch Hall konnte ihn zum Mitkommen überreden. Am anderen Ende des Kanals sahen sie im Osten eine Insel – nach Halls Meinung Frobishers Hall Island. An der Südküste gab es einen guten natürlichen Hafen, wo Frobisher auf seiner ersten Fahrt wahrscheinlich mit seinen beiden kleinen Schiffen geankert hatte. Vom Hafen aus fiel die Küste ab – dort hatte Christopher Hall womöglich seinen wertlosen Stein gefunden. Über dem Hafen thronte der Berg, den Frobisher Mount Warwick getauft hatte.

Während die Eskimo Robben jagten, erstieg Hall den Mount Warwick. »Auf dem Gipfel entdeckte ich ein Denkmal der Inuit, das wahrscheinlich schon vor Jahrhunderten errichtet worden war, es war schwarz vom Moos, das in all den Jahren dort gewachsen war.« Was Hall damals nicht wußte: Möglicherweise hatte er ein Relikt der Frobisher-Expedition gefunden, denn laut Beste ließ Frobisher auf der zweiten Fahrt seine Boote im Hafen und »stieß etwa zwei englische Meilen ins Land vor, erklomm einen hohen Gipfel, und dort oben errichteten unsere Männer eine Art Säule oder Gipfelkrone aus Steinen, die sie sorgsam zu großer Höhe aufschichteten, dann ertönte feierlich eine Trompete, er sprach Gebete, kniete vor dem Banner nieder und ehrte den Ort mit dem Namen Mount Warwick«.[35] Doch Hall hatte keine Gelegenheit, das Monument gründlich zu begutachten. Während er den Blick vom Gipfel genoß, sah er ein Schiff, allem Anschein nach einen Dampfer, durch eine Rinne im Eis zur Nordküste der Insel vordringen. Er eilte bergab und teilte es gleich den Eskimo mit. Endlich, nach einem ganzen

Jahr, würde er wieder Nachrichten aus der Außenwelt hören. Er lachte bei dem Gedanken, wie überrascht die Mannschaft sein würde, wenn plötzlich ein Weißer an der Küste des Landes des Grauens auftauchte. Doch als er mit den Eskimo zur Nordseite kam, war kein Dampfer zu sehen. Hall war verwirrt, dann sah er aus einer Bergflanke eine Felsformation vorspringen, die aussah wie ein Dampfschiff. Seine Enttäuschung sprach Bände: Trotz seiner wachsenden Begeisterung über das Leben der Eskimo fehlte ihm die Zivilisation.

Der Ausflug ins Land des Grauens dauerte nur zehn Tage. Bei seiner Rückkehr zur *George Henry* zog Hall Bilanz: Mit zehn Pfund Lebensmitteln waren sie aufgebrochen und mit über 3600 Pfund Frischfleisch, Häuten und Tran waren sie zurückgekehrt. Zu manchen Zeiten war die Arktis wirklich ein Schlaraffenland.

Während Halls Abwesenheit waren Budington und ein Großteil der Mannschaft in die Frobisher Bay gefahren, um nach Walen Ausschau zu halten. Hall blieb einige Tage an Bord und folgte ihnen dann; er wollte auch einmal die Walgründe sehen, und er wollte Budington daran erinnern, daß er ihm ein Boot für die Fahrt nach King William Island versprochen hatte. Kaum trafen sie zusammen, schnitt Budington das Thema an. Er meinte, das Boot sei zu klein und könne für Halls geplante Reise nicht ausreichend mit Proviant beladen werden. Hall mußte das Urteil des Kapitäns respektieren, doch er gab nicht auf: Dann »muß ich eben ein Jahr darangeben, muß in die Staaten zurückkehren und erneut Vorbereitungen für diese Reise treffen«.

Es war Juni, und der kurze arktische Sommer kündigte sich schon an. Außer den Schneewehen tief im Windschatten der Klippen war alles getaut. Kurzstielige arktische Blumen blühten, die Moskitos brüteten in Tümpeln, die bei der Frühjahrsschmelze entstanden waren, und plagten Eskimo und Weiße gleichermaßen. Das Eis in der Bucht brach. An einem Tag

Mitte Juni maß Hall eine Temperatur von 35 Grad in der Sonne, am nächsten Tag regnete und stürmte es. Als das Eis brach, kamen die Eiderenten, das Wasser in der Bucht war schwarz von Vögeln. Hall schloß sich der Mannschaft der *George Henry* an; man stahl Eier aus den Nestern an der Küste und schlürfte sie aus. Ugarng und eine Gruppe Eskimo schossen Ende Juni ein paar Karibus. In der zweiten Juliwoche war die *George Henry* schließlich klar vom Eis, das sie seit Januar eingeschlossen hatte.

Im Juli bereitete Budington sein Schiff auf eine Walfahrt vor, Hall bereitete die Erkundung der Frobisher Bay vor. Eine Zeitlang schien es, als wollte Ugarng Halls Pläne vereiteln. Hall traute Ugarng nicht mehr, seit er ihn entgegen seinem Versprechen, ihn auf die Karibujagd mitzunehmen, zurückgelassen hatte, und nun machte ihn der Eskimo zornig, weil er Ebierbing, Tookoolito und andere überreden wollte, jagen zu gehen, statt Hall in die Frobisher Bay zu begleiten.

Doch Ebierbing und Tookoolito widerstanden Ugarngs Zureden, und ihre Loyalität schmeichelte Hall. Wenige Tage vor Halls Aufbruch wurde Ebierbing ernsthaft krank, und es war klar, daß Tookoolito und er zurückbleiben mußten. Vielleicht war Ebierbings Krankheit nur vorgetäuscht, denn Tookoolito sollte in wenigen Wochen ein Kind zur Welt bringen, was Hall offenbar nicht wußte.

Am 9. August verließ Halls kleiner Expeditionstrupp die *George Henry*. Hall, Koojesse, dessen Frau Tunukderlien (Belle), Kooperneung (Charlie) und dessen Frau Akchukerzhun (Susy), Koodloo (der auch mit Hall in der Grinnell Bay gewesen war) und eine fette Eskimowitwe, Ebierbings Tante Kooulearng, genannt Suzhi, drängten sich in das kleine Walfängerboot.

Blind steuerten sie durch den dichten Nebel in der engen Wasserstraße, die Hall Lupton Channel nannte, nach Charles Lupton, einem Kaufmann aus Cincinnati, der ihm in der Planungsphase seiner Expedition viel Mut zugesprochen und ihm ein Taschenmesser geschenkt hatte. In der Mündung des Kanals schlugen ihnen wogende Fluten aus der Frobisher Bay entgegen, stundenlang mußten sie dagegen ankämpfen, aber schließlich konnten sie sich zur Küste durchschlagen und ein Lager errichten.

Doch nicht nur Wind und Wellen erschwerten Halls Arbeit; die Eskimo verschwendeten trotz Halls Protest Stunden des nächsten Tages darauf, Enten zu »ertränken«, die sie mit dem Boot verfolgten, bis die Vögel vom vielen Tauchen erschöpft waren, und man sie aus dem Wasser fischen konnte wie schlaffes Seegras. Das hatte zur Folge, daß sie in zwei Tagen kaum mehr als die Strecke zurückgelegt hatten, die Hall für einen Tag eingeplant hatte. Mit den Eskimo zu wandern konnte für einen Weißen mit Zeitmaß und Zeitgefühl der pure Ärger sein, doch auch Hall konnte sich über die Jagdbeute des nächsten Tages nicht beklagen. Das Boot näherte sich einer Inselgruppe, von der er hoffte, es wäre der Countess of Warwick Sound, da erspähte Koodloo einen Eisbären.

Auf direktem Weg nach Oopungnewing – oder, besser gesagt, mit der Absicht, Oopungnewing zu umrunden, um Kurs auf Niountelik zu nehmen, wo ich haltmachen und nach Relikten der Frobisher-Expedition von 1587 suchen wollte – nahm Koodloo das Fernglas und richtete es auf verschiedene kleine Inseln, die ein, zwei Meilen südlich, südöstlich vor Oopungnewing lagen. Da rief er aus: »*Ninoo! Ninoo!*« Das reicht, um jeden Inuit glücklich zu machen, denn von allem Wild, das sie mögen, ist der *ninoo* der Häuptling. Durch das Glas sah ich den »Löwen des Nordens«; er lag da und schlief offenbar. Ich nahm sofort Koojesses Platz am Steuerruder ein, damit er, Koodloo und Kooperneung schnell ihre doppelläufigen Flinten laden konnten.

Die Jagdtechnik war grausam, aber effizient: Als der Bär zum Wasser ging und auf eine andere Insel zuschwamm, feuerten die Eskimo, verwundeten ihn aber nur. Der Eisbär schüttelte den Kopf, kehrte um und schwamm die Bucht hinauf.

Die Eskimo trieben das blutende Tier zur Insel Oopungnewing und gaben ihm kurz vor der Küste den Gnadenschuß, dann zerlegten sie den Kadaver und verschlangen das hellrote, saftige Fleisch. Anschließend nahmen sie, wie es der Brauch verlangte, die Blase, bliesen sie auf, besprachen sie mit Wünschen und hängten sie für drei Tage und drei Nächte auf einen Stab.

Auf Oopungnewing schlugen sie das Lager auf. Obwohl es schon spät am Nachmittag war, eilte Hall noch zur Nachbarinsel Niountelik, wo er Spuren von Frobisher zu finden hoffte. Die dicke Suzhi kannte sich gut aus und ging als Führerin mit ihm. Während sie langsam über die windgepeitschte Insel stapften und die Augen fest auf den Boden richteten, erkundigte er sich nach dem Ziegel, von dem Ookijoxy Ninoo erzählt hatte.

Ich sagte zu ihr: »Noutima brick?« (Wo ist der Ziegel?) Um ihr das Wort brick verständlich zu machen, nahm ich einen kleinen Stein, der mit eigenartigem rotem Moos überzogen war, lenkte ihr Augenmerk auf das Rot und nahm ihren Kopfschmuck ab, den sogenannten karoong (ein rundes poliertes Bronzediadem, das dem Kopf der Inuitdamen angepaßt wird und das sie zum Putz tragen). Dann machte ich eine Geste, als wollte ich den Reif polieren, denn ich hatte immer wieder gehört, daß die Inuit irgendwo auf dieser Insel oder in der Umgebung Ziegelstücke gefunden hätten, mit denen sie vor allem ihren Schmuck polierten.

Doch sie fanden keine Ziegel, und Halls Mut sank. Es gab Reste einer Eskimosiedlung, Zeltringe (Steinringe, mit denen die Eskimo die Häute am Boden hielten), Holzkohle von Feuerstellen, Fetzen von Karibufellen, Tierknochen und Gräten, aber es gab keine Anzeichen, daß jemals Weiße dort gesiedelt hatten. Sie hatten schon fast die ganze Insel abgesucht, da fanden sie endlich, was Hall suchte – keine Ziegel, sondern Kohle.

Ich war Kooulearng (Suzhi) einige Schritte voraus, denn ich beeilte mich, die Suche in der kurzen Zeit, in der es noch hell war, so weit wie möglich auszudehnen, da hob ich meinen Blick vom Boden und sah in einiger Entfernung eine ungewöhnliche Erscheinung. Doch beim zweiten Hinsehen stellte ich fest, daß es sich nur um verstreute, mit schwarzem Moos überzogene Steine handelte. Ich nahm meinen Marsch wieder auf und hielt mich so dicht wie möglich an der Küstenlinie, wandte meinen Blick nach rechts, nach links, nach vorn usw. Nun näherte ich mich der Stelle, an der ich dieses Schwarz gewahrt hatte, und wieder fiel mein Blick darauf. Ich eilte hin – »Großer Gott, Du hast meine Suche belohnt!« Ich ließ meinen Blick rundum wandern und sah und fühlte, was diese Relikte vor mir und unter mir darstellten, ich hatte das Gefühl – ich kann meine Gefühle nicht beschreiben. Jauchzend ging mir das Herz auf. Schiffskohle von Frobishers Expedition von 1587! Vor fast drei Jahrhunderten!

Hall kam der Gedanke, daß auch Walfänger zu einem späteren Zeitpunkt die Kohle mitgebracht haben könnten, doch bei genauer Betrachtung sah er, daß die Kohle tatsächlich sehr alt war. Zum Teil war sie tief in den Boden gesunken und von den Wurzeln einer Polarweide umwunden. Suzhi stand verwundert neben dem aufgeregten Hall.

Ich streckte ihr eine Handvoll Kohle hin und fragte: »*Kisu?*« (Was ist das?)
Sie antwortete: »*Inuit kook'um.*«
Daraus schloß ich, daß die Inuit schon verschiedentlich

Kohle zum Kochen genommen hatten. Ich sagte: »*Inuit ikku-mer e-a-u?* (Haben die Inuit damit schon Kochfeuer ge-macht?«)

»*Armelarng*« (ja), kam umgehend die Antwort.

Dann fragte ich: »*Noutima?*« Ich wollte wissen, woher diese Kohle stammte.

»*Kodlunarn, oomiarkchua kiete amasuadlo echar*«, war die Antwort. (Vor vielen, vielen Jahren kamen Weiße mit einem großen Schiff hierher.)

Hall wollte im Sund bleiben und weiter Ausschau nach Relik-ten halten; er wollte sich vergewissern, ob es wirklich der von Frobisher entdeckte Countess of Warwick Sound war. Doch er wußte auch, daß das Sommerwetter höchstens noch einen Monat anhalten würde, und entschloß sich, weiter buchtauf-wärts zu fahren und auf der Rückfahrt die Inseln im Sund ge-nauer zu erforschen. Mit der prallen Blase des *ninoo*, die an ihrem Stab flatterte, lief das kleine Boot wieder aus und be-wegte sich in den folgenden Wochen langsam an der Nordküste entlang. Teilweise erschwerte das Wetter ihr Fortkommen – sie mußten gegen zehn Meter hohe Wellen ankämpfen und oft im Nordwestwind rudern, der aus der Fahrt durch die Bucht eine wilde Schaukelpartie machte –, andernteils war die langsame Fahrt beabsichtigt, denn Hall wollte die Küstenlinie, die Insel und die Gewässer der unerforschten Region verzeichnen. Koojesse war ihm dabei sehr hilfreich; er hatte die für die Es-kimo typische Gabe, ein Gebiet wie eine Karte, wie ein Luft-bild zu sehen – eine angeborene Fähigkeit, die viele primitive Völker besitzen. Durch seine jahrelange Vertrautheit mit die-sem Gebiet skizzierte Koojesse Karten, die Hall prüfte und mit Hilfe von Kompaß und Sextant ins reine zeichnete. Endlich rentierte sich sein Navigationsunterricht; seine Karten waren äußerst genau.

Wenn der Wind abflaute, konnten die Männer und Frauen im

Boot manchmal komische Geräusche hören, die durch die Bucht hallten, einen scharfen Knall wie ein Gewehrschuß oder tiefes Dröhnen wie Donner. Zuerst dachte Hall, es sei das Heulen ferner Stürme, doch die Eskimo erklärten ihm, es seien Eisberge, die sich von kalbenden Gletschern in der Bucht von Kingaite von Meta Incognita lösten. Aber die wiederholten Flauten waren nicht nur ein Segen, wie Hall bald feststellen mußte. Wenn der Wind nachließ und die Wellen sich legten, war das Navigieren einfacher, doch auch die Jagd nach Enten und Robben war leichter, und vor allem die Robbenjagd erschwerte das Fortkommen.

Auf dem Weg buchtaufwärts sahen sie gelegentlich Gruppen jagender Eskimo. Nur wenige Meilen nördlich des Countess of Warwick Sound trafen sie auf Field-Bay-Eskimo, die sie größtenteils von früher kannten, und am nächsten Tag stießen sie auf ein Dorf, wo der ehrenwerte Artarkparu lebte, Koojesses Vater. Hall sprach gerne mit den Alten, weil sie die überlieferten Geschichten kannten und weitergaben. Artarkparu war oft auf Niountelik gewesen, und auch er hatte dort Kohle, Ziegel und Eisenstücke gesehen, die er »schwere Steine« nannte. In seiner Jugend hatten sie ihm und seinen Freunden zum Kräftemessen gedient. Hall fragte ihn, wie lange es Kohle, Ziegel und die schweren Steine schon auf der Insel gebe, und er antwortete: »*Amasuadlo*« – viele, viele Jahre – und fügte hinzu, daß *kadloona* sie gebracht hätten. Die Weißen hätten auch vor vielen Jahren auf einer Nachbarinsel ein Schiff gebaut. Einige Tage später hörte er die gleiche Geschichte von einer Eskimo, die eine Jagdgruppe begleitete.

Hall sorgte sich um den Zustand seines Boots und überredete die Jagdgruppe, sich ihnen mit ihrem großen *umiak* eine Zeitlang anzuschließen. Sollte die Schaluppe lecken, hätten sie zumindest noch ein anderes Boot zur Verfügung. Die Partie wurde von Miner angeführt, einem Field-Bay-Eskimo, den Hall im Winter kennengelernt hatte.

Die Küste flachte ab, und die Ödnis schwand, je weiter sie in die Bucht einfuhren, das Wetter war warm und klar. Es gab grüne Ebenen zwischen den Hügeln – gute Karibugründe, wie Hall erfuhr. Immer wieder gingen die Eskimo an Land, und Hall konnte die Schüsse hören. Dann kamen sie mit großen Mengen fettem, zartem Karibufleisch zurück. Hall nannte das Gebiet in seinem Tagebuch ein Land des Überflusses und gab ihm ausnahmsweise einmal einen passenden Namen: Greenwood's Land (zumindest klingt der Name passend, auch wenn er sich auf den Fabrikanten Greenwood bezieht, den Besitzer einer großen Gießerei in Cincinnati). Am 23. August gerieten sie mitten in eine Robbenherde, die das glatte Wasser der Bucht bei der Jagd auf einen großen Rotforellenschwarm kräuselte. Suzhi schöpfte mit einer Blechtasse Wasser, trank und reichte Hall den Rest. Zögerlich nippte Hall, doch es war Süßwasser. Dann hörte er das Rauschen eines reißenden Flusses; sie hatten das Ende der Frobisher Bay erreicht.

Hall taufte den Fluß zunächst Cynthia Grinnell River. »Seine Wasser sind ein Sinnbild der Reinheit, und ich kann mir keinen passenderen Namen als Widmung vorstellen als den der Tochter meines großzügigen und geschätzten Freundes Henry Grinnell.« Henry Grinnells Tochter hieß allerdings Sylvia und nicht Cynthia, und Hall berichtigte seinen Fehler, als er ihn bei seiner Rückkehr in die Staaten bemerkte, er nahm sogar die Mühe auf sich, in seinem handgeschriebenen Tagebuch den Namen Cynthia auszustreichen und ihn durch Sylvia zu ersetzen.

Sechs Tage lang lagerten sie auf Greenwood's Land an der Mündung des Sylvia Grinnell River. Die Eskimo jagten und fischten, Hall streifte über die Hügel. Das gute Wetter hielt an, und im Sonnenschein des arktischen Sommers wurde das Land in Halls Augen immer schöner. »Ist das nicht ein Land oder ein Gebiet für Selbstversorger? Wenn eine Kolonie hier die Samen von Zivilisation und Christentum pflanzte, könnte sie sich nicht nur selbst versorgen, sie könnte auch zum Wohlstand der

Menschen beitragen, die die Kolonie aufbauten.« Die Kanadier, die heute in der Kolonie Frobisher Bay in der Nähe von Halls ehemaligem Lager leben, können Halls Begeisterung über dieses Stück arktischen Bodens nur belächeln.

Am 29. August brachen Hall und seine Leute zusammen mit Miners Mannschaft, die inzwischen aus 20 Eskimo bestand, das Lager ab und ruderten am oberen Ende der Bucht nach Westen zu Meta Incognita. Die kurze Fahrt lieferte den endgültigen Beweis, daß es sich nicht um eine Wasserstraße handelte. Zur Feier des Ereignisses erklomm Hall einen Hügel über dem nächsten Lager und pflanzte die amerikanische Flagge in die Erde.

Sie blieben noch einige Tage oben in der Bucht. Obwohl Hall an Furunkeln und offenen Wunden litt, erkundete er zu Fuß das Gebiet an der Mündung des Jordan River, wie er ihn nannte (nicht nach dem biblischen Fluß, sondern nach Daniel B. Jordan, einem Kartonfabrikanten aus Cincinnati). Hinter den weiten Geröllflächen des Tidebeckens entdeckte er einen hohen Kalksteinhügel mit unzähligen Fossilien an Fuß und Flanken (aus dem jüngeren Silur, wie sich herausstellte, als er die Funde später in Yale analysieren ließ). Nach dem Yale-Professor Benjamin Silliman jr. nannte er den Hügel Silliman's Fossil Mount.

Mittlerweile war es September und somit an der Zeit, zur *George Henry* zurückzukehren. Auf den ruhigen Gewässern bildete sich bereits Eis, und es hatte auch schon einige Schneestürme gegeben. Als sie ablegten, ging das Wasser zügig zurück. Suzhi, eine erfahrene Bootsführerin (sie ruderte mit solcher Kraft, daß Hall mit der Pinne dagegen halten mußte), machte ihn erfreut darauf aufmerksam, wie schnell sie durch das ausfließende Wasser brausten. Hall freute sich auch – bis er ins Wasser blickte; je schneller das Boot wurde, desto mehr Steine stachen aus dem Grund der Untiefen hervor und rasten in schwindelerregendem Tempo an ihm vorbei. Kurz darauf war die Ebbe so weit fortgeschritten, daß die Spitzen des felsigen Grunds aus dem Wasser ragten. Es war ein Getöse, als würde das Boot durch die Felsen reißender Stromschnellen fahren. Hall kam es wie ein Wunder vor, daß sie mit keinem einzigen Felsen kollidierten und am Ende wohlbehalten an einer Insel ankamen, die er sogleich »Preservation« – Rettung – nannte.

Die Eskimomänner waren im *umiak* vorausgefahren, weil sie Karibus jagen wollten. Am vereinbarten Treffpunkt wartete Hall tagelang mit wachsender Ungeduld. Seine Geschwüre waren schlimmer geworden, an der Schulter hatte er einen schmerzhaften Abszeß. Die Rückfahrt von unerforschten Landen ist psychisch oft anstrengender als die Hinfahrt, deren Strapazen durch die Vorfreude gemildert werden. Hall hatte nun einen Monat lang mit den Eskimo zusammengelebt, seine Nerven lagen blank. Im Tagebuch machte er seinem Zorn Luft:

Wieder ist es Morgen geworden, und die Jäger sind immer noch nicht zurück! Sie verdienen eine ordentliche Tracht Prügel, das einzige Mittel, das in meinen Augen gegen ihre selbstsüchtige Unabhängigkeit hilft. Ich kann mich nicht erinnern, daß ich jemals so oft und so große Lust hatte, jemanden körperlich zu züchtigen. Gütliches Zureden bewirkt bei diesen Kreaturen nicht das geringste. Mit Gewalt und Strenge müßte man sie beim ersten Bruch einer vernünftigen Regel oder eines Gesetzes in die Schranken der Zivilisation prügeln! Doch ich, ich muß diesen aufsässigen Leuten mit allem und jedem entgegenkommen. Es wundert mich, daß Koojesse so mit mir umgeht. Ich war nachsichtig mit ihm, weil ich gehofft hatte, daß zivilisierte Umgangsformen ausreichend auf ihn abgefärbt hätten und er sich mir gegenüber wie ein Mensch verhalten würde, doch genau das Gegenteil ist der Fall! Wie die anderen beiden ist auch er ein Wilder!

Nach drei Tagen kamen die Männer mit Karibufellen beladen zurück. Miners Gruppe trennte sich von Hall und blieb zur Jagd in der Bucht, Hall mußte mit nur einem Boot und sechs Eskimo weiterziehen. Trotz seiner Wut auf Koojesse mußte Hall zugeben, daß er sie mit großer Geschicklichkeit durch die Untiefen der Ebbe führte, die noch gefährlicher waren als jene, die sie bereits gemeistert hatten. Doch die beiden Männer lagen sich nur noch in den Haaren. Wenn Hall Koojesse bat, an einer Insel anzulegen, die ihn interessierte, oder aus irgendeinem Grund den Kurs zu ändern, weigerte sich der Eskimo trotzig. Hall wollte entlang der Küste von Kingaite zum Countess of Warwick Sound fahren und die Erkundung der Bucht abschließen, doch Koojesse wechselte den Kurs. Hall fragte ihn, wohin er fahre.

Er deutete auf die andere Seite der Bucht – das hatte ich schon vermutet, nachdem er diesen Kurs eingeschlagen hatte. Er behandelt mich wie Dreck. Ich glaube, mein Leben ist in Gefahr – aber Gott ist mit mir und in allem –; wenn ich von der Hand dieser hinterlistigen Leute sterbe, sterbe ich wenigstens im Glauben, daß ich meine Pflicht erfülle. Gott möge mich vor solchen Szenen bewahren, wie ich sie bei meinen Inuitmännern schon mit ansehen mußte. Immer wieder tuscheln sie mit wildem Blick.

Koojesse kannte die Bucht und hatte sicherlich guten Grund, die Küste von Kingaite mit ihren gefährlichen Gezeiten zu meiden. Hall war extrem reizbar, doch die Angst um sein Leben war nicht gänzlich unbegründet, hatte er doch schon erlebt, wie bei den Eskimo immer wieder die Gewalt durch die normalerweise friedliche Oberfläche gebrochen war. Im Frühjahr hatte Koojesse selbst einen seiner Hunde verstümmelt; im Zorn hatte er das Messer gezogen und ihm einfach ein Ohr abgeschnitten. Und nur wenige Tage davor hatte Charlie scheinbar grundlos einen Robbenhaken nach seiner Frau geworfen, was auch tödlich hätte ausgehen können. Hall wußte, daß schon eine Kleinigkeit eine gefährliche und blinde Wut bei den Eskimo auslösen konnte.

Doch als Koojesse das Boot sicher durch die Bucht an die Nordküste manövriert hatte, wurde seine Laune besser, und er tat, was Hall von ihm verlangte. Nordwestlich des Countess of Warwick Sound folgten sie mehrere Tage lang der Küstenlinie auf dem umgekehrten Weg, den sie bei der Hinfahrt genommen hatten. Am 21. September schließlich war Hall wieder in dem Sund, der damals seine Neugier geweckt hatte. Sie legten an der Insel Niountelik an und errichteten das Lager, doch Koojesse führte Hall bald zu einer kleinen Insel im Sund, die von den Eskimo Kodlunarn genannt wurde, weil dort vor vielen Jahren *kadloona* gewesen waren. Laut Koojesse waren es jene fünf Männer, von denen Ookijoxy Ninoo gesprochen hatte und die dort ein Boot gebaut hätten. Kaum waren sie an Land gegangen, entdeckte Hall auch schon Spuren menschlichen Lebens, die nicht von den Eskimo stammen konnten.

Kohle; Feuerstein; Ziegel-, Glas- und Tonscherben; Grabungen, möglicherweise von einer verlassenen Mine; ein Schiffsgraben auf einer abschüssigen Fläche am Strand, wie man ihn zum Bootsbau verwendet; die Ruinen von drei Steinhäusern, davon war eines zwölf Fuß im Durchmesser, und alles weist darauf hin, daß es auf einem Fundament aus Kalkstein und Sand errichtet wurde; im Schiffsgraben fand ich Holzsplitter.

Der »Schiffsgraben« lag im Norden der Insel; er war mit beträchtlichem Aufwand ausgehoben und teilweise aus dem massiven Fels gehauen worden. Die Eskimo sagten, die fünf Weißen hätten dort ein Boot gebaut, und Hall glaubte ihnen.[*] Der andere Graben lag 100 Meter weiter im Inselinneren und war

[*] Duncan Strong, Archäologe der Rawson-MacMillan-Expedition, die 1927 die Insel kurz beging, hielt es für ein Trockendock, wo Frobishers kleinere Schiffe repariert wurden. Möglicherweise aber handelte es sich um eine Rampe, über die Frobishers Gestein in Boote geladen und dann zu den Schiffen gebracht wurde.

wahrscheinlich das, wofür Hall es hielt: eine Mine. Der Graben war zwei Meter tief und 30 Meter lang, überall lag Schutt von Frobishers Grabungen. Nachdem er alles *ore* vom Boden geschürft hatte, hatte er vermutlich einen Graben ziehen lassen, um zu sehen, was sich unter der Oberfläche verbarg.

Auf der dritten Fahrt hatte Frobisher ein Haus bauen lassen. »Heute haben die Maurer auf der Countess of Warwick Island ein Haus errichtet, das Kapitän Fenton aus Kalk und Stein bauen ließ, damit wir nächstes Jahr sehen können, ob es Schnee und Frost standhält oder ob die Leute es abreißen.«[36] Unweit der Mine fand Hall mit Flechten überzogene Steine, die im Rechteck angelegt waren und zweifellos das Fundament eines Hauses bildeten, er entdeckte auch zwei kurze Pfähle, die vermutlich ebenfalls zum Haus gehört hatten. An einigen Steinen fand er Reste von Mörtel und große Mengen Feuerstein, die wahrscheinlich daher rührten, daß Feuerstein im 16. und 17. Jahrhundert oft als Ballast mitgeführt wurde.

Am nächsten Tag setzte Hall von Kodlunarn auf das nur wenige Meter entfernte Festland über und ging auf Erkundungsmarsch. Plötzlich hörte er die Eskimo am Strand schreien.

Die Inuit rannten, und ich rannte auch, war ich doch sicher, daß sie etwas Interessantes gefunden hatten. Und als ich an diese Stelle kam – was sah ich vor mir? Ein 300 Jahre altes Relikt! Eisen – an dem der scharfe Zahn der Zeit genagt hat! Dieses Eisen wog zwischen 15 und 18 Pfund und lag auf einem Granitfelsen, der bei Vollmond und Neumond der Flut ausgesetzt war. Das Eisen hatte einen Fleck auf dem Fels hinterlassen, ansonsten war er ganz ausgebleicht. Genau das hatte ich finden wollen – ein Stück des »schweren Steins«, von dem mir die verehrte Inuit, Ookijoxy Ninoo, im vergangenen Winter erzählte.

Schneestürme und schwere Winde hielten sie noch mehrere Tage im Sund fest. Hall nutzte die Zeit und erkundete die andere Insel und einen Teil des Festlands. Er fand noch mehr Kohle und Feuerstein und sogar Eisen im »Schiffsgraben«. Er vermutete wahrscheinlich richtig, daß es sich dabei um Schmelze handelte und Frobishers Bergleute das Erz auf der Insel probeweise geschmolzen hatten. Hätten sie Eisen für Schmiedezwecke aus England mitgebracht, so wären es gegossene Barren gewesen, die Schmelze aber bestand aus plumpen Halbkugeln zu etwa 18 Pfund und war offenbar in primitiven, in den Boden gegrabenen Öfen geschmolzen worden. Frobishers Männer hatten Kalk als Ofenstein und Eierkohle, vielleicht auch Holzkohle als Brennstoff. Das Erz, das sie fälschlicherweise für Gold hielten, war in Wirklichkeit Magneteisenerz (mit Pyriteinschlüssen), aus dem sie das Eisen ausschmolzen.

Als das Wetter aufklarte, packte Hall seine Fundstücke in alle Behältnisse, die er nur auftreiben konnte, selbst in seine Socken und Fäustlinge, belud das kleine Boot und nahm Kurs auf die Field Bay und, so hoffte er, auf die *George Henry*. Er war unruhig auf der kurzen Fahrt, weil er wußte, daß Budington keinen weiteren Winter im Norden riskieren wollte. Die Herbstfröste hatten eingesetzt, und Budington könnte schon die Rückfahrt in die Staaten angetreten haben. Sie liefen bei dunkler Nacht in die Field Bay ein, und auf dem Weg zu dem alten Ankerplatz der Walfänger in der Rescue Bay glaubte Hall, daß sich seine Befürchtungen bestätigten. Doch plötzlich tauchten die dunklen Umrisse des Schiffes vor ihnen auf. Halls Eskimo riefen und schossen zur Feier ihrer Rückkehr Salven ab.

Hall erwartete eine gute Nachricht: Kurz nachdem er zur Frobisher Bay aufgebrochen war, hatte Tookoolito einen gesunden Jungen zur Welt gebracht, sie selbst war wohlauf. Die schlechte Nachricht war, daß die *George Henry* während seiner Abwesenheit keinen einzigen Wal gefangen hatte. Budington war entmutigt und wollte schon Mitte Oktober nach Hause zurücksegeln. Hall hätte noch einen Monat Zeit für seine Forschungen, worüber er froh war. Weitere Gespräche mit den Eskimo ergaben, daß es sinnvoll wäre, noch einmal in den Countess of Warwick Sound zu segeln und dort nach weiteren Relikten zu suchen. Sogar Blind George bestätigte die Überlieferungen, die Hall gehört hatte. Der blinde Eskimo stellte sich an einen Tisch und zeichnete aus der Erinnerung mit dem Finger auf der Tischplatte eine Karte der Inseln im Sund und erzählte dabei die Geschichte der *kadloona*, die dort gelebt hatten. Hall gab George ein Stück Schmelze, der Eskimo berührte es mit den Lippen und sagte, das Stück sei so wie die anderen, die er schon gesehen und befühlt habe. Hall fragte Ebierbing, wie solche Geschichten so lange lebendig bleiben könnten. Der frischgebackene Vater antwortete: »Wenn unser kleiner Junge alt genug ist, werden wir ihm alles über Euch erzählen und über diese *kadloona*, die Ziegel, Eisen und Kohle dorthin gebracht haben, wo Ihr gewesen seid. Und wenn der Junge dann ein alter Inuit ist, erzählt er es anderen Inuit, und so werden alle Inuit erfahren, was wir jetzt wissen.«[*]

Hall war ganz aufgeregt, weil es angeblich auf der Insel Oopungnewing noch ein weiteres Relikt gab. Einige Eskimo sagten, es sei so schwer wie die Schmelze, aber geschmeidig und rot. Erst dachte Hall, es handele sich um Kupfer, doch nach einem Gespräch mit Ugarng hielt er es eher für einen verrosteten Amboß. Ugarng, der schon in den Staaten gewesen war, beschrieb das Objekt, ballte dabei die Faust und ließ sie wie einen Hammer niedersinken. »Wie ein Schmied«, sagte er. Allein deswegen hielt Hall es für lohnenswert, noch einmal in den

[*] Leider gelten Ebierbings Worte nicht mehr. Seit dem Zweiten Weltkrieg gab es einen großen Zustrom von außen, die Frobisher-Bay-Eskimo haben die Tradition der oralen Überlieferung verloren und erzählen nicht länger Geschichten über Frobisher oder Hall. Heutzutage weiß dort niemand mehr etwas über die *kadloona*, die einst in das Land gekommen waren.

Sund zu fahren. Außer der verwegenen Suzhi, die mit Freude überall hingegangen wäre, wollten die Eskimo, die ihn in die Frobisher Bay begleitet hatten, nicht mehr mitkommen. Mit Budingtons Hilfe stellte Hall eine Mannschaft zusammen, der Kapitän spendete auch Proviant. »Wie kann ich solch einen Freund je vergessen? Wie könnte mein demütiges, armes Herz je aufhören, Gott zu danken, daß er meinen Lebensweg mit so einem Freund wie Kapitän B. gesegnet hat?« Hall sollte es noch bereuen, sich so überschwenglich über Budington geäußert zu haben.

Die geplante Fahrt zum Countess of Warwick Sound wurde jedoch vom Wetter vereitelt. Am 7. Oktober legten sie ab, doch nach wenigen Stunden zwang sie der schwere Wind zum Ankern. In den folgenden Tagen kamen sie nur bis zum Lupton Channel, dann erreichte der Wind Orkanstärke. Hall mußte an den Sturm denken, der die *Rescue* im vergangenen Winter an die Küste getrieben hatte, und kehrte deprimiert zur *George Henry* zurück. Budington und die Mannschaft waren guter Dinge, denn wenige Stunden nach Halls Aufbruch hatten sie zwei Wale gefangen und noch weitere gesichtet. Budington hoffte, mit einer guten Woche das schlechte Walfangjahr wettmachen zu können, und beschloß, noch weitere zehn Tage in der Bucht zu riskieren.

Doch die Rechnung ging nicht auf. Am 17. Oktober schreibt Hall: »Soll ich meine Gefühle von letzter Nacht zu Papier bringen? Oder soll ich sie in meiner Vorstellung belassen und nur die nackten Fakten notieren, die sich ergaben? Gegenwärtig sieht es so aus, daß wir für den Winter in der Rescue Bay vom Eis eingeschlossen sind! [...] Vor ein paar Stunden freuten wir uns noch alle auf die kurze Zeit hier, bevor die *G. H.* Segel setzt und vor den Wind fährt. Nun aber überlegen wir uns nur noch, welche Vorbereitungen wir treffen müssen, um all das zu besorgen, was wir für das Leben in diesen kalten Breiten, in Eis und Schnee brauchen.« Am Morgen war Hall auf einen Berg über der Field Bay gestiegen und hatte die Gegend durch das Fernglas betrachtet: Davis Strait, Hall Island und Lady Franklin Island waren voller Packeis, offenes Wasser war nicht mehr zu sehen.

Innerhalb von drei Tagen gefror das Eis auch in der Bucht – die *George Henry* saß für einen weiteren Winter fest.

Die Beschaffung von Nahrung und Brennstoff war ein ernsthaftes Problem. Budington schickte die Männer zum Treibholzsammeln an den Strand. Die Kieferknochen der kürzlich gefangenen Wale wurden zersägt, zerhackt und gespalten wie Birkenholz. Die Nahrungsmittel wurden rationiert; für den verbleibenden Herbst und den Winter bekamen die Männer nur noch zwei statt drei Mahlzeiten pro Tag, es sei denn, größere Mengen an Robben würden gejagt. Budington ordnete an, daß die Eskimo für sie jagen sollten, und alles, was die Eingeborenen erlegten, sollte gekauft oder getauscht werden. Hall steuerte die Reste seines Expeditionsproviants in Form von Zwieback und Pemmikan bei.

Anfang November waren die Männer auf die kalten, dunklen Monate vorbereitet, die vor ihnen lagen. Zumindest hatten sie ausreichend Nahrung, um zu überleben, und genügend Heizmaterial, um die körperliche Gesundheit zu erhalten, die seelische aber war eine andere Geschichte. Budington, ein erfahrener Arktisskipper, ließ viele Zerstreuungen zu und ermutigte die Männer sogar, Dinge zu tun, die den frommen Hall vor den Kopf stießen. Gelegentlich wurden sogar Feste an Bord gefeiert, es wurde gesungen, getanzt, getrunken; es gab Theateraufführungen, und die Männer verbrachten viele Stunden beim Spiel. Halls Beliebtheit auf dem Walfänger ließ beträchtlich nach, als er sich bei Budington beklagte, daß man am heiligen Sonntag spiele.

Budington untersagte daraufhin das Spiel am Sonntag, doch Hall hatte sich mit seiner halsstarrigen Frömmelei weder beim Kapitän noch bei der Mannschaft Freunde gemacht.

Das »Kajütenfieber« ist eine schwer faßbare, schleichende Krankheit der Seele, ob sie nun in einer Trapperhütte oder an Bord eines festgefrorenen Walfängers auftritt. Manche Männer ziehen sich erst in sich zurück und hüllen sich in unheilvolles Schweigen, andere werden laut und anmaßend, doch alle beäugen sich mit grundlosem Mißtrauen. Ein Wort schon, eine Geste kann einen Groll auslösen, der von wochenlanger selbstzerstörerischer Selbstbeobachtung genährt wird. Eine kleine Geziertheit, Schmatzen, Schnarchen oder lautes Lachen kann glühenden gemeinschaftlichen Haß auf sich ziehen. Neid, Angst, Bosheit und Schuldgefühle lauern überall auf dem Schiff. In einem späteren Stadium tritt eine Apathie ein, die dem Tod der Seele gleichkommt.

In Halls Tagebucheinträgen vom Dezember 1861 wird deutlich, wie das Kajütenfieber sich in die Seelen der Männer auf der *George Henry* schlich und an ihnen fraß. Hall wurde überempfindlich. Eines Abends, beim Essen mit der zweiten Messe, fiel ihm auf oder er bildete sich ein (ein Symptom dieser Krankheit ist die Vermischung von realen und fiktiven Streitpunkten), daß die Mannschaft glaubte, er sei ein Schmarotzer und esse ihnen ihr Essen weg. Er zog sich in seine Kabine zurück, grübelte und trat in den Hungerstreik. Als Budington ihn besuchte, erklärte er ihm, was vorgefallen war. Geduldig heilte der Kapitän Halls verletzte Gefühle.

Die Spannungen in der Mannschaft nahmen zu. Einer stahl Brot, ein anderer klaute Schießpulver zu privaten Tauschzwecken mit den Eskimo. Bei dem jüngsten Matrosen brach die Syphilis aus, es gab Schlägereien, und bald versanken zahlreiche Mannschaftsmitglieder in Lethargie. Budington, der schon viele Jahre Kapitän auf einem Walfänger war, wußte, daß er etwas unternehmen mußte. Im Januar schickte er noch mehr Matrosen an Land; sie sollten eine Weile bei den Eskimo leben, und Budington hoffte, daß das harte, aktive Leben ihnen wieder Auftrieb gab. Doch das Experiment scheiterte. Die meisten kamen nach wenigen Tagen zurück und beklagten sich, daß sie das Leben der Eskimo nicht aushielten. Ebierbing lachte sie aus und sagte zu Hall: »Sind alle wie kleine Jungs.« Doch manche litten, wenn sie eine Woche oder länger draußen blieben. Einer kehrte mit erfrorenen Zehen zurück, Budington mußte amputieren. Ein Offizier schrieb dem Kapitän aus dem Eskimolager:

Kapitän, Sir, Ooksin hat heute ein kleines Wildtier erlegt, und ich schicke es Euch für Euch selbst und hoffe, wir dürfen Euch bald mehr senden. Jeden Tag sichten sie viel Wild, aber die Hälfte der Zeit funktionieren ihre Gewehre nicht. Hoffentlich geht es Euch gut, denn ich weiß, daß Ihr Sorge tragt, nachdem alle Männer wieder zum Schiff zurückgingen. Hier oben ist das Leben ziemlich kärglich, denn die »schwarze Haut« ist aus, und ich habe nur noch knapp zehn Pfund Walfleisch übrig, aber ich will nicht zurück aufs Schiff, denn ich weiß, ich kann hier genauso gut sterben wie dort.

Doch der Absender, der Dritte Maat Reuban Lamb, kam wie alle anderen zurück; sie schlichen an Bord wie getretene Hunde. Eine Gruppe brachte Neuigkeiten, die Hall aus seiner Lethargie auffahren ließen: Die Eskimo hätten eine kranke Frau allein zum Sterben zurückgelassen. Hall hatte das schon mehrmals erlebt, doch er konnte sich immer noch nicht damit abfinden. Daß ein paar Eskimo die sterblichen Überreste der alten Nukertou einige Wochen zuvor besucht, ihrem Leib Opferspeisen dargebracht und mit ihrem Geist gesprochen hatten, konnte Hall nicht davon abbringen, daß es eine himmelschreiende Grausamkeit war. Hall, Ebierbing und Reuban brachen gleich mit dem Schlitten auf, um die Frau noch lebend zu erreichen. Trotz beißender Kälte und schweren Winden gelangten sie zügig zu der Stelle, wo sie die Frau vermuteten, nämlich auf dem Festland unweit des Countess of Warwick Sound. Schneewehen hatten das Igludorf vollständig eingehüllt. Hall sah nichts als eine plane weiße Fläche, doch Ebierbing konnte Iglus erkennen. Hall stach mit einem Robbenspeer in den Schnee und fand drei Hütten. Ebierbing half Hall in den dritten Iglu, und dort war auch die alte Frau, sie war tot und steif. Er betete für ihre Seele, kletterte aus dem Iglu und verschloß ihn wieder mit Schneeblöcken. Seit Halls Ankunft auf Baffin Island waren sechs Nugumiut gestorben. »Mein Herz weint, wenn ich gewahr werde, wie diese Menschen wegsterben, ohne die Tode durch Geburten wettmachen zu können«, schreibt er. »Noch ein paar Jahre, und dann gibt es diese Rasse nicht mehr.«

Der Winter war kalt und deprimierend, Hall war ungewöhnlich tatenlos und brachte nicht viel zustande. Gelegentlich begleitete er die Eskimo auf die Jagd, und er hörte stundenlang zu, wenn sie ihre Geschichten über die *kadloona* erzählten, die zum Countess of Warwick Sound gekommen waren. In seiner kleinen Kabine brütete er über sein Scheitern, King William Island zu erreichen, wo er ganz sicher weitere Geschichten über die Franklin-Expedition gehört hätte, und plante die zweite Fahrt. Ebierbing und Tookoolito mit in die Staaten zu nehmen war Teil seines Plans. Am 8. Januar schrieb er:

Heute nachmittag fragte ich meine Inuitfreunde Ebierbing und Tookoolito; sie wollen mich in die Staaten begleiten. Ich möchte sie als Dolmetscher bei meiner immer noch geplanten Fahrt nach King Williams Land und Boothia Felix einsetzen. Bei den Inuit, die an obengenannten Orten ihr Leben verbracht haben, muß die Geschichte von Sir John Franklins Expedition noch lebendig sein, angefangen von der Zeit, als die *Erebus* und die *Terror* in der Nähe von King Williams Land im Eis festfroren und die Mannschaft sich schließlich versprengte. Ich wiederhole: Die Geschichte der Franklin-Expedition wird unter den Inuit erzählt, die nun dort und in der Region um King Williams Land, Montreal Island und Boothia Felix Peninsula leben.

In der Zwischenzeit wollte er erneut die Frobisher Bay mit Schlitten und Hunden erkunden, bevor das Eis im Frühjahr brach. Tookoolito war immer noch geschwächt von der Geburt, und Ebierbing blieb bei ihr. Hall reiste also wieder mit Koojesse und anderen Eskimo, denen er nicht ganz über den Weg traute. Am frühen Morgen des 1. April brachen sie auf. Hall verabschiedete sich nicht von Tookoolito, weil sie noch schlief, doch nach einer Stunde sah er plötzlich eine kleine Gestalt, die ihnen folgte. Tookoolito hatte sich mit dem Baby auf dem Rücken über die Eishügel gequält, nur um sich zu verabschieden.

Halls zweite Exkursion in die Frobisher Bay dauerte sechs Wochen, doch sein Tagebuch aus dieser Zeit ist verloren gegangen, und in seinem Buch *Arctic Researches and Life Among the Esquimaux* gibt es nur einen knappen Eintrag. Er befuhr zwar einige Meeresarme, an denen er im vergangenen Sommer vorbeigerudert war, und beging auch neue Abschnitte der Küste von Kingaite, aber im Grunde folgte er nur der Route, die er mit dem Boot genommen hatte.

Vielleicht machte er keine geographischen Entdeckungen, doch er lernte sehr viel über die Technik, die Mühen und die Gefahren der Schlittenfahrt. Er hatte Glück, das Wetter war meist gut, aber es gab natürlich auch Stürme. Geblendet von dem dichten, peitschenden Schnee mußte er sich manchmal ganz auf seinen Kompaß verlassen – ein gefährliches Unterfangen, nicht nur weil er sich mit seinem Trupp verirren konnte, sondern weil sie auch aufs Eis der Bucht geraten und auf einer Scholle festsitzen konnten, wenn das Eis im steifen Wind brach. Dann wären sie der Gnade des Winds, der Strömung und der Gezeiten ausgeliefert. Im Frühjahr war das Eis gefährlich; das erkannte Hall, als er an einem klaren Tag draußen in der Bucht war und Inseln sichtete. Ein steifer Wind kam auf, nach Süden hin war das Meer offen, da hörte Hall plötzlich das Eis brechen und driften. Sein Trupp eilte von dem unsicheren Floß zur Küste und erreichte gerade noch das Land, als das Eis auch schon abtrieb. Die Frühlingswinde und das Tauwetter machten auch das Leben im Iglu ungemütlich; kaum war ein Iglu gebaut, schmolz er auch schon wieder. Daher errichteten die Eskimo Hütten – halb Iglu, halb Zelt – mit Schneewänden und einem Dach aus Häuten.

Abgesehen von kurzen, mageren Zeiten war die Jagd gut. An der Packeiskante in der Bucht erlegten sie mit der Harpune ein paar Walrosse, meist gab es auch reichlich Robben. Die Robben kalbten im April und Mai, und Hall ließ sich nicht nur das zarte Fleisch der Jungtiere schmecken, sondern labte sich auch wie die Eskimo an der Muttermilch aus den Mägen der Kälber. Die Jagdtechnik, mit der man vor allem im Frühjahr Robben erlegte, war besonders brutal: Das Muttertier säugte ihr Junges in einem *aglu*, einer kleinen Schneehöhle, direkt über einem Eintauch- und Fluchtloch im Eis. Eines Tages fand ein Eskimo ein Jungtier außerhalb des *aglu*. Koojesse band ein Seil um die Flossen (vielleicht beschönigt Hall hier die Tatsachen, denn nach Franz Boas, der 20 Jahre später bei den Nugumiut lebte, spießten die Eskimo das Tier auf einen Haken), legte es zurück in die Höhle, wo es sofort durch das Eisloch abtauchte und vermutlich nach der Mutter schrie. Koojesse wartete geduldig, daß sich die Mutter in Reichweite seines Robbenhakens locken ließ, doch in diesem konkreten Fall tauchte sie nicht auf, und er mußte sich mit dem Jungtier zufriedengeben. Er strangulierte es, damit das kostbare Blut nicht auslief.

Auf seiner Exkursion erlebte Hall zweimal, was es hieß, der Gejagte zu sein und nicht der Jäger. Eines Tages arbeitete er mit dem Sextanten auf einem Hügel oberhalb des Lagers, als er ein Brummen hörte. Er blickte sich um, sah aber nichts. Dann hörte er wieder ein Brummen und rannte so schnell zum Lager, daß er stürzte und den Großteil des Wegs bergab rollte. Als er den Eskimo von dem Vorfall erzählte, bestätigten sie ihm, daß er wahrscheinlich einem Eisbär oder aber Wölfen entkommen sei. Als sie einige Stunden später erneut das Eis in der Bucht kreuzten, sahen sie, wie ihnen Wölfe zügig folgten: »Sie zogen die Lefzen zurück und bleckten die Zähne, als würden sie sich schon an Menschensteaks und Menschenblut laben.« Hall und die Eskimo versteckten sich hinter den Eishügeln und schossen auf die Wölfe, doch die Tiere verzogen sich erst, als ein Wolf verwundet wurde.*

Zwei Tage nach ihrer Begegnung mit den Wölfen trafen sie am Fuße eines kahlen Hügels auf Kingaite auf eine Eisbärin und ihr halbwüchsiges Junges. Koojesse ließ die Hunde frei, das Rudel verfolgte das Junge und trennte es von der Mutter. Die Eskimo jagten der Alten nach, die den Berg hinaufflüchtete, und Hall näherte sich vorsichtig dem Jungen, das von elf Hunden angegriffen wurde. Plötzlich brach der junge Bär durch das Rudel und ging mit weit aufgerissenem Fang auf Hall los. Er hatte einen Robbenspeer in der Hand und bereitete sich auf den Angriff vor, der schließlich an der Speerspitze endete. Er erwartete Lob von den Eskimo, als sie zurückkamen und ihn triumphierend über dem Kadaver stehen sahen, doch zu seiner großen Enttäuschung war es ihnen völlig gleichgültig. Er fand bald heraus, daß es ihnen nicht nur gleichgültig war, sondern daß sie nachgerade verstimmt waren. Sie hatten die Alte zwar verwunden, aber nicht töten können, und nun hatten sie Angst, daß sie zurückkommen und ihr Junges suchen könnte. Und da sie schon wegen ihrer

---

* Auf seiner zweiten Expedition vier Jahre später lernte Hall eine andere Methode kennen, Wölfe zu vergraulen. Die Foxe-Channel-Eskimo tränkten Messerklingen mit Blut und steckten sie mit der Klinge nach oben in den Boden. Die Wölfe leckten daran, spürten wegen der betäubenden Kälte aber die Schnitte nicht, und je mehr sie leckten, desto mehr Blut kam an die Klinge. Sie leckten, bis ihre Zungen völlig aufgerissen waren und sie wegen des Blutverlusts zusammenbrachen.

Wunden sehr aggressiv war, würde sie noch gefährlicher werden, wenn sie merkte, daß ihr Junges nicht mehr da war. Hall wollte in der Region bleiben und sie gründlich erforschen, doch die Eskimo wollten unbedingt weiterziehen. Als sie sich mit dem Schlitten von der Küste entfernten, schlugen sie ein paar Haken, um die Bärin zu verwirren, falls sie ihnen folgen sollte. Doch sehr zu Halls Erleichterung ward die Bärin nie mehr gesehen.

Am 21. Mai war Hall wieder auf der *George Henry*, doch es vergingen zwei weitere Monate, bis das Schiff wieder klar von Eis war; in den kalten Wochen Ende Juli befürchteten Budington und Hall sogar, daß sie einen weiteren Winter in der Arktis verbringen müßten. In den Monaten des Wartens unternahm Hall ein paar kurze Ausflüge. Mit Ebierbing fuhr er auf dem Schlitten zur Grinnell Bay, wo er einige Inlet und Inseln erkundete und kartographierte. Als schließlich Wasserrinnen entstanden, fuhr er mit dem Boot noch einmal nach Loks Land und untersuchte das Gewirr der Inseln und Kanäle etwas gründlicher. Außerdem kehrte er zweimal zum Countess of Warwick Sound zurück, einmal in Gesellschaft von elf Eskimo, die ihm bei der Suche nach Relikten helfen sollten, aber den »Amboß« fand er nicht. Bei der zweiten Exkursion kam Budington in einem Beiboot und verkündete, daß das Schiff endlich frei sei.

Nur zwei Tage danach, am 9. August, stachen sie in See. Das Eis konnte sich jeden Moment wieder zusammenschieben, sie durften keine Zeit verlieren. Die Mannschaft machte das Schiff klar, Hall half Ebierbing und Tookoolito, mit ihren Habseligkeiten und dem Kind an Bord zu gehen. Er wußte, daß sich die Eskimo gut bei Vorträgen und Ausstellungen machen würden, und bat sie, Fischfang- und Jagdgeräte sowie eine komplette Winter- und Sommergarderobe einzupacken. Aus denselben Gründen wollte er auch zwei Hunde mitnehmen: Ebierbings Ratty und Barbekark, sein eigener Lieblingshund aus Grönland.

Kaum waren alle an Bord, bemannte Budington die Boote und ließ das Schiff aus der windstillen Bucht in die Davis Strait schleppen. Über eine weite Strecke buchtabwärts wurde die *George Henry* von den Eskimo in Kajaks und *umiak* begleitet. Alle winkten und schrien: »*Terbouetie!*« (Lebt wohl!)

Hall verbrachte die Tage der Überfahrt nach Neufundland mit Nachdenken über seine Errungenschaften und seine Pläne für die nächste Expedition. Sein erstes erklärtes Ziel hatte er nicht erreicht, er war nicht einmal in die Nähe von King William Island gekommen. Immerhin hatte er bewiesen, daß die sogenannte Frobisher Strait eine Bucht war, und in seiner Kabine lagerten Relikte, die bewiesen, daß Frobisher vor fast 300 Jahren tatsächlich dort Forschungen betrieben hatte. Er hatte vieles über die Eskimo und ihr Leben erfahren und war es zufrieden, daß auch er so leben konnte. Und wenn er lernen konnte, in der Arktis zu überleben, warum sollten es Franklins Männer nicht gelernt haben? Wenn es Überlebende der *Erebus* und der *Terror* gab, dann würde er sie auf seiner nächsten Fahrt finden. Und wenn nicht, würde er zumindest das Rätsel um ihr Schicksal lösen. Die Geschichten der Nugumiut über Frobisher hatten ihn in seinem Glauben bestärkt, in allen Einzelheiten herausfinden zu können, was mit der Franklin-Expedition geschehen war – vorausgesetzt, er könnte mit den Eskimo von King William Island reden.

Doch Halls Vertrauen in die Eskimogeschichten über die *kadloona* sollte ihm noch Ärger einbringen, denn er hatte nicht begriffen, daß diese Geschichten mit Vorsicht zu genießen waren. Nicht daß die Eskimo logen (auch wenn sie oft eine Geschichte beschönigten, um ihm zu gefallen; sie betrachteten es als Höflichkeit, ihm zu erzählen, was er hören wollte), nur brachten sie in ihren Geschichten Vorfälle durcheinander, die von etwas oder jemand ganz anderem handelten, als Hall dachte. Im Frühjahr 1861 hörte er im Süden von Baffin Island eine Geschichte von Eskimo, die in der Field Bay gewesen waren. Sie sagten, vor einigen Jahren seien *kadloona* in zwei offenen Booten in ihr Land gekommen, die Männer seien gesund gewesen und hätten reichlich Proviant gehabt. Nach wenigen Tagen ruderten sie wieder Richtung offene See. Hall hatte über die Geschichte nachgedacht und war zu dem Schluß gekommen, daß es sich um Überlebende der Franklin-Expedition handelte; vielleicht klammerte er sich auch an jeden Strohhalm. Als die *George Henry* in St. John's auf Neufundland anlegte, beging er den Fehler, einem Zeitungsreporter in einem Interview diese Geschichte und seine eigene Interpretation mitzuteilen. Nach einigen Tagen erschien die Zeitung mit der Schlagzeile: »Zwei Bootsmannschaften von Franklin«. Als Hall wieder in New York war, erfuhr er, daß 1859 der britische Walfänger *Kitty* im Hudson Strait vom Eis zermalmt wurde und die Mannschaft in zwei Rettungsbooten entkommen konnte. Zweifellos hatten die Eskimo jene Männer gesehen. Es war peinlich. Der Artikel aus St. John's wurde von der britischen Presse aufgenommen, und Hall mußte fürchten, daß er entweder als Trottel oder als Schwindler dastehen und man auch seinen anderen Entdeckungen keine Bedeutung beimessen würde. Zum erstenmal hatte er sich von den *kadloona*-Geschichten der Eskimo in die Irre führen lassen.

Am 23. August lief die *George Henry* St. John's an. Der Lotse, der in der Hafeneinfahrt an Bord kam, brachte Nachrichten: Die Vereinigten Staaten waren nicht länger vereinigt. Vor 16 Monaten war der Bürgerkrieg ausgebrochen.

Drei Tage später setzte die *George Henry* wieder Segel und nahm Kurs auf das vom Krieg zerrissene Land.

VIERTES KAPITEL

Erste Übergangszeit

Am 7. September traf ein Lotsenboot die *George Henry* vor Montauk Point. An Bord war ein Reporter des *New York Herald*, der Hall und die Mannschaft interviewte, während das Schiff in den Hafen von New London geschleppt wurde. Selbst in Kriegszeiten war Halls Rückkehr dem *Herald* einige Schlagzeilen wert, wie sie im 19. Jahrhundert häufig waren:

Neue Entdeckungen in der Arktis

* * *

Ankunft der *George Henry* in New London

* * *

Der amerikanische Entdecker Mr. C. F. Hall kehrt zurück

* * *

Hochinteressante Entdeckungen – Berge voller Fossilien

* * *

Britische Forschungsreisende irrten sich

* * *

Das Schicksal der Frobisher-Expedition von 1576

* * *

300 Jahre alte Relikte

* * *

Leben und Entbehrungen in der Arktis

* * *

Die Fahrt der *George Henry*

* * *

Bericht des Zweiten Maats Mr. Gardiner und
des Stewards Mr. Hudson

* * *

Die Inuitfamilie

usw. usf.

In New London erwartete Hall ein Brief von Henry Grinnell.
Er entschuldigte sich, daß er wegen eines Krankheitsfalls in der
Familie nicht zur Begrüßung kommen könne. »Wahrscheinlich
braucht Ihr etwas Kleingeld bei der Ankunft, um Eure Privat-
ausgaben in New London zu bestreiten. Ich berechtige Euch hiermit, 100 Dollar auf mein Konto zu zeichnen«, schließt er. Hall
brachte Ebierbing, Tookoolito, das Kind und die beiden Hunde
bei den Budingtons in Groton unter, bestritt mit Grinnells Geld
im voraus die Ausgaben und eilte nach New York, um seinen
Gönner zu treffen. Er blieb nur ein paar Tage, berichtete Grinnell
von seinen Erlebnissen und besprach mit ihm die Pläne für die
nächste Expedition. Dann reiste er nach Cincinnati zu Frau und
Kindern. Er war so versessen darauf, in den Norden zurückzukehren, daß er auf dem Weg nach Cincinnati einen kurzen Brief
an Grinnell schrieb und wiederholte, was er schon in New York
gesagt hatte: »Statt über Krieg zu lesen, zu denken und zu reden,
überlege ich ständig alles Zweckdienliche, um mein Ziel, eine
erneute Reise in die arktischen Regionen im nächsten Frühjahr
zu erreichen.« In den folgenden zwei Jahren kehrte er dem Bürgerkrieg den Rücken, als würde er gar nicht stattfinden; nur zweimal erwähnte er ihn in Briefen und in seinem Tagebuch. Die
Augen der Nation blickten nach Süden, Halls Blick aber war
weiterhin auf den Norden geheftet.

Während seines Aufenthalts in Cincinnati brütete Hall darüber, wie sein Traum einer zweiten Expedition Wirklichkeit
werden könnte. Wieder wäre das Hauptproblem die Finanzie-

rung. Um Geld zu sammeln, müßte er seine Erkenntnisse publik machen, müßte Vorträge halten und vielleicht auch ein Buch schreiben. Doch in Cincinnati lehnte er Einladungen zu Vorträgen ab, weil er der Meinung war, dies würde ihn von seinem neuen Plan ablenken. Er wollte den Engländern einige Frobisher-Relikte stiften und sie persönlich nach England bringen. In England herrschte immerhin Frieden, und vielleicht zeigte das Königreich mehr Interesse für die weitere Arktiserkundung als die kriegsgebeutelten Vereinigten Staaten. Hall wußte auch, daß Lady Franklin immer noch für die Aufklärung der Katastrophe um die Expedition ihres Mannes kämpfte, und er hoffte, sie dazu bewegen zu können, seine nächste Fahrt großzügig zu unterstützen.

Mit Frau und Kindern verbrachte er lediglich zwei Wochen, Mitte Oktober fuhr er schon wieder in den Osten und wollte gleich darauf nach England aufbrechen. Trotz Halls Enthusiasmus konnte Grinnell ihn überreden, von der Reise abzusehen, er versicherte ihm, daß er auch in den Staaten Geld auftreiben könne und daß kein Grund bestehe, sich durch eine Überseereise zu verschulden. Möglicherweise glaubte Grinnell, daß Hall in seiner übertriebenen Begeisterung in London gedemütigt werden und durch einen persönlichen Auftritt mehr verlieren als gewinnen könnte. Grinnell nahm Halls Enttäuschung ein wenig die Spitze, indem er für Anfang November einen Vortrag bei der American Geographical and Statistical Society organisierte. Hall war daraufhin mit entsprechenden Vorbereitungen beschäftigt. Bei seinen Vorträgen und in dem Buch, das er seiner Meinung nach unbedingt schreiben mußte, wollte er vor allem die Entdeckung von Spuren der Frobisher-Expedition herausstreichen. Er verbrachte viele Stunden in den Räumen der Society und in der Astor Library, las alles, was er über Frobishers Fahrten finden konnte, und schrieb an Clements Markham, den Geschäftsführer der Royal Geographical Society sowie der Hakluyt Society, und bat um Nachdrucke von Frobishers Reiseberichten.* Hall wollte Material für seine Vorträge beschaffen, wollte sich aber auch für den Fall wappnen, daß man seine Entdeckungen in England mit Skepsis aufnahm. Er fürchtete, daß die Engländer seine Leistungen aufgrund der Zeitungsberichte von St. John's mit Vorbehalt betrachten könnten.

Am 6. November hielt Hall seinen Vortrag vor der Society. Grinnell sprach einführende Worte, auch Hall dankte eingangs allen, die seine Expedition unterstützt hatten, und hielt seine Rede. Gleich zu Beginn gestand er ein, daß sein erklärtes Ziel, die Auffindung von Franklins Männern, nicht erreicht wurde. Dann sprach er vor allem über die Eskimo, pries ihre Ehrlichkeit, Großzügigkeit und Unabhängigkeit. Mit einer Bemerkung zu ihrer mündlichen Überlieferung ging er zu seinem Hauptthema über: Frobishers Reisen und die geographische Lage der Frobisher Bay. Er zitierte aus einem der raren Hakluyt-Exemplare, das er von dem Historiker George Bancroft geliehen hatte, und verglich die geographischen Angaben, die aus den Chroniken abgeleitet werden konnten, mit der großen Karte von Baffin Island und Frobisher Bay, die hinter ihm aufgezogen war. Am Schluß sprach er über die Spuren, die er gefunden hatte, und legte die Fundstücke aus. Sein Vortrag wurde mit begeistertem Beifall gewürdigt.

Zugegen war auch William Parker Snow, ein 45jähriger Forschungsreisender und Schriftsteller aus England, der schon ein abenteuerliches und wildes Wanderleben hinter sich hatte. Schon in jungen Jahren war Snow zur See gefahren, war als Kaufmann in Australien gewesen und hatte eine Zeitlang auf etwas verschlungenen und wahrscheinlich auch illegalen Pfaden Handel mit Ostindien getrieben. Er kehrte nach England

---

* Damals hatte die Hakluyt Society keine Nachdrucke von Frobishers Chroniken, doch Halls Entdeckungen und Nachfragen veranlaßten die Society, 1867 Frobishers Berichte neu zu verlegen und sie Henry Grinnell zu widmen.

zurück und ging zur Marine, die ihn für seinen Geschmack aber zu stark einschränkte. Er desertierte, wurde geschnappt, verhaftet und bestraft und mußte den Rest seiner Rekrutenzeit an der westafrikanischen Küste abdienen. Nach seiner Entlassung ging er wieder nach England und versuchte sich als Zeitungsreporter, gab aber schnell auf und wanderte nach Australien aus, wo er mit seiner frisch angetrauten Ehefrau ein Hotel führte. Das Hotel ging pleite, er wurde krank. Wieder zurück in England wurde er Privatsekretär und arbeitete unter anderem für den britischen Politiker und Historiker Thomas Babington Macaulay (Snow schrieb die ersten beiden Bände der *Geschichte von England* ins reine.) Im Jahr 1850 hatte die Aufregung über Franklins Verschwinden ihren Höhepunkt erreicht; Snow verdingte sich als Proviantmeister, Arzt und Erster Maat auf der *Prince Albert*, die Lady Franklin in jenem Jahr ausschickte. Bei dieser Fahrt hörte Snow zum erstenmal Adam Becks schreckliche Geschichte über die Morde der Eskimo an den Weißen. Nach der Rückkehr der *Prince Albert* schrieb Snow ein Buch über seine Erlebnisse: *The Voyage of the* Prince Albert *in Search of Sir John Franklin*. Doch er kam nicht zur Ruhe und übernahm das Kommando über ein Schiff der South American Missionary Society. Jahrelang kreuzte er in den gefährlichen Wassern vor Feuerland, Patagonien und den Falklandinseln. Bei seiner Rückkehr in die zivilisierte Welt schrieb er ein weiteres Buch: *A Two Year Cruise off Tierra del Fuego, the Falkland Islands, Patagonia, and the River Plate (Zwei Jahre vor Feuerland, den Falklandinseln, Patagonien und dem Rio de la Plata)*, ein Pamphlet voller Anschuldigungen gegen all jene, die ihm Steine in den Weg gelegt hatten. Das Buch verkaufte sich gut; mit seinen Tantiemen prozessierte Snow gegen die Missionary Society. Doch das Gericht beschied gegen ihn, er ging bankrott. Mittellos ging das Ehepaar Snow nach New York, wo er zum Zeitpunkt von Halls Vortrag seit fast einem Jahr von gelegentlichen Auftragsarbeiten für Verlage lebte.

Die Beziehung zwischen Hall und Snow begann fast freundschaftlich, doch Hall mußte bald feststellen, daß Snow unzuverlässig, streitsüchtig und möglicherweise paranoid war. Snow stellte Hall nach dem Vortrag mit einigen Fragen auf die Probe, erhob sich dann und erklärte, daß Hall seiner Meinung nach wichtige Entdeckungen gemacht habe. Hall war erleichtert – vor ihm stand ein Engländer, der seine Leistungen anerkannte und der wie er daran glaubte, daß es Überlebende der Franklin-Expedition gab.

Höhepunkt des Abends war der Auftritt von Ebierbing, Tookoolito und ihrem Sohn Tukerliktu, auch Johnny genannt. Schon Wochen vorher hatte Hall Tookoolito über Budington gebeten, eine vollständige Sommergarderobe aus Robbenhaut zu nähen und Speere, Bögen und Pfeile, Harpunen, Hundegeschirr und andere typische Gegenstände zusammenzupacken. Einige Tage vor dem Vortrag hatte Budington die drei Eskimo und die beiden Hunde Ratty und Barbekark von Groton nach New York geholt. Die Hunde traten nicht auf, dafür aber die Eskimo, »Ihr Auftritt war eine Sensation«, meldete der *Herald*.[37] Die Menge drängte sich um sie, vor allem Tookoolito machte großen Eindruck, als sie in ihrem weichen Englisch alle Fragen mit Anmut beantwortete.

Hall betrachtete sich nun vornehmlich als Entdecker, doch sein Talent als Unternehmer und für Öffentlichkeitsarbeit war noch nicht versiegt. Sein Entschluß, die Eskimo von Baffin Island mitzubringen, gründete sicherlich auf dem Wissen, daß sie ihm die nötige Publicity verschaffen könnten, falls er Geldgeber auftreiben müßte. Doch die beiden trieben selbst Geldgeber auf. Einen Tag nach dem Vortrag bekamen Eskimo und Hunde eine einwöchige Anstellung im Barnum's Museum; sie waren so gefragt, daß ihr Engagement schließlich um eine Woche verlängert wurde. In jenen Wochen wandte sich auch J. A. Cotting an Hall, der eine Ausstellung in den Cotting & Guay's Aquarial Gardens in Boston organisieren wollte.

Durch die Verhandlungen mit Cotting & Guay kam Hall in etwas zweifelhaften Kontakt mit einem der berühmtesten Wissenschaftler des Jahrhunderts – Louis Agassiz. Als Cotting Hall in New York traf, hatte er ein Empfehlungsschreiben von Agassiz an Henry Grinnell bei sich. Agassiz schrieb, daß Cotting & Guay das Eskimopaar zeigen wollten, ohne seine Würde zu verletzen. Hall unterschrieb sogleich auf der gepunkteten Linie, was er jedoch bald bereuen sollte. Einige Tage vor der Fahrt nach Boston verlangte er einen Vorschuß von 100 Dollar, bekam aber nur 50, zusammen mit einem so kühl gehaltenen Brief, daß es beleidigend war. Nach dem zweiwöchigen Engagement in Boston forderte Hall vergeblich die restlichen 145 Dollar zuzüglich 45 Dollar für seine Ausgaben ein. Inzwischen hatte er sich schon mit Charles Daboll zusammengetan, einem Freund und Nachbarn der Budingtons, der ihm bei seinen Projekten assistieren sollte. Er schickte Daboll nach Boston zu Cotting & Guay; kurz darauf schrieb dieser an Hall, die Firma sei fast bankrott, dort sei wohl kaum noch etwas zu holen. Hall erdreistete sich, an Agassiz zu schreiben und ihm mitzuteilen, daß er Cotting & Guay damals nur aufgrund seines Schreibens vertraut habe; unmißverständlich deutete er an, daß nun Agassiz die ausstehenden 190 Dollar bezahlen sollte. Natürlich ignorierte Agassiz den Brief, und somit war das Bostoner Projekt ein Verlustgeschäft.

Hall selbst hatte keine Gewissensbisse, die Eskimo zu vermarkten, doch aus gutem Grund sorgte er sich um ihre Gesundheit, nachdem sie Woche für Woche »in warmen Pelzen und warmen Räumen« verbringen mußten. Anfang Dezember fragte der Kurator des Barnum's Museum an, ob er die Eskimo noch einmal für vier Wochen haben könne, und bot einen hohen Preis, doch Hall lehnte ab. An Mrs. Budington schrieb er:

Er bekommt sie nicht noch einmal. Ich glaube, es würde ihre Gesundheit beeinträchtigen, wenn sie noch einmal diesem

Zustrom ausgesetzt wären wie damals. Geld kann mich nicht dazu bewegen, ihr Leben zu riskieren. Sie dürfen nun nicht mehr in Shows auftreten. Es hat mir auch gleich leid getan, daß ich die Vereinbarungen mit Barnum und dieser Bostoner Firma getroffen habe. Ich habe es nur erlaubt, weil die Umstände es erforderten.

Ebierbing, Tookoolito und das Kind durften zwar nicht mehr in Shows auftreten, bei seinen Vorträgen führte Hall sie allerdings vor. Für Dezember vereinbarten Hall und Daboll eine Vortragsreihe in Providence, New Haven, Norwich, Hartford, Hudson und Elmira. Auf den Plakaten, die Hall drucken ließ, prangte ein Holzschnitt der Eskimo in Karibufellkleidung vor einem Iglu. Bei seinen Vorträgen trat die Eskimofamilie als Einlage auf, selbst Barbekark wurde von Ebierbing mit dem dazugehörigen Geschirr auf die Bühne geführt. (Ratty galt als zu widerspenstig für öffentliche Auftritte; er hatte die Vergnügungen der Zivilisation schon ausgekostet: In New York verschwand er für mehrere Tage, um auf den Feldern in der Nachbarschaft der Budingtons Schafe zu jagen.)

Trotz des Krieges waren Halls Vorträge ein Erfolg, wenngleich es zunächst den Anschein hatte, als würde ihm der Krieg einen Strich durch die Rechnung machen. Als Daboll den ersten Vortrag in Providence vereinbarte, bekam er vom Präsidenten des Klubs, den er um Unterstützung der Veranstaltung angeschrieben hatte, einen entmutigenden Brief: »Um Euch die Wahrheit zu sagen, ich bekomme nur wenig Ermutigung von unseren Mitgliedern in dem Anliegen, den Vortrag anzusetzen. Wer nicht bei der Armee ist, ist so deprimiert von dem Zustand unseres Landes, daß er dieses Unternehmen nicht bereitwillig unterstützen kann.« Daß der Zustand des Landes im Dezember 1862 deprimierend war, war zu erwarten; immer mehr Tote und Verletzte mußten dem wachsenden Blutzoll zugezählt werden, den der Krieg forderte. Doch Hall hielt seinen Vortrag in Providence, und er hielt auch alle anderen Vorträge meist vor ausverkauften Häusern. Vielleicht war das Thema Arktis eine Abwechslung für das kriegsmüde Publikum, das ihn begeistert empfing. Mit einer Referenz des Yale-Professors Benjamin Silliman jr., der ihn in New Haven gehört hatte, bewarb er seine Vorträge schon im Vorfeld in den Zeitungen:

> Mr. Hall verfügt über ein großes Wissen, das in Büchern nicht zu finden ist. Es sind die Früchte seiner eigenen Erfahrung, und Geographen sprechen seinen Entdeckungen in der Polarregion eine entscheidende Bedeutung zu. Er selbst hat deren ganze Tragweite erst bei seiner Rückkehr nach mehr als zwei Jahren im arktischen Exil erkannt. Kein zivilisierter Mensch konnte sich je so vollständig auf die Esquimaux einlassen wie Mr. Hall. Da er ihre Sprache spricht und sich an ihre Lebensweise und Reisegewohnheiten anpassen konnte, ist er in der Lage, sicher und sogar bequem Regionen zu erreichen, die bislang unbegehbar schienen. Der selige Martin Frobisher ist durch Mr. Halls unerwartete Entdeckungen wiederauferstanden. Allein die Eingeborenenfamilie, die Mr. Hall begleitet, ist es wert, die Aufmerksamkeit all jener zu bekommen, die sich für die Geschichte und Mannigfaltigkeit der Gattung Mensch interessieren.

Hall schloß seine Vortragsreihe am 20. Januar ab. Gerade zu dieser Zeit – nach all den Monaten, die sie der Öffentlichkeit ausgesetzt waren – wurden Ebierbing, Tookoolito und das Kind krank. Hall bat Budington in einem Brief, die Eskimo wieder in seinem Haus aufzunehmen. Budington holte sie ab, doch der kleine Tukerliktu war so krank, daß Hall und Budington dachten, er würde sterben. Schließlich erholte er sich wieder soweit, daß er transportfähig war und Budington die drei erschöpften Eskimo und den lebhaften Barbekark ins ruhige, friedliche Groton bringen konnte. Hall wandte sich wieder den drängenden

Angelegenheiten zu, die während seiner Vortragsreise liegengeblieben waren.

Da war zunächst sein Buch. Kurz nach seinem Auftritt vor der American Geographical and Statistical Society hatte er die handgeschriebenen Tagebücher dem Harper-&-Brothers-Verlag übergeben, der sie wiederum an William Parker Snow weiterreichte, der schon früher für den Verlag als Lektor tätig gewesen war. Nach einigen Wochen bekam Hall zu seiner Freude eine Kopie von Snows wohlwollendem Gutachten. Snow fand zwar, daß der Text stellenweise redigiert werden müßte, das Buch aber hauptsächlich aus Originalzitaten bestehen sollte. »Seine eigenen Worte und seine eigene Sprache sind dem Druckwerk am besten angemessen.« Er schließt das Gutachten mit den Worten: »Ich hoffe, daß das Werk erscheint. Man schuldet es Amerika und der ganzen zivilisierten Welt, daß die Dokumente der Mühen eines einzelnen im Interesse der Wissenschaft und der Menschheit erhalten bleiben, vor allem da sie so wirklichkeitsnah und so interessant erzählt sind.« Vielleicht war Snow nur deshalb so enthusiastisch, weil er hoffte, als Lektor angestellt zu werden (was auch geschah); jedenfalls klingt dieses vorbehaltlose Lob sehr ironisch, wenn man bedenkt, was er später zu Hall und seiner Arbeit sagen würde.

Am 4. Dezember unterschrieb Hall den Vertrag mit Harper & Brothers. Die Verleger willigten ein, ihm 500 Dollar Vorschuß zu geben; er sollte in wöchentlichen Raten von 20 Dollar an William Parker Snow ausbezahlt werden, den Hall mit der Redaktion beauftragt hatte. Snow versprach, das Buch »für die Veröffentlichung zur vollen Zufriedenheit besagten Mr. Halls vorzubereiten und es in der Presse zu bewerben und mindestens 48 Stunden pro Woche an diesem Ziele zu arbeiten«.[38] Die folgenden anderthalb Monate konnte sich Hall auf seine Vorträge konzentrieren, und Snow konnte sich seiner Arbeit am Buch widmen. Doch als Hall seine Vortragsreihe abgeschlossen hatte und Snows Fortschritte überprüfte, stellte er fest, daß in dieser Sache erst wenig unternommen worden war. Er mußte den sturen Engländer also in den nächsten Monaten antreiben, der sich im Gegenzug beklagte, Halls ständige Anfragen lenkten ihn von der Arbeit ab.

Im Lauf des Frühjahrs gab es immer mehr Spannungen zwischen den beiden Männern.

Doch Hall widmete Snow und dem Buch nur gelegentlich seine Aufmerksamkeit. Nach der Vortragsreise dachte er vor allem an ein Projekt: die Vorbereitung seiner nächsten Expedition. Wie bei seiner ersten Reise schmiedete er erst einmal ehrgeizige Pläne und machte sich große Hoffnungen. Nach einem Treffen mit Grinnell im November platzte er beinahe vor Optimismus:

Das Herz ist mir so voll, daß ich meinem Glück über das heutige Treffen gar keinen Ausdruck geben kann. Ein paar flüchtige Notizen müssen reichen. Ich wurde in den Salon gebeten – bald kam mein teurer Freund Mr. G. – sein warmer Händedruck – sein Gesicht, wie ein Spiegel frommster Gedanken – der edle Stil seiner Schlußfolgerungen – »Bei der Franklin-Suche muß noch mehr getan werden« – und auch sein Sohn hat sich dieser Sache verschrieben – er will mich nach King Williams Land begleiten, und wenn nötig, wird er (H. G.) 10 000 Dollar zu der Suche beisteuern. Das war wie ein elektrischer Schlag ins Herz. Kaum hatte mein geliebter Freund diese Worte gesprochen, lag ich auch schon in seinen Armen – packte seine Hände – drückte meine Lippen auf seine edle Stirn, und unsere Tränen vermischten sich. Nie, niemals in meinem ganzen Leben war ich so glücklich!

Doch Hall wollte sich nur im Notfall ganz auf Grinnell stützen und sich zunächst an die US-Regierung wenden, auch wenn diese ganz andere Sorgen hatte. An Budington schrieb er:

Ich habe vor, die Regierungsmacht in Washington für mich zu gewinnen, damit sie mich mit 25 000 bis 30 000 Dollar unterstützt. Es gibt Grund zur Hoffnung, daß ich mit meinem Plan Erfolg habe. In Providence, New Haven, Hartford, New York, Washington, Philadelphia, Cincinnati und anderswo gibt es berühmte Männer, die alles tun, um mir weiterzuhelfen.

Einer dieser vielversprechenden »berühmten« Männer war Richard Chapell. Chapell hatte jahrelang bei Williams & Haven gearbeitet und stand immer noch in engem Kontakt mit der Firma, war aber inzwischen selbst ein bedeutender Reeder mit einer Flotte von sieben Walfängern. Er kannte mächtige Männer in Washington, darunter auch den Marineminister Gideon Welles. Chapell war begeistert von Halls Plänen und bot ihm an zu tun, was er vermochte, um Hall zu helfen, zum Beispiel ein Schreiben an Welles aufzusetzen. Hall selbst schrieb an seine ehemaligen Mitstreiter in Cincinnati, an Salmon P. Chase, der inzwischen Finanzminister war, und an andere politische Größen. In einem langen Brief an Senator Henry Wilson von Massachusetts umriß er die Ergebnisse der ersten Expedition sowie seine Pläne für die zweite Fahrt und schließt: »Kolumbus hatte seinen Advokaten am Hof von Ferdinand und Isabella. Ich vertraue darauf, daß Ihr als Advokat meiner Wahl an einem Hof, der noch viel größer ist, als ein spanischer Hof jemals war, in weniger als drei Jahren beweisen werdet, daß meine Wahl der Welt zum Ruhm gereichte.« Kolumbus verkörperte für Hall den Entdecker schlechthin, der alle Hindernisse überwindet, und er ging davon aus, Senator Wilson mit dem Vergleich zu schmeicheln, auch wenn er in diesem Fall nur als Advokat fungieren sollte.

Hall wollte mit den Eskimo in die Hauptstadt reisen. Er schrieb an Budington, um zu verhindern, daß man die Eskimo fotografierte, bevor sie nicht persönlich vor »dem Präsidenten und anderen Würdenträgern unseres Landes« aufgetreten waren.

Seine Hoffnung auf staatliche Unterstützung wurde herb enttäuscht, was nicht anders zu erwarten gewesen war. Hall begriff allmählich, daß Washington viel zu sehr in den Krieg verwickelt war, um ihm oder seinem Projekt Beachtung zu schenken, was ihn so deprimierte, daß er nicht einmal seine geplante Reise in die Hauptstadt unternahm. »Geht mir weg mit Politik!« ereiferte er sich in einem Brief an Budington. »Ich fahre nach Norden – in den Hohen Norden, wo Frieden herrscht und wo edle Menschen leben.« Und wenn die Regierung nicht mit ihm zusammenarbeiten wollte, müßte er eben wieder private Geldquellen anzapfen.

Für Hall war es ein schlechtes Frühjahr. Tookoolito und der kleine Tukerliktu waren von ihren Auftritten bei Vorträgen und Shows immer noch so geschwächt, daß sie Anfang März in New York ernsthaft krank wurden. Hall wollte sie umgehend nach Groton zurückschicken, doch das Kind starb noch in New York. Am folgenden Nachmittag fuhr Hall mit den erschütterten Eltern und der Leiche des Kleinen mit dem Schiff nach New London, wo sie um Mitternacht ankamen. Budington holte sie ab und brachte sie nach Hause. Mrs. Budington fühlte von ganzem Herzen mit den beiden. Zwei Tage später beerdigten sie Tukerliktu neben Budingtons Haus. Von Groton schrieb Hall an Grinnell:

Ich bedauere sehr, Euch mitteilen zu müssen, daß die Mutter in einem sehr kritischen Zustand ist. Am Montag fürchteten wir alle, sie würde sterben, doch sie kam wieder zu sich. Einer der besten Ärzte von New London kümmerte sich um sie, so daß es ihr am folgenden Tage scheinbar besser ging. Doch am Nachmittag war es wieder schlimmer. Sie verkraftet den Tod ihres Kindes nicht. Oft schreit sie: »Wo ist mein Johnny? Wo ist mein Johnny?« Einmal antwortete ich, ihr kleiner Johnny sei in *kudleparmeun* (im Himmel) und mit Gott (von dem ich ihr so oft erzählt habe). »Ich will auch dorthin«, sagte sie, »ich will zu meinem kleinen Johnny und zu Gott.«

Hall blieb in Groton, bis es Tookoolito sichtlich besser ging, dann fuhr er nach New York. Doch das war erst der Beginn all seiner Probleme.

Er hoffte immer noch, im späten Frühjahr oder Sommer auszulaufen, und opferte dafür seine Idee einer ganz großen Expedition und eines eigenen Schiffs. Er arbeitete im Frühjahr zwar noch an anderen Vorhaben, erkundigte sich aber immer wieder bei den Walfängern nach einer baldigen Passage Richtung Baffin Island oder Hudson Bay. Doch jedesmal bekam er eine Abfuhr; das Schiff sei schon voll, es fahre ganz woandershin oder es laufe aus, noch bevor er den Hafen erreichen könnte.

In der Zwischenzeit schmiedete er einen anderen Plan, den er Henry Grinnell und Richard Chapell detailliert unterbreitete. Die geplante Expedition zu Boothia und King William Island sollte der endgültigen Aufdeckung aller Rätsel in Zusammenhang mit der Expedition Sir John Franklins dienen und bedurfte folgender Vorbereitungen:

1. Ein Schiff von 200 Tonnen soll für zwei Jahre und sechs Monate ausgerüstet und mit Proviant versehen werden und fährt unter meinem Kommando.

2. Das Schiff soll als Walfänger ausgerüstet, die Kosten der Expedition durch den Erlös aus Fischbein und Tran gedeckt werden.

3. Das Schiff soll am ersten Juni dieses Jahres auslaufen und direkten Kurs auf die Nordküste der Frobisher Bay nehmen, wo drei oder vier Esquimaux und deren Frauen – auch Hunde und Schlitten – an Bord genommen werden, dann zur Westküste der Hudson Bay südlich von South-

ampton Island fahren und anschließend durch den Sir Thomas Roes Welcome Sound weiter zur Repulse Bay.

Anschließend wollte Hall die geplante Expedition fortsetzen und mit einem Boot durch die Fury and Hecla Strait fahren, während das Schiff auf Walfang ging. Teilnehmer der Expedition waren Walter Grinnell, Frank Rogers (Erster Offizier auf der *George Henry*) und William Sterry (besagter Hansdampf selbigen Schiffs). Sie alle hatten sich bereit erklärt, Hall zu begleiten. Grinnell und Chapell waren begeistert, Grinnell bot wiederholt seine 10000 Dollar an und schlug vor, daß die Reederei Williams & Haven weitere 10000 investieren sollte. Hall fuhr nach New London und besprach sich mit Williams & Haven, die den Vorschlag ablehnten, da für sie der Walfang an erster Stelle stand, für Hall dagegen die Expedition – Walfang sollte nebenher betrieben werden.

Hall mußte sich notgedrungen nach einem eigenen Schiff umsehen. In New York wandte er sich an die Gebrüder Fox, Eigner eines Schoners, der ihm passend schien. Er teilte ihnen mit, daß Grinnell beabsichtigte, das Schiff zu kaufen, doch der Preis von über 10000 Dollar überstieg Halls Etat bei weitem.

Zwar hatten seine Vorträge genügend Geld eingebracht, um sich und die Eskimo einige Monate zu ernähren, doch entweder hatte Grinnell sein Angebot zurückgezogen, oder aber Hall hatte die 10000 Dollar ausgeschlagen, denn als seine Hoffnungen auf Regierungsunterstützung oder eine selbsttragende Expedition gestorben waren, versuchte er erneut, private Spenden aufzutreiben. Anfang April schrieb er an Budington: »Ich habe das große Vergnügen, Euch mitteilen zu dürfen, wie freundlich ich von einigen berühmten Männern der Stadt aufgenommen wurde, seitdem ich begonnen habe, Besagte zu einer für nächste Woche geplanten Zusammenkunft einzuladen. Der Himmel hellt auf.« Unter den »berühmten Männern«, die er vor allem durch Henry Grinnell kennengelernt hatte, waren

Augustus Ward, James C. Brevoort, James Beekman und der Richter Charles Daly – allesamt Männer mit Geld und Einfluß. Die Zusammenkunft war eine Sondersitzung der American Geographical and Statistical Society, die einberufen wurde, um Halls Probleme zu diskutieren. Der Kreis war klein, doch was dabei herauskam, ermutigte Hall. Nach einer Debatte über die Frage, ob es einfacher wäre, je 1000 Dollar von 15 Männern zu bekommen oder je 100 Dollar von 150, wurde vereinbart, daß die Society und die New York Chamber of Commerce gemeinsam ein Komitee bilden und sich um alles kümmern [sollten], was die Finanzierung meiner geplanten Expedition betrifft – wenn das in die Tat umgesetzt wird, kann kein Zweifel mehr daran bestehen, daß meine Expedition tatsächlich stattfindet«, so Hall in dem Brief an Budington.

Er war so zuversichtlich, im Frühsommer in den Norden aufzubrechen, daß er Harper & Brothers bat, ihn vom Vertrag zu entbinden; er fahre bald in die Arktis und könne sich nicht länger um die Veröffentlichung kümmern. Er war auch bereit, den Vorschuß zurückzubezahlen, und sagte ihnen zu, gleich nach der Rückkehr am Buch weiterzuarbeiten. Zu Halls großer Erleichterung verlängerte Fletcher Harper den Vertrag und setzte ein sehr viel späteres Erscheinungsdatum fest. Den Vorschuß forderte er nicht zurück, weil er wußte, das Hall wirtschaftlich nicht gut dastand. »Was für ein nobler Zug an einem Verleger, den ich vor kurzem überhaupt noch nicht kannte«, schrieb er an jenem Abend in sein Tagebuch. »Lang leben die Gebr. Harper.«

Doch bald verdüsterte sich der Himmel wieder, zu Anfang zogen allerdings nur kleine Wolken auf. Hall bekam eine höfliche, aber enttäuschende Absage von Edward Everett, einem potentiellen Spender, den er zu einer ihm zu Ehren einberufenen Sondersitzung der Chamber of Commerce eingeladen hatte.

Ich hatte zwar nie die Möglichkeit, die Arktisabenteuer ausführlich zu studieren, aber ich habe nie vergessen, der Beharrlichkeit und Tatkraft der tapferen Abenteurer in dieser Region, vor allem unserer Landsleute, meinen bescheidenen Tribut zu zollen. Eure Forschungen scheinen mir äußerst interessant und verdienstvoll, und ich möchte Euch meine herzlichsten Wünsche für das Gelingen Eures Unternehmens aussprechen. Ich fürchte jedoch, daß ich mich entschuldigen muß und nicht an der anberaumten Sitzung teilnehmen kann. Die Anfragen an mich, auf daß ich Versammlungen verschiedenster Art besuche und dort spreche, sind zu zahlreich (durchschnittlich mindestens eine pro Tag), die Schwierigkeit, eine Auswahl zu treffen, zu groß und meine Gesundheit zu angegriffen, als daß ich mich allen Bitten beugen könnte, es sei denn, sie sind von augenfällig außergewöhnlichem Charakter.

Zwei Tage später erfuhr Hall, daß die beiden Hunde gestorben waren. Dann sagte Reuban Lamb, Dritter Maat von der *George Henry*, den sich Hall als Assistenten gewünscht hatte, seine Mitfahrt nach Norden ab.

Hall konnte diese Niederlagen und Rückschläge nur wegstecken, weil er mit tatkräftiger Unterstützung der American Geographical and Statistical Society und der Chamber of Commerce rechnete. Die Chamber sollte am 22. April zusammentreten und den Vorschlag der Gründung eines gemeinsamen Komitees mit der Society besprechen. Hall bereitete seine Rede anläßlich dieses Ereignisses gründlich vor. Er wollte den möglichen wirtschaftlichen Wert der Arktisforschung, vor allem für den Walfang, in den Vordergrund stellen, und er vertraute darauf, daß er die Organisation überreden könnte, ihn zu unterstützen. Als das Treffen um eine Woche verschoben wurde, weil die Mitglieder noch nicht benachrichtigt worden waren, war er enttäuscht, aber weiterhin zuversichtlich. Am folgenden

Tag wurden 600 Einladungen verschickt, doch als er eine Woche später mit seiner Rede unter dem Arm zur Chamber kam, waren so wenige Leute da, daß die Versammlung nicht abgehalten werden konnte. Das war ein schwerer Schlag gegen seinen Stolz und seine Hoffnungen.

Sein Stolz bekam am nächsten Tag allerdings wieder etwas Nahrung, als der *Herald,* der seinen Unternehmungen stets positiv gegenüberstand, die Chamber of Commerce angriff und sie eine »Vereinigung alter Frauen« schimpfte, weil sie sich nicht für Halls Projekt interessierte.[39] Der *Herald* berichtete, die Royal Geographical Society in London sei vor einigen Wochen zusammengetreten und habe Halls Leistungen auf Baffin Island gepriesen. Tatsächlich hatten an dieser Sitzung anläßlich der Ankunft und Ausstellung von Halls Relikten der Frobisher-Expedition die bedeutendsten Männer auf dem Gebiet der Arktisforschung und der Geographie teilgenommen, darunter George Back, John Rae, Sherard Osborn, John Barrow jr. und Clements Markham. Die Versammelten hatten einmütig erklärt, die Fundstücke stammten mit großer Wahrscheinlichkeit wirklich von Frobisher, und Halls Erkundung der Frobisher Bay und seine guten Beziehungen zu den Eskimo gelobt. Eine Woche nach dem Erscheinen des *Herald*-Artikels bekam Henry Grinnell einen Brief seines Sohnes Cornelius, der bei der Sitzung zugegen war und den Bericht bestätigte. Er fügte hinzu: »Es war eine Freude zu sehen, welchen Respekt und welche Zuneigung diese berühmten Entdecker für die Leistungen eines Gleichgesinnten zeigten. Was könnte sich Hall für einen Namen machen, wenn er nach King William Island führe und Dokumente von Franklin fände!« Hall war natürlich geschmeichelt von der plötzlichen und unerwarteten Anerkennung seiner Errungenschaften durch die Engländer.

Doch er war in den Vereinigten Staaten, und dort sah es für sein Projekt düster aus. Seine finanzielle Lage war so prekär, daß er sich trotz Grinnells gelegentlicher Zuwendungen sogar so kleine Summen wie 75 Cent borgen mußte. Am zweiten Mai schrieb er in sein Tagebuch: »Marschierte die Bowery hinunter und verkaufte einen verbeulten alten Hut, um 37 Cent zusammenzukratzen!« Er hatte ein neues Tief erreicht. »Hier kann ich es ja ehrlich sagen – ich schaffe es nicht, meine Landsleute zu der Kooperation zu bewegen, die nötig ist, um meine geplante Expedition durchzuführen. Gott allein weiß, wie sehr ich kämpfe. Doch auch wenn ich ganz allein dastehe, werde ich mein Ziel erreichen.«

Doch gerade, als es soweit war, bekam er Auftrieb. Am 7. Mai setzte die American Geographical and Statistical Society auf einer ihrer Sitzungen, die noch eine entscheidende Rolle in Halls Leben spielen sollten, die geplante Expedition erneut auf die Tagesordnung. Unter anderem wurde auch über das Treffen der Royal Geographical Society und das offensichtliche Interesse der Engländer an Halls Arbeit gesprochen. Laut *Herald* betonte Charles Daly, »welchen Verdruß die amerikanische Öffentlichkeit empfinden müßte, wenn unsere eigenen Institutionen Kapitän Hall in einer Sache von so großem öffentlichen Interesse nicht unterstützten und ihn statt dessen der Hilfe und Schirmherrschaft einer ausländischen Regierung anheimstellten«.[40] Daly war entschieden der Meinung, daß ein Komitee gegründet werden sollte, das Hall bei der Geldbeschaffung unterstützte. Damals schon hatte Hall allen Grund, skeptisch zu sein, was eine solche Resolution bewirken könnte, doch in den folgenden Wochen trafen tatsächlich Spenden ein. J. C. Brevoort, vermögender Diplomat im Ruhestand und Hobbywissenschaftler, wuchs in Halls Wertschätzung und wurde zügig auf die gleiche Stufe mit Henry Grinnell gestellt; er gab Hall 100 Dollar für seine persönlichen Ausgaben. Augustus Ward, »über drei Millionen Dollar schwer«, wie Hall Budington anvertraute, steuerte weitere 100 bei, für die er sich auf Wards Rat bei Tiffany's den besten Taschenchronometer kaufen sollte, den es gab. Hall erstand einen Zeitmesser für 500 Dollar, den er immer »meinen

Ward-Chronographen« nannte. Es gab eine Spendenliste, auf der sich bald auch andere Männer mit Summen zwischen 25 und 100 Dollar eintrugen.

Wieder nahm Hall Verhandlungen wegen eines Schiffs auf. Er bat Budington, ein Schiff von 50 bis 75 Tonnen zu finden, doch Budington empfahl ihm ein größeres, das zum Preis von 3400 Dollar in New London zum Verkauf stand. Hall stimmte zu und war Anfang Juni Eigner eines Schoners von 95 Tonnen, der *Active,* die er entweder von den Spenden der Society oder von Grinnells Geld bezahlt hatte. Kapitän Henry Robinson aus Newburgh spendete eine kleine Yacht, die Hall sofort verkaufte, um von dem Erlös die notwendigen Umbauten auf der *Active* zu finanzieren. Da Budington für Williams & Haven auf Walfang war, heuerte Hall Henry Dodge als Segelmeister an; er war schon 1860 auf der Hayes-Expedition dabeigewesen. William Parker Snow bot sich als Erster Offizier unter Dodge an. Obwohl Hall Snow jeden Tag weniger traute, nahm er das Angebot an. Er nahm sogar einen naturkundlichen Fotografen unter Vertrag, Washington Peale, ein Abkömmling der berühmten Malerfamilie, Enkel James Peales und Großneffe Charles Willson Peales. Außerdem verfügte er über eine lange Liste von Freiwilligen, unter denen er wählen konnte. Alles ging glatt, so glatt, daß Hall an A. D. Bache von der United States Coast Survey schrieb und um die schnelle Lieferung bestimmter Instrumente bat. »Es steht nun fest, daß ich am 1. Juli mit einem Schiff von 100 Tonnen, das speziell für die Eisnavigation ausgesucht und verstärkt wurde, von New York auslaufe.« Er wollte zur Frobisher Bay, dort einige Eskimo an Bord nehmen, dann durch die Hudson Strait, den Foxe Channel und die Fury and Hecla Strait zu Boothia und King William Island, wo er Spuren der Franklin-Expedition suchen wollte. Wenn möglich, würde er nach Westen in die Bering Sea fahren. Er wurde immer ehrgeiziger, hoffte sogar, die Nordwestpassage zu durchfahren.

Wie Halls hochtrabende Pläne ihr Ende fanden, ist ungeklärt. Die Tagebucheinträge aus dieser entscheidenden Zeit sind unvollständig, die Seiten jenes Sommers herausgerissen, wahrscheinlich von Hall selbst. Offenbar konnte er nicht genügend Geld für die Expedition auftreiben und mußte die *Active* verkaufen, um seinen Lebensunterhalt zu bestreiten. Daß er zu jener Zeit schwerlich Geld auftreiben konnte, ist aufgrund des anhaltenden Bürgerkriegs kaum verwunderlich.

Doch Hall hatte noch ein anderes Problem. Mitte Juni kam es zum Streit mit Budington. Die beiden Männer waren enge Freunde geworden. Budington hatte in den zwei gemeinsamen Jahren in der Arktis Halls Respekt und in den zehn Monaten seit der Rückkehr in die Zivilisation Halls Zuneigung gewonnen. In seinen Briefen und Tagebüchern lobt er Budington stets für seine Stärke, seine Loyalität und seine Freundlichkeit. Zusammen hatten die beiden Männer das sterbende Eskimokind und die kranke Mutter gepflegt, zusammen hatten sie an Halls Plänen für die nächste Expedition gearbeitet. Hall nannte das Haus der Budingtons sein Heim und reiste oft von New York nach Groton zu Budington und seiner Frau Sarah, ihren beiden Töchtern sowie Ebierbing und Tookoolito, die die meiste Zeit dort wohnten. »Ihr und Eure gute Frau helft mir bei allem. Ich könnte mir keine besseren Freunde wünschen.« Oder:

Euer gestriger Brief drückt unmißverständlich aus, wie tief und dauerhaft Eure Gefühle für mich sind. Ich hoffe, ich bin der herzlichen Freundschaftsdienste auch würdig, die Ihr und die Euren mir immer erwiesen habt. Wie wichtig und ruhmvoll Eure Zuneigung für mich ist! Was wäre eine Freundschaft, die nicht gerade jetzt die Stunden meines geplagten Lebens erhellt? Glaubt mir, ich sehne mich danach, Euch und Eure gute Frau zu sehen.

Hall war Budington mehr verbunden als sonst einem Menschen, trotzdem kam es zum erbitterten Streit.

Daran war zum Teil Budington schuld. Ohne sich mit Hall zu besprechen, besuchte er Mitte Juni Grinnell wegen Ebierbing und Tookoolito und sagte ihm, daß Hall wohl kaum vor dem nächsten Sommer in den Norden fahren könne. Budington wollte im Juli auf Walfang vor Baffin Island gehen und schlug Grinnell vor, die Eskimo mitzunehmen, weil sie sich so nach ihrer Heimat sehnten. Als Grinnell Hall von dem Gespräch erzählte, packte Hall die blinde Wut. »Kapitän S. O. Budington«, begann sein Brief, »ich bin sicher, daß noch die Zeit kommen wird und Ihr zutiefst das seltsame und unerklärliche Verhalten bereuen werdet, das Ihr vergangene Woche dem Schreiber dieser Zeilen und den Esquimaux gegenüber an den Tag gelegt habt. Wir haben keine Ahnung, was wir Euch getan haben. Weder ich noch die Esquimaux werden Euer Haus jemals wieder betreten.« Er fügte eine Erklärung bei, die Grinnell unterschreiben sollte – vorgeblich ein Brief von Grinnell an Budington, aber Schrift und Inhalt stammten von Hall. »Aus dem kurzen Gespräch, das ich gestern mit Euch bezüglich der Esquimaux hatte, dürft Ihr nicht schließen, daß ich meinem Freund Hall einen Stein in den Weg legen will. Sollte er an seinem Arktisunternehmen festhalten und sollte er der Meinung sein, daß es für ihn und die Sache, der er sich verschrieben hat, das Beste sei, wenn die Esquimaux hierblieben, sollten wir ihn dabei tatkräftig unterstützen.« Doch Grinnell unterzeichnete nicht; er ließ sich nicht in einen Streit hineinziehen, mit dem er nichts zu tun hatte.

Ebierbing und Tookoolito zogen von Groton nach New York in Halls möblierte Wohnung. Bis Budington im Juli in die Arktis aufbrach, machten weder Hall noch Budington einen Schritt zur Versöhnung, doch im Herbst bekam Hall einen netten Brief von Sarah Budington, den er freundlich beantwortete und dabei auch nach Neuigkeiten von ihrem Gatten fragte.

Schreibt mir alles, was Ihr an Neuigkeiten von ihm wißt. Wie gerne ich ihn treffen würde! Der irdische Zwist sollte vergeben und vergessen sein. Kapitän B. und ich waren immer Freunde, und wir müssen Freunde bleiben. Ich werde immer als Freund und Bruder an ihn denken.

Mrs. Budingtons Nachricht, die *George Henry* sei im Juli in der Hudson Bay auf Grund gelaufen und gesunken, hatte Hall tief getroffen, und die Erinnerungen an die langen gemeinsamen Monate in der Arktis übermannten ihn. Sechs Jahre später, als Hall von seiner zweiten Expedition zurückkam, erneuerte er seine Freundschaft mit dem Skipper. Doch Hall war ein nachtragender Mensch, und die Wunden des Streits mit Budington sollten nie ganz verheilen und in seinen letzten Lebensmonaten sogar wieder aufreißen.

Das halbe Jahr nach dem Streit mit Budington war für Hall eine Zeit der Niedergeschlagenheit und Passivität. Er lebte mit den Eskimo in New York und konzentrierte sich hauptsächlich auf sein Buch. Er wußte, daß er erst im nächsten Sommer fahren könnte und wieder gezwungen wäre, eine Freifahrt anzunehmen, anstatt ein eigenes Schiff zu kommandieren. Im September unternahm er den halbherzigen Versuch, beim Staat New York eine Petition auf Bewilligung von 30000 Dollar einzureichen, doch ansonsten war er ungewöhnlich tatenlos. Er hatte sich wohl mit der Tatsache abgefunden, daß eine Nation im Krieg sich nicht ernsthaft mit dem persönlichen Streben eines Arktisentdeckers beschäftigen kann. Je länger der Krieg dauerte, desto geringer war die Wahrscheinlichkeit, daß Hall Unterstützung bekäme.

In einem Zimmer, das Harper & Brothers bereitgestellt hatte, arbeitete Hall an seinem Buch. »Lieber würde ich ein dutzendmal in diese Regionen voller Eis und Schnee fahren, als nur ein einziges Buch für die Veröffentlichung vorzubereiten«, schrieb er in jenem Herbst. William Parker Snow war offiziell noch immer unter Vertrag, aber Hall war zunehmend unzufrieden mit seinen Leistungen. Der Engländer war mit realen oder fiktiven persönlichen Problemen belastet, konnte sich auf nichts anderes konzentrieren und ließ Hall den Großteil der Arbeit machen. Trotzdem erneuerten sie im September ihren Vertrag, allerdings mit einigen Änderungen. Da Snow derart trödelte, bestand Hall auf einer Erhöhung seiner wöchentlichen Arbeitszeit. Im November beklagte sich Snow, die Vereinbarungen seien für ihn problematisch, »weil ich auch gelegentlich Zeit für meine eigenen zukünftigen Angelegenheiten aufwenden müßte«. Hall gab Snows Bitte nach, er erhöhte im Dezember sogar sein Honorar und gab ihm einen Vorschuß von 60 Dollar. Dazu mußte Hall zusätzlich Geld von Harper & Brothers verlangen und die Summe, die er vom Verlag auf seine künftigen Tantiemen geliehen hatte, auf 1000 Dollar erhöhen. Im Winter und Frühjahr 1864 arbeitete Snow immer noch planlos an dem Buch, und es gab angespannte Unterredungen. Nach einem dieser Treffen, bei dem es wieder Streit gegeben hatte, schrieb Hall an Snow und bat ihn in den Verlag, um »auf dem Altar der brüderlichen Freundschaft zu schwören, daß wir Freunde sind – daß zwischen uns nie eine Tat, ein Wort, ein Gedanke stehen und die glorreichen Bande zwischen wahren, erprobten und edlen Freunden schänden und lösen sollen«. Doch der Altar fiel bald in sich zusammen. Hall hatte offenbar die Nerven verloren und Snow mit »harschen Worten – ungerecht und infam« bedacht, so Snow in einem wütenden Brief voller Gegenanschuldigungen, in dem er sogar die Drohung äußert, vor Gericht zu ziehen, doch offenbar wollte er nur Zeit schinden.

Dieser Streit ist einer von vielen im Leben der beiden Männer, und er wirft auf beide ein schlechtes Licht. Zweifellos hat Snow nicht zu Halls Zufriedenheit gehandelt; er belästigte seinen Auftraggeber mit persönlichen Problemen, hielt oft Abmachungen nicht ein und tat nur selten, was er zu tun versprach. Snows Briefe und Bücher weisen ihn als einen schwierigen Menschen aus, aber Snow war nicht nur ein schlechter Angestellter, Hall war auch ein schlechter Auftraggeber: Er trieb Snow unerbittlich an, zeigte sich intolerant und taktlos.

Snow behauptete später, er habe Halls Buch geschrieben. Der Vergleich mit Halls Tagebüchern beweist jedoch, daß das gelogen ist. Das Buch ist eine überarbeitete und gekürzte Version der Tagebücher, und Hall selbst hatte in den trübseligen Monaten Ende 1863 und Anfang 1864 viel Text redigiert und gestrichen, während er darauf wartete, daß er seine Expedition organisieren konnte.*

Im Mai war das Buch fertig, und Hall kümmerte sich wieder um die Expedition. Zuerst organisierte er eine Passage in den Norden der Hudson Bay; Mitte Juni sollte Richard Chapells Walfänger *Monticello* Segel setzen. Anfang Mai hielt er einen Vortrag vor der Long Island Historical Society. Ebierbing und Tookoolito saßen in ihren Sommerkleidern aus Robbenhaut hinter Hall auf der Bühne, daneben lagen die Jagd- und Angelgeräte. Nach dem Vortrag veröffentlichte ein reicher Gönner von Hall folgende Anzeige in den New Yorker Zeitungen:

An die Öffentlichkeit
Kapitän C. F. Hall, der vor 20 Monaten von einem zwei Jahre und vier Monate währenden Forschungsaufenthalt in der Arktis zurückkam, will am 15. Juni zu einer weiteren und gründlicheren Entdeckungsreise aufbrechen. Bei seiner ersten Fahrt lebte er bei den Eskimo, lernte ihre Sprache und ist stolz, daß er mit diesem Volk sicher und gesund zusammenleben kann.

---

* Das Buch war zwar bereits Ende April fertig, aber es kam erst heraus, als Hall schon wieder auf dem Weg nach Norden war. Zuerst erschien die englische Ausgabe *Life with the Esquimaux*, dann die amerikanische mit dem Titel *Arctic Researches and Life Among the Esquimaux*.

Wie kein anderer Entdecker vor ihm hat er sich auf die sorgfältige Erforschung einer wichtigen Region arktischen Landes und Wassers vorbereitet.

Dieses Gebiet wahrt immer noch einen bedeutenden Teil des Geheimnisses um die unglückselige Franklin-Expedition, und unser Landsmann ist zuversichtlich, das Geheimnis aufzudecken. Darüber hinaus ist es von großem Interesse für den Wal- und Robbenfang, und die naturkundlichen Berichte werden von bedeutendem wissenschaftlichem Wert sein. Die Überlegungen, die ihn dazu veranlaßten, seine besten Jahre der Polarforschung zu widmen, leiten auch jene, die diese Bekanntmachung mit ihren Namen zeichneten, um ihre Mitbürger zu bitten, dazu beizutragen, daß sich der tapfere Entdecker mit einer gebührenden Ausrüstung auf den Weg machen und die Aufgabe, die er sich gestellt hat, in aller Gründlichkeit ausführen kann. Unsere Landsleute haben es in der Polarforschung mit Mut und Ausdauer zu Ruhm gebracht, und es ist nicht gerecht, daß einer, der schon solche Beharrlichkeit, innere Stärke und Genialität bewiesen hat wie Kapitän Hall auf seiner früheren Reise, an unseren Küsten in See stechen muß, ohne daß er über alles verfügt, was diese ruhmreiche Sache vorantreiben könnte [...]. Um seine Ausrüstung zu vervollständigen, ist noch eine Summe von etwa 3000 Dollar ausständig. Kapitän Hall ist zwar entschlossen, unter allen Umständen Segel zu setzen, ob er nun eine vollständige Ausrüstung hat oder nicht, doch es steht zu hoffen, daß unsere gemeinsinnigen Bürger es nicht zulassen, daß dieser unerschrockene Entdecker unser Land verlassen muß, solange ihm noch etwas fehlt, das vielleicht sein Leben retten oder ihn dazu befähigen könnte, seine Forschungen in den unwirtlichen Regionen, wohin er aufbricht, zu perfektionieren. Geldspenden, Lebensmittel oder Ausrüstungsgegenstände können den Unterzeichnenden übergeben werden,

die sie dann an die richtige Stelle dieses lobenswerten Unternehmens weiterleiten.

J. Carson Brevoort
James W. Beekman
A. W. Burr
Henry Grinnell
E. und G. W. Blunt
John Austin Stevens[41]

Bei der Spendenaktion kamen so viel Geld und Waren zusammen, daß Hall wenigstens mit dem Nötigsten ausgestattet war.
Bei einer New Londoner Werft gab er ein Expeditionsboot in
Auftrag, ein Kaufmann bereitete Pemmikan, Instrumente wurden gekauft und geliehen, die Coast Survey steuerte einen
Sextanten und einen Neigungszirkel bei. Alles lief so gut, daß
er plante, vor dem Aufbruch noch schnell nach Cincinnati zu
reisen und Frau und Kinder zu besuchen, die er seit fast zwei
Jahren nicht mehr gesehen hatte.

Doch er hatte nicht mit William Parker Snow gerechnet. Im
Mai hatte Snow in *Harper's New Monthly Magazine* eine lob-
hudlerische Vorschau auf Halls Buch geschrieben (daß ein selbst-
ernannter Ghostwriter eine Rezension über das fragliche Buch
für ein verlagseigenes Magazin verfaßte, verwundert niemand,
der mit den Gepflogenheiten auf dem Buchmarkt des 19. Jahrhunderts vertraut ist). Offenbar hatte Snow die Rezension
gegen Honorar und nicht aus eigener Überzeugung abgefaßt,
denn gleich nach der Veröffentlichung sagte er sich von Harper & Brothers los. Gerade als Hall nach Cincinnati aufbrechen
wollte, schrieb Snow einen vernichtenden Brief über Halls Ark-
tisentdeckungen an den Herausgeber der *New York World*:

Sir, ich hege den tiefsten Wunsch, die Arktisforschung möge
weiterbetrieben werden, vor allem als private Unternehmungen, die im allgemeinen am erfolgreichsten sind, und ich

möchte mich Mr. Halls Unterfangen keineswegs entgegenstellen. Doch ich kann (um meiner Person gerecht zu werden und um den vielen tapferen Amerikanern und Engländern, die die Arktis wirklich erforscht haben, Respekt und Wertschätzung zu zollen) nicht zulassen, daß Mr. Hall falsche Behauptungen aufstellt, sich falsche Vermutungen anmaßt und falsche Angaben macht, ohne daß ich mich öffentlich und mit Vehemenz dagegen wehre.

Snow leugnete, daß der Plan für die nächste Expedition von Hall selbst stammte, und behauptete, er, Snow, habe ihn ausgearbeitet. Abfällig äußerte er sich zu Halls Entdeckungen auf der ersten Expedition, hackte auf seinem Mangel an wissenschaftlicher Ausbildung herum, und stellte Halls begrenztes Wissen über die Arktis seinen eigenen Kenntnissen gegenüber: »Was ich in der Arktis- und Antarktisforschung sowie in meiner übrigen Arbeit geleistet habe, ist der ganzen Welt durch das Zeugnis Hunderter Briefe von berühmten Männern sowie den Lobreden der Presse und der wissenschaftlichen Gesellschaften hier und auch in England bekannt.«[42] Er übertrieb mit seiner eigenen Arktiserfahrung und putzte Hall herunter, indem er Seereisen vor Landerkundungen stellte.

Doch Snow begnügte sich nicht mit einem Brief. In der zweiten Juniwoche – Hall war im Aufbruch nach Cincinnati begriffen – reichte er Klage gegen Hall ein, der ihm angeblich noch Geld für seine Redaktionsarbeit schulde. So verbrachte Hall die Zeit, die er eigentlich bei Frau und Kindern sein wollte, im Seegericht von New York. Henry Grinnell und Fletcher Harper traten als Zeugen der Verteidigung auf, Dudley Field war Halls Anwalt. Snow hatte nicht die geringste Chance, den Prozeß zu gewinnen. Hall bewahrte Quittungen sorgfältig auf und konnte beweisen, daß er Snow nicht nur kein Geld schuldete, sondern daß im Gegenteil Snow ihm noch 78,85 Dollar von der Vorschußsumme schuldete. Die Anklage wurde niedergeschlagen, und Snow sollte einen lebenslangen Groll gegen Hall hegen.

Am 30. Juni fuhr Hall mit Ebierbing und Tookoolito nach New London, am nächsten Tag schiffte er sich auf der *Monticello* ein, die unter dem Kommando von Kapitän Edward A. Chapel Kurs nahm auf den Norden der Hudson Bay. In St. John's auf Neufundland machten sie Zwischenstation, und Hall schrieb an Grinnell und Brevoort:

Ich habe nun eine Aufgabe vor mir, vor der einige zurückschrecken würden. Ich weiß, es ist ein großes Unternehmen für einen einzelnen Menschen, doch ich habe mich entschieden, und ich will und muß unbeirrt daran festhalten. Möge es mir mit der Hilfe des Himmels gelingen und möge ich nach drei Jahren zu meinen Freunden zurückkehren, die sich glücklich schätzen werden, daß sie in den Zeiten großer Not zu mir gehalten haben.

Hall unterschätzte die Schwierigkeiten, auf die er stoßen sollte, und auch die Zeit, die er für seine zweite Fahrt aufwenden müßte. Er würde nämlich nicht drei, sondern fünf anstrengende Jahre lang in der Arktis bleiben.

FÜNFTES KAPITEL

Roes Welcome Sound, Repulse Bay, Igloolik, King William Island

Nach einer ereignislosen Fahrt bahnte sich die *Monticello* ihren Weg durch die Eisschollen in der Hudson Strait. Steuerbord konnte Hall die zerklüfteten Gipfel von Meta Incognita und das ferne Schimmern des Grinnell Glacier sehen. Er schauderte beim Gedanken an das, was nur 50 Meilen entfernt auf der anderen Seite lag: Frobisher Bay, *seine* Bucht. Er kehrte nicht dorthin zurück, aber allein das Wissen, daß sie so nah war, wärmte ihm das Herz. Am 20. August, zehn Tage nachdem er den Gletscher gesichtet hatte, ankerten sie vor Depot Island, einem Fleckchen Erde voller Felsen, Flechten und Moskitos im Norden der Hudson Bay vor der Einfahrt in den Roes Welcome Sound. So öde die Insel auch war, so war sie doch ein bekannter Treffpunkt der Walfänger, und binnen einer Woche bekam die *Monticello* Gesellschaft von sieben weiteren Schiffen.

Hall entschloß sich, einen Gehilfen von einem Walfänger anzuheuern, Charles Rudolph, einen jungen deutschen Matrosen. Rudolph hatte Hall erzählt, daß er einige Jahre zuvor einen Winter bei den Eskimo verbracht habe und gerne auch länger mit ihnen leben wolle. Sein Körper war kräftig, und er schien einen starken Willen zu haben. Im Beisein des Offiziers von Rudolphs Schiff warnte Hall den Matrosen, daß die Expedition sehr strapaziös sein würde, doch Rudolph schwor, er könne jede Tortur ertragen, und unterschrieb einen Vertrag, der festlegte, daß er drei Jahre lang für Hall arbeitete und dafür 25 Dollar die Woche bekam.

Wenige Tage später brachte das Begleitschiff der *Monticello* Hall, Ebierbing, Tookoolito, Rudolph und die ganze Ausrüstung nach Norden zur Wager Bay, die sich 100 Meilen sundaufwärts in die Westküste des Roes Welcome Sound schnitt, doch fälschlicherweise setzte sie der Kapitän schon 40 Meilen südlich von der vereinbarten Stelle ab. Dieser Irrtum kostete Hall vermutlich ein ganzes Jahr, weil er nicht wie geplant in der Repulse Bay überwintern konnte.

Sie vergruben einen Teil der Lebensmittel an Land, dann fuhr Hall mit dem kleinen Trupp in seinem Expeditionsboot *Sylvia* an der Küste entlang nach Norden und hielt Ausschau nach Eskimo. Nur wenige Stunden nach ihrem Aufbruch sah Ebierbing einen Eskimo neben einem gestrandeten Boot stehen, und Hall steuerte trotz Ebierbings Protest die Küste an. Als das Boot den Grund berührte, sprangen sie ins seichte, schlammige Wasser und wateten zu dem Eskimo, der sich nicht von der Stelle gerührt hatte. »Im nächsten Augenblick lag meine Hand in Ouelas Hand, eines der edelsten Eskimo, die ich je getroffen habe«, schrieb Hall einige Monate später an Kapitän Chapel.

Ouela und seine Leute kamen aus der Repulse Bay; dort, im Süden, lagen ihre Jagdgründe. Er war keineswegs feindlich gesinnt; er grüßte Hall wie einen Freund. Da er von Walfängern schon oft Geschenke bekommen hatte, sah er in jedem weißen Mann einen potentiellen Wohltäter. Umgehend führte er Hall und die anderen in die kleine *tupic*-Siedlung in der Nähe eines Ortes namens Noowook. Dort lernte Hall Männer und Frauen kennen, die ihn in den kommenden Wochen ergötzen, frustrieren und auch wütend machen sollten – diese Menschen wirkten wilder, waren aber schöner als die Frobisher-Bay-Eskimo, fand Hall. Erleichtert stellte er fest, daß Ebierbing, Tookoolito und sogar er selbst sich trotz einiger dialektaler Unterschiede gut mit den anderen verständigen konnten. Er war geschmei-

Von links nach rechts: Oberst James Lupton, Major T. H. Stanton,
Charles Francis Hall, Penn Clarke.

Die Polaris

Sir John Franklin

Halls Gönner Henry Grinnell

Kapitän George E. Tyson

Dr. Emil Bessels

Eine Seite aus Halls Tagebuch, sie wird nun
im Smithsonian Institute in Washington aufbewahrt.
Diese Seite vom 10. Oktober 1860
enthält Halls wichtige Feststellung:
»Ich muß lernen, wie die Esquimaux zu leben!«

THE ESQUIMAUX
—AND—
ARCTIC REGIONS

LECTURE ON LIFE AMONG THE ESQUIMAUX!
During Two Years Remarkable Discoveries, by
C. F. HALL, ESQ.,
Who has lately returned from his Explorations in the ICY NORTH, bringing with him specimens of the Native Tribes, and their Dogs, Also, valuable relics and important information concerning Frobisher's Expedition of nearly
THREE HUNDRED YEARS AGO

THE ESQUIMAUX FAMILY CONSISTS OF
E-BIER-BING (Man,) TUK-OO-LI-TO (Woman.) TUK-ER-LIK-E-TA (Child.)
Will be present, dressed in full NATIVE COSTUME, attended by their FAITHFUL DOG, BAR-BE-KARK, and exhibiting some of their Hunting Implements. The Lecture will be illustrated by large Maps and Diagrams.

J. H. & F. F. Farwell, U. S. Mammoth Steam Job Printers, 112 Washington Street, Boston.

Das Werbeplakat für Halls Vorträge, die er nach seiner Fahrt zur Frobisher Bay während des Bürgerkriegs hielt. Zu sehen sind Ebierbing, Tookoolito und der kleine Tukerliktu.

Tookoolito,
Datum unbekannt.

Ebierbing, genannt Joe,
Datum unbekannt.

Tysons Mannschaft, fotografiert in St. John's. Frederick Meyer steht
rechts, Tyson links. In der Mitte: Ebierbing mit Familie, rechts der Mitte:
Hans und Familie. Der Mann mit Hut in der hinteren Reihe ist
John Herron, der Steward, die anderen Personen sind unbekannt.

Eisberge im Nordpolarmeer, wie sie Hall gesehen hat.

Thomas Gigoux und William Barrett öffnen 1968 Halls Grab.

Charles Francis Halls Leichnam, eingehüllt in die amerikanische Flagge.

SACRED TO THE MEMORY OF
CAPTAIN C.F. HALL,
OF THE U.S. SHIP POLARIS,
WHO SACRIFICED HIS LIFE IN THE ADVANCEMENT OF SCIENCE
ON NOV 8TH 1871.

THIS TABLET HAS BEEN ERECTED
BY THE BRITISH POLAR EXPEDITION OF 1875,
WHO FOLLOWING IN HIS FOOTSTEPS HAVE PROFITED BY HIS EXPERIENCE.

Die Gedenktafel, die Nares bei seiner Expedition 1876,
fünf Jahre nach Halls Tod, an Halls Grab anbrachte.

chelt von dem herzlichen Empfang; kaum hatte er sein Lager aufgeschlagen, kam auch schon Artooa, einer von Ouelas Brüdern, und schenkte ihm sechs Karibuzungen und Lachs, und der Vetter Armou erwies ihm die Ehre, in seinem *tupic* zu übernachten. Am nächsten Tag nahmen Artooa und Ouelas Halbbruder Nukerzhoo die Männer mit auf Karibujagd. Hall wollte die Eskimo für sich gewinnen und nahm am Abend sogar am Bannzeremoniell teil, das Artooa, der erste Schamane der Gruppe, zelebrierte. Bald sprach Hall von den Eskimo in Noowook nur noch von »diesen warmherzigen Kindern des Nordens«, und stellte sich selbst die rhetorische Frage: »Wo sonst auf der Welt kann man ein Volk finden, das offenherziger und großzügiger wäre?« Er war so optimistisch, daß er seine schlechten Erfahrungen in der Frobisher Bay vergaß.

Kooperationsbereitschaft und Freundschaft der Eskimo waren unerläßlich für das Gelingen seiner Expedition. Er brauchte nicht nur Führer und Helfer, er hoffte auch, diese Eskimo könnten ihn wie die Frobisher-Bay-Eskimo Geschichten von den *kobluna* erzählen, die in ihr Land gekommen waren (die unterschiedliche Aussprache des Wortes für »Weiße« – *kadloona* in der Frobisher Bay, *kobluna* hier – war charakteristisch für die Dialektunterschiede der einzelnen Regionen). Hall verschwendete keine Zeit; er fragte sie bald, ob sie oder ihre Vorfahren Weiße gesehen oder von ihnen gehört hätten, vor allem im Norden der Repulse Bay. Er hatte alle Berichte der Expeditionen gelesen, die im Norden der Hudson Bay, im Roes Welcome Sound, in der Repulse Bay, in der Fury and Hecla Strait und auf den Halbinseln Melville und Boothia gewesen waren; er glaubte, sich gut genug auszukennen, um Geschichten, die mit der Franklin-Expedition zusammenhingen, als solche erkennen zu können.

Er wußte, daß die Eskimo in der Repulse Bay und in Igloolik in den letzten 50 Jahren mindestens zwei Expeditionen gesehen haben mußten. In den Jahren 1821–1823 war William Edward

Parry im Auftrag der Royal Navy auf der Suche nach der Nordwestpassage östlich von Southampton Island durch die Fury and Hecla Strait in die Repulse Bay gesegelt; er hatte vor der Südküste von Melville Peninsula überwintert und war entlang der Ostküste nach Igloolik gefahren. Dort war er zu einem Vorsprung an einer engen Wasserstraße marschiert, die nach Westen lief. Diese Wasserstraße nannte er Fury and Hecla Strait. Sie war so voller Eis, daß sie nicht befahrbar war, also verbrachte er den zweiten Winter in Igloolik und machte viele Erfahrungen mit den dortigen Eskimo.

Parry war 43 Jahre vor Hall in dieser Region gewesen. John Rae hatte sie zweimal im Auftrag der Hudson's Bay Company erkundet, das erste Mal 18 Jahre, das zweite Mal zehn Jahre vor Hall. Rae war auf beiden Reisen nur mit kleinen Booten, wenigen Männern und einem Minimum an Proviant unterwegs gewesen. Er war der anpassungsfähigste britische Arktisfahrer, wie Hall hatte er gelernt, von dem zu leben, was das Land bot. Auf beiden Expeditionen hatte Rae in der Repulse Bay überwintert und Land und Wasser im Westen und Nordwesten erkundet; dabei hatte er unter anderem bewiesen, daß Boothia eine Halbinsel ist und die Nordwestpassage nicht durch Boothia führen kann. Auf seiner zweiten Reise hörte Rae von den Eskimo, daß viele *kobluna* im Nordwesten gestorben seien. Bei seiner Rückkehr nach London hatte er Relikte der Franklin-Expedition und die schreckliche Geschichte über kannibalische Praktiken im Gepäck, die die britische Nation so schockierte.

Hall erklärte Ouela, Armou, Artooa und den anderen, wohin er gehen wollte, und deutete auf einer Karte der Admiralität auf die Repulse Bay, auf Boothia Peninsula und King William Island. Die Repulse Bay hieß in der Sprache der Eskimo *Iwillik*, Boothia hieß *Neitchille* und King William Island *Kikertak*. Er sagte, er suche *kobluna*, die vor vielen Jahren in der Nähe von Kikertak verschollen seien.

Hall war zufrieden mit dem ersten Gespräch über die Ziele

seiner Reise; er wußte nicht, daß die Eskimo nicht ganz die Wahrheit gesagt hatten, um ihm – wie sie meinten – eine Freude zu machen: »Sie erzählten mir, daß vor vielen Jahren in der Nähe von Neitchille zwei Schiffe verschollen seien und daß sehr viele *kobluna*, Weiße, starben – die einen verhungerten, andere erfroren –, doch vier Menschen seien nicht umgekommen.« Er hatte ihnen nicht gesagt, daß die Weißen, die er suchte, zwei Schiffe hatten; die Eskimo selbst gaben ihm diese Information und schienen somit zu bestätigen, daß es sich bei den vier Überlebenden um Franklins Männer handelte. Hall meinte, einer wichtigen Entdeckung auf der Spur zu sein, doch als er sagte, daß er gleich zur Repulse Bay aufbrechen wolle, nahmen sie ihm den Wind aus den Segeln. Es sei zu spät, um Karibu zu jagen, und die Robbenjagd sei dort im Winter schlecht. Außerdem sei es aufgrund der Windverhältnisse im September gefährlich, mit der überladenen *Sylvia* die Mündung der Wager Bay zu kreuzen. Wenn er mit ihnen in Noowook überwintere, würden sie ihn mit Essen und Fellen versorgen und im Frühling ganz bestimmt mit ihm zur Repulse Bay fahren.

Also blieb Hall den Winter über in Noowook. Artooa und Shooshearknook, auch ein Bruder von Ouela, halfen ihm bei der Suche nach einer Lagerstelle, wo er geschützt vor den kalten Herbstwinden aus Nordwesten sein Zelt aufschlagen konnte. Im Oktober bauten die Eskimo Iglus; Ebierbing überwachte den Bau der Schneehütte, die er mit seiner Frau und Hall bewohnen würde, eine komplexe Konstruktion aus miteinander verbundenen Räumen mit Eingangstunnel, zwei Vorratskammern, einem Vorraum, einer Küche sowie einem zentralen Schlaf- und Wohnbereich. Hall gewöhnte sich zügig an den Winter, der seiner Meinung nach leicht und bequem werden würde.

Eine Zeitlang waren die Beziehungen zwischen Hall und den Eskimo hervorragend. Er versorgte sie mit Arznei, Tabak und Munition, die Eskimo gaben ihm und seinem Trupp Fleisch von ihren Vorräten. Sie jagten zusammen und besuchten sich gegenseitig im Iglu. Gelegentlich gab es auch ein Fest, dann drängten sich 25 Leute in einem Iglu, spielten, tanzten und sangen. Die Männer machten den Oberkörper frei und schlugen das *keylowtik*, ein tamburinähnliches Instrument, oder maßen ihre Kräfte bei Boxkämpfen. Die Frauen saßen mit den Kindern auf dem Lager, klatschten, sangen und lachten. Es herrschte ein höllischer Lärm, der Gestank der Körper und der Tranlampen war umwerfend. An einem Abend trank der sonst abstinente Hall zusammen mit Ouela, Armou und Ebierbing (Tookoolito war in einen Nachbariglu verbannt worden) sogar zwei Flaschen Hubbell's Golden Bitter, der, laut Etikett, »der Verdauung förderlich« war.

Trotzdem hatte Hall seine Probleme. Die Kälte war nicht zu unterschätzen; sie war einfach unangenehm und barg stets die Gefahr von Erfrierungen in sich. Das Karibufleisch mußte aufgetaut werden, indem es mit behandschuhten Händen gerieben und behaucht wurde, doch das konnte Frostbeulen an Lippen und Zunge geben. Halls Tinte gefror zu einem Klumpen; wenn er schreiben wollte, mußte er sie erst zu einer zähen Masse weich kochen und mit geschmolzenem Schnee mischen. Seine automatischen Thermometer funktionierten nicht richtig, weil das Quecksilber in der großen Kälte einfror. Auch die Ernährungsumstellung zog gesundheitliche Probleme nach sich. Er bekam wieder Geschwüre, zu seiner Bestürzung sogar auf den Lidern, und konnte fast nichts mehr sehen. Am 5. Oktober fegte ein Sturm über Noowook. Der knappe Tagebucheintrag zeigt, daß er in jenem Herbst an einem Tiefpunkt angelangt war: »Sturm – deprimiert – blind – krank.«

Sein Körper gewöhnte sich an den neuen Lebensstil, und es ging ihm langsam wieder besser, doch es tauchten neue Schwierigkeiten auf. Charles Rudolphs Leistungen blieben weit hinter seinen Versprechungen und Prahlereien zurück. In seinem Tagebuch nennt Hall ihn ein »Riesenbaby«, »ein verängstigtes, heimwehkrankes Kind«. Rudolph weigerte sich, zu arbeiten und zu jagen, und verbrachte die meiste Zeit schmollend in seinem Iglu. Er sagte zu Hall, er habe Angst zu verhungern, und als Hall auf die immensen Vorräte der Eskimo an Karibufleisch verwies, erklärte er, er glaube nicht, »ohne Brot und Selchfleisch leben zu können«. Rudolph wurde so übellaunig, daß Hall, der immer gleich das Schlimmste befürchtete, schon Angst um sein Leben hatte. Nachts lag er wach und regte sich über den Deutschen auf. »Ich glaube wirklich manchmal, daß ich in Gefahr bin«, notierte er. Hall entließ ihn aus dem Vertrag, und Rudolph kehrte, begleitet von einigen Eskimo, zu den Walfängern zurück.

Im Lauf des Winters mußte Hall feststellen, daß die *angeko* in der Repulse Bay und im Roes Welcome Sound sogar noch mehr Macht hatten und willkürlicher handelten als in der Frobisher Bay. Am Tag seiner Ankunft hatte Artooa, der mächtigste Schamane der Gruppe, angeordnet, daß bis zur Eisbildung kein Eisen gefeilt werden dürfe – nur eine kleine Unannehmlichkeit, die aber in Verbindung mit vielen anderen Tabus Halls Geduld ziemlich auf die Probe stellte. Er verfolgte die Politik, sich wenn möglich nach den Bräuchen der Eskimo zu richten, vor allem nach den zahlreichen und komplizierten Essensgeboten. Wenn eine Eskimofrau ihm eine große Portion gefrorenes Karibufleisch schenkte, mußte er es mit einem Beil in kleine Stücke hacken, die nach Westen fallen mußten. Wenn er das Fleisch aß, durfte er es nicht mit Walroßtran tränken, sondern nur mit Robbentran. Als er den Walroßkopf auskochen wollte, erklärte man ihm mit Bestimmtheit, daß das erst nach der Walroßsaison erlaubt sei, denn das Kochen des Schädels verletze die Gesetze der Walroßjagd.

Wieder nahm er am Bannzeremoniell teil, so verhaßt es seiner frommen Seele auch war. Als Hall von Geschwüren geplagt wurde, bot Artooa an, das Böse für ihn zu bannen, und Hall nahm an, weil er den Eskimo nicht verärgern wollte. Eine der Aufgaben des *angeko* war es, Probleme in Zusammenhang mit früheren Ereignissen zu bringen und zu deuten. Er erklärte Hall, seine Krankheit habe verschiedene Ursachen, so habe er zum Beispiel bei seiner Fahrt nach Baffin Island Nahrung zu sich genommen, die nicht auf Eskimoart zubereitet gewesen sei. Der Hauptgrund aber sei, daß Hall einen Feind habe. Hall bekam natürlich große Ohren. Ausnahmsweise hörte er einem *angeko* aufmerksam zu, und vor seinem geistigen Auge zog die wütende Grimasse von William Parker Snow herauf. An jenem Abend schrieb er in sein Tagebuch: »Ich muß schon sagen, dieser *angeko* stellte ein paar richtige Vermutungen an.«

Er bemühte sich sehr, die Sitten der Eskimo zu akzeptieren, doch er wurde ärgerlich, wenn es gegen seine christliche Moral ging. Er wußte schon damals, daß er seine Wut nicht zeigen durfte und daß er einem Eskimo nicht verbieten konnte, dem *angeko* zu gehorchen, aber er verhinderte es nach Kräften. Eines Abends erklärte Artooa in seiner Rolle als *angeko,* er wolle mit Ebierbing die Frauen tauschen. Tookoolito, die zumindest teilweise zum Christentum bekehrt war, wollte natürlich nicht, aber Ebierbing, der an Rheuma litt, war überzeugt, daß Artooa ihn heilen könnte, und zwang seine Frau zur Zusammenarbeit. Auf Halls Rat hin kleidete sich Tookoolito für ihren schweren Gang in viele Schichten Fellkleidung. Dann kam Artooa, und sie legten sich zusammen unter die Felle.

Nachdem sich der Bursche ins Bett gelegt hatte, wartete er, bis er dachte, ich sei eingeschlafen und fing dann an. Die Lampe brannte die ganze Nacht über in voller Stärke. Ich war nur auf Fußeslänge von ihnen entfernt. Wie der Kerl gestöhnt und geschnauft hat von seinen hartnäckigen Anstrengungen! Er schwitzte so, daß es eine Dampfwolke gab! Von dem Zeitpunkt an, da Artooa sich zu Tookoolito gelegt hatte (23 Uhr 30), bis zum Zeitpunkt, da ich nach T. rief (1 Uhr 45), hatte er fast ununterbrochen versucht, Tookoolito aufzuwecken und ihre festsitzenden Fellkleider auszuziehen.

Um 1 Uhr 45 rief Hall nach Tookoolito und bestand darauf, daß sie ihm Frühstück brachte. Während sie sich ganz leise im Iglu bewegte und Wasser zum Kochen brachte, lag Hall bequem im warmen Bett und las *The Life of Thomas Simpson,* Artooa neben ihm kochte vor Wut und Frustration. Schließlich stand der *angeko* auf und stapfte hinaus. An jenem Tag hielt er wie ein Irrer seine Zeremonien ab und warf mit Tabus nur so um sich. Zur Abwechslung konnte Hall einmal über den Schamanen triumphieren, doch Artooa würde ihm nicht vergeben, daß er seine »Anmaßungen«, wie Hall die Aktion nannte, durchkreuzt hatte.

Während des Winters sammelte Hall die verschiedensten Informationen über die *kobluna,* meist Angaben zu den Expeditionen von Parry und Rae. Einige waren aus erster Hand von jenen Eskimo, die Zeugen der Ereignisse geworden waren, andere stammten aus zweiter oder dritter Hand von Freunden und Verwandten. Manches war detailliert und beruhte auf Tatsachen, anderes war eher vage und märchenhaft. Anfang Dezember kam Erktua, eine ältere Eskimo aus der Repulse Bay. Hall hatte von ihr gehört und freute sich auf ein Gespräch, denn sie war 1822 und 1823 in Igloolik gewesen und wußte vieles über die Parry-Expedition. Erktua enttäuschte Hall nicht. Unter anderem lieferte sie ein schönes Beispiel für die Mythologisierung von Tatsachen: Im Winter 1822 schlug Parry einen Eskimo namens Ooootook, weil er eine Schaufel gestohlen hatte. Züchtigungen, die bei der britischen Marine üblich waren, wurden auf schockierende Weise bei Menschen angewendet, die so etwas nicht verstehen konnten. Parry aber glaubte, die Züchtigung habe einen heilsamen Effekt und er könne den Eskimo eine Lektion erteilen, indem er bei Ooootook ein Exempel statuierte. Sicherlich hatte er die Igloolik-Eskimo abgeschreckt und zeitweilig unterwürfig gemacht, doch wie Erktuas Version des Vorfalls zeigte, hatte die Bestrafung ganz andere, langfristige Konsequenzen, als Parry sich erhofft hatte: Ooootook wurde zum Helden stilisiert. Er war, so Erktua, ein mächtiger *angeko*. Britische Matrosen hatten erst versucht, ihn zu erschießen, doch die Kugeln wurden abgelenkt, dann peitschten sie ihn aus, aber die Hiebe konnten ihm nichts anhaben. Sie stachen auf ihn ein, doch die Messer schnitten nicht in sein Fleisch. Er wurde unter Deck gesperrt, er aber rief einen Geist an, der daraufhin das Schiff so heftig zum Schaukeln brachte, daß die *kobluna* fürchteten, es würde in Stücke brechen, und ihn schließlich freiließen.

Erktua kannte noch andere Geschichten über Parry, die in keinem gedruckten Bericht seiner Reise auftauchen. Als Erktua jung war, lagen ihr die Männer zu Füßen, und selbst im Alter geriet ihr Blut in Wallung, als sie Hall von ihren früheren Liebhabern erzählte, darunter auch William Edward Parry, jener vornehme, elegante Marineoffizier, und sein Erster Offizier George Lyon. Versehen mit dem Vermerk »Streng privat« berichtet Hall in seinem Tagebuch, die beiden Männer seien aufeinander eifersüchtig geworden, als sie erfuhren, daß Erktua mit beiden schlief. Diese verweigerte daraufhin ihre Gunst; Lyon fand anderswo Befriedigung, und als Parry von Igloolik auslief, ließ er zwei schwangere Eskimoschwestern zurück.

Einige Monate nachdem Hall diese (für ihn) schockierende Geschichte gehört hatte, besuchte er die Walfänger auf Depot Island. Nach seiner Rückkehr fügte er dem Vermerk »Streng privat« eine weitere Randnotiz hinzu: »Ich habe nun Grund, diese Meinung einzufügen: Erktua ist eine notorische Fälscherin, mit anderen Worten, eine Lügnerin.« Der Grund: Während seiner Abwesenheit hatte Erktua Gerüchte über Hall verbreitetet; angeblich habe er über Tookoolitos Vermittlung versucht, sie zu freien.

Trotz dieses Beispiels für die Erfindungsgabe der Eskimo glaubte Hall immer noch die Geschichten, die er gerne glauben wollte. Im Winter hörte er eine Reihe von Dingen, die ihn aufhorchen ließen, denn es ging nicht um Parry, Lyon oder Rae, sondern um F. R. M. Crozier, Franklins Ersten Offizier. Am sechsten Dezember überschreibt er seinen Tagebucheintrag mit den Worten: »Von vier Männern der Franklin-Expedition gehört – einer ist F. R. M. Crozier! Drei sind möglicherweise noch am Leben, so glauben die Inuit.«

Crozier war Midshipman der Parry-Expedition gewesen. Zu Halls großem Erstaunen kannten die Eskimo seinen Namen. Sie sagten, jener Crozier sei zuerst mit Parry und nicht als *eshmuta*, als Häuptling, gekommen, viele Jahre später aber als *eshmuta* zurückgekehrt. Er sei an Bord eines der Schiffe gewesen, die bei Neitchille untergingen. Ouelas Vetter Tooshooarthario hatte Crozier und drei weitere Männer getroffen, als sie unweit von Neitchille hungernd umherirrten. Crozier war noch geschwächter als die anderen, denn nach Halls Meinung war Crozier »der einzige, der niemals das Fleisch der *kobluna* gegessen hätte wie all die anderen« – Crozier hätte sich niemals zum Kannibalismus herabgelassen. Laut Ouela und seinen Brüdern hatten Artooa und Shooshearknook den Weißen Robbenfleisch gegeben. In den folgenden Wochen sei einer der vier an einer Krankheit gestorben, Crozier und die beiden anderen aber seien wieder rund und gesund geworden. Sie hätten Tooshooarthario verlassen, um nach Süden zum Land der *kobluna* zu marschieren. »Die Inuit denken, daß die beiden Männer und Crozier noch leben, daß sie möglicherweise nach Neitchille zurückgekehrt sind, nachdem sie gemerkt haben, daß sie das *kobluna*-Land nicht erreichen konnten, und nun bei den Inuit leben.«

Ouela, Artooa und Shooshearknook schworen, daß sie alles von Tooshooarthario persönlich wüßten. In den nächsten Tagen erfuhr Hall weitere Einzelheiten von den Brüdern und den Noowook-Eskimo. Heraus kam eine unvollständige, aber wenigstens teilweise zusammenhängende Geschichte.

Laut Ouelas Mutter Ookbarloo glaubten die Neitchille-Eskimo, daß die Weißen von den beiden Schiffen Unglück brachten, daher legten die mächtigen *angeko* einen so starken Bannfluch auf das Gebiet, daß sogar Wild und Fische es mieden. Einige Zeit später erzählte Ookbarloo, daß die Neitchille-Eskimo ein großes Zelt am Strand entdeckt hätten, »wo die toten, erfrorenen und verhungerten *kobluna* lagen, bei manchen war das Fleisch ganz von den Knochen gelöst«.

Crozier und seine drei Männer hatten Gewehre und Munition bei sich, als Tooshooarthario sie fand. Als sie wieder gesund waren, schossen sie Vögel. Die Eskimo, die noch nie ein Gewehr gesehen oder gehört hatten, erschraken zu Tode. Crozier wollte Tooshooarthario beim Aufbruch ein Gewehr schenken, aber der Vetter nahm es nicht an. »Er hatte große Angst – Angst, daß es ihn umbringen könnte, weil es solch einen Lärm machte.« Während Tooshooarthario Crozier pflegte, erzählte dieser dem Eskimo, daß sie gegen Indianer (*etkerlin*) gekämpft hätten, bevor die anderen Männer auf den Schiffen gestorben seien. Crozier war beim Jagen gewesen, »plötzlich sei vor ihm ein Indianer hinter einem großen Fels hervorgesprungen und habe seinen Speer nach ihm geworfen und ihn an der Stirn getroffen. Der Speer habe direkt über der Braue eine längliche klaffende Wunde geschlagen.« Crozier hatte auf die Indianer gefeuert und sie getötet. Am nächsten Tag seien er und seine Männer von anderen Indianern angegriffen worden, hätten sie jedoch mit Hilfe der Gewehre vertreiben können. Nach diesem Kampf seien viele *kobluna* erfroren und verhungert.

Im Spätsommer oder Herbst sollen Crozier und die beiden anderen Männer Tooshooarthario verlassen haben und nach Süden Richtung Ootkooseekalik, zur Mündung des Great Fish River, aufgebrochen sein. Sie marschierten über Land, hatten jedoch auch ein Boot, das »den Wind hielt«. Ebierbing meinte, es könnte vielleicht ein Schlauchboot gewesen sein. Franklin hatte tatsächlich solche Boote mitgeführt.

Dies ist in groben Zügen die Geschichte, die sich Hall in Noowook zusammengestückelt hatte. Einiges ist dabei komplizierter, als es in dieser kurzen Zusammenfassung scheint, zum Beispiel das Problem mit den Namen. Die Eskimo kannten zwar Croziers Namen, doch sie nannten ihn auch Eglooka. Problematisch ist, daß sie anderen Forschungsreisenden denselben Namen oder zumindest ähnlich klingende Namen gaben. So hieß Parry auch Aglooka, James Ross war Argloogah. Offenbar handelte es sich um einen Gattungsnamen unbestimmter Bedeutung, der auch auf andere Weiße, nicht nur auf Crozier angewandt werden konnte. Da Hall unbedingt seine vorgefaßte Meinung bestätigt sehen wollte, machte er viele fragwürdige Unterschiede in der Schreibweise, nur damit der Name, den er als »Eglooka« hörte, ausschließlich auf Crozier zutraf.

Mitte Dezember besuchte eine Gruppe unter Ouela die Walfänger auf Depot Island. Hall gab ihnen einen langen Brief an Kapitän Chapel von der *Monticello* mit, in dem er von seinen Entdeckungen berichtete und ankündigte, in naher Zukunft selbst nach Depot Island reisen zu wollen. Zehn Tage später kam Ouela mit Geschenken von den Walfängern zurück. Hall begrüßte ihn herzlich und fragte nach Neuigkeiten. Was er erfuhr, ließ seine gute Laune schnell in Wut umschlagen. Chapel hatte mit Ouela ausgemacht, daß er mit seinen Frauen und Freunden an Bord der *Monticello* zur Marble Island fahren sollte. Chapel brauchte wahrscheinlich Jäger, doch Hall interpretierte die Sache anders: »Ich brauche nicht lange darüber nachdenken, ich weiß auch so, daß Kapitän E. A. Chapel von der *Monticello* diesen Plan wahrscheinlich nur ausgeheckt hat, damit er Ouelas Frauen auf sein Schiff bekommt und sie ihm ausschweifende Gefälligkeiten erweisen.« Egal, welche Absicht Chapel verfolgte (Hall nahm seine Verleumdung später wieder zurück), er untergrub Halls Pläne, indem er ihm seine Eskimo wegnahm. Hall brauchte ihre Hilfe, sein Projekt wäre ernsthaft gefährdet, wenn er sie verlieren würde. Gleich an Neujahr wollte er selbst nach Depot Island aufbrechen und unternahm mittlerweile alles, um sich die Dienste möglichst vieler Männer zu sichern. An Silvester lud er das ganze Dorf in seinen Iglu ein und nötigte mit schlechtem Gewissen selbst den Frauen Punsch auf. Als alle leicht betrunken und in Hochstimmung waren, hielt er eine lange Rede, in der er den Inuit für ihre Freundschaft dankte und ihnen Waffen und Munition für die nächsten Jahre versprach. Sein betrunkenes Publikum begrüßte seine Rede mit großer Begeisterung und bat ihn weiterzusprechen. In ihrem Enthusiasmus versprachen Ouela und die anderen, für Hall und nicht für die Walfänger zu arbeiten.

Hall war stolz auf seine Rede, aber er wußte auch, daß ihre Wirkung fast so schnell abklingen würde wie die des Punsches. Als er nach Depot Island aufbrach, wollte er ohne die Eskimo gehen, denn er fürchtete, die Walfänger könnten sie zu einem Meinungsumschwung bewegen. Doch 16 Eskimo ließen sich nicht so leicht abwimmeln.

Auf dem Weg durch den Roes Welcome Sound brütete Hall über ein neues Projekt:

Möge ich die Chance bekommen, so viele nördliche Lande und Wasser zu befahren, die von den Weißen noch nicht erforscht wurden, das würde mir zu großem Ruhm gereichen. Nach der Begehung von King Williams Land und nach der Lösung des Rätsels um die Expedition von Sir John Franklin hoffe ich, den Nordpol zu erreichen. Mit ein paar 1000 Dollar und gezielten Bemühungen kann die zivilisierte Welt Erkenntnisse über all die Teile von Gottes schönem Schemel bekommen, über die der Kleine Bär täglich seine Bahnen zieht.

Seine zweite Expedition hatte noch nicht einmal richtig angefangen, schon dachte er an die dritte. In den folgenden Jahren wird er sich in seinem Tagebuch noch oft auf dieses Thema beziehen.

Wenige Meilen westlich von Depot Island lagen fünf Walfänger, die *Monticello* und die *George and Mary* aus New London, die *Black Eagle* und die *Antelope* aus New Bedford und die *Concordia* aus Fairhaven. Hohe Schneewälle waren um den Rumpf aufgeschichtet, das Deck überdacht.

»Welch eine Veränderung in nur wenigen Minuten!« schrieb Hall, kurz nachdem er an Bord der *Monticello* gegangen war. »Aus der Welt der Eskimo bin ich binnen einer Minute in die Welt der zivilisierten Menschen und der zivilisierten Nahrung gesprungen!« Chapel begrüßte ihn und wies den Steward an, sofort Kuchen und Käse zu bringen. Am Abend gingen sie hinüber zur *Antelope*, wo eine Amateurtruppe namens Hudson's Bay Theatre Company *Damon und Phintias* aufführte. Bei seinen Aufenthalten in New London hatte Hall viele Skipper kennengelernt, auch George Tyson von der *Antelope*, der ihn für den nächsten Abend zum Dinner einlud.

Im kommenden Monat konnte Hall die Freuden eines annähernd zivilisierten Lebens auf den Walfängern im Norden genießen. Es gab Spiele, Essenseinladungen, Theaterstücke, sogar einen Maskenball. Zumindest war sein Aufenthalt auf der Depot Island ein erholsames Intermezzo.

Doch trotz der Gastfreundschaft der Skipper stieß Hall auf genau jene Schwierigkeiten, die er erwartet hatte, als er die Eskimo in Noowook zurückhalten wollte. Die Skipper brauchten Eskimo, die für sie Fleisch besorgten und während des Frühjahrsfangs im Treibeis Tran transportierten. Sie schmeichelten, beschwatzten und schmierten Halls Begleiter, damit sie in den kommenden Jahren die Dienste der Eskimo in Anspruch nehmen konnten. Chapel konnte Ouela zum Bleiben überreden und besänftige Hall mit dem Versprechen, es sei nur für ein paar Monate, er würde noch während desselben Jahres ein Boot mit Männern in die Repulse Bay schicken, das Hall bei seiner Rückkehr von King William Island abholen solle. Alles in allem war Chapel also wieder ein »wahrer Freund der Sache.« Nicht so jedoch die anderen Skipper, die die Eskimo einfach bestachen, Hall aber nichts dafür anboten. Hall stritt mit Kapitän Jeffries von der *George and Mary* und erklärte ihm, daß er schon vorher Abmachungen mit den Eingeborenen getroffen habe, aber »Jeffries gab zurück, daß ihn meine vorherigen Abmachungen einen S–k interessierten und daß er sich nur um sich selber kümmern könne«. Nach diesem Wortwechsel stürmte Hall vom Schiff und nahm sich in seinem Tagebuch vor: »Anstatt ernsthafte Probleme mit einem Mann zu bekommen, der sich eher wie ein Irrer aufführt als wie ein normaler Mensch, soll die Angelegenheit einen friedlichen Gang nehmen. Meine Mission steht im Dienste der Menschlichkeit, sie soll in Frieden zum Abschluß geführt werden.«

Hall war mit 16 Eskimo nach Depot Island gekommen, mit dreien, einschließlich Ebierbing, kehrte er wieder nach Noowook zurück. Doch das war noch nicht das Schlimmste – langsam bekam er auch Probleme mit den wenigen Eskimo, die ihm treu geblieben waren. Auf dem Rückweg wurde Ouelas Bruder Shooshearknook »vom Teufel geritten« (Halls Lieblingsausdruck, wenn ihm jemand Ärger machte). Er gab Hall und Ebierbing nichts mehr von seinem Walroßfleisch und stopfte dafür sich selbst und seine Hunde damit voll. Er stahl einen Teil des kostbaren Brots, das Hall von den Skippern bekommen hatte. Und es wurde auch nicht besser, als sie wieder in Noowook waren. Die Jagd war schlecht, und Shooshearknook verschwor sich mit seinem Bruder Artooa und anderen Männern, Hall zu verlassen. »Nach über sechs Monaten gemeinsamen Überwinterns mit Shooshearknook zeigt er sein wahres Gesicht«, schreibt Hall. Die meisten Eskimo zogen von Noowook in ein anderes Dorf, was etwa 20 Meilen entfernt war.

Hall hatte gehofft, im späten Winter zur Repulse Bay aufzubrechen, dort ein Basislager aufzuschlagen und im Frühling nach King William Island zu reisen. Doch nach dem Weggang der Eskimo wußte er, daß er fast ein ganzes Jahr verlor. Er würde die Repulse Bay wahrscheinlich erst im Sommer erreichen, müßte dort überwintern und könnte erst im Frühjahr 1866 nach King William Island aufbrechen. »Ich muß mir jeden Schritt sorgfältig überlegen«, schrieb er an Chapel. »Ich darf nie vergessen, daß ich in einen Teil der Welt gehen will, in dem 130 Männer – ausgesuchte, ausgewählte Männer – die Elite der britischen Navy – umgekommen sind, bis auf drei.«

Doch vor der Reise zur Repulse Bay mußte er noch einige Monate voller Enttäuschungen und Unannehmlichkeiten durchstehen. Das Wetter war schlecht; wenn es stürmte, dachte er oft mitleidig an Franklins Männer. Fleisch und Tran waren knapp, die meiste Zeit lebten sie von alten Karibuschädeln und Keulen, aßen verwestes Hirn und schlugen die Knochen auf, um an das bittere Mark zu kommen, selbst die Haut von den Mäulern und Klauen mußten sie essen. Ohne Tran gab es nur wenig Licht und Wärme. Von den vielen Stunden, die Hall unter den Fellen über seinem Tagebuch kauerte, hatte er Schmerzen in Rücken, Brust und Schultern. Selbst seine »nichtfrierende« Spezialtinte gefror und platzte in den Flaschen. Er mußte sie draußen lagern, Blöcke aus Eis, und sich bei Bedarf ein Stück Tinte abschneiden.

Die Lage wurde besser, als Ouela am 1. April von Depot Island zurückkam. Ouela ging ins Eskimodorf und überredete seine Brüder Artooa und Shooshearknook, sich Hall wieder anzuschließen. Am 15. April schließlich brach Hall begleitet von 13 Eskimo zur Repulse Bay auf. Die Reise nach Norden war gemächlich, sie pausierten einen Monat lang und jagten in der Wager Bay Robben. In die Repulse Bay kamen sie am 10. Juni. (Verbittert notierte Hall, nach seinem ursprünglichen Plan habe er dorthin reisen wollen, als er von Bord der *Monticello* gegangen sei, nun aber habe es neun Monate gedauert, bis er diesen Ort erreichte.)

Den Rest des Sommers zogen sie in der Repulse Bay von Lager zu Lager, jagten Robben und im Frühherbst auch Karibus. Im August kamen ein paar Walfänger, es waren die ersten Skipper, die jemals dieses Gebiet befuhren. Ein Schiff brachte die Nachricht, daß der Bürgerkrieg beendet und Lincoln einem Attentat zum Opfer gefallen war. Kurz nach der Abfahrt der Schiffe konnten Hall und die Eskimo sogar einen Wal fangen, sie harpunierten ihn von der *Sylvia* aus und lagerten Fleisch und Tran ein. Hall bewahrte auch sorgsam die gut 1300 Pfund an Knochen auf, die er den Walfängern bei ihrer Rückkehr im nächsten Jahr verkaufen wollte.

Im September bereitete er das Winterlager in der Nähe von Fort Hope am North Pole River, wo Rae 1847 und 1854 überwintert hatte. Von Raes Lager war nicht mehr viel übrig, nur ein gemauerter Ofen, den Hall als Lagerspeicher benutzte. Hall dachte viel an den englischen Forschungsreisenden; er wollte im Frühling mit dem Schlitten Raes Route von der Repulse Bay nach Boothia folgen. Doch bis dahin mußte er noch einen langen Winter des Wartens in der Arktis überstehen.

Obwohl Hall dachte, er sei mit der Lebensweise der Eskimo vertraut, wurde seine Geduld im Herbst und Winter 1865/66 auf die Zerreißprobe gestellt. Am 16. September gebar Tookoolito einen Jungen, den Hall sogleich King William taufte. Sehr zu seinem Verdruß unterwarf sich Tookoolito vor und nach der Geburt den Tabus ihres Volkes und lebte in absoluter Abgeschiedenheit. Sie trank nur abgekochtes Wasser und aß ausschließlich gekochtes Karibufleisch, das nur sie selbst mit ihren eigenen Kochwerkzeugen zubereiten durfte. Noch monatelang befolgte sie eine Lebensweise, die Hall für eine Herrschaft des Aberglaubens hielt, und sein Verdruß steigerte sich zum Zorn – auf Tookoolito und ihre Kultur. Er weigerte sich zu begreifen, daß Tookoolitos Bekehrung zum Christentum eine späte und nur oberflächliche Abänderung ihres alten Glaubens war.

Sein Verhältnis zu den anderen Eskimo war lange sehr herzlich, doch dann sagte oder tat er irgend etwas Falsches und sah sich plötzlich Fremden gegenüber, deren maskenhafte Mongolengesichter Angst und Haß in ihm schürten. Im Herbst und im

Frühwinter lebten alle Eskimo mit Ausnahme von Armou und seiner Familie getrennt von Hall, Ebierbing und Tookoolito. Hall und sein kleiner Trupp wohnte bei Fort Hope, Ouela und seine Leute richteten ihr Winterlager zehn Meilen entfernt in Nowyarn ein. Die freundschaftlichen Beziehungen wurden noch eine Weile aufrechterhalten, Geräte und Nahrung wurden ausgetauscht, und Hall fand die Trennung eigentlich ganz vernünftig. Dann verlor Ouela zwei Brüder. Shooshearknook wurde plötzlich krank und starb, Artooa kenterte und ertrank, als er alleine mit dem Kajak auf der Jagd war. Kurz nach Artooas Tod kam Ouela nach Fort Hope.

Er sagte, er würde sich freuen, wenn ich nach Nowyarn umzöge und dort den Rest des Winters bliebe, denn er fühle sich sehr einsam nach dem Tod seiner beiden Brüder, und niemand sei nun mehr als ein Bruder für ihn als ich. Ouela sprach diese Worte unter Tränen zu Tookoolito und Ebierbing, und ich will alles tun, was in meiner Macht steht, um ihm zu zeigen, wie sehr ich die brüderlichen Gefühle dieser edlen Seele für mich schätze. Ouela ist ein Mann, der in der zivilisierten Welt Respekt, Ehrbezeigung und Bewunderung für seine wahrlich herausragenden, aufrichtigen und angeborenen Tugenden verdienen würde.

Hall zog nach Nowyarn um. Nach einer Woche schrieb er:

Wie schrecklich meine Lage hier ist – ich als einziger unter Wilden! Wie ich schon sagte, werde ich mich nie wieder in die Abhängigkeit von einer unzivilisierten Rasse begeben. Mein Leben ist schlimmer als das Leben eines Menschen, den man nach und nach ermordet! Manchmal geht natürlich alles glatt, aber wie brüchig ist die Basis! Ein geflüstertes Wort, ein Fingerzeig, plötzlich ist die scheinbare Ordnung dahin, und es ist die Hölle auf Erden.

Über Ouela schreibt er: »Und wenn ich noch viele, viele Jahre lebe und wenn diese Familie mir auch 1000 Gefallen tut – er kann den Makel niemals mehr auslöschen, den er sich durch seine unrechten Taten zugezogen hat.« Hall meinte, Ouela wolle ihn verhungern lassen, weil er sich weigerte, ihm und seinen Leuten Essen zu geben. Ouela war so störrisch, daß Hall sich nicht traute, ihm die Stirn zu bieten. »Vor meinen Augen ist ein riesiger Block Waltran, aber ich habe Angst, ihn anzurühren, weiß ich doch, daß es Ouelas Wille ist, daß ich die Finger davon lasse.«

Die anderen Eskimo konnte er mit Tabak bestechen und wenigstens eine Weile einigermaßen freundschaftliche Beziehungen aufrechterhalten, doch nach ein paar Wochen fand er es wieder unerträglich, unter der Herrschaft des Aberglaubens zu leben. Vor allem aber hoffte er, daß Tookoolito, die immer noch nach den Geboten lebte, die seit King Williams Geburt für sie galten, sich wieder vom Aberglauben lossagen würde.

Am nächsten Tag aß Tookoolito seit der Geburt des Jungen zum erstenmal wieder Brot, und sie trank auch Kaffee. Hall triumphierte. Doch sein Triumph hielt nicht lange an. Das angebotene Fleisch lehnte sie ab. »Sie darf kein Fleisch essen, wenn sie am selben Tag Brot und Kaffee zu sich nimmt«, schrieb er, »sonst wird der kleine King William krank und stirbt. Es ist ein Ding der Unmöglichkeit, einem Inuit den Kopf zu waschen und ihm diese absurden abergläubischen Ideen auszureden.«

Trotz der Schwierigkeiten mit den Eskimo war Hall immer noch entschlossen, im Frühjahr nach King William Island zu reisen, und machte sich im März daran, Ausrüstung und Proviant vorzubereiten. Ouela und andere weigerten sich, mit ihm zu gehen, doch einige wenige, darunter auch Ouelas Halbbruder Nukerzhoo, wollten ihn begleiten. Kurz vor seinem Aufbruch versöhnte er sich wieder mit Ouela, und der Eskimo erklärte sich bereit, den Walfängern, die im Sommer in der Repulse Bay erwartet wurden, Nachricht zu überbringen.

Am 31. März zog die schwerfällige Karawane mit Hall, Ebierbing, Tookoolito, King William, drei älteren Eskimopaaren und deren fünf Kindern los. In der ersten Etappe wollte er John Raes Route über Fort Hope nach Norden über den Rae Isthmus ans obere Ende der Committee Bay folgen. Doch er hatte einen schlechten Start. Nach nur wenigen Stunden zog ein Sturm auf, und sie saßen drei Tage in provisorisch errichteten Iglus fest. Währenddessen zeigte King William erste Symptome einer Krankheit und machte die Reise für seine Mutter und Hall zur Qual. Nach dem Sturm wanderten sie einen Tag, dann mußten sie wieder eine Woche pausieren. King William war so krank, daß Hall nicht wagte weiterzugehen. Er mußte wieder die Bannzeremonie über sich ergehen lassen, dieses Mal in einer Form, die ihm lebensgefährlich erschien. Er behandelte King William notdürftig mit ein paar Arzneimitteln, die er bei sich hatte, doch nach zwei Tagen erklärte sich Nukerzhoo zum *angeko* und übernahm die Heilung. Er legte einen Lederriemen um den Kopf einer Frau, wies sie an, sich hinzulegen, und befragte einen Geist. Antwortete der Geist mit Ja, zog er am Riemen und hob den Kopf der Frau an, sagte der Geist nein, machte Nukerzhoo nichts. Bald wurden die Fragen eindeutiger: Sollte das Kind noch mehr *kobluna*-Medizin bekommen? (Keine Bewegung.) Hatte Tookoolito die Gebote befolgt, die ihr auferlegt waren? (Keine Bewegung.) Sollte Tookoolito auf Brot und Tee verzichten? (Lebhaftes Nicken.) Hall stritt sich mit Tookoolito, doch sie beugte sich dem Willen des neuen *angeko*. Sie sagte, die Eskimo würden sie und ihren Mann verfluchen und Hall möglicherweise verlassen, wenn sie nicht gehorchte.

Nach einer Woche zogen sie weiter, doch es ging nur langsam voran. Die Eskimo hatten offensichtlich wenig Verlangen, King William Island zu erreichen. Sie trödelten, gaben vor zu jagen und bestanden immer wieder auf einem Halt, weil sie die Bannzeremonie abhalten wollten. Hall erzählte ihnen von King William Island, doch die Eingeborenen hatten düstere Vorstellungen vom dortigen Hungertod und von den unfreundlichen Eskimo auf der Insel. Hall vertraute seinem Tagebuch an, daß er alleine weitergehen würde, wenn die Eskimo ihn verließen, doch bald wurde ihm vor Augen geführt, daß ihr Mut und Wissen unentbehrlich waren: In der Nacht des 14. April griff ein Wolfsrudel die Hunde an, das Nukerzhoo und seine Männer ohne Waffen vertrieben.

In 18 Tagen kamen sie gerade mal 32 Meilen voran. In der nächsten Woche ging es schneller. Sie gelangten ans obere Ende der Committee Bay und wanderten die Westküste hinauf. 28 Tage nachdem sie Fort Hope verlassen hatten, erreichten sie Cape Weynton. Hall wußte, daß Rae die Strecke in fünf Tagen bewältigt hatte. Ohne Hunde. Hall, der so stolz auf seine Fähigkeiten bei arktischen Reisen war, fühlte sich gedemütigt.

Am 29. April trafen sie nördlich von Cape Weynton auf eine Gruppe Eskimo aus der Pelly Bay. Erfreut vernahm Hall, daß eine der Frauen Tooshooartharios Mutter war, jenes Mannes, der Crozier auf seinem Marsch durch die Tundra getroffen hatte. Noch größer wurde seine Freude, als der Anführer der Gruppe ihm zwei Löffel zeigte; einer trug die Initialen F.R.M.C. (Francis Rawdon Moira Crozier). Bald war er völlig ins Gespräch vertieft und lauschte den Geschichten über die beiden Schiffe, die vor vielen Jahren bei Neitchille im Eis gesteckt hatten. Die älteren Eskimo sagten, sie seien an Bord der Schiffe gewesen und erinnerten sich auch an den *eshmuta*, den sie Toolooark nannten. Er soll alt und grau gewesen sein und etwas über den Augen getragen haben (wahrscheinlich eine Brille, wie Tookoolito meinte). Er habe ihnen stürmisch die Hände geschüttelt, ihnen Essen geschenkt und sei immer fröhlich gewesen. Hall war überzeugt, daß es sich um keinen anderen als Sir John Franklin selbst handelte (auch wenn die Beschreibung genauso auf John Ross zutraf). Die Eskimo kannten noch andere Geschichten, die ein paar Lücken bezüglich des Schicksals der Expedition füllten. Eines der beiden Schiffe sei ganz plötzlich gesunken, so plötzlich, daß die *kobluna* keine Zeit mehr gehabt hätten, ihre Sachen zu bergen. Sie hätten auch das andere Schiff aufgegeben, es sei nach Süden abgedriftet. Einige Zeit später hätten die Eskimo von Ookgoolik (O'Reilly Island, südlich von King William Island) am Strand zwei Boote auf Schlitten gefunden – in den Booten waren tote *kobluna.*

Sie zeigten Hall weitere Relikte der Franklin-Expedition: noch mehr Löffel, eine Gabel, eine Schere, eine Barometerkassette aus Mahagoni. Nach einigem Feilschen gingen die Sachen in Halls Besitz über.[*]

Auch andere Geschichten der Pelly-Bay-Eskimo erschreckten Halls Gefährten zutiefst und machten seine Hoffnungen zunichte, King William Island noch im selben Jahr zu erreichen. Sie erzählten, sie hätten die Pelly Bay nicht zuletzt deswegen verlassen, weil sie von dem wilden Stamm der Seeneemiut, mit dem sie das Gebiet teilten, angegriffen worden seien. Die Seeneemiut hätten Dörfer geplündert, Frauen geraubt, ja sogar getötet, und sie würden bestimmt jeden berauben und ermorden, der sich in die Pelly Bay wage. Halls Leute lauschten so angespannt, daß ihm klar war, daß sie keinen Schritt weiter in Richtung King William Island machen würden. Nach einigem Zögern entschloß er sich zur Umkehr, vorher legte er jedoch noch Lagerspeicher bei Cape Weynton an, eine praktische Maßnahme, aber auch ein Zeichen für seine Entschlossenheit, irgendwann zurückzukehren. »Gott sei Dank habe ich immer noch das Herz, meine selbstauferlegte Aufgabe weiterzuverfolgen«, schrieb er am Tag seines Aufbruchs, »ein Hindernis nach dem anderen muß ich ausräumen, bevor ich triumphieren kann, doch mit der Hilfe des Himmels wird es mir gelingen.«

---

[*] Er bewahrte sie sorgfältig auf. Sie sind heute im Gewölbe der Division of Naval History im Smithsonian Institute ausgestellt.

Die Heimreise war ein Alptraum. King Williams Zustand verschlechterte sich stetig, er war so schwach und so apathisch, daß Tookoolito ihn gegen Halls Einwände einem anderen Elternpaar gab – ein Eskimobrauch, der die Krankheit aus dem Kind treiben sollte. Am 13. Mai starb er. Nur wenige Jahre zuvor hatte sie den kleinen Tukerliktu verloren, nun war auch King William tot. Eine Stunde lang trug sie das tote Kind im Arm und gab es erst nach langem, sanftem Zureden her. Am Nachmittag wurde es auf einem Hügel über dem Lager bestattet. Hall gab ihm einen Zettel mit ins Grab, auf dem stand:

Hier ruhen die sterblichen Überreste des kleinen King William, dem Kind von Tookoolito und Ebierbing, den Dolmetschern der jüngsten Franklin-Rettungsexpedition. Er wurde begraben am 13. Mai 1866, am Tag seines Ablebens. Seine Seele ist zu Gott gegangen, er hält alles Böse von ihr fern.

Neben dem Grab errichtete er ein Denkmal: Drei Steine bildeten den Sockel, sie standen für Glauben, Hoffnung und Nächstenliebe, darauf legte er zwei weitere Steine zu einem Kreuz.

Ende Mai erreichten sie wieder die Repulse Bay. Verständlicherweise war Hall deprimiert, weil er King William Island nicht erreicht hatte, doch zäh, wie er war, erklärte er seine Entschlossenheit, es noch einmal zu versuchen.

Heute ging meine Reise nach King Williams Land zu Ende, zumindest fürs erste. Die *tooktoo*-Jäger kamen mit reicher Beute zurück (die Eskimo gingen gleich nach der Ankunft auf die Jagd), und ich lud alle Leute in mein *koomong* ein, wo ich allen einen kleinen Schluck vom besten Bourbon spendierte. Wir redeten, rauchten und tranken – ich rauchte und trank, bis mein Herz wieder aufging und ich zu allen freundlich sein konnte. Eines ist bemerkenswert: Alle sind immer noch bereit, mich im nächsten Frühjahr zu begleiten, wenn ich es wieder versuchen will.

Hall richtete sich auf ein weiteres Jahr des Wartens ein. Er wußte, daß er seinen nächsten Versuch erst wieder im Frühjahr bei guten Schlittenbedingungen unternehmen könnte. In der Zwischenzeit wollte er Erkundungen im Umkreis der Repulse Bay machen, das Gebiet begehen und kartieren. Ein lohnendes Unternehmen, doch er wollte auch noch aus einem anderen Grund in der Gegend bleiben: Im Sommer würden die Walfänger kommen, und Hall wollte sie unbedingt treffen. Aufgrund der Berichte der Pelly-Bay-Eskimo über die gefährlichen Seenee-miut wollte er für seine nächste Reise Weiße anheuern. Am Cape Weynton hatte er in sein Tagebuch geschrieben: »Ich muß eine Gruppe zusammenstellen, die hauptsächlich aus Weißen besteht, die in militärischer Taktik gedrillt und ausreichend bewaffnet sind, um den Schutz des Lebens und der Geräte einer Expedition wie der meinen zu garantieren, die durch ein Land führt, das von Wilden bewohnt ist, die nun auch noch kriegerisch geworden sind.« Hall hoffte, daß die Walfänger ihm eine Miniarmee zur Verfügung stellen würden.

Doch seine Entscheidung gründete nicht zuletzt auf den Erfahrungen mit den Eskimo aus der Pelly Bay und der Repulse Bay. Ihr Glaube und ihre Bräuche verletzten nicht nur seinen Glauben, sie erschwerten auch das Erreichen seiner Ziele. Die ihnen auferlegten Tabus hemmten sie so sehr, daß es fast unmöglich war, sie zu einer Wanderung in normaler Geschwindigkeit zu bewegen. Er hatte gehofft, in der Arktis Freiheit und Unabhängigkeit zu finden, und bei den Eskimo der Frobisher Bay war das auch der Fall gewesen. Ironisch blickte er nun, nach seiner Rückkehr von Cape Weynton, auf seine frühere Einstellung zurück: »Ich dachte einmal, die Inuit seien die einzigen wirklich freien Menschen auf der Welt, doch nun weiß ich, wie sehr ich im Irrtum war [...]. Die Bräuche – die Bräuche der alten toten Inuit müssen befolgt werden, sonst kommt man mit diesen Leuten nicht aus.«

Doch nicht nur die Bräuche machten ihm das Leben schwer, während er bei den Eskimo auf die Walfänger wartete. Er fürchtete auch den Ausbruch von Tätlichkeiten zwischen den Gruppen. Die Pelly-Bay-Eskimo waren ihm von Cape Weynton gefolgt und hatten bei Nowyarn ihr Dorf errichtet. Ihre Beziehungen zu den Repulse-Bay-Eskimo waren gelinde gesagt gespannt. Sie forderten Nukerzhoo und die anderen Männer zu Kraftproben und Geschicklichkeitswettbewerben wie Boxen, Ringen und Messerwerfen heraus, doch Tookoolito meinte, Hall dürfe das nicht erlauben, denn daraus könnte leicht blutiger Ernst werden. Die Pelly-Bay-Eskimo waren bekannt für ihre Gewaltbereitschaft.

Das Verhältnis zwischen den beiden Gruppen wurde nicht besser, als Ouela zurückkam; er war bei Halls Ankunft auf der Jagd gewesen. Hall erfuhr, daß Ouela einige Pelly-Bay-Eskimo kannte und sich auch schon mit einem von ihnen gestritten hatte. Das Zusammentreffen der beiden Männer war von latenter Gewaltbereitschaft beherrscht, beide spielten ostentativ mit ihren Messern. Es konnte ein Modus vivendi gefunden werden, doch Hall wußte, daß es beim erstbesten falschen Wort oder einer falschen Bewegung zu Blutvergießen kommen konnte. Im Spätsommer starb eine von Ouelas Frauen. Der *angeko* erklärte, die Anwesenheit der Pelly-Bay-Eskimo sei schuld. Hall rechnete schon mit einem Mord oder einer Fehde unter den Stämmen, als schließlich die Walfänger eintrafen und die Eskimo von ihren wachsenden Feindseligkeiten ablenkten.

Sechs Walfänger kamen Anfang August in die Repulse Bay. Hall hatte nun fast ein Jahr alleine mit den Eskimo verbracht und begrüßte erfreut die Ankunft der Schiffe. Er ging oft an Bord, aß und vertrieb sich die Zeit mit den Männern. Fast unverzüglich machte er sich daran, Leute für seine im Frühjahr geplante Reise nach King William Island anzuheuern. Da die Skipper in der Repulse Bay überwintern wollten, bot Hall ihnen an, die Eskimo im Herbst mit der Jagd zu beauftragen, und erwartete im Gegenzug, daß sie ihm im Frühjahr ein paar Männer zur Verfügung stellten, die er rechtzeitig zur Fangsaison wieder zurückschicken wollte. Hall nahm zunächst an, daß die Skipper den Plan billigten, doch im Winter dämmerte ihm, daß sie die Eskimo nur benutzten, ohne ihm die Dienste ihrer Männer garantiert zu haben.

Im Januar bekam er ein weiteres Problem. Hunde standen hoch im Kurs. Es gab an die 70 Hunde in der Region, doch die Walfänger setzten sie allesamt zum Transport von Fleisch und Tran ein. Hall mußte damit rechnen, daß er für seine Schlittenfahrt keine Hunde von den Skippern bekommen würde, also würde er ins über 200 Meilen entfernte Igloolik reisen und sich Hunde besorgen müssen.

Am 7. Februar brach er auf, begleitet lediglich von Ouela, einer seiner Frauen und seinem jüngsten Kind (Tookoolito und Ebierbing nahm er nicht mit, Ebierbing litt an schlimmem Rheuma). An jenem Tag lag die Temperatur bei 40 Grad unter Null, und der Februar war wahrscheinlich der ungünstigste Monat für eine solche Reise. Doch Hall konnte nicht warten, wenn er rechtzeitig zurück sein und Mitte März nach King William Island aufbrechen wollte.

Wie zu erwarten, war die Schlittenfahrt mit Ouela nach Igloolik »die Hölle«. Während der 20tägigen Fahrt saßen sie oft im Sturm fest, doch im Vergleich zu Ouela war das Wetter das kleinere Übel. Nach einer Woche vermutete Hall, daß der Eskimo sich an ihm rächen wollte. »Offenbar hat der Mann einen teuflischen Plan im Sinn und will seinen lange gehegten Wunsch einlösen, mich zu bestrafen – zu töten, um es richtig zu sagen –, weil ich damals seinen inzwischen toten Brüdern Schwierigkeiten machte.« Ouela aß fünfmal soviel wie Hall, doch er stopfte nicht nur sich selbst voll, sondern auch seine

Frau, das Kind und selbst die Hunde, Hall dagegen gab er sowenig wie möglich ab.

Hall blieb zwei Wochen in Igloolik. Die Eingeborenen waren seiner Meinung nach die nettesten, gastfreundlichsten und kooperativsten Eskimo, die er je kennengelernt hatte. Sie zeigten ihm bereitwillig die Gegend und führten ihn zu einigen Stellen, wo Parry 1822 und 1823 gewesen war. Sogar die *angeko* machten Eindruck auf ihn, kamen sie ihm doch ernsthafter und chrlicher vor als ihre Kollegen im Süden, und er ließ von ihnen seine Frostbeulen behandeln. Die Leute in Igloolik waren auch bereit und sogar begierig darauf, zu tun, was er sich erhofft hatte: Sie tauschten Hunde gegen andere Waren. So konnte er mit einem schönen Gespann zurückkehren.

Ohne Halls Wissen hatte auch Ouela Handel getrieben, er hatte zwar keine Hunde gekauft, dafür aber eine neue Frau. Hall sah sie erst, als sie zur Rückfahrt aufbrachen; auf seinem Schlitten hockte erwartungsvoll eine schöne junge Witwe mit ihrem Kind und ihren Besitztümern. Er stritt sich mit Ouela, sagte, daß es zu riskant sei, zu dieser Jahreszeit mit zwei Frauen und zwei Kindern zu wandern, doch Ouela schmollte und wollte nichts davon wissen. Erst mit einer annehmbaren Summe konnte Hall die Witwe dazu bewegen, ihren neuen Gatten zu verlassen. Ouela war so frustriert und wütend, daß die Rückfahrt zur Repulse Bay noch höllischer war als die Hinfahrt. Nach kurzer Zeit wurde Hall krank. Ouela witterte seine Chance: Er gab ihm kein Essen und zwang ihn, niedere »Frauenarbeiten« zu verrichten. Nach einem besonders qualvollen Tag schrieb Hall in sein Tagebuch: »Ich hätte manchmal guten Grund, diesen Wilden auf der Stelle abzuknallen, und ich weiß nicht, wie lange es noch dauert, bis ich so etwas Schreckliches tun muß, um mein eigenes geliebtes Leben zu retten.« Eine ominöse Andeutung. Hall wußte damals noch nicht, daß er tatsächlich einmal abdrücken müßte, um sein »eigenes geliebtes Leben« zu retten.

Erst am 31. März kehrte Hall in die Repulse Bay zurück, 52 Tage nach seinem Aufbruch nach Igloolik. Auf den ersten Blick sah er, daß die Walfänger sich schon eifrig auf den Frühjahrsfang vorbereiteten. Was er befürchtet hatte, trat ein. Die Walfänger machten ihm klar, daß sie keinen Mann entbehren konnten. Somit war die strapaziöse Fahrt nach Igloolik umsonst gewesen. Er hatte Hunde, aber keine Männer, und er war so geschwächt, daß er nicht einmal in Erwägung ziehen konnte, nach King William Island zu fahren, selbst wenn es möglich gewesen wäre. Verbittert blickte er einem weiteren Jahr des Wartens entgegen.

Das Ausmaß seiner Verzweiflung und Niedergeschlagenheit zeigt sich teilweise am Zustand der Tagebücher aus jener Zeit. Die Aufzeichnungen sind unvollständig, zwischen den halbherzig zusammengestoppelten Einträgen klaffen große Lücken. Er hatte den Antrieb verloren und damit auch die Begeisterung, mit der er normalerweise seine Errungenschaften und Hoffnungen niederschrieb. Er unternahm lediglich eine größere Reise zum Cape Weynton und überprüfte die Lagerspeicher, die er im vergangenen Jahr dort angelegt hatte. Die übrige Zeit von März 1868 bis März 1869 blieb er in der Umgebung der Repulse Bay, er war zwar nicht gänzlich passiv, aber er kam nicht so recht weiter bei dem, was er gerne sein »großes Unternehmen« nannte. Er half den Walfängern bei detaillierten Erkundungen einiger Teile der Bucht und begleitete die Eskimo, die die Skipper mit der Jagd auf Karibus und Moschusochsen beauftragten.

Schließlich konnte er sie dazu bewegen, ihm im Spätsommer ein paar Männer zu leihen. Im Herbst hatte er fünf Männer für ein Jahr unter Vertrag: Frank Lailer, Peter Bayne, Patrick Coleman, John Spearman und ein Antoine, dessen Nachname nicht bekannt ist. Fairerweise warnte er sie vor den Unannehmlichkeiten und Gefahren, denen sie möglicherweise ausgesetzt wären. Doch wie Charles Rudolph schworen auch sie, selbst den schlimmsten Bedingungen gewachsen zu sein.

Hall sammelte weiterhin Informationen über Parry, Rae, Franklin und Crozier. Eine Geschichte riß ihn aus seiner Lethargie, er hörte sie im Spätherbst 1868. Einige Eskimo waren für den Sommer von Igloolik zur Repulse Bay gezogen, und sie erzählten, daß sie erst vor einigen Jahren in der Nähe von Igloolik zwei *kobluna* gesehen hätten. »Einen großen Mann, der andere beträchtlich kleiner.« Im Januar sagten ihm Pelly-Bay-Eskimo, sie hätten auf der Simpson Peninsula am Strand einen gebrochenen Masten entdeckt und ein *inukshuk* gesehen (einen Gedenkstein aus aufeinandergeschichteten Felsblöcken), ein länglicher, dünner Stein auf der Spitze deute nach Osten Richtung Igloolik. Wenn Crozier von King William Island nach Osten gegangen war und Igloolik erreichen wollte (wo er als Midshipman unter Parry gewesen war), dann könnte er über die Simpson Peninsula gekommen sein und möglichen Rettungsmannschaften einen Hinweis gegeben haben. Noch nie war Hall so überzeugt wie in jenem Spätwinter, daß zwei Überlebende der Franklin-Expedition, von denen einer möglicherweise Crozier war, irgendwo im Norden von Melville Peninsula lebten. Daß die angeblichen Überlebenden sich nicht gleich hilfesuchend an die Igloolik-Eskimo gewandt hatten, wie von Crozier zu erwarten gewesen wäre, brachte Hall nicht aus dem Konzept.

Er mußte eine Entscheidung treffen: Sollte er einen weiteren Vorstoß nach King William Island unternehmen oder nach Igloolik zurückkehren? Die guten Reisemonate waren kurz, und beides wäre nicht möglich. Die Entscheidung fiel ihm leicht: »Ich muß natürlich sofort nach Igloolik und zur Fury and Hecla Strait aufbrechen. Es gibt nicht den Hauch eines Zweifels, daß ich die Pflicht habe, dorthin zu eilen und mögliche Überlebende der Franklin-Expedition zu retten.« Auf King William Island hingegen könnte er höchstens auf ein paar Relikte, vielleicht auch auf schriftliche Aufzeichnungen über die Katastrophe hoffen, in Igloolik hingegen auf lebende Menschen.

Nach einem Jahr der Untätigkeit begab er sich Ende März wieder nach Norden, dieses Mal mit Ebierbing, Tookoolito, einigen Igloolik-Eskimo und Frank Lailer. Von den fünf Matrosen, die er angeheuert hatte, traute er ihm am meisten zu, die anderen vier ließ er in der Repulse Bay zurück, wo sie Proviant und Ausrüstung bewachen sollten.

Nach zwei Wochen erreichten sie die Ooglit Islands, etwa 50 Meilen südlich von Igloolik. Hall blieb zehn Tage dort und fragte die Eingeborenen über die Weißen aus, die in der Fury and Hecla Strait gesehen worden waren. Ein Eskimo namens Koolooa erzählte ihm, er habe vor 13 Jahren bei der Jagd mit seinem Freund Kia aus einem Wasserloch getrunken, als er in einiger Entfernung einen lauten Knall vernommen habe. Einige Stunden später fanden sie Fußspuren, größer als die der Eskimo, aber zweifelsfrei von Menschen. Sie verlegten ihr Lager schnell aus der Gefahrenzone, danach ging Kia alleine jagen, mit Pfeil und Bogen, ein Gewehr hatte er nie gesehen.

Plötzlich sah Kia langsam einen Mann den Hügel hinaufkommen, wo er stand; er kam direkt auf ihn zu. Kia dachte erst, es sei Koolooa, aber bald merkte er, daß er sich geirrt hatte: Es war ein Fremder mit einer Kappe auf dem Kopf, die nicht mit seinem Mantel verbunden war. Er sah, daß der Fremde komische Kleider und etwas Seltsames in der Hand trug. Kia stand hinter einem Felsen und konnte das Gesicht des Fremden nicht gut sehen. Die Kleider waren nicht schwarz und nicht weiß, der Mantel reichte ihm fast bis an die Knie, jedenfalls waren die Kleider ganz anders als die der Inuit. Der Fremde hatte etwas geschultert, das ihm diagonal über den Oberkörper lief, etwas Langes, das an einem Ende breit, am anderen Ende spitz war. Er ging sehr schnell. Kia folgte dem Fremden eine Weile und behielt ihn im Auge, wobei er sich hinter den Felsen versteckt hielt.

Kia und Koolooa zogen schließlich ganz aus der Gegend weg, weil der Fremde ihnen angst machte. Einige Jahre später wurde Kia von einem Walroß getötet, und Koolooa kam hierher zurück. Er fand ein merkwürdiges *inukshuk* und einen eingefallen Lagerspeicher aus Stein, die seiner Meinung nach keine Eskimo gebaut hatten.

Doch es kursierten noch andere Geschichten. Als Hall fragte, ob jemals *etkerlin* (Indianer) im nördlichen Teil der Melville Peninsula gesichtet worden seien, bekam er zur Antwort, daß vor ein paar Jahren die Hunde angeschlagen hätten, und als die Männer aus ihren Zelten spähten, sahen sie vier, fünf *etkerlin*, die hintereinander durch die Dämmerung schlichen und etwas dabeihatten, das aussah wie Gewehre. Man hatte sie nie wieder gesehen, doch einige Tage später hörte man in der Nähe Schüsse. Eine andere Geschichte erzählte von einem Hund, einem großen, kurzhaarigen Hund, der einem Karibu nachjagte, das hinter einem Hummock hervorkam. Ein Eskimo, der draußen auf der Jagd war, habe ihn gesehen. Er erschrak so, daß er gar nichts unternahm, und die beiden Tiere verschwanden schnell aus seinem Blick. Die Eskimo berichteten auch über Relikte verschiedenster Art und merkwürdige Bauten, die sie an der Fury and Hecla Strait gesehen hatten.

Am 16. April verließ Hall die Ooglit Islands. Er wollte an die Westküste der Halbinsel ziehen, wo Kia den fremdem Jäger und Koolooa den merkwürdigen *inukshuk* gesehen hatte. Auf direktem Weg nach Westen folgte er den Bachbetten der Parry Mountains, anstatt nach Norden und nach Igloolik zu gehen. Am 24. April kam er an. »Koolooa wollte heute, daß ich mit dem Fernglas in eine bestimmte Richtung blicke. Wir waren vier Stunden lang über Hügel, durch Seen, Schluchten und durch tiefen Schnee gewandert.« Als er den *inukshuk* begutachtete, wiederholte Koolooa, daß er nicht von einem Inuit stamme. Er suchte die Lagerstelle, doch Tiefschnee und Eis bedeckten den Ort, den Koolooa angegeben hatte. Hall verlor langsam das

Vertrauen in Koolooa, bis Ebierbing etwas fand, das den Wahrheitsgehalt von Koolooas Bericht bestätigte: die Reste einer Zeltbasis mit vier schweren Steinen in den Ecken und kleineren Steinen, die die Zeltwände festgehalten hatten. Ein Eskimo würde kein solches Fundament hinterlassen, denn *tupic* sind rund. Hall durfte aus gutem Grund davon ausgehen, daß Weiße in der Nähe gewesen waren. In der nächsten Woche suchte er die Norwestküste der Halbinsel gründlich ab. Er fand zwar keine weiteren Spuren, war aber nach wie vor davon überzeugt, einen Hinweis gefunden zu haben, daß Überlebende der Franklin-Expedition einige Zeit im Norden von Melville Peninsula verbracht hatten. Wenngleich die Geschichten der Eskimo auch andere Deutungsmöglichkeiten zuließen, fügte Hall das Gehörte in das Bild ein, das er sehen wollte. Als John Rae 1880 Halls Berichte über die Entdeckungen las, schrieb er einen langen Brief an den *New York Herald* und erklärte, Kias Beschreibung des Fremden passe genau auf ihn und seine Kleidung; er war auf seiner ersten Expedition in der Fury and Hecla Strait gewesen und hatte oft in dieser Region mit seinem Hund, einem Greyhound, gejagt.[43]

Hall verbrachte noch drei weitere Wochen in Igloolik und auf den Ooglit Islands, dann kehrte er für den Sommer zur Repulse Bay zurück. Die Walfänger hatten die Bucht schon im Frühjahr verlassen, nun hatten Hall und seine Leute die Bucht für sich. Er hoffte auf einen ruhigen Sommer, und für ein paar Monate wurden ihm auch Ruhe und Frieden geschenkt, doch Anfang Juli war beides mit einemmal dahin, als unter mysteriösen Umständen einer seiner Begleiter, der Matrose Patrick Coleman, von seiner Hand ums Leben kam. Der Vorfall bleibt rätselhaft und verschwommen. Vermutlich hatte es eine Meuterei gegeben, bei der Coleman der Rädelsführer war. Um sich und die Expedition nicht zu gefährden, muß Hall zur Waffe gegriffen und den Matrosen erschossen haben.

Bei der Rückkehr in die Staaten bat Hall seinen Freund Grinnell um Hilfe in dieser dunklen Angelegenheit. Grinnell versuchte vorsichtig, herauszufinden, wer für den Fall zuständig war, doch offenbar wollte sich niemand damit befassen. Der britische Minister in Washington schrieb ihm, daß weder Briten noch Kanadier etwas damit zu tun haben wollten, weil der Vorfall sich jenseits der Grenzen des kanadischen Herrschaftsgebiets ereignet habe; die US-Behörden zogen es vor, so zu tun, als wäre überhaupt nichts passiert. Hall wurde nie für Colemans Tod zur Rechenschaft gezogen, und es bleibt ungeklärt, ob der Schuß tatsächlich berechtigt war.

Jahre später lieferte der Matrose Peter Bayne eine Erklärung für den Schuß, die sich wesentlich von Halls Bericht unterscheidet. Während Hall in Igloolik war, hatten Bayne und Coleman des öfteren lange Gespräche mit den Eskimo über die Franklin-Expedition geführt und von einem Boothia-Eskimo etwas Neues erfahren: Er erinnerte sich an zwei Schiffe, die bei Neitchille vom Eis eingeschlossen waren, und hatte auch viele Männer gesehen. Ein Mann sei an Bord eines Schiffes gestorben, er sei feierlich an Land begraben und sein Grab mit etwas überzogen worden, das hart wurde wie Stein. Bayne und Coleman kamen zu dem Schluß, daß nur Sir John persönlich ein so feierliches Begräbnis in einer Zementgruft bekommen haben konnte. Aufgeregt schilderten sie Hall bei dessen Rückkehr die Geschichte. Hall wurde angeblich wütend, weil sie sich in seine Angelegenheiten eingemischt hatten. Danach hätten sich die Beziehungen zu den Matrosen verschlechtert, und Colemans Erschießung sei teilweise aus Wut über dessen Einmischung erfolgt.[44]

Es klingt plausibel, daß der besitzergreifende Hall über die Anmaßung der Matrosen zürnte; die Eskimo zu befragen, hielt er für sein Privileg, doch es ist kaum vorstellbar, daß er nur deswegen einen Menschen erschoß. Vielleicht war dieser Zorn aber auch nur der Tropfen, der das Faß zum Überlaufen und ihn schließlich in einen Zustand brachte, in dem er jemanden töten konnte. Die Tagebücher seiner ersten und zweiten Expedition zeigen, daß er oft am Rand der Gewaltbereitschaft stand, daß er sich oft von anderen bedroht fühlte und bereit war, sich in einem Kampf auf Leben und Tod zu verteidigen. Er war nun vier Jahre am Stück in der Arktis; Eskimo, Walfänger, Krankheiten und Wetter hatten ständig seine Pläne durchkreuzt, und im ereignislosen Sommer von 1868 hatte er Zeit, über seine Frustrationen und sein Scheitern, King William Island zu erreichen, nachzugrübeln. Coleman hatte ihn sicherlich bedroht, doch der Grund für seinen Tod liegt weniger in der realen Bedrohung als in Halls Verdächtigungen und den psychischen Qualen, denen er ausgesetzt war.

Wenige Tage nach Colemans Tod kamen zwei Walfänger in die Repulse Bay. Die vier Matrosen verließen Hall und gingen an Bord, Hall aber wollte noch ein weiteres Jahr bleiben. Er war nach Norden gefahren, um King William Island zu begehen, und er würde seinen Plan in die Tat umsetzen, ob mit oder ohne die Hilfe weißer Männer. Die Walfänger legten nach kurzem Aufenthalt wieder ab, und wieder war Hall alleine bei den Eskimo, und wieder stand er vor einem Winter des Wartens.

Der Winter 1868/69 ging schnell und problemlos vorüber. Hall war bei guter Gesundheit, auch seine Beziehungen zu den Eskimo waren ungewöhnlich gut. Alle waren damit beschäftigt, die Repulse Bay weiter zu erkunden und die Schlittenreise im Frühjahr vorzubereiten. Hall kümmerte sich sehr sorgfältig um Ausrüstung und Proviant. Während des Winters überwachte er das Trocknen von rund 635 Pfund Karibufleisch über Tranlampen; im März verfügte er über 150 Pfund Dörrfleisch, das er mit Fett zu Pemmikan mischte. Oft machte er Probefahrten mit den Schlitten und führte alle Reparaturen und Veränderungen aus, die ihm notwendig schienen. Er erinnerte sich auch an die Gerüchte über die Feindseligkeit der Pelly-Bay- und Boothia-Eskimo und stellte Waffen zusammen: Gewehre, Karabiner, Revolver, Bajonette, Speere, Messer. Und er schmolz fast 600 Kugeln.

Am 21. März machte er in seinem kleinen Buch mit den Reisenotizen folgenden Eintrag:

Aufbruch nach King Williams Land. Mein Trupp besteht aus Joe und Hannah [Ebierbing und Tookoolito], meine Dolmetscher, ihrer Adoptivtochter Punny [sie hatten das Mädchen wenige Monate nach King Williams Tod zu sich genommen], Ouela, Jack [Nukerzhoo] und seiner Frau, der Mutter von Punny, sowie Jerry mit Frau und Kind; macht zusammen mit mir elf Personen.

Die erste Etappe bewältigte er auf der Route, die er schon zweimal gegangen war, und erreichte Cape Weynton trotz der schwerbeladenen Schlitten und den üblichen Trödeleien der Eskimo in nur zehn Tagen. Dann ging er nach Westen über Simpson Peninsula und kam am 10. April in der Pelly Bay an. Die Eskimo wurden an dieser öden Küste nervös und spielten in Erwartung eines Zusammentreffens mit den berüchtigten Pelly-Bay-Eskimo ständig mit ihren Messern und Gewehren. Am nächsten Tag sahen sie auf dem Eis in der Bucht einen Iglu, der erst kürzlich bewohnt worden, nun aber verlassen war, am übernächsten Tag entdeckten sie erst Spuren im Schnee und kamen schließlich in ein kleines Igludorf. Ein Eskimo ging voraus, um mit den Bewohnern Kontakt aufzunehmen, die anderen warteten gespannt.

Ihre Angst war unbegründet. Die wenigen Pelly-Bay-Eskimo im Dorf begrüßten sie herzlich und luden sie in ihre Schneehütten ein. In den Hütten lagen Dinge, die von Schiffen der Weißen stammen mußten, unter anderem eine abgebrochene Säbelspitze. Hall fragte nach und erfuhr, daß diese Gegenstände von *Kikertak* stammten, von King William Island. Keiner der hier anwesenden Eskimo war je dort gewesen, aber sie kannten andere, die dort gewesen waren, so auch Tooshooarthario, der Crozier und seinen beiden Gefährten geholfen hatte. Hall erfuhr, daß Tooshooarthario auf King William Island jagte, und er ihn möglicherweise dort treffen könnte.

Nach einigen Tagen setzte Hall seinen Weg über die Bucht fort und kam bald an deren Westküste. Ohne Aufenthalt stieß er weiter nach Westen in die Tundra von Boothia vor. Sie stoppten zwar öfter und jagten Moschusochsen, doch sie legten die 80 Meilen durch die Tundra in zehn Tagen zurück. Am 30. April kamen sie an der Rae Strait an die Küste des Polarmeers. Nun lagen nur noch 40 Meilen übers Packeis zwischen Hall und King William Island. Die Reise, die er als reinste Tortur gefürchtet hatte, stellte sich als problemlos heraus. Vor ihm, gleich hinter dem Horizont, lag die Erfüllung seines zehnjährigen Strebens.

Bei der Wanderung über die Strait sichtete Ebierbing ein weiteres Igludorf. Die Eskimo waren nervös, doch Hall wollte unbedingt die Eingeborenen treffen. Er ging davon aus, daß sie King William Island gut kannten, vielleicht sogar Informationen aus erster Hand über die Franklin-Expedition hätten, ja vielleicht wäre sogar Tooshooarthario unter ihnen. Der Trupp näherte sich vorsichtig dem Dorf, doch wieder waren die Ängste unbegründet. Die Männer waren alles andere als aggressiv, sie mischten sich gleich unter Halls Eskimo und begrüßten sie überschwenglich. Tooshooarthario war nicht dort (er war weit weg im Coronation Gulf), doch binnen weniger Minuten bekam Hall einen großen Silberlöffel mit Franklins Wappen zu Gesicht. In den folgenden Stunden sah er noch mehr Gegenstände, die den Männern der Franklin-Expedition gehört hatten. Als die Eingeborenen seinen Eskimo beim Iglubau halfen, bemerkte er, daß sie Messer von Weißen benutzten; die Schlittenkufen waren teilweise aus Mastholz, der Mast stammte angeblich von einem Schiff, das in der Nähe gesunken war. Man zeigte ihm auch Überreste eines Mahagonischreibtischs vom selben Schiff. Und überall lagen Überbleibsel der Expedition: Kupferstücke mit dem Dreizack der britischen Navy,

Planken und Spieren, ein Topf für Eingelegtes, die Fetzen eines Taschentuchs.

Innoopoozheejook, der Älteste, skizzierte für Hall eine Karte von King William Island und den angrenzenden Regionen. Er zeigte ihm die Stellen, an denen seine Leute die Relikte gefunden hatten, und erzählte die dazugehörigen Geschichten. Das Schiff (die *Erebus* oder die *Terror*) war bei *Keeweewoo* (O'Reilly Island) gesunken, nachdem es mit dem Eis von der Nordküste von King William Island weggetrieben sei. Als die Eskimo an Bord gingen, fanden sie in einer Kabine die Leiche eines sehr großen *kobluna*. Nahe der Stelle, an der das Schiff gesunken war, entdeckten sie am Strand Spuren von vier weiteren Weißen und einem Hund. Außerdem berichtete er von einem großen Zelt, das etwa 50 Meilen entfernt an der Westküste von King William Island gestanden haben soll.

Drei Männer sahen erst das Zelt. Darin waren Decken, Bettzeug und viele Gebeine, das Fleisch war abgetrennt, nur die Sehnen hielten die Knochen noch zusammen – anscheinend hatten Füchse und Wölfe die Knochen abgenagt. Manche Knochen waren auch mit einer Säge durchtrennt worden. Neben den Betten lagen Zinnbecher, Löffel, Gabeln, Messer, zwei doppelläufige Flinten, Revolver, Bleikugeln und viele Pulverhörner, Bücher und beschriebenes Papier. Für letzteres hatten die Inuit keine Verwendung und warfen es weg.

Am Strand neben dem Zelt lag ein Beiboot. Darin fanden sie noch mehr Skelette und Papier. Auf dem Festland südlich von King William Island hätten sie, so Innoopoozheejook, ein weiteres Boot sowie ein Pulverfaß gefunden. Sie wußten damals noch nicht, was Pulver war (McClintock und Rae hatten der Gegend noch keinen Besuch abgestattet). Zwei Jungen spielten damit, bis der Iglu der Familie in die Luft flog. Die Eskimo erschraken zu Tode, wundersamerweise kam aber niemand ums Leben.

Gegenüber dem Igludorf, auf der anderen Seite der Strait und kurz vor King William Island, lag Keeuna, eine Insel der Todd Islands. Dort hatten die Eskimo die Überreste von fünf *kobluna* gefunden. Vier Leichen waren verstümmelt, die Glieder vom Rumpf gesägt, das Fleisch von den Knochen abgetrennt, nur eine Leiche war unversehrt, sie war in eine Decke gewickelt. Daneben stand eine ungeöffnete Konservendose mit Fleisch, was ziemlich unerklärlich ist angesichts der eindeutigen Spuren von Kannibalismus bei den anderen Leichen. Auch auf dem Festland gegenüber den Inseln fanden sie Leichen.

Nach diesen Berichten konnte Hall es kaum erwarten, den Sommer auf King William Island zu verbringen und weitere Relikte, vielleicht auch Aufzeichnungen zu finden. Von Peter Bayne hatte er erfahren (er hatte es offenbar aus erster Hand von einem Boothia-Eskimo), daß bei Victory Point nicht nur die Zementgruft wäre, in der angeblich die sterbliche Hülle von Sir John ruhte, sondern eine weitere Gruft mit Dokumenten. Da Hall die Hoffnung, Überlebende zu finden, im Grunde aufgegeben hatte, wollte er wenigstens die Dokumente sichern. Doch als er sich mit seinem Trupp besprach, stieß er auf trotzige Weigerung, sogar Ebierbing und Tookoolito widersetzten sich. Zwar wollten sie mit ihm nach King William Island übersetzen, aber nicht länger als eine Woche bleiben; die Zeit für Schlittenfahrten ging zu Ende, und sie wollten Mitte Mai wieder zur Repulse Bay aufbrechen. Hall stritt mit ihnen. In einer Woche konnte er fast nichts erreichen, schon gar nicht nach Victory Point an der Nordwestküste der Insel wandern. Sein Trupp blieb stur: Nach einer Woche würden sie weiterziehen. Hall war außer sich, mußte sich aber fügen, denn er wußte, daß er erst im nächsten Frühjahr zur Repulse Bay zurückkehren könnte, wenn er den Sommer über auf King William Island blieb.

Innoopoozheejook begleitete sie über die zugefrorene Meerenge zu den Todd Islands. Dort kamen sie am 11. Mai an. Hall wies sofort alle an, nach Leichen und Relikten zu suchen, doch der Schnee war zu tief. Nach stundenlangem Suchen hatten sie gerade mal ein Stück eines menschlichen Oberschenkelknochens gefunden. Am nächsten Tag setzten sie die kurze Strecke nach King William Island über und suchten das Gebiet ab, das Innoopoozheejook ihnen als Fundort der Leichen angegeben hatte. Am Spätnachmittag fanden sie an einer Schneewehe ein Skelett. Hall errichtete einen Gedenkstein und ließ Salut schießen, während er persönlich die amerikanische Flagge hißte. Er haderte mit sich, entschied sich dann aber doch, Gebeine und Schädel in die Zivilisation zurückzubringen. Nach über einem Jahr wurde das Skelett in England anhand einer Zahnplombe identifiziert: Es handelte sich um Leutnant Le Vesconte von der *Erebus*.

Eine Woche lang wanderte Hall an der öden Südostküste von King William Island entlang, ein einsamer, verzweifelter Mann. An einigen Stellen, wo die Eskimo angeblich Relikte oder Leichen gefunden hatten, hielt er feierliche Zeremonien ab und errichtete kleine Denkmäler im Tiefschnee. Mehr konnte er nicht tun. Mit der Ehrung verschollener Toter endete seine große Suche, der er zehn Jahre seines Lebens gewidmet hatte.

Am 20. Mai brach Hall zu dem langen Rückweg auf; er war nicht nur deprimiert, er war völlig zerknirscht. In den drei Wochen bei den Boothia-Eskimo hatte er erschreckende Dinge begreifen müssen. Er mußte der Tatsache ins Auge sehen, daß die Eskimo an den Orten der Katastrophe nicht nur die Relikte an sich genommen, sondern auch Leichenfledderei betrieben und die Toten ausgegraben hatten. Doch viel schlimmer noch war die Feststellung, daß sie den verirrten und verhungernden Männern der *Erebus* und der *Terror* fast keine Hilfe hatten zukommen lassen. Zwei Eskimo aus Innoopoozheejooks Dorf, Tutkeeta und Owwer, hatten Crozier und viele andere bei Cape Herschel an der Südwestküste von King William Island gesichtet, mit von der Partie waren der unzuverlässige Tooshooarthario und ein anderer Eskimo. Als Hall die Geschichte von Tutkeeta und Owwer zum erstenmal hörte, hatte er den Eindruck, daß die vier Eskimofamilien den hungernden *kobluna* reichlich zu essen gegeben hätten: »alles Robbenfleisch, das sie hatten«. Damals bezeichnete er sie als »edle, großzügige Menschen«. Doch kurz vor der Rückreise ließ er die Geschichte ein paarmal wiederholen und befragte sie eingehender als zuvor. Der erste Teil der Geschichte war immer derselbe: Als sie die *kobluna* an der Küste sahen, kam ein Offizier auf sie zu, wahrscheinlich Crozier, und bat sie durch Gesten, ihre Bündel zu öffnen, was sie auch taten. Der Offizier nahm ein paar Robbenfleischstücke heraus, aß und winkte den anderen *kobluna*. Die Eskimo gaben den Hungernden noch mehr Fleisch und verbrachten die Nacht bei den Weißen. Erst als Hall die beiden Eskimo fragte, was am nächsten Morgen geschehen sei, erfuhr er etwas Neues: Bei Tagesanbruch packten die Eskimo zusammen und verließen die Gegend. Der Offizier wollte sie aufhalten, er schob immer wieder die Hand in den Mund und sagte »Robbe«, doch die Eskimo schenkten seinen flehentlichen Bitten keine Beachtung und zogen an ihm vorbei. In sein Tagebuch schrieb Hall:

Diese vier Familien hätten Croziers Leben und das seiner Gefährten retten können, hätten sie nur gewollt. Sie hätten sie an die Lagerstätten mit frischem Robbenfleisch führen können, die sie an der Küste von K. W. Land angelegt hatten, und hätten den anderen Eingeborenen Nachricht senden können, auch zur Rettung der verhungernden Männer beizutragen. Aber nein! Der edelmütige Crozier hatte sie angefleht, aber sie blieben nicht einmal einen Tag und jagten für die Weißen, sie zogen einfach am nächsten Morgen weiter und ließen wissentlich eine Gruppe verhungernder Weißer im Stich.

Daß diese Gruppe verhungernder Weißer, gerade weil sie groß war, eine Gefahr für die Eskimo darstellte, die sich selbst oft an der Grenze zum Hungertod befanden, sah er nicht. Hall drang so lange in Tutkeeta und Owwer, bis er die Wahrheit erfuhr. Jahrelang hatte er die Geschichten geglaubt, nach denen Tooshooarthario Crozier und den beiden anderen geholfen hatte, denn es waren die einzigen Hinweise auf mögliche Überlebende. Er fragte die beiden, ob Tooshooarthario die Weißen je wiedergesehen habe, nachdem er sie am Strand zurückgelassen hatte. Die Antwort war nein. Hall war sicher, daß sie die Wahrheit sagten und daß alle anderen Geschichten nichts als Märchen waren. Er begriff, daß seine Mission beendet war und gleichzeitig auch die Bewunderung, die er für das Volk der Eskimo als Volk gehegt hatte.

In aller Eile trat er den Rückzug von King William Island an, als hätte er eine vernichtende militärische Niederlage erlitten. Unter Innoopoozheejooks Führung wanderte er zurück, wobei er sich nicht einmal mehr mit der sorgfältigen Dokumentation der Reise abgab. Das Wetter war gut, das Land auf der Wanderung voller Wild. Die Reise war bequem, doch Hall sah nur die Ironie des Schicksals: 20 Jahre zuvor waren über 100 Männer nicht weit von den Stellen, wo er Herden von fetten Moschusochsen und Karibus sichtete, an Hunger und Skorbut gestorben. Die Rückreise dauerte genau einen Monat. Mit der Zeit fand er seinen unerschütterlichen Optimismus wieder. Trotz der bitteren Schlüsse, die er nach Tutkeetas und Owwers Schilderungen ziehen mußte, bewunderte er wieder die Gabe der Eskimo, in diesem Land zu leben und zu wandern, und er freute sich an ihrer zeitweiligen Heiterkeit und Herzlichkeit. Als er die Repulse Bay erreichte, war er wieder ganz der alte; er konnte auch Gutes am Getanen finden und plante schon wieder neue Taten.

In den verbleibenden sechs Wochen in der Repulse Bay ging er mit den Eskimo auf die Jagd und auf Walfang, er unterhielt sich mit Innoopoozheejook über die Ereignisse auf King William Island und bereitete den Expeditionsbericht für Grinnell vor. Immerhin hatte er neue Erkenntnisse über das Schicksal der Franklin-Expedition, und je länger er darüber nachdachte, desto faszinierender schien ihm besagte Gruft mit den Dokumenten.* Doch seine nächste Fahrt würde nicht nach King William Island führen – er würde weiter nach Norden reisen: zum Nordpol.

Am 5. August lief die *Ansell Gibbs* aus New Bedford in die Repulse Bay ein. Am 13. August setzte sie wieder Segel mit Kurs auf die Heimat. An Bord waren auch Hall, Ebierbing und Tookoolito.

---

* Seit Halls Aufbruch im Jahr 1869 wurde King William Island noch von anderen Expeditionsmannschaften begangen, die schriftliche Aufzeichnungen der Franklin-Expedition suchten. Vor allem bei zwei Unternehmungen wurde eine gründliche Suche durchgeführt: Leutnant Frederick Schwatka leitete 1878 eine Expedition, bei der die gesamte Westküste der Insel erkundet wurde, wobei er sich vor allem auf die Region um Victory Point konzentrierte. (Schwatka wurde übrigens von Ebierbing geführt, der trotz seines Schwurs, nach Halls Tod nie wieder nach Norden zu gehen, der Versuchung einer letzten Expedition offenbar nicht widerstehen konnte.) Im Jahr 1967 suchte ein Trupp des kanadischen Militärs, das »Projekt Franklin«, mit Hilfe von Helikoptern und Flugzeugen alle historisch relevanten Gebiete auf King William Island und den angrenzenden Regionen ab. Taucher wurden vor O'Reilly Island ausgeschickt, doch es konnten keine Wrackteile gesichtet werden. Der Tauchtrupp fand aber nördlich der Insel Kupferplatten, Dosen, eine Pinne und andere Hinweise darauf, daß in der Nähe ein Schiff havariert war.

SECHSTES KAPITEL

Zweite Übergangszeit

Um 1869 war das öffentliche Interesse an der Franklin-Expedition weitgehend abgeebbt, doch Lady Franklin war immer noch von dem Wunsch getrieben, genauer zu erfahren, was sich in den Jahren 1847/48 auf King William Island zugetragen hatte. Durch die Nachricht, die McClintock an Point Victory gefunden hatte, wußte sie, daß ihr Mann am 11. Juni 1847 verstorben war, mehr aber wußte sie nicht. Sie hatte die Hoffnung noch nicht aufgegeben, daß irgendwo in einer Steinpyramide noch andere Aufzeichnungen lagerten, die weitere Erkenntnisse liefern könnten, zum Guten oder zum Schlechten. Sie hatte Halls Berichte über seine Tundraerkundung gelesen, die vereinzelt in den Zeitungen abgedruckt wurden, und sie hatte die Geschichten der Walfänger gehört, die mit der Nachricht aus der Hudson Bay zurückgekommen waren, Hall habe außergewöhnliche Entdeckungen gemacht. Sie rechnete fest damit, daß Hall bei seiner Rückkehr nicht nur neue Informationen im Gepäck hätte, sondern auch schriftliche Dokumente.

Im August 1869 schrieb sie aus London an Grinnell und fragte nach Neuigkeiten von Hall. Grinnell schrieb zurück, er habe keine Nachricht, und fügte hinzu, daß Mrs. Hall in finanziellen Schwierigkeiten sei. Lady Franklin schickte Halls Frau sofort eine Zuwendung von 15 Pfund. Mitte September setzte Grinnell sie davon in Kenntnis, daß Mrs. Hall das Geld abgelehnt habe, außerdem bestehe nur wenig Hoffnung, daß Hall dieses Jahr zurückkehren werde, denn die Walfänger, die noch immer in der Arktis seien, müßten wahrscheinlich überwintern.

Zu Grinnells großer Überraschung schiffte sich Hall am 26. September in New Bedford aus, nur wenige Tage nachdem er den Brief an Lady Franklin verfaßt hatte. Auch sie erfuhr von Halls Rückkehr und fragte gleich bei Grinnell an, ob Hall Logbücher oder andere schriftliche Aufzeichnungen gefunden habe. Grinnell telegraphierte nur ein Wort: Nein.[45]

Als Grinnell das entmutigende Telegramm nach England schickte, wußte er schon, daß Hall inzwischen ganz andere Pläne hatte und von nun an keine Energie mehr auf die Lösung des Rätsels um die Franklin-Expedition verschwenden wollte. Jahrelang hatte er sein ehrgeiziges Ziel nur seinen Tagebüchern anvertraut: Er wollte den Nordpol erreichen. Nun überschüttete er seinen hochgeschätzten Gönner mit der für ihn typischen Eindringlichkeit und Leidenschaft mit all seinen diesbezüglichen Hoffnungen:

Es lastet ein großer, betrüblicher Makel auf unserer Zeit, der ausgelöscht werden muß, und das ist der weiße Fleck auf unseren Karten und Globen jenseits der 80° nördlicher Breite bis hinauf zum Nordpol. Ich für meinen Teil beuge das Haupt in Scham, wenn ich mir bewußt mache, vor wie vielen Tausenden von Jahren Gott dem Menschen diese schöne Welt geschenkt hat – die ganze Welt –, damit er sie erobere, und doch ist uns gerade jener Teil, der am interessantesten und herrlichsten sein muß – wenigstens für mich –, noch so unbekannt, als wäre er nie erschaffen worden. Meine Ausbildung am Kollegium der Arktis ist abgeschlossen, und ich will mein Leben von nun an der Mehrung unseres Wissens über diesen Erdenteil bis hinauf zu diesem Punkte widmen, der genau unter dem Polarstern liegt – dem Kronjuwel der arktischen Himmelskuppel.

Diesmal kannte Halls Ehrgeiz keine Grenzen. Der Krieg war vorüber, und Hall lebte im Glauben, daß die Regierung die Pflicht hätte, immense Summen in die Polarforschung zu stecken. Wie früher wollte Hall mit Vorträgen und einem neuen Buchprojekt auch selbst Geld auftreiben, doch er teilte Grinnell mit, daß er von staatlicher Seite tatkräftige Unterstützung seiner Nordpolexpedition erwarte. Er wollte zu Frau und Kindern nach Cincinnati reisen und dort ein paar Vorträge halten, dann aber schnellstmöglich an die Ostküste zurückkehren und Abgeordnete, Senatoren und Kabinettsmitglieder, ja den Präsidenten selbst in Washington aufsuchen, schonungslos in sie dringen und für seine Pläne begeistern.

Anfang November fuhr er wie geplant mit Ebierbing, Tookoolito und Punny nach Cincinnati. Er blieb anderthalb Monate bei Frau und Kindern, in seinen Briefen erwähnt er sie jedoch nicht. Die Stadt hieß ihren mittlerweile berühmten Sohn frenetisch willkommen, machte ihn zum Gegenstand zahlloser Reportagen und drängte zu seinen zahlreichen Vorträgen. Das einzige widrige Ereignis während seines Aufenthalts schien der Verlust eines unschätzbaren Franklin-Relikts bei einem Vortrag gewesen zu sein, eines Messers, das er auf King William Island gefunden hatte.

Während Hall in Cincinnati war, bat ihn Lady Franklin über Grinnell, seine Nordpolexpedition aufzuschieben. Noch in New York hatte er für sie einen speziellen Bericht über seine Funde abgefaßt, den Grinnell nach London geschickt hatte. Sie schrieb Grinnell einen langen Brief, in dem sie ihren Verdruß über die Unvollständigkeit dieses Berichts sowie ihre Hoffnungen zum Ausdruck brachte, Hall im Sommer 1870 zur Rückkehr nach King William Island zu bewegen. Sie hatte viele Fragen.

Ich habe den Eindruck, daß Hall mit den ihm zur Verfügung stehenden Mitteln alles ihm Mögliche getan hat, aber sein Bericht ist voller Auslassungen und frei von jeglicher Ordnung und jeglichen Daten, so daß ich eher verwirrt und bestürzt bin. Er unterscheidet nicht zwischen dem, was er selbst gesehen beziehungsweise den Orten, die er selbst begangen hat, und dem, was er nur vom Hörensagen kennt. Welche Orte auf K. W. Land hat er nun wirklich besucht und wann? War er nur an der Ostküste oder beging er auch die Südküste bei Cape Herschel? Und war er auch an den anderen Orten, wo die Männer nach Halls Behauptung starben?

Besonders Halls Erwähnung einer Gruft mit Dokumenten hatte Lady Franklins Aufmerksamkeit erregt.

Vom wem will er zuverlässig erfahren haben, daß die Aufzeichnungen in einer Gruft bei Point Victory lagern? (Ich nehme an, er meint damit ein Loch, das zu diesem Zwecke gegraben wurde.) Konnten die Esquimaux ihm die genaue Stelle nennen? Und wenn dies der Fall ist, können wir dann davon ausgehen, daß man die Gruft nicht geöffnet und geplündert hat? Hat er ihnen diese Frage gestellt, und gibt es Grund zur Annahme, daß diese Dokumente noch in ihrem Besitz sind?

Sie schließt ihren Brief mit der entscheidenden Frage:

Ich möchte Euch bitten, in Erfahrung zu bringen, ob er sein Streben, den Nordpol zu erreichen, noch um ein Jahr aufschieben kann (er kann sicherlich davon ausgehen, daß keine Gefahr besteht, jemand könnte vor ihm dorthin gelangen) und ob er sich einen Sommer lang der Bergung jener wertvollen Dokumente auf King Williams Land und an den angrenzenden Orten auf dem Festland widmen würde, wo er glaubt, daß unsere armen Männer ihr Leben lassen mußten.

Beiläufig erwähnt sie, daß auch ein britischer Offizier beteiligt werden soll. Sie hoffe, daß Mr. Hall willens sei, das Kommando abzugeben und als Adjutant zu fungieren.

Grinnell schickte den Brief nach Cincinnati weiter, doch Hall ließ sich mit der Antwort einige Wochen Zeit. Am 14. Dezember schließlich verfaßte er eine hastige Notiz an Grinnell, daß er aufgrund seiner zahlreichen Verpflichtungen nicht die Ruhe finde, Lady Franklins Brief zu beantworten. Er wolle unbedingt seine Nordpolexpedition vorantreiben, doch wenn der Kongreß ihm nicht half und er Schwierigkeiten bei der Geldbeschaffung hätte, dann würde er tun »was immer in seiner Macht stand, um das edle Anliegen Lady Franklins mit persönlichem Einsatz zu ehren«. Auch die Erwähnung des britischen Offiziers entging ihm nicht. Seine Antwort war typisch:

Ich möchte deutlich machen, daß niemand von mir erwarten kann, mich bei einer Arktisexpedition unterzuordnen. Wenn McClintock und ich Lady Franklins Wahl sind, dann gibt es nur die Möglichkeit, daß wir das Kommando teilen.

Hall würde unter niemandem dienen. Er ließ sich die Option offen, 1870 nach King William Island zurückzukehren, aber sein Herz hing am Nordpol. Ende Dezember reiste er wieder an die Ostküste. Er wollte nach Washington, doch vorher besuchte er noch Sarah und Sidney Budington in Groton, offenbar um die Freundschaft zu erneuern. Bevor er zur Hudson Bay aufgebrochen war, hatte er mit Mrs. Budington eine versöhnliche Korrespondenz geführt, nun machte er sogar noch einen größeren Schritt zur Behebung des Schadens, den der Streit angerichtet hatte – möglicherweise weil Ebierbing und Tookoolito die Budingtons sehr schätzten und sie wiedersehen wollten. Am 3. Oktober hatte er an Sarah Budington geschrieben:

Eine lange, wirklich lange Zeit ist es her, daß Ihr und Euer Mann persönlich von mir, Joe und Hannah hörtet, doch das lag nicht daran, weil wir Euch vergessen hätten. Immer wieder haben wir während unserer langen Abwesenheit im Norden an Kapitän Budington und Gattin gedacht und von Euch gesprochen. Was mein bescheidenes Herz angeht, so möchte ich die Vergangenheit ruhen lassen und mich nur daran erinnern, daß Kapitän Budington und ich enge Freunde gewesen sind, und ich hoffe, daß es auch in Zukunft wieder so sein möge.

Sein Wunsch ging in Erfüllung. Wie früher blieben Ebierbing und Tookoolito bei den Budingtons, als Hall Ende Januar nach New York zurückkehrte. Mitte Januar folgten Ebierbing und Tookoolito Hall nach, traten wie immer erfolgreich bei einigen Vorträgen in Pennsylvania und Ohio auf und begleiteten ihn nach Washington.

Hall kam am 30. Januar in Washington an und ging sogleich zu Werke. Er eilte durch die Stadt, besuchte alte Freunde und traf sich mit Männern, die seine Sache unterstützen konnten. Oberst James Lupton, ein früher Mitstreiter aus Cincinnati, arbeitete nun beim Patentamt. Lupton empfing ihn herzlich, versprach Hilfe und machte ihn mit Senator Sherman und dem Kongreßabgeordneten Stevenson aus Ohio bekannt. Die Volksvertreter versprachen ihm Hilfe einer ganz besonderen Art: Sie wollten eine Gesetzesvorlage im Kongreß einbringen. Hall war noch keine vier Tage in der Stadt, da wandten sich Hall und die Eskimo schon an Präsident Grant. Grant war an Halls Projekt interessiert und überraschte mit großem Wissen über die Arktisforschung. Nach dem kurzen Gespräch war Hall sehr ermutigt. Er schrieb an Grinnell: »Soweit ich es beurteilen kann, sind die Aussichten für meine Nordpolexpedition sehr gut. In diesem Monat noch entscheidet sich, ob ich Kongreßmittel bekomme oder nicht.«

Hall hatte keine Erfahrung mit den Entscheidungsprozessen der Regierung und unterschätzte die langsam mahlenden Mühlen. Erst nach über einem Monat wurde sein Antrag dem Kongreß vorgelegt, und erst nach vielen weiteren Monaten würde er durch das Labyrinth der Legislaturbehörden den Weg auf den Präsidentenschreibtisch finden. In der Zwischenzeit konnte er seine Person und seine Pläne nur mit den Mitteln bewerben, die ihm selbst zur Verfügung standen. Kongreßabgeordneten und Verwaltungsmitgliedern legte er Referenzschreiben seiner alten Freunde aus New York und Cincinnati vor und weckte bei ihnen so viel Interesse, daß er gebeten wurde, in der Lincoln Hall einen Vortrag zu halten. Viele Würdenträger aus Washington, darunter auch Präsident Grant persönlich, sagten sich an.

Im Februar bereitete er seinen Vortrag vor, währenddessen kamen Mrs. Hall und sein Sohn Charles (mittlerweile zehn Jahre alt) aus Cincinnati zu Besuch. In Briefen und Tagebüchern tauchen Frau und Kinder nur selten auf, daher ist ihre ausführliche Erwähnung in einem Brief an Grinnell eher überraschend, vor allem weil er darin unerwartete Achtung vor den Ansichten seiner Gattin ausdrückt, die nach einer »ausführlichen Erörterung« die geplante Nordpolexpedition billigte und unterstützte – fraglich ist, ob sie Hall vom Gegenteil hätte überzeugen können. Der kleine Charley hatte seinen Vater in seinen zehn Lebensjahren alles in allem drei Monate gesehen.

Der Vortrag am 7. März in der Lincoln Hall war sehr gut besucht. Hall schrieb an Grinnell, der Saal sei brechend voll gewesen und man habe ihm viele Glückwünsche ausgesprochen. Präsident Grant und Vizepräsident Colfax saßen in der ersten Reihe, sie lächelten und nickten zustimmend.

Damals hoffte Hall noch auf 100 000 Dollar von seiten des Kongresses, denn er wollte mit zwei Schiffen fahren. Sein Weg sollte zunächst nach Norden in die Baffin Bay und den Jones Sound führen, eine enge Wasserstraße, die nördlich und parallel zum Lancaster Sound nach Westen verläuft. Er hatte sich gegen die von Kane und Hayes befahrene Route durch den Smith Sound entschieden, wahrscheinlich weil die beiden Arktisfahrer am Ende gescheitert waren. Hall war entschlossen, einen Vorstoß zum Nordpol zu unternehmen, selbst wenn der Kongreß sein Projekt nicht billigen sollte. Wenn es hart auf hart käme, würde er eben einfach die Marine bitten, ihn so weit wie möglich in den Norden von Ellesmere Island mitzunehmen. Ein selbstmörderischer Plan.

Am achten März verlas der Kongreßabgeordnete Stevenson vor dem Parlament eine gemeinsame Resolution bezüglich der Arktisfahrt:

Angesichts der Tatsache, daß Kapitän C. F. Hall ein beherzter und erfahrener Forschungsreisender ist, der schon zwei erfolgreiche Arktisfahrten durchführte, und in Anbetracht der Tatsache, daß er eine Forschungs- und Entdeckungsreise im Interesse der Wissenschaft und für den wirtschaftlichen Gewinn seines Landes im Namen und zum Nutzen der Vereinigten Staaten plant, haben Senat und Repräsentantenhaus der Vereinigten Staaten von Amerika gemeinsam beschlossen, den Präsidenten zu autorisieren, ein Marineschiff oder einen anderen Dampfer und wenn nötig ein Begleitschiff für diese Arktisfahrt unter dem Kommando von Kapitän C. F. Hall zu stellen. Fernerhin haben sie beschlossen, daß die Summe von 100 000 Dollar aus Staatsmitteln, sofern diese nicht anderweitig gebunden sind, bereitgestellt und diese Summe oder so viel Geld, wie bewilligt werden kann, dem Präsidenten angewiesen und ausbezahlt wird, der die notwendigen und wichtigen Ausgaben für besagte Fahrt begleicht.

Hall hatte kein Recht auf den Kapitänstitel, der ihm bestenfalls ehrenhalber verliehen werden konnte, doch er sollte ihm bleiben: Hall war von Stund an als Kapitän bekannt.

Die Resolution wurde dem Haushaltsausschuß vorgelegt. Am 25. März verlas sie Sherman vor dem Senat, der sie dem Ausschuß für Auslandsbeziehungen vorlegte. Halls Antrag war nun in den Staatsmühlen gelandet, doch die hatten gerade erst angefangen zu mahlen. Er bat Grinnell, Brevoort, Lupton, Budington und alle anderen, die er mündlich oder schriftlich erreichen konnte, Druck auf Washington auszuüben. Langsam lernte er, wie in der Hauptstadt Entscheidungen fielen.

Hall bemühte sich um ein Treffen mit den Vorsitzenden des Haushaltsausschusses und des Ausschusses für Auslandsbeziehungen sowie mit dem Innen- und dem Marineminister. Bei den Gouverneuren von Massachusetts und Ohio und vielen reichen, einflußreichen Bürgern schindete er Memoranden heraus, die ihn und seine Pläne unterstützten; er frequentierte die Vorzimmer im Repräsentantenhaus, er redete, er hörte zu, er listete in einem langen Brief an den Senatsausschuß für Auslandsbeziehungen seine Argumente auf: die Unabhängigkeit der Vereinigten Staaten von den Erkenntnissen anderer Länder, vor allem England; die Erschließung neuer Walgründe und die Errichtung einer Kolonie auf dem Nordpol.

Am 15. März schrieb er an Grinnell: »Gestern hörte ich, wie ein berühmter Demokrat (einer der Parlamentsführer) zu einem Freund meines Unternehmens sagte, daß die Demokraten sich zur Gänze dafür aussprächen.«

Gerade als Hall glaubte, sein Weg sei offen und leicht, türmte sich ein Hindernis auf. Ein Schreckgespenst aus der Vergangenheit tauchte auf, sein Gegenspieler, der seinen ersten Schiffsführer abgeworben und damit fast seine Expedition zum Scheitern verurteilt hatte: Dr. Isaac Hayes. Er kam plötzlich nach Washington und brachte vor dem Ausschuß das Argument vor, seine geplante Expedition verdiene mehr staatliche Unterstützung als Halls Projekt. Hall war erst wie gelähmt vor Empörung und Unglauben, doch dann machte er sich zornig ans Werk. Seine Kämpfernatur erwachte wieder:

Er würde diesen Hochstapler, diesen Antichristen, bekämpfen und besiegen.

In der Library of Congress fand er Hayes' Expeditionsbericht von 1860/61 mit dem Titel: *Das offene Polarmeer. Eine Entdeckungsreise nach dem Nordpol.* (Der damals unbekannte und unerfahrene Hall hatte sich dieser Expedition freiwillig anschließen wollen, bevor er dann doch seine eigene Fahrt organisierte). Hall verschlang das Buch und überprüfte alle navigatorischen Daten nach Widersprüchlichkeiten. Er konnte keinerlei Hinweise auf falsche Angaben entdecken, doch anhand der Dauer für die zurückgelegten Strecken konnte er beweisen, daß Hayes auf Schlittenreisen unentschuldbar langsam war. Stundenlang suchte er nach weiteren Argumenten, die er vor dem Ausschuß gegen Hayes vorbringen könnte. Bis auf eine kurze Fahrt in die Baffin Bay mit dem Maler William Bradford war Hayes seit zehn Jahren nicht mehr in der Arktis gewesen. Hall hingegen hatte seine Absicht kundgetan, eine Nordpolexpedition vorzubereiten, kaum war er von einem strapaziösen fünfjährigen Aufenthalt in der Arktis zurückkehrt. Hayes habe zehn Jahre Zeit gehabt, ein neues Projekt aufzuziehen, er sei aber einfach ein Trittbrettfahrer auf einem Wagen, den Hall persönlich mit harter Arbeit zum Laufen gebracht habe.

Am 14. April sprach Hall erneut vor dem Ausschuß. Er wußte, daß Hayes wenige Wochen vor ihm empfangen worden war, und brachte alle Argumente vor, mit denen er seine Befähigung untermauern und die Priorität seiner Expedition vor Hayes' Plänen geltend machen konnte. Hayes hatte auf Halls wunden Punkt angespielt: auf seinen Mangel an wissenschaftlicher Bildung. Zunächst versuchte Hall, durch heftigen Zynismus die Attacke abzutun, überzeugender aber war sein Argument, das auf seinem umfangreichen Wissen über die Geschichte der Polarforschung gründete:

Nein, ich bin kein Wissenschaftskundiger. Das waren Entdecker nur selten. Kein einziger Arktisforscher – außer Dr. Hayes – war Wissenschaftler. Weder Sir John Franklin noch Sir Edward Parry gehörten dieser Kaste an, und doch liebten sie die Wissenschaften und trugen viel dazu bei, ihre fruchtbaren Betätigungsfelder zu erweitern. Frobisher, Davis, Baffin, Bylot, Hudson, Fox, James, Kane, Back, McClintock, Osborn, Dease und Simpson, Rae, Ross und noch viele andere Arktisfahrer waren keine Wissenschaftskundigen.

Das war im Grunde richtig, doch bei einem Namen auf der Liste lag Hall falsch: bei dem seines Vorbilds Elisha Kent Kane.

Die folgenden drei Monate nach der Aussprache vor dem Ausschuß waren qualvoll für Hall. Hayes konnte die Ausschußmitglieder überreden, Halls Namen aus der Resolution zu streichen und somit den Kommandanten unbenannt zu lassen. Hall war zwar sicher, daß er immer noch die erste Wahl war, doch ein Keim des Zweifels hatte sich eingenistet; er tat zwar so, als wäre er der designierte Kandidat, wußte aber, daß er sich auch irren konnte. Hayes hatte die Abstimmung über den Antrag verzögert, aber Hall hielt daran fest, daß er noch im Sommer in See stechen könnte, selbst wenn die Behörden nur mit mittelmäßiger Geschwindigkeit zu Werke gingen. Doch die Wochen vergingen, und nichts passierte. Halls Briefe an Grinnell und Budington schwankten zwischen Hoffnung und Verzweiflung. Jahre später erklärte Senator J. W. Patterson aus New Hampshire: »Während die anstehende Entscheidung über die Bewilligung noch diskutiert wurde, wirkte der Kapitän wie ein Mensch, der einem Freund dabei zusehen muß, wie er zwischen Tod und Leben wankt.«

Hall vertraute darauf, daß die Entscheidung unmittelbar bevorstand, und bat Grinnell am 16. Mai, sich über die Verfügbarkeit von Dampfschiffen in New York und New London zu erkundigen. Seine Haltung schien gerechtfertigt; der Ausschuß für Auslandsbeziehungen verabschiedete die Arktisresolution und legte sie dem Senat als Zusatz zum allgemeinen Haushaltsantrag vor. Was darauf folgte, beschrieb Hall als »Triumph«, doch das Wort war etwas zu kräftig. Der Senat sprach sich für den Antrag aus, aber es kam zu einer Stimmengleichheit, die nur durch das positive Votum von Vizepräsident Colfax gebrochen werden konnte.

Der Senat hatte sich also entschieden, Haushaltsausschuß und Parlament hingegen waren in bezug auf Hall und die Erfüllung seiner Wünsche noch unschlüssig, doch Hall blieb zuversichtlich.

Der Juni verging ohne Beschluß. Hall fand diese Verzögerung aus mehr als nur einem Grund verdrießlich. Viele Punkte seines sorgfältig ausgearbeiteten Plans wurden mit der Zeit obsolet, und seine Hoffnung schwand, noch im Sommer 1870 aufzubrechen. Ärger lag in der Luft. Anfang Juni informierte Budington ihn, ein Skipper aus der Gegend versuche, Ebierbing zu überreden, ihn auf einer Fahrt zu begleiten. Hall eilte nach Groton zu Ebierbing und Tookoolito und konnte den Eskimo die Idee wieder ausreden. Da er ihnen nicht zutraute, weiteren Versuchungen zu widerstehen, nahm er sie für eine Weile mit nach New York zu Grinnell. Doch New York bot andere Versuchungen: Ebierbing fing an, schwer zu trinken. Die Eskimo hatten so eine Sehnsucht nach der Arktis, daß sie ihm mehr und mehr Probleme machen würden, wenn er sie nicht schleunigst in den Norden brachte.

Mitte Juni bekam Hall von Budington noch eine schlimmere Nachricht. Nachdem sich die beiden Männer wieder versöhnt hatten, hatte Hall ihm das Kommando über das Expeditionsschiff angeboten, und Budington hatte begeistert angenommen. Doch je länger die Entscheidung des Haushaltsausschusses auf sich warten ließ, desto mehr mußte neben Hall auch Budington fürchten, daß die Expedition im Sommer nicht starten würde. Da der Skipper schließlich ein Auskommen haben mußte, nahm er das Angebot an, im Juli einen Walfänger zu führen. Hall entbrannte nicht in Wut, wie er es früher getan hätte; er schien Budingtons Entscheidung zu verstehen, versuchte aber trotzdem, ihn zu einem Meinungsumschwung zu bewegen. An einem heißen Tag saß er im Capitol Park im Schatten eines Baums auf einer Bank und schrieb an Budington. Sein Hotelzimmer, erklärte er, sei tagsüber unerträglich, und er gehe erst spätabends zurück, wenn es kühler geworden sei. Den ganzen Tag über streife er nervös durch das Kapitol und den angrenzenden Park und warte auf den Beschluß. »Wie gerne hätte ich Euch auf meiner Nordpolexpedition dabei«, und er kam auf den Punkt:

Es würde mich freuen, wenn man es in allen Ehren, in Recht und Gerechtigkeit so einrichten könnte, daß Ihr frei wärt, mit mir zu gehen. Wir sind Brüder, zusammen haben wir Stürme überstanden und uns an der Sonne ergötzt, und deshalb sollten wir gemeinsam in diesen Teil der Welt gehen, den kein Weißer bislang erreichen konnte, den Nordpol.

Als Postskriptum fügte er hinzu: »Gott segne Euch, Kapitän B. Mögen wir uns noch oft auf Erden treffen, aber wenigstens mögen wir ein letztes Treffen im Himmel haben.«

Obwohl Budington sich nicht umstimmen ließ, war Hall nicht beleidigt; ein Zeichen der wachsenden Reife und Selbstbeherrschung, die er in der kurzen Zeit des Lebens, das ihm noch vergönnt war, errungen hatte. Während sich seine Traumexpedition der Küste der Wirklichkeit näherte, schien er zu begreifen, daß sein Schwung und seine Energie nicht zum Gelingen ausreichen würden – er müßte lernen, geduldig mit anderen Menschen zu verhandeln.

Am 2. Juli trat der Haushaltsausschuß zur Beschlußfassung zusammen. Hall wartete den ganzen Tag im Korridor. Am späten Nachmittag verließ Stevens, der Sekretär des Ausschusses, den Raum, Hall sprach ihn sofort an. Stevens sagte nichts, er reichte ihm nur die lapidare Notiz: »Nordpol: 50 000 Dollar.« Es war nur die Hälfte der Summe, die der Senat gebilligt hatte, aber Hall war auf eine Kürzung gefaßt. Außer sich vor Freude verließ er sofort das Kapitol und telegraphierte an Grinnell. Anschließend wanderte er in freudiger Benommenheit durch Washington und überbrachte all seinen Helfern die Neuigkeit.

Die endgültige Entscheidung von Senat und Kongreß über den Antrag war nicht mehr so spannend. Der Vermittlungsausschuß billigte die Summe, am 9. Juli schließlich bestätigten Senat und Parlament die Entscheidung. Doch für Hall gab es trotzdem einen kleinen Wermutstropfen: Der Vorsitzende des Haushaltsausschusses, ein Mr. Daws aus Massachusetts, der ein überzeugter Befürworter der Arktisforschung war, teilte ihm mit, daß Hayes' Freunde eine Petition eingebracht hätten: Hayes solle das Kommando über die Expedition übernehmen. Daws versicherte ihm jedoch, daß die Petition nicht angenommen würde; und so geschah es auch.

Am 12. Juli billigte der Präsident den Beschluß. Acht Tage später bekam Hall von Lupton seine offizielle Bestellung, »das Kommando der Nordpolexpedition zu führen, sie zu organisieren und gemäß Kongreßbeschluß vom 12. Juli 1870 zu starten. Ihr seid gebeten, Euch für genaue Anweisungen an den Marineminister und den Innenminister zu wenden«.

Trotz aller Freude über seinen Erfolg wußte Hall, daß er die Expedition nicht mehr rechtzeitig für diesen Sommer auf die Beine stellen konnte und daß er noch fast ein Jahr mit langwierigen, komplizierten Vorbereitungen vor sich hatte, die an seiner Geduld zehren würden. Mitte Juli entschloß er sich zu einem kurzen Besuch bei der Familie in Cincinnati, bevor er sich an die Arbeit machte.

Während Hall in Washington war, hatte Lady Franklin die Korrespondenz mit Grinnell weitergeführt. Sie wollte nicht nur genauere Informationen von Hall, sondern hoffte immer noch, ihn überreden zu können, seine Nordpolexpedition aufzuschieben. Sie scheute keinen Weg, und unermüdlich, wie sie war, reiste sie schon im Frühjahr 1870 nach Amerika, um Hall persönlich zu treffen. Nach einer langen Reise durch den Westen der Vereinigten Staaten traf sie ihn schließlich Ende Juli in Cincinnati.

Die Stadt war begeistert über ihren Besuch. Die *Daily Gazette* überschrieb ihren Artikel mit der Schlagzeile: »Die bemerkenswerteste Dame unserer Zeit«. Und in der Tat war Lady Franklin eine der bemerkenswertesten Frauen jener Zeit: Sie war alt, aber immer noch energisch und bei klarem Verstand. Die *Daily Gazette* schrieb: »[Sie ist] eine Dame, die die Hoffnung nicht aufgab, als alle anderen verzweifelten; sie treibt seit 20 Jahren mit unverwüstlicher Energie und unverminderter Hingabe, mit all ihrem Vermögen und all ihrem Einfluß die Suche nach ihrem Gatten voran und unterstützt Expeditionen in Europa und Amerika zur Aufsuchung von Hinweisen auf den verschollenen Forschungsreisenden mit Stimme, Stift und Sterling«, und das Blatt pries »ihr rundes, gütiges englisches Gesicht, ihr lebhaftes, fröhliches Benehmen und ihre offene Sprache.«[46]

Sie weilte im vornehmen Burnet House, wo sie einen Empfang für alle gab, die sie kennenlernen wollten. Am nächsten Tag setzten Hall und Lady Franklin ans andere Ufer nach Covington über, wo sie Präsident Grants betagte Eltern besuchten. Doch die meiste Zeit war Lady Franklin mit Hall alleine, und sie sprachen über seine Entdeckungen und die Möglichkeit weiterer Erkundungen. Leider gibt es keine Aufzeichnungen über diese Gespräche; Lady Franklin äußert sich dazu nicht in ihren Briefen, und Hall führte zu jener Zeit kein Tagebuch. Doch offenbar hatte Hall ihr zugesagt, daß er nach seiner Nordpolexpedition eine weitere Reise nach King William Island unternehmen würde, was für Lady Franklin, die schon fast 80 war, sicherlich nicht sehr befriedigend war.

Nach einem viertägigen Aufenthalt in Cincinnati fuhr sie weiter an die Ostküste, Hall folgte ihr eine Woche später, um seine Expedition zu organisieren und weitere Vorträge zu halten, weil die Regierung ihm das Geld erst nach einiger Zeit ausbezahlen wollte. Um seine Ausgaben zu bestreiten, mußte er sich wieder Geld von Grinnell leihen, in dessen Schuld er sowieso schon stand, da der Reeder ihm regelmäßig Schecks über 100 Dollar schickte. Doch Hall war es gewöhnt, von der Hand in den Mund zu leben, und lieh an jenem Punkt seiner Karriere ohne jegliche Verlegenheit nicht nur für sich selbst, sondern auch für andere Leute Geld. Frank Lailer bat Hall um Geld, Hall borgte es sich einfach von Grinnell und gab es Lailer. Ebierbing und Tookoolito wollten in Groton ein Grundstück kaufen, Hall lieh sich das Geld von Grinnell. Die bewilligten 50 000 Dollar schienen sich kaum auf Halls Lebensstil auszuwirken.

Um seine Expedition zu organisieren, mußte er zuallererst die besten verfügbaren Offiziere finden und anheuern. Die Regierung, vor allem das Marineministerium, half bei der Suche, doch Hall bestand darauf, daß er zu Rate gezogen würde und ein Einspruchsrecht hätte. Er behielt sich auch vor, die wichtigste Entscheidung selbst zu treffen, nämlich die Ernennung des Kapitäns. Budington war seine erste Wahl, doch Budington war auf einer einjährigen Walfahrt, und so reiste Hall im Herbst nach Groton und bot Kapitän George Tyson das Kommando an. Interessant in Anbetracht der späteren Ereignisse ist, daß es lediglich Tysons Aussage zu diesen Verhandlungen gibt; Hall erwähnt sein Angebot in keinem Brief und in keinem Tagebucheintrag. Doch es klingt plausibel, Tyson war als Arktisfahrer schließlich fast genauso erfahren wie Budington, und Hall kannte Tyson ebenso lange, wenn auch nicht so gut. Bei seinem ersten Besuch in Groton 1859 hatte er ihn kennengelernt, in der Frobisher Bay hatten sie sich wiedergetroffen (Tyson war mit der *Georgiana* gekommen), und bei Halls zweiter Expedition waren sie sich öfter in der Hudson Bay begegnet. Hall wußte, daß Tyson zuverlässig und findig war. Doch Tyson mußte Halls Angebot ablehnen, weil er sich für den Sommer 1871 zu einer Walfahrt verpflichtet hatte.

Halls Problem war gelöst, als Budingtons Fahrt wegen ungewöhnlich dichten Eises in der Davis Strait abgebrochen werden mußte und er unerwartet in New London eintraf. Nach einer kurzen Besprechung bot ihm Hall die Kapitänsstelle an, Budington sagte zu. Hall freute sich über Budingtons Rückkehr, doch der unheilvolle Grund für diese Entscheidung war ihm nicht entgangen. Auch andere Walfänger berichteten, daß die Vereisung in diesem Jahr so schlimm war wie noch nie. Hall kannte die Arktis gut genug, um zu wissen, daß das Glück bei seiner Expedition eine große Rolle spielen würde, vor allem sein Glück in bezug auf Wetter- und Eisverhältnisse.

Der nächste wichtige Posten war der des naturkundlichen Leiters. Erstes Ziel der Expedition war der Nordpol, doch auf dem Weg sollten für die National Academy of Sciences und das Smithsonian Institute gründliche wissenschaftliche Beobachtungen gemacht werden. Dieser Aspekt der Reise gefiel Hall von Anfang an nicht, vielleicht weil Hayes seine fehlende wissenschaftliche Ausbildung gegen ihn verwendet hatte und er diesbezüglich gehemmt war. Die National Academy of Sciences und das Smithsonian Institute waren mit der wissenschaftlichen Planung betraut, auch mit der Bestellung des Personals, doch Hall wollte die Kontrolle über alle Bereiche der Expedition haben und mischte sich bald in diesen Punkt ein. Lady Franklin hatte in Cincinnati einen Dr. David Walker aus San Francisco erwähnt, der 1857/58 Schiffsarzt und Naturforscher auf McClintocks *Fox* gewesen war; Walker hatte ihr gesagt, er wolle gerne wieder in den Norden fahren. Hall bat Lady Franklin, Walker anzuschreiben und zu bitten, Kontakt mit ihm aufzunehmen. Ende August bekam Hall einen Brief von Walker, der auf die Expedition ganz versessen war, so versessen, daß er noch am selben Tag auf Lady Franklins Schreiben reagierte. Er schilderte seine Arktiserfahrungen und schloß, daß sich »niemand auf diesem Kontinent so gründlich mit der wissenschaftlichen Seite der Polarforschung befaßt hat wie ich«.[47] Während der Indianerkriege hatte er in der US-Armee gedient und war körperlich in bester Verfassung. Seine Referenzen seien bekannt, schrieb er, Hall müsse sich nur beim Smithsonian Institute erkundigen.

Hall schrieb an Spencer Baird, den Geschäftsführer des Smithsonian Institute, legte Walkers Brief bei und drängte auf dessen Ernennung als naturkundlicher Leiter der Expedition. Hall hatte mittlerweile gelernt, sehr geschickt zu argumentieren; er fügte hinzu, daß man mit Walkers Beteiligung auch Geld sparen könne. Da dieser immer noch im Dienst der Armee stehe, könne der Präsident ihn unter regulärem Sold einfach für die Expedition einteilen, und damit koste seine Ernennung keinen Cent. Hall versuchte sich auch ein wenig in Bestechung; in seinem Brief erwähnte er, daß er mit dem Gedanken spiele, dem Smithsonian Institute seine Franklin- und Frobisher-Relikte zu überlassen. Doch Walker war hoch qualifiziert, und Halls Vorschlag, ihn normal zu besolden, war attraktiv genug. Bald darauf nahm Baird mit Walker Verhandlungen auf.

Hall war nun seit drei Monaten nicht mehr in Washington gewesen. Anfang November fand er, es sei an der Zeit zurückzukehren. Er mußte mit dem Marineministerium über Schiff und Besatzung verhandeln und mit der Academy sowie dem Smithsonian Institute die wissenschaftlichen Projekte klären. Er sorgte sich auch wegen des Etats; die 50 000 Dollar waren ihm erst als eine riesige Summe erscheinen, doch je mehr er über die Ausgaben nachdachte, desto kleiner wurde sie.

Bald nach seiner Ankunft in Washington sah er zum erstenmal sein Schiff. Die Marine hatte die *Periwinkle* zur Verfügung gestellt, einen Dampfschlepper von 387 Tonnen. Für eine Arktisfahrt war sie kaum gerüstet – sie war bestenfalls eine wenig einnehmende Schute –, doch in Halls Augen war sie wunderbar.

Er begutachtete sie auf der Marinewerft von Washington, wo im Winter und Frühjahr die Umrüstung für die Torturen im Eis vorgenommen werden sollte. Dazu mußte sie im Grunde vollständig auseinandergenommen werden, innen und außen mußten neue Spanten und Spieren angebracht werden, sie mußte kalfatert und mit Kupfer verschanzt, mit neuen Planken und neuem Takelwerk versehen werden. Schraubwelle sowie die Schraube selbst mußten verstärkt werden, denn sie waren in arktischen Gewässern besonders gefährdet, und es mußte eine Kabinenheizung eingebaut werden. In Anbetracht ihrer bevorstehenden Verwandlung wollte Hall sie in *Polar World* umtaufen, entschied sich aber nach reiflicher Überlegung einfach für *Polaris*.

Hall war erfreut von seinem Schiff. Das Etatproblem hingegen war weniger erfreulich. George Robeson, der Marineminister, forderte schon Gelder der bewilligten Summe für die Arbeiten an der *Polaris* an, Hall aber wollte den Präsidenten überzeugen, daß die Marine die Umrüstung aus eigenen Mitteln bezahlen sollte. Ganz überraschend konnte das Problem gelöst werden. In aller Stille, ja fast heimlich, erfuhr er vom Haushaltsausschuß, daß die Arbeiten am Schiff bis zu einer Summe von 50000 Dollar über dem bereits bewilligten Etat finanziert werden sollten. Inoffiziell waren somit die anfangs beantragten 100000 Dollar bereitgestellt, doch man machte Hall klar, daß es zum guten Ton gehöre, nicht die ganze Summe auszugeben.

Am 9. Februar schrieb Hall einen übermütigen Brief an Budington: »Ich gehe davon aus, daß die US-Nordpolexpedition ein Triumph wird!«

Seinem zukünftigen Kapitän schilderte er die fortschreitenden Arbeiten an seinem Schiff: die Takelage, den Hilfsmotor, den zusätzlichen Bugpropeller, den »massiven Eismeißel aus Gußeisen, der vom Kiel bis auf eine beträchtliche Höhe über der Wasserlinie reicht«, den wasserdichten Raum am Bug. »Man ist entschlossen, alles bestens zu machen. Uncle Sam ist weit davon entfernt, seinen Söhnen, die sich der Arktis verschrieben haben, schlechtes Material zukommen zu lassen oder bei den Arbeiten zu schlampen.«

Ein weiterer Anlaß zur Freude war die Tatsache, daß die Verhandlungen mit Walker erfolgreich waren. Joseph Henry von der National Academy of Sciences, Baird vom Smithsonian Institute sowie der Stabsarzt der Armee waren der Meinung, daß Walker der richtige Mann auf dem Posten des naturkundlichen Leiters wäre. Hall war zufrieden, und er schildert Budington noch einen weiteren kleinen Triumph, ein Treffen mit Präsident Grant:

Gestern hatte ich die Ehre, dem Präsidenten die Hand zu schütteln. Das Treffen kam völlig unerwartet zustande. Ich stand inmitten einer großen Menge im Vestibül seines Amtssitzes und beobachtete aufmerksam das Defilee einer Kompanie Washingtoner Polizisten, die der Präsident musterte. Da fiel sein Blick zufällig auf mich, er nickte mir sofort zu und sagte: »Kapitän«, und gleich darauf wurden die Entfernung und die Menschenmassen, die uns trennten, kleiner, und der Präsident und der bescheidene Verfasser dieser Zeilen schüttelten sich die Hände. »Ich glaube, die Arktisexpedition schreitet gut voran«, sagte er. Natürlich sagte ich ja.

Hall freute sich auf den Sommer. Er gab Budington eine Vorschau des Aufbruchs: »Die ganze Expedition wird hier organisiert und wird auch hier, in der Bundeshauptstadt, in See stechen – Ihr könnt Euch auf die Hochstimmung vorbereiten, unter den Augen des Präsidenten und ganz Washingtons an Bord des Nordpolschiffs zu gehen und mit Kurs nach Norden den Potomac hinunterzudampfen.«

In jenem Winter ließ sich Hall mit drei Herren fotografieren, die ihm von Anfang an in Washington geholfen hatten: Oberst

James Lupton, Penn Clarke, Sekretär im Innenministerium, und T. H. Stanton, Zahlmeister der Armee. Auf der Fotografie sieht man Hall inmitten der drei Männer sitzen, im Hintergrund ein Bild der *Polaris*. Halls dichter Bart verbirgt Kinn und Mund, nur seine kleinen, fast schalkhaft blitzenden Augen geben einen Hinweis auf seinen Charakter. Schriftliche Zeugnisse schildern ihn als kräftig und stämmig; auf dem Foto sieht man ihn nur sitzend von der Hüfte aufwärts, doch man erkennt, daß er breite Schultern und einen muskulösen Oberkörper hatte. Seine Kleidung ist zerknittert und schäbig. Irgendwie wirkt er wie ein Bär.

Dieses Bild ist das einzige Foto von Hall. Es diente als Vorlage für den Kupferstich, der in diesem und anderen Büchern abgedruckt ist.

Im Februar erfuhr Hall von Joseph Henry und Spencer Baird, daß sie einen neuen Kandidaten für den Posten des naturkundlichen Leiters hätten. Sie waren zwar angetan von Walker, hatten aber noch andere Männer in Augenschein genommen, die naturwissenschaftlich weitaus besser qualifiziert waren als Walker, der in erster Linie Arzt war. August Petermann, ein bekannter Geograph aus Deutschland, hatte seinen Studenten Dr. Emil Bessels empfohlen. Bessels, gebürtiger Heidelberger, hatte wie Walker ein Studium der Medizin absolviert und sein Examen an der Universität Heidelberg abgelegt, doch im Gegensatz zu Walker hatte der vermögende Bessels die Muße, sich ganz den Naturwissenschaften zu widmen, und nach dem Medizinexamen in Jena und in Stuttgart Zoologie studiert. Im Sommer 1869 hatte er an der Petermann-Expedition in den Gewässern östlich von Spitzbergen teilgenommen und sich mit seiner wissenschaftlichen Arbeit hervorgetan. Als Petermann seine Referenz schrieb, diente Bessels als Militärarzt, doch Petermann war sicher, daß er vom Dienst entbunden werden könnte, wenn er für eine amerikanische Expedition angefordert würde.

Henry und Baird waren begeistert von Bessels. Er war erst 24, hatte sich aber schon als ausgezeichneter Naturwissenschaftler erwiesen. Walker hatte zwar mehr Arktiserfahrung, aber Bessels wissenschaftliche Qualifikation war besser, und Henrys und Bairds Interesse galt nun einmal den Wissenschaften. Nichts weist darauf hin, daß sich Hall gegen die Berufung von Bessels gewehrt hätte, aber er war so stolz gewesen, daß er selbst Walker ausfindig gemacht hatte, daß diese Neuigkeit sicherlich enttäuschend für ihn war. Doch nachdem die Entscheidung gefallen war und Bessels zugesagt hatte, ging Hall wieder mit gewohnter Tatkraft und Entschlossenheit zu Werke. Da es kostspielig war und die Expeditionsgelder schmälern würde, Bessels von Deutschland anreisen zu lassen, wollte Hall ein wenig Geld einsparen. Schließlich war er es gewöhnt, Leute um einen Gefallen zu bitten. Er schrieb ein Glückwunschtelegramm an Bessels und bat Cyrus Field persönlich, es kostenlos telegraphieren zu dürfen. Dann wandte er sich an die deutsche Reederei *Oehlrich* und bat um eine Freifahrt für Bessels – »für die Sache der Wissenschaften und der Nordpolerkundung«, wie er schrieb.[48] Die Reederei sagte zu, und Bessels sollte im Mai nach Amerika kommen.

Im Frühjahr mußte Hall zuallererst die Offiziere listen. Budington war Kapitän. Zum Ersten Offizier ernannte Hall Hubbard C. Chester, auch er ein erfahrener Walfängerskipper, der früher Maat auf der *Monticello* war. Über William Morton als seine Wahl des Zweiten Offiziers war er besonders glücklich; Morton, der seit dreißig Jahren als Verwaltungsunteroffizier im Dienst der Marine stand, war mit Kane auf beiden Aktisexpeditionen gewesen, und auf der zweiten Fahrt, vor fast 20 Jahren, hatte er sich als gewandter Schlittenführer verdient gemacht. Die *Advance* mußte vor der Küste Grönlands überwintern; Morton war mit dem Eskimo Hans Hendrick nach Norden gefahren, hatte den Humboldt Glacier passiert und mußte dann kurz vor Cape Constitution im unwegsamen Gelände und wegen offenen Wassers umkehren. Morton hatte berichtet, das Meer sei nördlich des Kaps offen, und damit unabsichtlich den Mythos des »offenen Eismeers« untermauert. Wo Mortons »offenes Wasser« gewesen war, fand Isaac Hayes sieben Jahre später Eis, und manch einer rügte Morton wegen seines Berichts (als wären die Gewässer in der Arktis unveränderlich). Ein britischer Kommentator kritisierte Kane sogar, weil er einem Unteroffizier gestattet hatte, so eine wichtige Reise allein zu unternehmen. Kane stand jedoch weiterhin hinter Morton, und Hall wußte, daß Morton trotz seines Alters ein guter Mann war.

Auch die Marine hatte Besatzungsmitglieder geworben. Als Ingenieur listeten sie den Deutschen Emil Schumann. Die amerikanische Kriegsmarine wie auch die Handelsmarine rekrutierten damals zunehmend Männer aus Einwandererkreisen, abenteuerlustige Amerikaner hingegen wanderten lieber nach Westen, als daß sie zur See fuhren. Von den zehn Matrosen der *Polaris*-Besatzung war nur Noah Hayes gebürtiger Amerikaner; einer war Schwede, ein anderer Däne, und sieben waren Deutsche, ebenso zwei von den drei Wissenschaftlern. Es waren genauso viele Deutsche an Bord wie Amerikaner – eine interessante und im Licht der späteren Ereignisse auch verhängnisvolle Statistik.

Emil Bessels kam im Mai nach Amerika. Es gibt keine Aufzeichnungen darüber, wo und wann er sich mit Hall traf und was die beiden Männer anfangs voneinander hielten. Bald nach Bessels Ankunft stellte Joseph Henry als Präsident der National Academy of Sciences ein Komitee zusammen, das die wissenschaftliche Arbeit der Expedition festlegen sollte; berufen wurden berühmte Wissenschaftler der damaligen Zeit, darunter Joseph Henry selbst, Spencer Baird, J. E. Hilgard und Louis Agassiz. Die Instruktionen deckten Astronomie, Meteorologie, Geologie, Glaziologie, Ozeanographie, Ornithologie und Zoologie ab; sie waren so komplex und so detailliert, daß Hall sich schon bedroht fühlte und fürchtete, die wissenschaftliche Seite würde so viel Raum einnehmen, daß er die Kontrolle über seine Expedition verlieren könnte.

Nichts weist eindeutig darauf hin, daß sich Hall und Bessels von Anfang an nicht gemocht hätten, doch die Probleme waren schon in der Korrespondenz zwischen Hall und Henry über das vorrangige Ziel der Expedition – wissenschaftliche Arbeit versus Entdeckung des Nordpols – angelegt. Einige Zeit nach dem ersten Zusammentreffen zwischen Hall und Bessels schrieb Henry an Hall: »Ich bezweifle nicht, daß Ihr Dr. Bessels jede Möglichkeit eröffnet und ihm jede Hilfe zuteil werden laßt, soweit es in Eurer Macht steht. Dr. Bessels ist ein sensibler, weichherziger Mann, daher bitte ich Euch, sehr freundlich mit ihm umzugehen.«[49] Hall sicherte Bessels seine Unterstützung zu.

Im Mai reiste Hall ein letztes Mal nach Cincinnati und sprach mit seinen alten Freunden offen über seine Hoffnungen und Ängste. Laut Richter Joseph Cox war er »außerordentlich zuversichtlich in bezug auf sein Gelingen«, fürchtete allerdings eine eventuelle Insubordination bei einigen Offizieren und Matrosen. Diesen Punkt brachte er gegenüber Robert Newton deutlicher zur Sprache. Einige Jahre später schrieb Newton an J. E. Nourse, der im Auftrag der Regierung an einem Buch über Hall arbeitete, und äußerte, Hall habe sich über die wissenschaftliche Orientierung der Expedition beklagt: »Er sagte mir, daß er dieser Organisation nur zugestimmt habe, weil ihm die Beteiligten deutlich gemacht hätten, daß man ihm das Kommando der Expedition entziehen würde, wenn er sich nicht an die Abmachungen halte«[50] – der einzige Hinweis auf eine diesbezügliche Drohung. War sie tatsächlich ausgesprochen worden, oder war Halls Argwohn nach langer Ruhezeit wieder an die Oberfläche gekommen? Die Antwort auf diese Frage ist nicht bekannt.

Trotz aller Zweifel und Befürchtungen war Hall aufgeregt, daß sein Traum langsam Wirklichkeit wurde. Zehn Jahre lang hatte er versucht, eine große Expedition zu führen – endlich war es ihm gelungen. Ende Mai empfing er Präsident Grant, Marineminister Robeson und andere Repräsentanten auf der Marinewerft von Washington an Bord der *Polaris*, die von vorn bis achtern erneuert worden war. Reverend Dr. Newman, der Geistliche des Kongresses, den Hall oft in der Stadt getroffen hatte, hielt aus diesem Anlaß einen kurzen Gottesdienst ab. Newman fuhr später mit dem Begleitschiff *Congress* und gab der Expedition in Grönland seinen letzten Segen.

Am 10. Juni segelten Hall, Budington und ein Teil der Mannschaft den Potomac hinunter und nahmen Kurs auf den Marinehafen in Brooklyn, wo die *Polaris* einige Wochen liegen sollte. Kurz vorher hatte Hall vom Marineminister die offizielle Order bekommen; das Exemplar mit seinen Notizen und Unterstreichungen, das ihn als Kommandanten der Nordpolexpedition bestätigt, wird im Smithsonian Institute aufbewahrt.

Die Anweisungen sind kurz und bündig, aber sie betreffen alle Bereiche. Hall hatte das Recht zu entscheiden, welcher Route er folgen wollte, sobald die Expedition Grönland verlassen hätte. Nach seinem ursprünglichen Plan wollte er durch den Jones Sound fahren, doch er schloß auch die Route durch die Davis Strait ins Kane Basin nicht aus, die Kane und Hayes befahren hatten. In Grönland traf er gleich den Wissenschaftler Baron von Otter, der ihm mitteilte, daß die Eisverhältnisse im Norden der Baffin Bay außergewöhnlich gut seien. Damit war Halls Entscheidung gefallen: Kurs direkt auf Norden.

Aus den Anweisungen geht hervor, daß das Schiff für zweieinhalb Jahre ausgerüstet war, Hall könnte die Fahrt jedoch verlängern, wenn er genügend Proviant hätte, oder aber abbrechen, wenn ein Notfall eintrat oder er sein Ziel früher erreichte. Auch verhältnismäßig unwichtige Punkte sind darin aufgeführt: Wer des Schreibens kundig war, mußte Tagebücher führen, die Hall am Ende der Expedition für seinen Anschlußbericht ausgehändigt werden sollten. Versiegelte Behälter mit Notizen über den Fortschritt der Expedition sollten in regelmäßigen Abständen über Bord geworfen und an Land Steinpyramiden mit ebensolchen Notizen errichtet werden, wann immer die Möglichkeit dazu bestand.

Selbst die Befehlshierarchie für den Fall einer unerwartet auftretenden Dienstunfähigkeit Halls oder seines Todes ist genauestens festgelegt:

> Im Falle Eures Todes oder Eurer Dienstuntauglichkeit als Kommandant führt Mr. Budington weiterhin als Segel- und Eismeister das Kommando über die direkten und indirekten Manöver des Schiffes. Dr. Bessels leitet in diesem Fall weiterhin die wissenschaftliche Abteilung der Expedition, er führt die Schlittenfahrten und leitet die wissenschaftlichen Erkundungen. Im möglichen Fall einer Nichtübereinstimmung bezüglich des zu befolgenden Kurses übernimmt Mr. Budington allein das Kommando und die Verantwortung und kehrt schnellstmöglich in die Vereinigten Staaten zurück.

Bei den wissenschaftlichen Aspekten der Expedition beziehen sich die Anordnungen der Marine auf die Instruktionen von Henrys Komitee: »Verantwortung und Leitung der wissenschaftlichen Untersuchungen wird unter Eurem Kommando Dr. Emil Bessels zugesprochen, und Ihr verpflichtet Euch, Dr. Bessels alle Möglichkeiten zu eröffnen und alle Hilfe zu geben, die in Eurer Macht steht.«

Solange auf der Marinewerft von Brooklyn noch letzte Veränderungen an der *Polaris* vorgenommen wurden, hatte Hall viel zu tun. Offiziersstab und Mannschaft mußten komplettiert werden. Frederick Meyer, ein deutschstämmiger Ingenieur der Fernmeldetruppe, wurde unter Bessels als Meteorologe berufen. Das dritte Mitglied des wissenschaftlichen Stabs war R. W. D. Bryan; er hatte erst kürzlich das Lafayette College abgeschlossen und sollte als Astronom und Geistlicher mitfahren. An Bord der *Congress*, die die *Polaris* vor der Insel

Disko treffen würde, sollte er nach Grönland fahren und zur Expedition stoßen. Es mußten noch letzte Änderungen vorgenommen werden, nachdem der Zweite Ingenieur, ein Heizer, ein Matrose und der Koch desertiert waren und ersetzt werden mußten. Und dann mußte noch die letzte Ernennung stattfinden. George Tysons Walfahrt war ausgefallen, und Hall wollte ihn unbedingt dabeihaben. Durch eine spezielle Abmachung mit Robeson schuf er in letzter Minute für Tyson eine Heuer als Hilfsnautiker. Die vollständige Liste umfaßt 25 Mann:

Offiziersstab:

C. F. Hall	Expeditionsleiter
Sidney O. Budington	Segelmeister
George E. Tyson	Hilfsnautiker
H. C. Chester	Erster Offizier
William Morton	Zweiter Offizier
Emil Schumann	Ingenieur
Alvin Odell	Zweiter Ingenieur
Walter Campbell	Heizer
John Booth	Heizer
John Herron	Steward
William Jackson	Koch
Nathaniel Coffin	Zimmermann

Matrosen:

Herman Sieman
Frederick Anthing
J. W. C. Kruger
Henry Hobby
William Nindemann
Joseph Mauch
G. W. Lindquist
Peter Johnson

Frederick Jamka
Noah Hayes

Wissenschaftlicher Stab:
Emil Bessels   Arzt und wissenschaftlicher Leiter
R. W. D. Bryan   Astronom und Geistlicher
Frederick Meyer Meteorologe

Dann waren da noch Ebierbing, Tookoolito und die kleine
Punny. In Grönland ging Hans Hendrick mit Frau und drei Kindern an Bord. Die *Polaris* brach also insgesamt mit 33 Seelen in
unbekannte Gewässer auf.

Kurz vor ihrem Aufbruch richtete die American Geographical Society in New York noch einen Empfang für Hall, Ebierbing, Tookoolito und einige Offiziere der Expedition aus. Der
mittlerweile grau gewordene William Morton sprach und er-
freute das Publikum mit einer kleinen Rede zum Gedenken an
seinen ehemaligen Kommandanten Elisha Kent Kane (»Es war
mein trauriges Schicksal, einen so tapferen Mann wie ihn zu
verlieren. Er ging von uns in eine Welt, wo Märtyrer ihren gerechten Lohn bekommen.«) Auch Emil Bessels sprach; er entschuldigte sich für sein schlechtes Englisch, pries Halls Tatkraft als Stimulus, der sie zum Erfolg führen würde, und schloß
mit einem Wort zum wissenschaftlichen Aspekt der Expedition:
»Zusätzlicher Antrieb für unsere Reise wird die Tatsache sein,
daß so herausragende Wissenschaftler wie die dieser Society
interessiert die Fortschritte unserer Expedition verfolgen werden.« Richter Dale stellte Hall vor und pries seinen »unbezähm-
baren Tatendrang«. Hall sprach länger als Morton und Bessels,
nicht nur, weil er Expeditionsleiter war, sondern auch, weil er
sich in vertrauter Umgebung befand. Von Anfang an hatte Hall
in seiner Karriere als Forschungsreisender Unterstützung und
Hilfe von der Society erhalten und hatte dort mittlerweile viele
alte Freunde. Er sprach aus dem Stegreif, entschuldigte sich,

daß er so beschäftigt war und nicht die Zeit gehabt habe, eine Rede vorzubereiten, er dankte der Regierung, lobte vor allem Minister Robeson (»ich kann fast sagen, ich bete ihn an«) und unterstrich sein Vertrauen in die Männer: »Ich habe meine Männer ausgewählt, Männer, die mit mir durch dick und dünn gehen. Auch wenn wir von unzähligen Eisbergen eingekeilt werden, auch wenn unser Schiff zermalmt werden sollte wie eine Eierschale, so bin ich doch sicher, daß sie bis zum Schluß zu mir halten.« Auf dem Höhepunkt seiner Rede leugnete er, so abenteuerlustig zu sein, wie manche Leute glaubten; mit einem Loblied auf die Arktis beendete er seine Rede.

Drei Tage nach dem Empfang stach die *Polaris* im Marinehafen Brooklyn in See. Nach 17stündiger Fahrt lief sie New London an, wo der Ersatz für die Desertierten an Bord ging. Am dritten Juli lichtete sie wieder Anker. Bei dem Empfang hatte Henry Grinnell Hall im Rahmen einer kleinen Zeremonie feierlich die Flagge überreicht, die Charles Wilkes 1838–1840 in der Antarktis dabeigehabt hatte. Als Forschungsreise war die Wilkes-Expedition ein voller Erfolg gewesen, doch sie war auch von Uneinigkeit und Insubordination gekennzeichnet und endete mit Wilkes' Verurteilung vor dem Kriegsgericht. Als Symbol war die Flagge also zweideutig. Und unter diesem zweifelhaften Emblem segelte die *Polaris* nun aus dem Hafen von New London und nahm Kurs auf die Arktis.

SIEBTES KAPITEL

Grönland.
Die Expedition

Die Fahrt der *Polaris* war zum Scheitern verurteilt. Das Schiff erreichte den bislang nördlichsten Punkt. Die Männer erkundeten und kartierten unbekannte Regionen der Hocharktis und befuhren eine Pionierroute ins Eismeer, der später Entdecker wie George Nares, Adolphus Greely und Robert Peary folgen sollten. Die Teilnehmer der Expedition betrieben selbst unter härtesten Bedingungen Forschungen von großem geographischem und naturwissenschaftlichem Wert. Trotz allem scheiterte die Expedition – sie scheiterte wegen der erbitterten Feindseligkeiten und Unstimmigkeiten unter den Teilnehmern. Charles Francis Halls Karriere als Entdecker hatte im Schatten der Tragödie um die Franklin-Expedition begonnen, sie endete im Schatten von Geheimnissen und Widersprüchen.

Die ersten beiden Expeditionen mußten aus seinen Tagebüchern nachvollzogen werden. Da seine eigenen Schriften die einzige Informationsquelle sind, können die Ereignisse auf diesen Reisen nicht getrennt von dem leidenschaftlichen Mann gesehen werden, der sie nicht nur selbst erlebte, sondern auch in seinem typisch subjektiven Stil aufzeichnete. Wir können seine einsamen Wanderungen auf Baffin Island und durchs Ödland nur mit seinen Augen sehen und können nur raten, was Budington, Ebierbing, Tookoolito oder Patrick Coleman dachten. Bei der dritten Expedition wurde Hall jedoch zum Gegenstand der Tagebücher und Erinnerungen anderer Männer, und die Ereignisse der Reise können nur aus deren Blickwinkeln betrachtet werden. Halls Tagebücher der dritten Fahrt sind nach seinem Tod auf rätselhafte Weise verschollen.

Die Ereignisse müssen auch aus Aufzeichnungen rekonstruiert werden, die sich oft widersprechen. Da ist das offizielle Logbuch der *Polaris*, das Hall führte und das nach dessen Tod von Budington und Chester weitergeführt wurde, doch wie in den meisten Logbüchern sind die Eintragungen knapp gehalten und liefern nur Fakten – Wind, Windstärke, Temperatur, Kurse, Koordinaten. Eine ertragreichere Quelle sind die Tagebücher einiger Männer, die – die Aufzeichnungen von Herman Sieman, John Herron, Hubbard Chester und William Morton – meist so nüchtern gehalten sind wie Logbücher; die Verfasser unterdrückten private Gedanken und hielten nur seemännische Daten fest. Die Tagebücher der Matrosen Noah Hayes und Joseph Mauch hingegen sind außergewöhnlich, nicht wegen ihres literarischen Gehalts, sondern wegen ihrer Ehrlichkeit und Spontaneität. Sie zeigen weitaus deutlicher als andere Tagebücher, wie sich das Leben in der Arktis auf das Denken gewöhnlicher Menschen auswirkt. In den Tagebüchern wird die allmähliche Veränderung in Hayes' und Mauchs Persönlichkeit deutlich, sie zeigen auf, was mit den einzelnen Männern an Bord geschah, als Disziplin und Kameradschaftsgeist allmählich nachließen.

George Tyson hatte seine Reaktionen auf die Ereignisse an Bord der *Polaris* niedergeschrieben, doch sein Tagebuch verschwand, als er vom Schiff getrennt wurde. Während der langen qualvollen Zeit vor seiner Rettung hatte er ein neues Tagebuch begonnen, das noch erhalten ist. Bei seiner Rückkehr in die zivilisierte Welt wurde er von dem Herausgeber E. Vale Blake gedrängt, mit ihm ein Buch zu schreiben, das den illustren Titel *Arctic Experiences: Containing Capt. George E. Tyson's Wonderful Drift on the Ice-Floe* trägt. Das Buch besteht hauptsächlich aus langen Zitaten aus Tysons Tagebuch, doch man kann durchgängig die etwas plumpe Feder des Herausgebers spüren. Die Abschnitte, die vom Leben an Bord des Schiffes handeln, sind Rekonstruktionen der Notizen, die Tyson abhanden gekommen sind. Er hatte offenbar keine einschneidenden Korrekturen vorgenommen, doch seine Sicht der Dinge ist nicht unbefangen; vermutlich hatte er die Gelegenheit genutzt und die Ereignisse im Licht der späteren Vorfälle neu beschrieben. Der erste Teil von Tysons Tagebuch ist daher eher eine Erinnerung als eine Dokumentation.

Eine weitere wichtige Quelle über die *Polaris*-Expedition ist ein nachträglicher Bericht, der in gewisser Weise lebhafter und direkter ist als die Tagebücher. Der Untersuchungsbericht des Marineministeriums für den Präsidenten, weitgehend ein wörtliches Protokoll der Befragung der Expeditionsteilnehmer, ist deshalb so lebhaft und unmittelbar, weil die Befragung zu einem Zeitpunkt stattfand, als die Erinnerungen noch frisch, die Emotionen noch erhitzt waren. Viele Männer, die beim Schreiben ihrer Tagebücher gehemmt waren, verloren diese Hemmungen unter den bohrenden Fragen des Untersuchungsausschusses und ließen ihrer Frustration und ihrem Groll freien Lauf.

Anhand dieses und ähnlichen Materials muß die Geschichte der *Polaris*-Expedition nachvollzogen werden, dabei wird Hall, Gegenstand der Gespräche und Schriften anderer Männer, zu einer ungewöhnlich stillen, fast geheimnisvollen Figur. Was von seinen Aufzeichnungen der Expedition erhalten blieb, ist nüchtern und offiziell – Logbucheinträge, schriftliche Anweisungen, Berichte für Washington. Wir können nur raten, was in seinen persönlichen Tagebüchern stand; da wir wissen, wie argwöhnisch und wie schnell er beleidigt war, kann man sich unschwer vorstellen, in welcher Stimmung er in den Momenten des Alleinseins seine Einträge verfaßte, während das Klima an Bord immer angespannter wurde und er über den Lauf der Ereignisse grübelte, die schließlich zu seinem Tod führten.

»27. Juli. Auf See. Um drei Uhr bei Morgenlicht kamen die eisigen Berge Grönlands in Sicht, die schneebedeckten Gipfel schieben sich über den Horizont.« So beginnt Noah Hayes' Tagebuch. Hayes, ein Farmerssohn aus Indiana, ging nach Osten, während viele seiner Landsleute in das neue Land im Westen zogen. Die Expedition war die erste Seefahrt für den 26jährigen; gewissermaßen mit großen Augen verfolgte er die Überfahrt von New London über Neufundland nach Grönland. Die Spannung wuchs noch, als die *Polaris* nach der Sichtung Grönlands am 27. Juli weiter die Küste entlang nach Norden fuhr; backbord türmten sich die mächtigen Eisberge der hocharktischen Gletscher, steuerbord lagen die Fjorde und die majestätischen Berge Grönlands. Als die *Polaris* eine Siedlung an der Küste anlief, konnte sich Hayes gar nicht satt sehen an den Eskimo, die er in seinem Tagebuch detailliert beschreibt.

Seine Aufregung erreichte ihren Höhepunkt, als der Expeditionsleiter ihn fragte, ob er an einem Landmarsch auf der Insel Disko teilnehmen wolle. Hayes war ein Junge, wie Hall ihn sich wünschte – tüchtig, ehrgeizig, loyal. Er hatte sich mit einem Enthusiasmus für die Expedition gemeldet, die auch in den ersten Seiten seines Tagebuchs überbordend zum Ausdruck kommt; sein kraftvoller Stil, manchmal überzogen vor Selbstbewußtsein, ist Halls Stil sehr ähnlich. Hayes bewunderte Kraft und Hingabe des Expeditionsleiters und war geschmeichelt, als Hall ihn zum Landgang einlud. Mit der Forschermappe unterm Arm folgte er dem Kommandanten auf die Hügel hinter Godhavn. Hall erzählte ihm von der Franklin-Expedition und deutete von der Höhe aus auf die Whalefish Islands, wo die *Erebus* und die *Terror* Proviant von ihrem Begleitschiff übernommen hatten und dann für immer verschwunden waren. Beim Abstieg trafen die beiden Männer auf einen der Naturgärten, die die arktische Landschaft zieren, und teilten einen wunderschönen Anblick. Hayes überschlug sich in seinem Tagebuch:

> Ein Stück links vom Hügel war ein kleiner Teil des Tals von gut 40 Metern rautenförmiger Ausdehnung zu sehen. Das Tal war auf drei Seiten von senkrecht aufragenden Felswänden umschlossen. Am oberen Ende war eine schöne Quelle, die in ein natürliches Becken sprudelte und eine einladende Gumpe mit klarem Süßwasser bildete. Das Wasser floß durch einen mäandernden Bach aus dem Tal und verlor sich in der Ferne auf seinem Weg zum Meer. Ohne daß man die Pflanzen auseinanderdrückte, konnte man keinen Zentimeter des Bodens sehen, so dicht war er mit Blumen, Moos und Gräsern überwuchert. Um die Gumpe und am Rand des Bachs wuchsen dichte Nester aus feinem, samtig grünem und dunkelrotem Moos, aus dem hier und da verschiedenfarbige, aber miteinander harmonierende Blumen sprossen. Das Wasser spritzte aus dem plätschernden Bach, die Topfen blieben im Moos hängen, und das Licht, das vom bunten Moos reflektiert wurde, sah aus wie mit Perlen und Edelsteinen besetzt, mit Diamanten, Rubinen, Smaragden. Niemals hatten meine Augen solch makellose Schönheit geschaut, und mein Geist hatte sich niemals einen solchen Anblick ausgemalt, wie ihn dieser kleine Garten Eden bot.

Hayes' Landgang mit Hall verstärkte die Loyalität gegenüber seinem Kommandanten und seine Begeisterung für die Expedition. Oft schrieb er, wie er sich auf jenen Sonntag freute, da sie am Nordpol an Bord der *Polaris* einen Gottesdienst abhalten würden.

In seiner Begeisterung sah Hayes in allem, was um ihn herum geschah, nur das Gute. Dem erfahrenen und kritischen George Tyson hingegen schwante Böses, als die ersten Anzeichen von

Unzufriedenheit und Feindseligkeit unter den Offizieren wahrnehmbar wurden. Tyson hatte sich der Expedition erst spät angeschlossen und wußte nichts von Halls Mißtrauen gegenüber Bessels, doch kurz nachdem sie St. John's in Neufundland angelaufen waren, merkte er, daß Hall mit Bessels und Frederick Meyer, dem Meteorologen, Schwierigkeiten hatte. Die beiden Deutschen schienen entschlossen, Halls Autorität zu trotzen, wenn auch der Widerstand noch nicht offenkundig war. Tyson merkte, daß auch Budington mürrisch auf Halls Kommando reagierte. In seiner späteren Aussage vor dem Untersuchungsausschuß gab Budington zu, seit St. John's wegen »einer sehr unbesonnenen Heimlichkeit« seinerseits Probleme mit Hall gehabt zu haben. Laut Tyson bestand die »unbesonnene Heimlichkeit« darin, den Proviant um einen Imbiß geschmälert zu haben (nicht um Alkohol, wie Tyson vor dem Ausschuß betonte, nur um Essen – dieses Mal).

Tyson war zwar ein scharfer Kritiker all derer, die die Stimmung anheizten, er selbst aber war offenbar auch nicht ganz unschuldig. Es ist verführerisch, Tysons Version der Ereignisse zu übernehmen, weil er schriftlich und mündlich so schlüssig und ausführlich berichtete und weil er im Grunde ein vernünftiger, erfahrener und verantwortungsbewußter Mann war. Doch in der Besatzungshierarchie war er in einer mißlichen Position, und schließlich war auch er nur ein Mensch. Laut seiner Aussage hatte Hall ihm die Position des Schiffsführers angeboten, am Ende hatte er ihn aber auf einen unklar definierten, fast überflüssigen Posten unter seinem Kollegen und Walfängerskipper Budington gesetzt. Tyson stand nicht immer über der Situation. In seinen Schriften kritisierte er fast alle auf dem Schiff, und sein Ton verrät eher persönliche Verdrossenheit als objektive Urteilsfähigkeit; vor allem gegen Budington schoß er scharf.

Doch Tysons Gefühl, daß die Expedition schon früh aus dem Ruder lief, war nicht unbegründet. Als die *Polaris* Disko anlief, spürten auch andere die feindselige Stimmung. In Godhavn traf die *Polaris* mit dem Versorgungsschiff *Congress* zusammen. Kapitän Davenport von der *Congress* und Reverend Newman, der nach Norden gefahren war, um der Expedition den letzten zu Segen geben, gingen an Bord der *Polaris* und fanden sich in einem Wespennest wieder. Der wissenschaftliche Stab, bestehend aus Bessels und Meyer (Bryan schloß sich erst in Godhavn an), hatte sich offen Halls Befehl widersetzt. Meyer mußte für Hall das offizielle Expeditionstagebuch führen und beklagte sich, daß dies mit seinen Aufgaben als Meteorologe unvereinbar sei. Hall hatte Meyer daraufhin angewiesen, einige Zeit auf seine meteorologischen Beobachtungen zu verzichten, sich ganz auf das Tagebuch zu konzentrieren und ihm bei der Navigation zur Hand zu gehen. Meyer hatte sich geweigert. Bessels war bei der Auseinandersetzung zugegen gewesen, desgleichen auch Steward John Herron, wenn auch nur kurz; er hatte das erboste Streitgespräch gehört und bezeugte später: »Kapitän Hall sagte ihm [Meyer], er sei Expeditionsleiter, und Mr. Meyer sagte, er habe seine Anweisungen vom Hauptquartier. Hall forderte ihn auf, ihm diese zu zeigen, und da mischte sich Dr. Bessels ein und sagte, daß Mr. Meyer an Land gehen könne, wenn er wolle.« Bessels gab später zu, sogar noch weiter gegangen zu sein und angekündigt zu haben, daß er, wollte Meyer die Expedition verlassen, mit ihm gehen und auch die deutschen Matrosen mitnehmen würde.

Hall wandte sich hilfesuchend an Davenport, der offenbar genug Disziplin und Autorität besaß, um die Situation auf dem Schiff wieder erträglich zu machen. Auf der sechsten Seite von Halls Exemplar der Order des Marineministeriums ist ein Satz mit Bleistift unterstrichen: »Alle Personen, die an dieser Expedition teilnehmen, stehen unter Eurem Befehl und müssen sich unter allen Umständen und allen Bedingungen den Regeln, Vorschriften und Gesetzen unterwerfen, die für die Marinedisziplin gelten.« Am Rand stehen das Datum: »God Haven,

Grönland, 16. August 1871« und Halls handschriftliche Erklärung: »Als Mitglied der US-Marinenordpolexpedition gelobe ich hiermit feierlich, daß ich alle Befehle und alle Anweisungen, ausgegeben vom Marineminister der Vereinigten Staaten an den Kommandanten, befolge.« Frederick Meyer hatte diese Erklärung unterzeichnet. Hall hatte sich offenbar auf einen Kompromiß einlassen müssen, denn Meyer wurde bald von seinen Aufgaben als Schriftführer entbunden, die von da an der junge Matrose Joseph Mauch übernahm.

Bessels und Meyer waren nicht die einzigen Unruhestifter auf der Insel Disko. Tyson behauptete, er habe erst dort festgestellt, daß Budington die Alkoholvorräte plünderte. Hall hatte einige Flaschen Whiskey, Cognac und Wein für Feiertage und andere spezielle Anlässe unter Verschluß. Tyson bezeugte, daß Budington ihn auf Disko eines Tages zu einem Glas Wein einlud, Tyson nahm an. Budington führte ihn heimlich in einen Gang, wo er eine Seetruhe mit persönlichen Dingen gelagert hatte, öffnete den Deckel und förderte einige Flaschen Wein zutage – »Rotwein, in Flaschen – ein leichter Wein«, erklärte Tyson vor dem Untersuchungsausschuß. Tyson fragte Budington, wer ihm den Wein gegeben habe, der Kapitän antwortete ausweichend: »Das spielt keine Rolle.« Tyson gab zu, daß er nicht beweisen konnte, daß Budington den Wein von den Expeditionsvorräten gestohlen habe, fand jedoch, daß Budingtons Verhalten eindeutig seine Schuld verriet.

Am 17. August setzte die *Polaris* ihre Nordfahrt fort. Bevor die Anker gelichtet wurden, kamen Davenport und Newman von der *Congress* noch einmal an Bord und verabschiedeten sich. Nach allem, was Davenport gesehen und gehört hatte, sorgte er sich und hielt vor versammelter Mannschaft noch eine kurze Ansprache über diszipliniertes Verhalten, Newman sprach ein Gebet, das größtenteils auf jede Expedition gepaßt hätte. Ein Vers aber war ganz auf die *Polaris*-Expedition zugeschnitten; Newman hatte ihn wohl verfaßt, nachdem er die Vorfälle an Bord beobachtet hatte:

> Schenke uns edle Gedanken, reine Gefühle und großzügiges Mitgefühl für den Nächsten, während wir so fern aller menschlichen Siedlungen sind. Schenke uns Liebe zum Nächsten, die langmütig und freundlich ist, die nicht neidet und nichts für sich selbst wünscht, die nicht Stolz kennt noch Eigennutz, die nicht leicht auf die Probe gestellt werden kann noch Böses denkt, die alles erträgt, alles erhofft und alles aushält, eine Liebe, die niemals fehlt.[51]

Die *Polaris* lief noch weitere Häfen an der grönländischen Küste an, bevor sie schließlich Kurs auf unbekannte Gewässer nahm. Der erste Hafen war Upernavik. Dort hoffte Hall, Hans Hendrick listen zu können, einen Grönland-Eskimo, der bei Arktisfahrern wohlbekannt war. Hans war 1853/54 mit Kane und 1860/61 mit Hayes im Norden gewesen. Er hatte Kanes Trupp zwar am Ende wegen einer Polar-Eskimofrau verlassen, war aber dennoch für Kane und Hayes von unschätzbarem Wert gewesen; ohne sein Können bei der Jagd und seine Vermittlungsfunktion zwischen den Polar-Eskimo hätten die Expeditionen noch verlustreicher geendet als ohnehin. Hall hoffte, daß Ebierbing, Tookoolito und Hans seine Expedition mit möglichst viel eskimoischem Wissen und Können unterstützen würden. Doch als die *Polaris* im Hafen von Upernavik einlief, war Hans nicht da; er befand sich im 50 Meilen nördlich gelegenen Prøven. Hubbard Chester, der sich als ausgezeichneter Bootsführer erwiesen hatte, fuhr mit einem Beiboot nach Prøven und kam am nächsten Tag mit Hans, dessen Frau und drei Kindern wieder zurück. Hans hatte sich geweigert, ohne seine Familie, seine Hunde und Besitztümer an der Expedition teilzunehmen, und so war das Boot bis oben hin beladen mit Hans' Ausrüstung, einem Hundegespann und Welpen. Als

Hans an Bord kam, trat William Morton, der Zweite Offizier, vor und gab ihm die Hand. 17 Jahre zuvor hatten Morton und Hans die Überlebenden der Kane-Expedition zurückgelassen und waren mit einem Hundeschlitten zum Cape Constitution gefahren, wo sie einen flüchtigen Blick auf die Wasser werfen konnten, die sie für das offene Polarmeer hielten. Morton war in diesen 17 Jahren so gealtert, daß Hans ihn nicht wiedererkannte, doch als der alte Seemann auf die Narben an Hans' Händen deutete, ein Andenken an eine Pulverexplosion auf der Kane-Expedition, erinnerte sich der Eskimo und begrüßte Morton herzlich.

Am Tag bevor sie Upernavik wieder verließen, wollte Hall einige schwärende Feindseligkeiten offen ansprechen. Es war Sonntag; nach dem Gottesdienst erhob er sich und wandte sich an die versammelte Mannschaft. Noah Hayes gibt die Rede sinngemäß wieder: »Nach dem Gottesdienst (um elf Uhr) fand es Kapitän Hall geboten zu betonen, daß er entschlossen sei, Ordnung und Gehorsam gegenüber allen ordentlichen Befehlen aufrechtzuerhalten; er würde umgehend jede Widersetzlichkeit gegen das, was er die Interessen der Expedition nannte, bestrafen und wenn nötig bei der Ausübung seiner Pflicht als Kommandant eher sterben als auch nur einen Buchstaben von der Order abzuweichen.« Hayes verlieh dem Vertrauen in seinen Helden Ausdruck und schwelgte: »Und ich bin sicher, daß er in keiner Weise das Vertrauen in seine Fähigkeiten verletzt, das jene in ihn setzen, die ihm die große Verantwortung der gewissenhaften Leitung dieses strapaziösen Unternehmens mit all seinen unterschiedlichen Schwierigkeiten und Anforderungen, die sich notwendig daraus ergeben, übertrugen.«

Joseph Mauch hatte die Rede offensichtlich anders verstanden; wahrscheinlich war er sich als Deutsch-Amerikaner der Existenz der »deutschen Partei«, wie Tyson sie nannte, eher bewußt als Hayes. Über dieselbe Rede schrieb er in sein Tagebuch: »Elf Uhr Gottesdienst von Mr. Bryan, unserem Astronomen und Kaplan. Danach machte Kapitän Hall einige Bemerkungen und griff Dr. Bessels schwer an; ob zu Recht oder zu Unrecht, kann ich nicht beurteilen. Er [Hall] beschuldigte ihn [Bessels], die Schiffsmannschaft gegen ihn aufgehetzt zu haben und sagte ihm, daß er das Verhalten des Doktors zu Hause den zuständigen Stellen melden werde.«

Nach zwei weiteren Aufenthalten machte die *Polaris* klar für den Smith Sound, die Einfahrt zu unerforschten Gewässern. Auf der kleinen Insel Kingitoke verhandelte Hall erfolglos wegen Hunden, und in Tasiusaq versuchte er vergeblich, den Grönländer Jansen anzuheuern, einen Veteranen der Hayes-Expedition. Jansen wollte nicht an der Expedition teilnehmen, verkaufte Hall aber ein paar Hunde zu horrenden Preisen. Vor dem Aufbruch schrieb Hall in Tasiusaq seinen letzten Bericht an Washington. In Holsteinsborg hatte er eine schwedische Expedition getroffen, die hydrologische Forschungen betrieb. Expeditionsleiter Baron von Otter hatte gute Nachrichten für Hall, die Eisverhältnisse im Norden seien außerordentlich gut für die Navigation, und Hall entschied sich endgültig, durch den Smith Sound direkt nach Norden zu fahren und Kanes Route zu folgen, anstatt erst durch den Jones Sound nach Westen zu fahren. Die *Polaris* war unter Segeln und unter Dampf zügig an der grönländischen Küste nach Norden gefahren, sie war bis oben hin mit Kohle, Proviant und anderen Vorräten beladen. Die Besatzung war vollzählig; außer der Mannschaft, den Offizieren und dem wissenschaftlichen Stab waren auch sieben Eskimo, Männer, Frauen und Kinder, an Bord sowie ein Rudel Hunde. Trotz der Schwierigkeiten mit einigen Offizieren war Hall optimistisch. Am 22. August begann er seinen Bericht:

Die Aussichten für die Expedition sind bestens, das Wetter ist schön und klar, und es ist außergewöhnlich warm. Es wurden alle Vorkehrungen getroffen, der Zivilisation für mehrere Jahre Lebewohl zu sagen, wenn dies nötig sein soll, um unser Ziel zu erreichen. Nicht nur die Kohlebunker sind voll, auch auf Deck haben wir noch zehn zusätzliche Tonnen, außerdem Holz, Planken und Harz in ausreichenden Mengen, die im Notfall verheizt werden können. Nie war eine Arktisexpedition besser ausgerüstet als diese.

Am nächsten Tag legte sich dichter Nebel über Tasiusaq, als das Schiff aus dem Hafen auslaufen wollte. Ungeduldig wartete Hall 24 Stunden ab, daß sich der Nebel lichtete, dann beschloß er, einen fähigen Lotsen anzuheuern und die *Polaris* durch den Nebel aus dem Hafen zu manövrieren. Die Zeit mit günstigem Segelwetter neigte sich schon ihrem Ende zu, und er konnte sich keine weitere Verzögerung leisten.

Tasiusaq war gerade achtern aus dem Blick verschwunden, da kam Tyson zu Hall in die Kabine, wo er ihn schreibend antraf. Tyson wußte, daß Hall die Aufzeichnungen seiner zweiten Expedition mitgenommen hatte und in seiner Freizeit an einem Buch arbeitete.

Ich fragte ihn, ob er sein Buch über die Franklin-Suche fertigstelle, über die er so oft mit mir gesprochen hatte. Er sagte: »Nein, diese Unterlagen habe ich alle auf Disko gelassen!« Ich wollte nicht in ihn dringen, aber meine Augen fragten: »Warum?« Ein Schatten huschte über sein Gesicht, als ob die Erinnerung an irgend etwas, das mit diesen Unterlagen zusammenhing, ihn beunruhigte, und er fügte, ohne den Kopf zu heben, gleich hinzu: »Ich habe sie dort gelassen, damit sie in Sicherheit sind.« Ich begriff, daß ihm das Thema unangenehm war, und machte keine weiteren Bemerkungen, aber ich konnte nicht umhin, darüber nachzudenken.[52]

Die *Polaris* ließ Tasiusaq und damit jeglichen Kontakt zur Zivilisation hinter sich. Da der Funkverkehr noch nicht erfunden war, hätte sie genausogut auf der abgewandten Seite des Mondes segeln können. Die Familien der Besatzungsmitglieder, die Behörden in Washington und die Öffentlichkeit akzeptierten diese völlige Loslösung als einen unvermeidlichen Teil jeder Arktisfahrt und fanden sich damit ab, frühestens nach etwa zwei Jahren Nachricht von der *Polaris* zu erhalten. Herbst und Winter 1871/72 vergingen, es vergingen auch Frühjahr, Sommer und Herbst 1872. Im Winter 1873 riefen die Zeitungen ihren Lesern von Zeit zu Zeit ins Gedächtnis, daß die *Polaris* noch immer im hohen Norden war, doch mit Neuigkeiten konnten sie nicht aufwarten, weil es schlichtweg keine Nachrichten gab. Im Frühjahr 1873 rechnete das Marineministerium fest damit, spätestens im Sommer von der *Polaris* zu hören, denn das Schiff war für einen weiteren Winter in der Arktis nicht ausgerüstet. Es war klar, daß eine Katastrophe zu befürchten stand, wenn bis August nichts Neues durchgedrungen wäre.

Doch die Nachrichten kamen früher als erwartet. Am 9. Mai 1873 telegraphierte ein schockierter US-Konsul aus St. John's in Neufundland:

Englischer Walfänger *Walrus* eingetroffen. Meldet Rettung von 15 Mann und fünf Esquimaux der *Polaris*-Arktisexpedition aus dem Eis bei Grady Harbor, Labrador, am 30. April von Dampfer *Tigress*. Kapitän Hall letzten Sommer verstorben. Erwarten *Tigress* stündlich in St. John's.[53]

Am Morgen des 30. April manövrierte Kapitän Isaac Bartlett den Robbenfänger *Tigress* langsam durch den Nebel vor der Küste Labradors, da hörte er eine Stimme unten im Wasser und schrak auf. Er erschrak noch viel mehr, als er sah, daß es ein Eskimo in einem Kajak war, weitab von jeder Gegend, wo man Eskimo antreffen konnte. In gebrochenem Englisch konnte der Eskimo den Kapitän überreden, ihm eine Viertelmeile zu einer Eisscholle zu folgen. Zu ihrer Überraschung entdeckte die Besatzung der *Tigress* eine große Gruppe Männer, Frauen und Kinder, die alle mit den Kappen winkten und jubelten. Bartlett ließ sofort Boote zu Wasser und holte diese seltsamen Schiffbrüchigen an Bord. Als sie die Strickleitern hinaufkletterten, fragte ein Besatzungsmitglied der *Tigress* jenen Mann, der offenbar der Führer der Gruppe war, wie lange sie schon auf dem Eis seien.

»Seit dem 15. Oktober«, lautete die Antwort.

Über ein halbes Jahr auf einer Scholle! Die Männer der *Tigress* staunten nicht schlecht. »Wart Ihr denn Tag und Nacht auf der Scholle?« stieß einer hervor. Wie George Tyson später schrieb, mußte er unweigerlich lachen. »Diese betretene Miene und dieser Tonfall und dann diese absurde Frage – das war zuviel für meine Höflichkeit.« Der Streß einer sechsmonatigen Drift über 1500 Meilen auf einer Eisscholle verflog mit Tysons Lachen.[54]

Tyson und die anderen (Frederick Meyer, acht weitere Besatzungsmitglieder, vier erwachsene Eskimo und fünf Kinder – 19 Menschen, nicht 20, wie in dem Telegramm nach Washington stand) wollten nur noch so schnell wie möglich an Land. Doch Bartlett wollte unbedingt in den Robbengründen bleiben, bis sein Laderaum voll war. Tyson und der erschöpfte Trupp mußten sich noch eine Woche gedulden, bis sie schließlich Neufundland erreichten. Währenddessen herrschte im Marineministerium hektische Aufregung und große Enttäuschung. Das Telegramm hatte ein Desaster angedeutet, Einzelheiten wußte man jedoch nicht. Was war passiert, daß so viele Expeditionsteilnehmer schiffbrüchig aus dem Eis geborgen werden mußten? Wo waren die *Polaris* und der Rest der Besatzung? Wie war Charles Francis Hall gestorben? Robeson und sein Ministerium würden erst zufriedenstellende Antworten bekommen, wenn die Schiffbrüchigen in Washington eingetroffen wären. In der Zwischenzeit erfuhr Kapitän Bartlett von Tyson Einzelheiten der Geschichte.

Sechs Tage nachdem sie Tasiusaq verlassen hatten, legte die *Polaris* unter Segeln und Dampf eine beträchtliche Strecke nach Norden zurück. Trotz Nebel und Eis kamen sie in drei Tagen nach Cape Alexander am Eingang zum Smith Sound. Vor ihnen lagen 300 Meilen Fahrt durch die enge Wasserrinne zwischen Ellesmere Island und Grönland. Der Kanal war oft vereist und wurde von Stürmen gebeutelt, die einen Eisgang in einen Mahlstrom verwandelten, wie Kane und Hayes schmerzhaft erfahren mußten. Im Jahr 1853 hatte die *Advance* Cape Alexander umrundet und war ins Kane Basin eingefahren, dort geriet das Schiff in einen Sturm, das Eis schnitt ihm den Weg ab, und es mußte schließlich nach Rensselaer Harbor flüchten, dem nördlichsten Punkt, der auf dieser Fahrt erreicht wurde. Hayes' Schoner *United States* kam 1860 nicht einmal nach Rensselaer Harbor, er wurde schon im Sturm vor Littleton Island im Eis eingeklemmt und mußte wenige Meilen nördlich von Cape Alexander in die Hartstene Bay einlaufen. Kane und Hayes waren gezwungen, ihre Schiffe aufzugeben und ihre Erkundungen Richtung Norden mit Schlitten und kleinen Booten weiterzuführen.

Hall hatte mehr Glück. Die *Polaris* passierte am 27. August um fünf Uhr nachmittags Hayes' Hartstene Bay und um acht Uhr abends Kanes Rensselaer Harbor. Kaum 24 Stunden später hatte sie das ganze Kane Basin hinter sich gelassen und fuhr in den engen Kennedy Channel ein. In wenigen Stunden war sie so weit nach Norden gelangt, wie Kane und Hayes es nur nach Monaten größter Mühsal geschafft hatten. Halls Glückssträhne hielt an. In weniger als einem Tag war er durch den Kennedy Channel und auf dem Weg in ein Becken, das den Namen Hall Basin tragen würde. Dieser Teil der Fahrt war für Morton und Hans am aufregendsten; nun waren sie in jenen Gewässern, die sie 17 Jahre zuvor am Cape Jackson gesichtet hatten – jene offenen Wasser, die sie für ein offenes Polarmeer gehalten hatten.

Am 30. August um sechs Uhr früh erreichte die *Polaris* bei

82° 11′ den nördlichsten Punkt am oberen Ende des Robeson Channel. Vor ihr lag das undurchdringliche Eis der Lincoln Sea. Hall würde es nie mehr erfahren, aber zwischen ihm und dem Nordpol lag nun kein Land mehr, nur noch stetig driftendes Packeis, riesige Hummocks und Preßeisrücken und die tückischen Fahrrinnen des Polarmeers. Vor ihm lag die Antwort an die Optimisten, die an ein offenes Eismeer glaubten.

Doch am Rand der Lincoln Sea wendete sich für Hall das Blatt. Die Eisdecke vor der *Polaris* war massiv. Nebel zog auf, Schnee fiel, und die reißende Strömung trieb das Schiff zurück nach Süden Richtung Hall Basin. Hall fuhr mit einem Beiboot an die grönländische Küste und erkundete eine kleine Bucht auf ihre Tauglichkeit als Winterhafen, sie stellte sich jedoch lediglich als eine seichte Kerbe in der Küstenlinie heraus. Er wollte nicht dort ankern, doch in einer kleinen Zeremonie taufte er die Bucht Repulse Harbor, hißte die amerikanische Flagge am nördlichsten Punkt, den das Sternenbanner bislang gesehen hatte, und beanspruchte das Land für die Vereinigten Staaten. Dann kehrte er zur *Polaris* zurück, die an einer Scholle vertäut war. Er mußte eine Entscheidung treffen. Nach kurzer Besprechung mit den Offizieren, die ihm kontroverse Ratschläge gaben – die einen schlugen den Rückzug nach Süden vor, die anderen meinten, er solle umgehend einen Winterhafen anlaufen, wieder andere wollten unbedingt weiter nach Norden fahren –, beschloß Hall, an der Eiskante nach Westen zu fahren und Kurs auf ein Gebiet zu nehmen, das er Great Land nannte (die nördliche Spitze von Ellesmere Island); dort hoffte er auf eine Wasserrinne, die in Küstennähe nach Norden führte.

Die Entscheidung, es weiter zu versuchen, hätte die Expedition fast zum Scheitern verurteilt. Nach wenigen Meilen steckte die *Polaris* im Eis fest. Am nächsten Tag trieb der Nordostwind das Eis mit zunehmendem Druck gegen das Schiff; es war klar, daß es gequetscht werden und schweren Schaden erleiden könnte. Die Lage war so prekär, daß Hall anordnete, den

Proviant auszuladen und auf dem Eis zu stapeln, für den Fall, daß er das Schiff aufgeben müßte. Beim Gottesdienst am dritten September forderte er die Männer auf, mit besonderer Hingabe und Inbrunst zu beten. Herman Sieman, ein frommer Lutheraner, verstand sehr wohl, was Hall sagen wollte. Er schrieb in sein Tagebuch: »Schiff und Besatzung scheinen bald eine Beute des Eises zu sein. Doch da ist Gott, er hilft und errettet uns vor dem Tode. Zu ihm bete ich inmitten dieser Eisberge, auch wenn ich es nicht verdiene, daß er mir Gutes angedeihen läßt.«

Das Eis, das die *Polaris* eingeschlossen hatte, driftete nach Süden. Meistens war die Sicht durch Nebel oder Schnee versperrt; wenn es für kurze Zeit wieder aufklarte, versuchten die Offiziere verzweifelt, Landmarken zu sichten und ihre Position zu koppeln. Stunde um Stunde wurde das Schiff vom nördlichsten Punkt, den es erreicht hatte, durch den Robeson Channel weiter ins Hall Basin zurückgetrieben. Vier Tage war es der Gnade der Eisscholle ausgeliefert, dann konnten Hall und Budington in offene Wasser entkommen und die grönländische Küste ansteuern. Sie fanden einen kleinen natürlichen Hafen, den Hall als Winterlager für tauglich befand. Er schnitt sich zwar nicht so tief ins Land, wie Hall es sich gewünscht hätte, aber zumindest waren sie nun außerhalb der Strömung mit ihren tödlichen Schollen. Im Norden der kleinen Bucht lag ein Kap, das Hall Cape Lupton nannte und von dem er hoffte, daß es ein wenig Schutz vor den Packeisdriften bot. Budington manövrierte das Schiff vor einen riesigen Eisberg, der sich aufs Land geschoben hatte und das Schiff zusätzlich schützen konnte, und warf Anker. Nach dem Gottesdienst, den Bryan am zehnten September hielt, sprach Hall zu den Männern und teilte ihnen mit, daß er ihre Zuflucht Thank God Harbor und den schützenden Eisberg Providence Berg getauft habe.

Tyson erzählte Bartlett von den Vorbereitungen für den kommenden Winter. Das Schiff war vom Eis umgeben und wurde mit hohen Wällen aus Schnee- und Eisblöcken geschützt, das gesamte Deck mit einer Plane überdacht. Um mehr Platz für die Kombüse zu schaffen, zog Hall aus seiner Einzelkabine aus und teilte einen Raum mit Bessels, Bryan, Meyer, Schumann, dem Koch und dem Steward. Teile des Proviants wurden über die 300 Meter breite Eisschicht vom Schiff zur Küste getragen. Am Strand richtete Emil Bessels sein wissenschaftliches Observatorium ein, einen kleinen vorgezimmerten Schuppen.

Wenn sich die Gelegenheit bot, führte Hall kurze Exkursionen zur Erkundung der unmittelbaren Umgegend. Thank God Harbor war nur eine seichte Bucht am Rand einer großen Flachlandebene, sie war zwölf Meilen breit und 30 Meilen lang, im Norden, Osten und Süden wurde sie von Bergen begrenzt, die Fläche war fast eben, nur hier und da gab es kleine Erhebungen und schmale Rinnen der Gletscherbäche. Den Boden bildete eine Moräne aus Schlick, Ton, Schiefer und Kalkstein, bewachsen war das Land lediglich von vereinzelten Weiden und alpiner Flora in Moosnestern – ein Tribut an die Hartnäckigkeit organischen Lebens. Die Berge, die die Ebene umschlossen, waren nicht hoch, aber die Wände waren steil und zerklüftet, ihre Flanken von Gletscherfluß durchzogen, die Gipfel vom Wind zerfressen und zerrissen vom Frost. An klaren Tagen konnten die Männer hinter den Bergen im Südosten den weißen Schimmer der grönländischen Eiskappe sehen.

Selbst auf den kurzen Exkursionen stellte das Land die Männer manchmal auf die Probe. Eines Tages machten sich Meyer, Bryan und Mauch auf eine, so meinten sie, leichte Wanderung über das Eis der Bucht zu den Bergen im Süden, die nur wenige Stunden entfernt zu sein schienen. Nach neun Stunden erst erreichten sie die Ausläufer der Berge und kehrten sofort um, als sie merkten, daß der Rückweg noch beschwerlicher sein würde. Der Wind hatte nicht nachgelassen und das Eis in Bewegung gesetzt. In der hereinbrechenden Dunkelheit mußten die Männer über hohe Hummocks klettern und sich durch die Schneewehen kämpfen, noch schlimmer waren jedoch die Spalten, die im Eis entstanden und die der Schnee oft verbarg. Die Männer fielen immer wieder ins Wasser und waren völlig durchnäßt. Das Schiff war immer noch außer Sichtweite, und sie konnten sich nur an den Bergen orientieren, die hinter ihnen schwarz in den dämmernden Himmel ragten und immer noch so gewaltig erschienen wie von ihren Ausläufern aus gesehen – ein Zeichen, daß die Männer erst eine kurze Entfernung zurückgelegt und noch eine weite Strecke zu bewältigen hatten. Naß, halb erfroren und erschöpft, wie sie waren, bekamen sie Panik. Meyer und Bryan, die beide leichte Eskimostiefel trugen, ließen Mauch in seinen schweren Lederstiefeln weit zurück und kamen in den frühen Morgenstunden zum Schiff. Hall schickte umgehend einen Suchtrupp nach Mauch aus. Man fand ihn – wankend wie ein Betrunkener, fast ohne Bewußtsein.

Keiner wußte besser als Hall, wie entmutigend Erkundungen in diesem Land sein konnten. Aber er wollte vor Wintereinbruch unbedingt noch eine lange Schlittenreise machen, das Land erkunden und dabei einen Weg ausfindig machen, auf dem im Frühjahr der Nordpol erreicht werden könnte. Am zehnten Oktober brach er in Begleitung von Ebierbing, Chester und Hans mit nur einem Schlitten nach Nordosten auf und wanderte am Rand der Berge entlang, die die Ebene begrenzten. Er wollte so weit wie möglich über Land reisen, bevor er über das Packeis weiterwandern müßte. Am nächsten Tag schickte er Hans zurück, damit er noch einen Schlitten, ein Hundegespann und weitere Ausrüstungsgegenstände holte. Dann verschwand der kleine Trupp für zwei Wochen.

Wie Tyson zu Bartlett sagte, habe Hall ihm bei der Vorbereitung der Exkursion versichert, daß er ihn gerne mitgenommen hätte, aber dann habe er innegehalten, auf Budington gedeutet, der auf dem Schiff beschäftigt war, und gesagt: »Aber diesem Mann da traue ich nicht. Ich hätte Euch gerne dabei, aber ihn kann ich nicht alleine auf dem Schiff lassen.«[55]

Am 24. Oktober kamen sie zurück. Sie hatten am Rand der Berge dreimal ein Lager aufgeschlagen und waren dann nach Norden gewandert und den Biegungen eines Flußbetts über das Hochland zu einer großen Bucht gefolgt. An der Küste verlas Hall ein Gebet, das Newman verfaßt hatte, und benannte die Bucht nach dem Reverend. Sie fuhren über das feste Eis zur Mündung der Bucht, die sie nach zwei Tagen erreichten. Hall und Chester bestiegen einen hohen Berg und hatten einen weiten Panormablick über die Region. Nach Westen hin lag der zugefrorene Robeson Channel, dahinter erhoben sich die Berge von Ellesmere Island, die sich bis zu einem Kap etwa 60 Meilen nördlich auszubreiten schienen. Hall kombinierte richtig, daß sich das Land dort abrupt nach Westen wandte und daß sie die nordöstliche Spitze der Insel sahen. Die Küste, an der sie standen, schien sich noch zehn Meilen nach Nordosten und schließlich ganz nach Osten zu ziehen – ein Hinweis auf den Inselcharakter Grönlands.

Hätte Hall in die Zukunft sehen können, so wäre er noch auf dem Gipfel geblieben, denn von dort aus hatte er die beste Sicht nach Norden, die er je haben würde. Aber er wußte nicht, was ihn erwartete, und wie immer trieb es ihn weiter. Nach dem Abstieg erkundeten sie die Bucht, dann entschieden sie, daß es Zeit wäre, zur *Polaris* zurückzukehren, denn die Schlittenbedingungen waren schlecht, und sie müßten bis zum nächsten Frühjahr warten, bis sie weiter nach Norden wandern könnten. Mit Bedauern traten sie auf der gleichen Route den Rückweg an.

Tyson war gerade dabei, die Schneewälle aufzuschichten, als er Hall und den kleinen Trupp zurückkommen sah; er ging ihnen entgegen. Hall sei ganz überschwenglich gewesen und habe versprochen, ihn, Tyson, das nächste Mal mitzunehmen, erzählte er Bartlett. Hall ging an Bord, Tyson wandte sich wieder seiner Arbeit zu. Am Nachmittag wurde Hall plötzlich krank. Als Tyson das hörte, ging er in die Kabine, die Hall mit sechs anderen Männer teilte. Hall lag in der Koje. Er sagte zu Tyson, er habe eine Tasse Kaffee getrunken, als er an Bord gekommen sei, da sei ihm schrecklich übel geworden, er fühle sich noch immer schlecht, doch wahrscheinlich werde es ihm am nächsten Morgen wieder bessergehen. Aber auch am Morgen war ihm nicht wohler, im Gegenteil, es ging ihm sogar schlechter, und nach wenigen Tagen begann er zu phantasieren.

Bei der Schilderung der beiden grauenvollen Wochen, die Halls erster Kolik folgten, war Tyson schmallippig und kurz angebunden. Halls Zustand verschlechterte sich stetig. Seine linke Körperseite war gelähmt, er hatte große Schmerzen und wirkte zeitweilig wahnsinnig. Jedermann auf dem vollgestopften Schiff wußte um Halls Zustand. Bessels vermutete »Schlagfluß« und prophezeite schon düster Halls Tod, doch die Männer wußten auch ohne Bessels Voraussagen, wie schlimm es um Hall stand. Um ihn nicht zu stören, wurden die Appelle und Inspektionen so weit wie möglich von der Kabine entfernt auf dem Vordeck abgehalten, und die Männer wurden angewiesen, sich von ihm fernzuhalten. Trotzdem konnten sie den Expeditionsleiter in der Nacht oft stöhnen und schreien hören; in seinem Wahn bezichtigte er einige Offiziere, ihn umbringen zu wollen.

Der Ruch von Krankheit und Tod, der sich über das Schiff legte, wurde noch von einer eigenartigen, grauenvollen Krankheit verstärkt, der die Welpen nach und nach zum Opfer fielen. Ihnen traten die Gedärme aus dem After, und wenn sie nicht von ihrem Elend erlöst wurden, starben sie eines langsamen Todes oder wurden von den anderen Hunden in Stücke gerissen. Einige Männer hatten die harte Aufgabe, die infizierten Welpen zu töten.

Nach einer Woche ging es Hall etwas besser. Er hatte seinen Verstand wiedererlangt und nahm auch wieder Nahrung zu sich. Er kümmerte sich um die Belange der Expedition und rief Mauch zu sich, dem er einen Bericht diktierte. Zu Noah Hayes'

Freude verließ er sogar seine Kabine und blieb einen ganzen Tag auf Deck. Hayes hatte sich große Sorgen um Hall gemacht, durfte ihn aber wie die meisten anderen Männer nicht besuchen. Er hatte dem Gerede Glauben geschenkt, Hall würde das Kommando nicht mehr führen können, selbst wenn er überlebte; doch Halls Anwesenheit an Deck strafte dieses Gerücht Lügen. Doch kaum war Hall auf dem Weg zur vollständigen Genesung, bekam er einen Rückfall. Am Morgen des 7. November fiel er ins Koma. Er lebte noch einen Tag, in den Morgenstunden des 8. November starb er.

Am 10. November um elf Uhr wurde er begraben. Die lange arktische Dunkelheit hatte sich schon über das Land gelegt, und trotz des Sternenscheins, der durch das unheimliche Nordlicht am Himmel fiel, mußten sich die Männer ihren Weg vom Schiff zum Grab an der Küste mit Laternen bahnen. Halls Leichnam wurde in blauer Uniform und unter der amerikanischen Flagge in einen schlichten Kiefernholzsarg gebettet, auf einen Schlitten gebunden und übers Eis zur Küste gezogen. Die Matrosen hatten 200 Meter südlich des Observatoriums ein Grab geschaufelt; es war nur zwei Fuß tief, denn unter dem Oberflächeneis lag der eisenharte Permafrostboden, der das arktische Land durchzieht. Mit dem Gesicht nach Osten legten sie Hall ins Grab, die Füße zeigten auf den zugefrorenen Thank God Harbor. Nach dem Trauergottesdienst, bei dem Bryan ein paar Gebete sprach, wurde der Sarg mit Erde, Steinen und Schnee bedeckt, und die Männer kehrten zur *Polaris* zurück.

Tyson schilderte dem Kapitän von der *Tigress*, daß er in den Vorfällen, die auf Halls Tod folgten, eine Verschwörung gegen ihn sah; alles deutete in eine Richtung: seine Trennung von der Expedition und sein Martyrium auf der Eisscholle. Nur eine Woche nach Halls Begräbnis fegte drei Tage lang ein schrecklicher Orkan über Thank God Harbor. Zwei Tage blies der Wind mit 50 Meilen pro Stunde, am dritten Tag hörten die

Männer, wie das Eis unter der *Polaris* krachte und barst. Das Schiff fing an zu schaukeln. Plötzlich brachen die Schneewälle, die unter größten Mühen am Schiffsrumpf aufgeschichtet worden waren, durch das klaffende Eis, und das Schiff war frei. Zum Schrecken aller Männer an Bord trieb es aus der geschützten Bucht in Richtung des Mahlstroms aus Eis und Wasser, der vor der Bucht vorbeiflutete. Das Schiff war nicht mehr zu steuern, die Männer waren hilflos. Da trieb die *Polaris* plötzlich gegen den riesigen Providence Berg; er hatte sich im Sturm nicht vom Grund gelöst und sich nicht von der Stelle bewegt. William Nindemann, ein deutscher Matrose, krabbelte aus einem Bullauge im Bug und kletterte im tosenden Sturm über die Flanke des Eisbergs zu einem schmalen Sims. Man gab ihm den Eisanker und einen Tiegel mit einer kerosingetränkten Lunte. Im Licht der Flamme verhakte er den Anker im Eis und brachte eine Trosse an. Gleich darauf befestigte er zwei weitere Anker, und die *Polaris* war wenigstens vorläufig sicher vor dem Eis, das am Thank God Harbor vorbeiströmte.

Providence Berg hatte die *Polaris* vor einem Sturm gerettet, in einem anderen Sturm aber fast vernichtet. Kaum war der erste Sturm abgeflaut, manövrierte Budington das Schiff ungefähr 20 Meter vom Eisberg weg. Innerhalb von vier Tagen bildete sich neues Eis um den Rumpf, und sie schienen für den Winter sicher zu sein. Doch am 28. November zog der nächste Orkan herauf und trieb Schollen auf den Eisberg zu, der unter dem Druck plötzlich entzweibrach. Unter den Augen der wieder einmal hilflosen Männer löste sich die eine Hälfte – etwa 20 Meter hoch und 70 Meter breit – vom Grund und bewegte sich in all ihrer ehrfurchtgebietenden Erhabenheit auf das Schiff zu. Eine Kollision schien unvermeidlich, doch dann griff ein unter Wasser liegender Sporn des Eisbergs unter das Schiff und hob den Bug an. Der Eisberg setzte seine Drift Richtung Küste fort, trug und schob die *Polaris* jedoch mit, bis er schließlich wieder auf Grund lief.

Erneut war das Schiff gerettet, doch die Lage war unsicher. Der Bug hing immer noch am Eissporn und wurde von den Eisstücken festgehalten, die sich dagegen gepreßt hatten. Bei Flut kam das Heck auf Höhe des Bugs, so daß der Kiel fast eben im Wasser lag, doch bei Ebbe sank das Heck wieder ab, und das Schiff krängte stark nach backbord. Die Situation war so prekär, daß die Eskimo, die sich sowieso an Bord nicht so ganz wohl fühlten, lieber an der Küste ihr Lager aufschlugen. Die anderen, die an Bord blieben, mußten mit den nervtötenden Geräuschen und Tidebewegungen leben. Das Schiff war instabil, doch man konnte nichts ausrichten; so blieb es einen ganzen Winter im Eis stecken, und die Schiffshaut wurde unter dem ständigen Druck schwer abgenutzt.

Man konnte den Winter und das Frühjahr 1872 nur abwarten. Für die Expedition konnte nicht viel getan werden, selbst wenn die Männer gewollt hätten. Tyson ließ durchblicken, daß die meisten froh waren, nicht mehr an den Nordpol denken zu müssen. Halls Tod hatte eine unklare Kommandosituation geschaffen. Budington war Schiffsführer und somit für alles zuständig, was Schiff und Navigation betraf, Bessels war wissenschaftlicher Leiter, ihm unterstanden alle damit zusammenhängenden Aktivitäten und Ausrüstungsgegenstände, einschließlich der Hunde und Schlitten, jedenfalls behauptete das Bessels. Die beiden Männer beherrschten sich, aber die Besatzung konnte die Spannungen spüren, die entstanden, wenn der eine oder der andere seiner Autorität Geltung verschaffen wollte. In Bessels Augen war Budington ungehobelt, ungebildet und desinteressiert an den höheren Zielen der Expedition, für Budington war Bessels ein studierter, hochnäsiger Snob, der keinerlei praktische Arktiserfahrung besaß.

Doch nicht nur zwischen den beiden leitenden Offizieren gab es Spannungen. Je länger Winter und Frühjahr dauerten, desto introvertierter und selbstsüchtiger wurden die Männer und kritisierten sich gegenseitig immer heftiger. Tyson mochte weder

Budington noch Bessels, und aus irgendeinem Grund hegte er auch einen Groll gegen Chester, der seine Abneigung erwiderte. Schumann mochte Tyson nicht, Budington mochte Schumann nicht. Meyer schlug sich mit Bessels auf eine Seite gegen Budington, stritt aber auch mit Bessels. Der schweigsame alte Seebär Morton traute weder Bessels noch Meyer noch Chester. Von den Offizieren schien nur Bryan aus dem Reigen der Feindseligkeiten herauszufallen, denn er handelte nach dem Motto: »Nichts sehen, nichts hören, nichts sagen.«

Wenn man nach den Tagebüchern von Hayes und Mauch gehen kann, dann sah es auf dem Vorschiff auch nicht besser aus. In seinem Tagebuch wirkt Joseph Mauch wie ein lässiger junger Mann, den das meiste kaltließ und der sich fast immer unter Kontrolle hatte. Doch im Lauf des Winters entwickelte er eine starke Abneigung gegen Bessels und machte seiner schlechten Laune mit viel Schmäh und Sarkasmus in seinem Tagebuch Luft. Unter anderem zweifelte er Bessels Integrität als Wissenschaftler an und nannte ihn einen »verd–n Hochstapler«, der oft Daten fälschte, weil er zu faul war, seine wissenschaftlichen Observationen durchzuführen. Manchmal artete Mauchs Abneigung in einen Rundumschlag aus: Er fühlte sich mißbraucht und schwelgte in Selbstmitleid – er, ein gebildeter Mann, müsse mit diesen gemeinen Matrosen leben und seine Fähigkeiten auf sie verschwenden. In solchen Zeiten war jedermann Mauchs Feind, und er stand ganz alleine da.

Noch bestürzender war die radikale Veränderung in Hayes' Persönlichkeit. Auf der Fahrt von Tasiusaq hatte Hall ihn im Maschinenraum als Helfer für Schumann eingeteilt. Hayes ging davon aus, daß dieser Posten nur vorübergehend war und daß er befördert worden wäre, hätte Hall noch gelebt. Doch im Winter mußte er immer noch unter dem ruppigen Heizer Walter Campbell arbeiten, der für Hayes' jugendliche Begeisterung nicht viel übrig hatte. Trotz allem blieb Hayes bis zum fünften März gleichbleibend heiter und optimistisch, dann aber brach ein Damm in ihm: Heiterkeit und Optimismus wurden in den Fluten von Selbstmitleid und Wut weggespült. An jenem Tag füllte Hayes 14 Tagebuchseiten mit bitteren Anschuldigungen gegen Schumann und Campbell. Vor diesem Datum waren seine Einträge leicht und fröhlich, danach nur noch bitter und düster.

Nathaniel Coffin, der Zimmermann, litt im Winter und auch noch im Frühling immer wieder unter Wahnvorstellungen. Er war ein sensibler Mensch, ein katholischer Konvertit, der, so Hayes' Worte, »schon bessere Tage« gesehen hatte. Coffin hatte sich von Anfang an unter den harten Männer vom Vorschiff unwohl gefühlt. Er hatte ihre Frotzeleien ernst genommen und war überzeugt, daß sie ihn nicht leiden konnten, ja, daß sie ihn gar haßten. Vielleicht hatten ihn Halls fiebrige Mordanklagen hellhörig gemacht, denn kurz nach dessen Tod wurde auch Coffin Opfer des Irrglaubens, die Mannschaft wolle ihn umbringen. Da er vor allen Angst hatte, wechselte er oft den Schlafplatz, schlich sich spätnachts heimlich aus seiner Kabine und legte sich in eine andere Kabine, rollte sich irgendwo auf einem Gang oder in einer Ecke der Kombüse zusammen. Bei seinen Anfällen verkörperte er auf gespenstische Weise sämtliche Verdächte und Ängste, die in den Köpfen aller Männer auf der *Polaris* herumspukten.

Viele seelische Probleme waren sicherlich auf die lange Zeit der Untätigkeit zurückzuführen. Es gab nicht viel zu tun, die Männer langweilten sich zu Tode und glitten in eine gefährliche Mattigkeit ab, der Budington nicht entgegenwirkte. Im Frühjahr fanden wieder einige Exkursionen statt, doch sie waren schlecht organisiert und halbherzig durchgeführt. Gelegentlich ging man für ein paar Tage auf Moschusochsenjagd, und im März leitete Bessels eine zweiwöchige Schlittentour zur Erkundung der Region im Süden. Bis zum Sommer hatte eigentlich niemand etwas Vernünftiges zustande gebracht, dann aber brach große Aktivität aus.

Anfang Juni stachen unter Budingtons Kommando einige Bootstrupps planlos in See – mit dem grandiosen Ziel, den Nordpol zu erreichen. Obwohl die *Polaris* seit Herbst im Eis feststeckte, glaubten einige Offiziere immer noch, daß sie mit Booten den Pol erreichen oder sich ihm zumindest weiter nähern könnten. Budington schickte zwei Boote aus, das eine wurde von Chester kommandiert, das andere von Tyson. Am 7. Juni nahm Chesters Boot Kurs auf Norden, Tyson sollte folgen. Doch nach zwei Tagen kam Chester schon wieder zurück und meldete, das Boot sei im Treibeis zermalmt worden und mitsamt der Ausrüstung verloren. Tyson taufte das Kap, bei dem das Boot unterging, Cape Desaster und die Bucht, in der es zerquetscht wurde, Folly Bay; dazu sagte er später: »Ich glaube, das hat Mr. Chester nicht gefallen.«[56] Der Unfall wäre für die ganze Mannschaft fast tödlich ausgegangen – die Männer erreichten gerade noch mit knapper Not das Ufer –, doch Chester wollte unbedingt noch einmal nach Norden vorstoßen, und Budington erlaubte ihm, das tragbare Faltboot einzusetzen, das eigentlich für Notfälle bei Schlittenfahrten gedacht war. Während sich Chesters Männer auf die nächste Fahrt vorbereiteten, konnte Tysons Mannschaft, darunter auch Bessels, über günstige Wasserrinnen Cape Lupton umrunden. Am nächsten Tag folgten Chester und Mannschaft im Faltboot. Die beiden Trupps trafen sich in der Newman Bay, wo sie einen Monat blieben. Sie gewannen dort keine wichtigen Erkenntnisse, aber offenbar wollten sie erst wieder zum Schiff zurückkehren, wenn ihnen nichts mehr anderes übrigblieb.

Während Chesters und Tysons Mannschaften, die vorwiegend aus den kräftigsten Besatzungsmitgliedern bestanden, in der Newman Bay lagerten, waren auch die Männer auf der *Polaris* nicht untätig. Budington achtete ständig auf Veränderungen im Eis und wollte das Schiff bei der erstbesten Gelegenheit von Providence Berg loseisen. Am 20. Juni trieb ein Sturm die äußeren Schollen weg, doch das Schiff steckte immer noch zwischen Eisberg und Küste fest, das offene Wasser war allerdings nur zehn Meter entfernt. Er wies seine Restmannschaft an, das Eis um den Rumpf aufzusägen und zu sprengen. Drei Tage lang schufteten sie unermüdlich, dann war das Eis endlich offen, die *Polaris* glitt vom Eissporn des Providence Berg und war zum erstenmal nach sechs Monaten wieder frei. Budington stellte bald fest, welchen Schaden die Vereisung angerichtet hatte. Bei klarem Wasser konnte er den Eissporn sehen und daß die Außenhaut verzerrt war. Unter Deck hörte er das ständige, gefährliche Lecken in den Laderäumen und ließ sofort die Lenzpumpen in Gang setzen. Später sagte er aus, er habe nach Norden zur Newman Bay segeln, die Männer abholen und eine höhere nördliche Breite erreichen wollen, aber sehr wahrscheinlich wollte er die Mannschaften nur einsammeln, um so schnell wie möglich nach Süden zu fahren. In den zwei Wochen nach der Befreiung der *Polaris* aus dem Eis nahm er verschiedene Anläufe zur Umrundung von Cape Lupton, doch jedesmal wurde er vom Eis blockiert und kehrte in den relativ sicheren Hafen von Thank God Harbor zurück. Zu Fuß schickte er Boten in die Newman Bay, die Chester und Tyson zur sofortigen Rückkehr auffordern sollten.

Dort, in der Newman Bay, lagen sich Tyson und Chester in den Haaren. Wie Bartlett von Tyson erfuhr, versuchte er, Chester zu überreden, die Boote zurückzulassen und sich ihm bei einem Landmarsch nach Norden anzuschließen, doch Chester weigerte sich, das überhaupt in Erwägung zu ziehen. Auch über Budingtons Befehl zur sofortigen Rückkehr stritten sie. Tyson fürchtete, daß Budington ohne sie nach Süden aufbrechen könnte, und wollte zum Schiff zurückkehren, Chester aber weigerte sich kategorisch, auch nur einen Schritt zu machen. Einige von Chesters Männern befürchteten ebenfalls, daß Budington ohne sie fahren könnte, doch sie waren überzeugt, daß sie es im Falle eines Falles auch alleine mit dem Boot nach Süden schafften. Wütend über ihren »dummen Optimismus« fuhr

Tyson zur *Polaris* und ließ Chester und seine Männer zurück. Chester hielt noch weitere zwei Wochen durch, Mitte Juli kehrte aber auch er mit seiner Mannschaft zum Schiff zurück.

Die *Polaris* war wieder voll bemannt. Budington wollte bei der ersten Gelegenheit nach Süden fahren und schickte Eiswachen auf einen Hügel oberhalb der Bucht. Doch die Tage vergingen, und die äußere Fahrrinne war immer noch vom Treibeis verstopft. Die Männer quälte die Angst vor einem weiteren Winter im Eis, und alle hätten lieber ihren Kopf riskiert, als noch einen Winter in Thank God Harbor zu verbringen. Chester vertrieb sich die Zeit des Wartens mit Schnitzen, er fertigte eine Gedenktafel für Halls Grab an. Wenige Monate zuvor hatte Emil Schumann eine Tafel mit einer schlichten Bleistiftinschrift angebracht, doch Chester war der Meinung, Hall verdiene etwas Besseres. Tief in ein Kiefernbrett gravierte er die Inschrift:

Zum Gedenken an
Charles Francis Hall,
den verstorbenen Kommandanten der
Nordpolexpedition des US-Dampfschiffs *Polaris.*
Gestorben
8. Nov. 1871, im Alter von 50 Jahren.
»Ich bin die Auferstehung und das Leben. Wer an mich glaubt, wird leben, auch wenn er stirbt.«

Als Chester die Tafel anbrachte, sah er, daß die Weide angewachsen war, die sie im Herbst auf dem Grab gepflanzt hatten. Die knorrigen, harten Äste breiteten sich über den Steinen aus.

Am 12. August entschied Budington, das Schiff durchs Treibeis in die äußere Fahrrinne zu manövrieren, wo er zuletzt offenes Wasser gesichtet hatte. Am frühen Morgen brachte Hans' Frau einen Sohn zur Welt – ein Vorbote der Freude auf ihr letztendliches Entkommen aus Thank God Harbor. Ihre weite

Eskimokleidung hatte ihre Schwangerschaft verborgen, und für die Mannschaft war es eine große Überraschung und ein gutes Omen. Sie tauften das Kind auf den Namen Charles Polaris und feierten seine Geburt mit lautem Jubel, während Dampf für die bevorstehende Fahrt gemacht wurde. Am späten Nachmittag schob sich die *Polaris* langsam aus Thank God Harbor und bahnte sich mit Kurs aufs offene Wasser ihren Weg durch die Schollen.

Doch das offene Wasser stellte sich lediglich als Fahrrinne heraus. Nach einigen Stunden erfrischend freier Fahrt unter Segeln war der Weg wieder vom Eis verriegelt. Budington hatte keine Wahl: Er mußte das Schiff an einer Scholle vertäuen. Und dort sollte die *Polaris* für die nächsten zwei Monate bleiben. Vertäut an der Scholle driftete sie passiv mit dem Eis nach Süden. Sie blieb in der Mitte des Kanals zwischen Grönland und Ellesmere Island, so daß das Land stets mindestens 20 Meilen entfernt war. Wenn das Schiff, das immer noch schlimm leckte, sinken sollte, hätten die Männer keine große Chance, über das Treibeis ans Ufer zu gelangen. Das Geräusch der Pumpen, die täglich 820 Pfund Kohle verheizten, führte jedem an Bord ständig die Misere vor Augen. So driftete das Schiff den ganzen August und den ganzen September hindurch mit laufenden Pumpen stetig, aber mit quälender Langsamkeit nach Süden durch den Kennedy Channel und das Kane Basin. Für die Strecken, die die *Polaris* auf der Hinfahrt in nur wenigen Stunden zurückgelegt hatte, brauchte sie nun Tage, ja Wochen.

Am Abend des 12. Oktober schlug Tysons Schicksalsstunde. Die *Polaris* driftete in einem von Südwesten heraufziehenden Sturm durch den Smith Sound. Der Wind war den Tag über immer stärker geworden und hatte heftige Schneefälle mit sich gebracht. Am Abend war das Schiff in unmittelbarer Gefahr. In der Dämmerung konnten die entsetzten Männer riesige Eisberge sehen, die der Wind vor sich hertrieb. Sie pflügten sich durch die Schollen am Schiff vorbei und drückten das Treibeis gegen den Rumpf. Um 19 Uhr 30 wurde die *Polaris* durch die Schubkraft des Eises plötzlich angehoben und nach backbord gelegt. Selbst in dem Krach des mahlenden Eises und des tosenden Sturms konnten die Männer das Holz splittern hören. Schumann stürzte aus dem Maschinenraum, wo er versucht hatte, mehr Dampf zu machen, und meldete, unter Deck dringe vehement Wasser ein. Laut Schumann soll Budington gebrüllt haben: »Alles über Bord!« Panik brach aus.

Einige Männer sprangen auf die Schollen, andere schnappten sich, was sie an Vorräten und Ausrüstung gerade in die Hände bekamen, und warfen alles über Bord. Tyson schrie Budington zu, daß die beiden Rettungsboote auf dem Eis seien und ob er sie an Bord bringen lassen solle, doch Budington befahl ihm, die Boote zu vergessen und die Vorräte in weiter Entfernung vom Schiff auf einer Scholle zu lagern. Ebierbing und Hans hatten ihre Frauen auf die Scholle gebracht. Tyson schaffte panisch die Vorräte von der Eiskante weg, dabei sah er, daß Tookoolito neben ihm genauso hart arbeitete wie die Besatzungsmitglieder. Es war ziemlich düster, aber der Mond schien immer wieder durch die jagenden Wolken und erhellte das schreckliche Durcheinander. Das Schiff war wieder im offenen Wasser und zog an den Tauen, Wellen schlugen an die Scholle und spritzten eisig schäumend auf, Eisberge zogen wie riesenhafte Segel vor dem Wind durch die Dämmerung. Da sah Tyson Moschusochsenfelle über einem sich öffnenden Spalt im Eis liegen und packte sie, bevor sie ins Wasser fielen – drei von Hans' Kindern waren in die Felle gewickelt und schliefen; er hatte sie gerade noch vor dem Ertrinken oder dem Zermalmtwerden gerettet.

Laut späteren Aussagen schien die Scholle um zehn Uhr fast zu brechen. 19 Männer, Frauen und Kinder drängten sich auf dem Eis, 14 Mann waren noch an Bord. Das Eis, das den Achteranker gehalten hatte, brach von der Scholle, das Schiff schwang sofort herum zum Vortau, wo es zunächst noch gehalten wurde, dann aber löste sich aus irgendeinem Grund die Trosse vom Anker, die *Polaris* wurde mit rasender Geschwindigkeit von der Scholle weggetrieben und verschwand im Sturm.

Nach Tysons Worten habe er zuerst die Gruppe zusammengehalten, die zurückgeblieben war, als die *Polaris* verschwand. Mit dem Boot sammelte er ein paar Männer ein, die auf kleinen Eisschollen drifteten, die von der Platte gebrochen waren. Erschöpft kauerten sie sich zusammen und warteten die stürmische Nacht ab. Am frühen Morgen war der Sturm vorüber, Tyson konnte die Scholle begutachten. Sie war fast rund und hatte etwa vier Meilen Umfang. Wie bei Packeis üblich, war die Eisfläche nicht eben, sondern hatte hier und da bis zu zehn Meter hohe Erhebungen und kleine Senken, die beim Tauwetter im Sommer entstanden waren. Von einer Erhebung aus konnte Tyson sehen, daß das Wasser bis zur Küste offen war und sie das Land mit dem Boot erreichen könnten, doch er sah auch, daß sich eine neue Eisdrift von Norden nach Süden schob, die bald ihre Scholle erreicht hätte. Sofort ging er zurück und weckte die schlafenden Leute.

An dem Punkt, sagte er zu Bartlett, hätten die Probleme begonnen. Niemand sah Grund zur Eile. Alle glaubten, daß die *Polaris* bald zurückkehren und sie bergen würde. Und wenn nicht, dann könnten sie auch noch später an Land rudern. Sie entfachten mit einer derartigen Gemächlichkeit ein Kochfeuer, bereiteten das Frühstück zu und machten es sich beim Essen so bequem wie möglich, daß in Tyson der Zorn aufstieg. Schließlich konnte er sie doch noch überreden, die Boote zu beladen und an die Küste überzusetzen. Doch Tyson hatte recht gehabt. Das Eis, das er gesichtet hatte, hatte sich nach Süden geschoben und die Wasserrinne blockiert. Die Schubkraft war so groß, daß man selbst mit einem großen Boot nicht durch das massive Treibeis navigieren konnte, aber es war auch nicht massiv genug, um darauf zu gehen. Entmutigt ruderten sie zur Scholle zurück.

Nur wenige Minuten später sahen sie etwas, das sie noch viele Monate verfolgen und deprimieren sollte: Unter beiden Segeln und vollem Dampf fuhr die *Polaris* nur wenige Meilen südöstlich vor der grönländischen Küste. Schnell breiteten Tyson und seine Männer ein großes Stück Gummituch auf einem Hügel aus und hofften, daß die Männer auf dem Schiff das schwarze Feld auf weißem Grund sichten würden. Tyson konnte das Schiff ganz deutlich mit dem Fernglas sehen. Zu Bartlett sagte er, er habe an Deck niemand erkennen können, aber es sei in voller Fahrt gewesen, wie ein Geisterschiff. Auf der Scholle mußten sie ohnmächtig und unter Seelenqualen mit ansehen, wie sich die *Polaris* weiter und weiter von ihnen entfernte und schließlich hinter einer Insel verschwand.

In den folgenden Monaten litten alle Männer, Frauen und Kinder auf der Scholle Entbehrungen und Angst. Schon wenige Tage nach ihrer Trennung vom Schiff war die Scholle durch den engen Smith Sound in die offenen Wasser im Norden der Baffin Bay gedriftet. Die Küstenlinie schob sich auf beiden Seiten immer weiter zurück, und sie wußten, daß ihre Chancen, das Ufer zu erreichen, mit jeder Stunde kleiner wurden, außerdem vereitelten die Eisverhältnisse jeglichen Versuch, an Land zu kommen. Schweren Herzens bauten sie Unterkünfte, Tyson eine Holzhütte, die Eskimo Iglus. Sie hatten zwar große Vorräte an Büchsenfleisch und anderen Lebensmitteln, doch Tyson wußte, daß das Essen nicht lange reichen würde, wenn man es nicht streng rationierte, also bastelten Tyson und Meyer eine Waage. Von da an war die exakte Zuteilung der Lebensmittel die einzige Unterbrechung der monotonen Drift, eine Unterbrechung, die nur allzuoft von Neid und Argwohn überschattet wurde, wenn die Männer ihre Portionen verglichen. Zuerst bekam jeder Erwachsene rund 300 Gramm Nahrung, Kinder die Hälfte, doch als die Vorräte abnahmen, nahmen auch die Rationen ab. Bald töteten die Eskimo die Hunde. Die Brennstoffknappheit war genauso prekär wie die Lebensmittelknappheit, nur wenn die Eskimo eine Robbe erlegten, hatten sie auch Tran. Schon bald mußten sie ein Boot zerlegen, damit sie Feuerholz hatten. Doch sosehr sie auch froren, wußten sie, daß es ein fataler Fehler sein könnte, auch noch das zweite Boot zu zerstören.

»Wir haben überlebt durch Gottes Gnade und durch Joes [Ebierbings] jagdliches Können«, schrieb Tyson. Von Zeit zu Zeit, immer wenn sie kurz vor dem Hungertod standen, konnte Ebierbing eine Robbe erlegen, zweimal sogar einen Eisbären, was ein großes Fest war. Wie die Eskimo verschlangen auch die Weißen das rohe Fleisch und tranken das Blut. Doch nach ein paar Tagen litten sie wieder Hunger. Doch laut Tyson hatten der ständige Hunger und die Kälte auch eine gute Seite: Sie lenkten von der Angst ab, die sie fast in den Wahnsinn getrieben hätte. Die Scholle hatte ursprünglich einen Umfang von vier Meilen, dann nahm sie auf ein Zehntel der Fläche ab, und die Gruppe zog auf eine andere Scholle um. Im Winter gab es viel Packeis, und sie wußten, daß sie jederzeit umziehen konnten, doch als der Frühling kam und sie immer weiter nach Süden trieben, vergrößerte sich stetig die Gefahr, auf einer schmelzenden Scholle festzusitzen. Im März fegten heftige Orkane über die Baffin Bay, das Eis brach und schnitt ihre Scholle von der Packeisdrift ab. Die Scholle wurde so klein, daß Tyson vom Lager bis zur Eiskante nur noch 20 Schritte maß. Die Leute drängten sich ins Boot und zogen um. Einige Wochen später brach auch die neue Scholle im Sturm, und eines Nachts hatten sie zu wenig Platz, um sich hinzulegen. Die Wellen schwappten über ihr Eiland aus Eis, überspülten das Lager, durchnäßten die Leute und schwemmten wertvolle Vorräte weg. In letzter Minute konnten sie auf eine andere Scholle entkommen.

Ende April waren sie vor allem mit Umziehen beschäftigt; immer wieder fanden sie eine sichere Scholle, dann aber brach sie im Sturm. Sie hatten keine Ahnung, wie weit sie vom Land entfernt waren, doch wenn sie versuchten, im überladenen

Boot die Küste zu erreichen und im offenen Wasser von einem Sturm überrascht würden, wäre das der sichere Tod.

Alle litten Hunger, Kälte und Angst, doch George Tyson litt am meisten. Bevor sie von der *Polaris* getrennt wurden, hatten alle außer ihm ihre persönliche Habe und zusätzliche Kleider auf die Scholle gebracht. Tyson hatte nur das, was er auf dem Leib trug. Im Winter mußte er sich mit allem bedecken, was er nur finden konnte, mit Stoffetzen und Segeltuch, die ihn einigermaßen vor der Kälte schützten. Die ständige psychische Anspannung war genauso zermürbend wie die physischen Leiden. Da außer Frederick Meyer kein anderer Offizier auf der Scholle war, war Tyson quasi Kommandant. Er fühlte sich verantwortlich, doch er merkte bald, daß er seine Pflichten unmöglich erfüllen konnte. Schon am ersten Tag hatten sich die Männer seinen Anweisungen widersetzt, als sie sich weigerten, an die Küste zu rudern, und die Lage hatte sich nicht gebessert. Vor dem Untersuchungsausschuß sagte Tyson:

Ich habe mich bemüht, die Disziplin in der Gruppe aufrechtzuerhalten, so gut es ging, aber es gab nur wenig oder gar nichts, das man Disziplin hätte nennen können. Jedermann hatte eine Pistole, nur ich nicht. Ich hatte überhaupt nichts bei mir auf dem Eis. Jeder machte, was er wollte. Ich konnte lediglich Ratschläge geben.

Die Deutschen rotteten sich zusammen und sprachen oft nur in ihrer Muttersprache miteinander. Laut Tyson hatte sich Meyer zu ihrem Führer ernannt, er ignorierte Tyson und gab eigene Anweisungen, und ohne Waffe war Tyson machtlos. Lebensmittelvorräte wurden gestohlen, doch er konnte nichts dagegen tun. Meyer gab den Männer irreführende Positionsangaben und machte ihnen falsche Hoffnungen, Land erreichen zu können, doch Tyson durfte ihn nicht berichtigen. Als die Eskimo eine Robbe erlegten, nahmen sie das ganze Fleisch mit in ihre Iglus, und Tyson konnte nichts tun. Sie waren immer mürrisch, unfreundlich, lachten nicht. Eines Tages wollte Kruger Tysons Geduld offenbar auf die Probe stellen: Er kam in seine Hütte und beschimpfte ihn wüst. Tyson schwieg, weigerte sich zu antworten, und Kruger war frustriert. Hätte er angebissen, wären die anderen Deutschen auf ihn losgegangen wie ein Rudel Wölfe. Mit den schwarzen Stunden des drohenden Hungertods kam für Tyson eine weitere Angst: Kannibalismus. Vor allem um die Eskimokinder sorgte er sich. Ebierbing teilte seine Sorge: »Ich mag den Blick aus den Augen dieser Männer nicht«, flüsterte er ihm eines Tages zu und gab ihm eine Pistole. Tyson nahm die Waffe dankbar an; er rechnete fest damit, daß der Tag kommen würde, an dem er von ihr Gebrauch machen müßte.

Doch dieser Tag kam nicht. Vielleicht wären Tysons Ängste Wirklichkeit geworden und die rohe Gewalt wäre ausgebrochen, hätte die *Tigress* sie nicht von ihrer kleinen Scholle gerettet.

Kapitän Bartlett erinnerte sich lebhaft an die Schilderungen des erschöpften und ausgezehrten Tyson während jener Woche in den Robbengründen und gab sie viele Jahre später an seinen Neffen Bob Bartlett weiter, der einmal ein berühmter Arktisfahrer werden würde.

Am 12. Mai lief die *Tigress* St. John's an. Der amerikanische Konsul ging sofort an Bord und teilte Tyson mit, daß das Marineministerium ein Schiff schicken und ihn und seine Mannschaft nach Washington bringen werde. Bis dahin, so sagte man ihm, sei er für seine Leute verantwortlich, er müsse sich um ihr Wohlergehen und ihre Sicherheit kümmern und dafür sorgen, daß sie sich angemessen benähmen. Tyson konnte nur bitteren Hohn empfinden in Anbetracht der Autorität, die ihm plötzlich von oberster Stelle übertragen wurde, doch er merkte bald, daß die Leute tatsächlich beaufsichtigt werden mußten.

Plötzlich waren sie berühmt. In den Straßen von St. John's wurden sie angesprochen und ausgefragt. Die Damen der Stadt machten so einen Wind um die Eskimofrauen und -kinder, daß Tyson sie schützen und Besuche verbieten mußte. Am Tag nach der Ankunft bekam er ein Telegramm vom Harper-&-Brothers-Verlag mit der Bitte um ein Gruppenfoto für Harpers *Illustrated Weekly*. Tyson wußte, es von Regierungsseite eine Untersuchung der Expedition geben würde und daß das Marineministerium über zuviel Publicity im Vorfeld ungehalten wäre, das Foto ließ er aber trotzdem machen.

Er beging auch noch andere Indiskretionen. Bei einem Gespräch mit einem Teilhaber der Reederei der *Tigress* beschuldigte er Budington wütend der Intrige und geplanten Sabotage an der *Polaris* und der Expedition. Budington habe ihm vorgeschlagen, nach Süden in Gewässer zu fahren, die von Walfängern frequentiert wurden, dort die *Polaris* zu versenken, in Booten an Land zu fahren und den Winter dort auszuharren, bis sie im Frühjahr von einem Walfänger geborgen werden würden. Auf diese Weise würden sie zwar ein paar Risiken eingehen, aber sie würden ihre Heuer erhalten. Der Reeder informierte umgehend das amerikanische Konsulat, doch der Konsul bat ihn, das Gehörte für sich zu behalten. Tysons Anklage wurde nicht weiter verfolgt.

Am 27. Mai gingen Tyson und seine Leute an Bord des Marinedampfers *Frolic* aus Washington. Hinter sich ließen sie eine Stadt, die immer noch in Aufruhr war wegen ihres Aufenthalts, vor ihnen lag eine Stadt in gespannter Erwartung, Washington. Die Zeitungen hatten Berichte über ihre Rettung gedruckt und die Sensationsgier angefacht. Doch viele Leute vermuteten, daß es noch eine viel größere Sensationen geben würde, wenn erst die ganze Geschichte ans Licht käme.

ACHTES KAPITEL

Washington.
Die Befragung

Am 5. Juni 1873, nur wenige Stunden nach ihrer Ankunft in Washington, wurden Tyson und seine Leute vor einen schnell gebildeten Untersuchungsausschuß geführt, dem der Marineminister George Robeson vorsaß. Nach zwei Tagen intensiver Befragung organisierte Robeson einen Suchtrupp für die *Polaris*. Das Ministerium charterte die *Tigress* bei der neufundländischen Reederei und rüstete das kleine Marineschiff *Juniata* als Begleitboot aus. Die *Juniata* lief am 24. Juni nach Grönland aus, die *Tigress* folgte am 14. Juli. An Bord waren George Tyson als Eismeister und leitender Lieutenant und Ebierbing als Dolmetscher; beide hatten sich bereit erklärt, in die Arktis zurückzukehren und bei der Suche zu helfen.

In Upernavik trafen sich die beiden Schiffe, dann folgten sie unterschiedlichen Routen. Die größere und besser ausgerüstete *Tigress* fuhr an den Ort, an dem Tyson die *Polaris* zuletzt gesichtet hatte. Kommandant Greer und seine Männer fanden eine Holzhütte, Kojen und Matratzen, Manuskripte und Teile der Schiffsausstattung – ein Hinweis, daß Budington, Bessels und die anderen Verschollenen dort überwintert hatten. Doch es gab keine Steinpyramide, keine Nachrichten, kein Schiff. Von den Eskimo der Gegend erfuhr Greer, daß die *Polaris* auf Grund gelaufen war und die Männer tatsächlich an Land ihr Lager aufgeschlagen hätten. Sie hatten den Winter abgewartet und waren im Frühjahr mit zwei Booten, die sie aus dem Holz des havarierten Schiffes gebaut hatten, nach Süden gefahren. Ein Eskimo sagte, Budington habe ihnen das Wrack der *Polaris* geschenkt, es sei aber vom Sturm abgetrieben worden und gesunken. Greer fuhr mit einem Boot an die Stelle, an der die *Polaris* gesunken war und die nach Aussagen der Eskimo seicht war, doch das Wasser war voller Treibeis, und das Schiff konnte nicht auf dem Meeresgrund gesichtet werden.

Greer nahm Kurs nach Süden; er hielt sich so nahe wie möglich an der grönländischen Küste, denn er hoffte, an Land noch mehr Spuren zu sichten. Vielleicht hatten auch Walfänger der dänischen Siedlungen Überlebende gerettet, doch es war schon spät im Jahr, und die Walfänger hatten die Walgründe bereits verlassen. Greer fand heraus, daß viele Walfänger in der Gegend gewesen waren, und selbst als er die Baffin Bay querte und seine Suche an der Küste von Baffin Island fortsetzte, vertraute er darauf, daß die Männer gerettet worden waren. Als er nach St. John's zurückkehrte, erfuhr er zu seiner Erleichterung, daß alle Offiziere und Matrosen der *Polaris* von einem schottischen Walfänger geborgen und nach Großbritannien gebracht worden waren, die Männer befanden sich bereits auf dem Heimweg.

Die meisten Männer, die an Bord der *Polaris* gewesen waren, als sie sich von der Scholle losgerissen hatte, bezeugten vor dem Untersuchungsausschuß, daß sie damals lieber auf der Scholle gewesen wären als auf dem Schiff. Die *Polaris* war leck geschlagen, die Beiboote auf dem Eis, und das Schiff drohte zu sinken, nachdem es sich vom Eis losgerissen hatte. Sie bestritten, die Männer auf der nur wenige Meilen entfernten Scholle gesehen zu haben; ohnehin lief das Schiff nur wenige Stunden später auf Grund, und Budingtons Männer mußten sich an Land retten.

Zum Glück waren sie in der Nähe der Eskimosiedlung Etah gestrandet. Die Eskimo dieser Region kannten Weiße, sie erinnerten sich an Kane und Hayes. Sie halfen den Männern bereitwillig, das Winterlager aufzuschlagen, und lieferten ihnen in den Wintermonaten sogar Fleisch. Es ist vor allem das Verdienst der Eskimo aus Etah, daß die Männer von der *Polaris* nicht unter den Entbehrungen litten, die die Leute auf der Scholle ertragen mußten. Ihre Qualen waren vor allem von der Langeweile verursacht, denn sie konnten im großen und ganzen nichts tun, als das Frühjahr abzuwarten. Im April bauten sie zwei Boote, und im Juni war das Wasser schon so weit eisfrei, daß sie nach Süden fahren konnten. Nach ein paar Wochen wurden sie von dem schottischen Walfänger *Ravenscraig* geborgen und nach Schottland gebracht.

Einige Männer kehrten erst später in die Vereinigten Staaten zurück, doch die meisten kamen am 7. Oktober an Bord eines britischen Dampfschiffs in New York an und wurden vom Marineschiff *Talapoosa* übernommen, das im Marinehafen von Brooklyn gelegen hatte und sofort Kurs auf Washington nahm, wo Robeson und der Untersuchungsausschuß warteten. Die Befragung von Tysons Männern hatte einige Fragen aufgeworfen, auf die es bislang keine Antworten gab. Robeson hoffte nun, diese mit Hilfe von Budington, Bessels und den anderen klären zu können und die dunklen Gerüchte, der Fall *Polaris* ziehe eine strafrechtliche Verfolgung nach sich, zum Verstummen zu bringen.

Die Befragung begann gleich bei der Ankunft im Marinehafen von Washington an Bord der *Talapoosa*. Am 11. Oktober um 11 Uhr 30 eröffnete der Marineminister die Sitzung und berief Sidney Budington als ersten Zeugen. In seiner Ansprache erklärte Robeson dem Kapitän, Sinn und Zweck dieser Untersuchung sei, die Vorfälle vollständig zu dokumentieren und Material von »wissenschaftlichem und historischem Wert« zusammenzutragen, doch Budington wußte sehr wohl, daß ihm indirekt der Prozeß gemacht wurde. George Tyson hatte vier Monate zuvor ausgesagt und Budingtons Verhalten bei der Ex-

pedition scharf kritisiert. Nicht nur, daß er ihn in seiner Füh-
rungsposition für unfähig befunden hatte, er hatte ihn auch der
Trinkerei sowie des Diebstahls von Alkohol beschuldigt.

Tysons Anklage wurde durch andere Aussagen untermauert.
Budington gab vor dem Ausschuß zu, daß er auf der Expedition
zweimal betrunken war, und er gab auch zu, daß Bessels ihn er-
wischte, als er sich einen Schluck Alkohol genehmigte, den der
Naturkundler für die Konservierung von Proben dabeihatte.

Im Laufe der Befragung fand der Ausschuß bald heraus, daß
Budington nicht der einzige war, der an Bord der *Polaris* getrunken hatte. Laut Emil Schumann gehörte auch Tyson zu
den Übeltätern. Ein Mann sagte aus, Schumann selbst habe
sich einen Schlüssel gemacht, mit dem er an Bessels' Alkoholvorräte kommen konnte, und er habe ihn auch oft benutzt. Der
Zimmermann Nathaniel Coffin jedoch versicherte, nie jemanden auf der Wache betrunken gesehen zu haben, schränkte aber
ein, daß er Chester »unter dem Einfluß von Alkohol« erlebt
habe. Die Aussage des korrekten Richard Bryan schließlich
brachte alles ans Licht, was es zum Thema Trinken an Bord zu
wissen gab. Vermutlich aus Versehen ließ Bryan den Eindruck
entstehen, die Expedition sei in erster Linie ein ausschweifen-
des arktisches Bacchanal gewesen. Vor allem nach Halls Tod, so
Bryan, hätten die Offiziere getrunken und wie Budington heimlich Bessels' Alkoholvorräte geschmälert. Doch nicht nur die
Offiziere beschafften sich Alkohol, laut Bryan hatte auch die
Mannschaft herausgefunden, daß man durch den Maschinen-
schacht zu einer Stelle kriechen konnte, wo Alkohol verstaut
war. Als Bryan gefragt wurde, ob jemand versucht habe, dem
Trinken Einhalt zu gebieten, antwortete der junge Offizier:
»Die einzige Möglichkeit, das Trinken zu stoppen [...], wäre ge-
wesen, allen Alkohol über Bord zu werfen.«

Die Tatsache, daß Budington trank und auch noch die Augen
verschloß, wenn andere tranken, warf die Frage nach der Disziplin an Bord auf. Wie in vielen anderen Punkten mußte der Aus-

schuß auch hier feststellen, daß die Aussagen der Überlebenden bezüglich der Fakten und der dazugehörigen Meinungen ziemlich auseinandergingen. Über die Disziplin nach Halls Tod befragt, sagte Budington: »Die Disziplin an Bord war sehr gut.« Manche bestätigten dies, viele widersprachen jedoch. »Ich würde sagen, die Disziplin war lax«, sagte Noah Hayes (der sich in seinem Tagebuch lautstark beklagt, vor dem Untersuchungsausschuß aber sehr zugeknöpft war). Laut Frederick Jamka ging nach Halls Tod alles »bergab«, und Gustavus Lindquist berichtete, die Disziplin sei gut gewesen, solange Hall noch lebte, »doch die Disziplin haben wir mit Hall begraben«. Gleich nach Halls Tod hatte Budington den obligatorischen Morgenappell und das Gebet abgeschafft, eine unwesentliche, wenn auch folgenschwere Entscheidung. Der Gemeinschaftssinn als Grundlage jeder Disziplin ging schnell verloren, und jeder machte, was er wollte.

Es war sonnenklar, daß Budington für das Hauptziel der Expedition, den Vorstoß nach Norden, nichts übrig hatte. Chester sagte aus: »Ich hatte den Eindruck, er hielt das Ganze für Blödsinn.« Tyson hatte zu Protokoll gegeben, er und Chester hätten Hall gedrängt, weiter nach Norden vorzustoßen, doch »Kapitän Budington fluchte, er wolle verdammt sein, wenn er sich von hier wegbewege«. Chester beendete seine Aussage mit den Worten: »Kapitän Budington ist sicherlich ein guter Walfängerskipper, aber für eine Nordpolexpedition eignet er sich nicht gerade.«

Budington war in der Defensive. Er wußte, daß Tysons Männer den Ausschuß beeinflußt hatten und daß Tyson selbst ein scharfer Kritiker seines Kommandos war. Vehement wehrte er sich gegen die Anklagen, die gegen ihn erhoben wurden:

Es gab niemals ein Gespräch, in dem Chester und Tyson ihren Wunsch geäußert hätten, nach Norden zu fahren, und ich dagegen gewesen wäre. So etwas habe ich nie gesagt. Ich habe den Bericht in den Zeitungen gelesen, doch er ist falsch [...]. Ich habe getan, was ich konnte, um das Schiff nach Norden zu bringen.

Robeson fragte ihn, ob er Grund habe, sich über irgendeinen Teilnehmer der Expedition zu beklagen. Budington ergriff die Gelegenheit und schlug in Tysons Richtung zurück. Er sei an Bord eher unnütz gewesen und habe sich stets bitterlich über die Organisation beklagt: »Er schien mit nichts zufrieden zu sein.«

Doch Tyson hatte eine Anschuldigung ausgesprochen, gegen die sich Budington nicht wehren konnte, weil der Ausschuß ihn gar nicht erst dazu befragte. Er hatte ausgesagt, daß Budington von Anfang an von gleich zu gleich mit der Mannschaft verkehrt habe, was teilweise die lasche Disziplin unter Budingtons späterem Kommando erklärt. Doch Tyson ging in bezug auf Budingtons fehlende Autorität noch weiter und behauptete, Budington habe das gute Verhältnis zu den Männern ausgenutzt und Halls Kommando unterminiert: »Ich muß sagen, er war von Anfang an ein Querulant.« Budington habe sich mit der Mannschaft verbrüdert und gegen Kapitän Hall gehetzt, in Gegenwart des Kommandanten aber habe er Gehorsam gezeigt.

Chester bestätigte Tysons Aussage, und ein Matrose gab später zu, Budington habe »sich oft über Kapitän Hall lustig gemacht. Kapitän Budington war immer freundlich zu Kapitän Hall, bis ihm dieser den Rücken kehrte.«

An einer Stelle schien Budington diese Anschuldigung sogar selbst zu bestätigen. Er, Budington, habe vor Halls letzter Schlittentour erbittert mit Chester, Morton und Tyson über den Sinn dieser Fahrten gestritten. Währenddessen schrubbte Noah Hayes das Deck; Hall hatte Budington angewiesen, alle Abfälle aufzubewahren, denn was als Brennstoff verwendet werden konnte, war kostbar. Budington, noch erhitzt vom Streit, stürmte auf Hayes zu und fuhr den erschreckten Jungen an: »Stopf alle diese Späne in ein Faß! Die sollen diese verdammten Idioten auf ihre Schlittentour mitnehmen.« Er gestand ein, daß Hall diese Bemerkung nicht hätte hören dürfen: »Es war das Schlimmste, was ich in dieser Situation hatte sagen können, denn er war so begeistert von diesen Schlittenfahrten.« Doch Hall hatte die Bemerkung gehört und seinen Schiffsführer schärfstens ermahnt.

Die Beschuldigung, Budington sei ein Querulant gewesen, war schwerwiegend. Lasch und unnütz zu sein war eine Sache, doch sich einem Kommandanten zu widersetzen war etwas ganz anderes. Aus irgendeinem Grund brachte der Ausschuß dieses Thema nicht zur Sprache, sondern mied es bei der Befragung, vielleicht weil die ganze Situation viel zu peinlich war. Bei der Expedition stand Budington zwar unter Marinebefehl, aber er war und blieb Zivilist und Skipper. Ein Marineoffizier konnte vor dem Kriegsgericht verurteilt werden, doch die Bestrafung eines Zivilisten brachte vertrackte juristische Probleme mit sich und hätte auf jeden Fall Wellen geschlagen, und das wollte Robeson auf keinen Fall. In seinem Bericht an den Präsidenten kam der Ausschuß zu dem Schluß, daß Budington »vielleicht die Begeisterung für die großen Ziele der Expedition gefehlt« habe und daß er »zeitweise sehr lax mit der Disziplin gewesen« sei, er sei aber »ein erfahrener und umsichtiger Kapitän und, wenn er nicht unter dem Einfluß von Alkohol stand, ein fähiger und verantwortungsbewußter Schiffsführer«.

Auch wenn Kapitän Budington nicht vor Gericht gestellt wurde, war seine Karriere beendet. Es gibt keinerlei Hinweise darauf, daß er, einer der besten Skipper seiner Zeit, jemals wieder zur See fuhr.

Bei der Befragung hatte er lethargisch, seelisch krank, ja beinahe stumpfsinnig gewirkt, und er war nicht der einzige Zeuge, bei dem sich die Auswirkungen der verheerenden psychischen Qualen zeigten. Auch Tyson, der einige Offiziere fast krimineller Pflichtversäumnisse anklagte, war viel zu verbittert, um den Ausschuß zur Gänze zu überzeugen; und die Tagebücher des Matrosen Noah Hayes zeugen von der tiefen inneren Pein, die auch die anderen Mannschaftsmitglieder empfunden haben mußten. Monatelang war Hayes von einer explosiven Mischung aus Angst, Groll, Haß und Selbsthaß erfüllt gewesen. Mit seiner Rettung waren die unmittelbare Not und Gefahr gebannt, doch er wurde von einer Welle von Schuldgefühlen überschwemmt.

Als die privaten Tagebücher zur Prüfung eingezogen wurden, verfaßte Hayes ein Vorwort, in dem er bedauert, bestimmte Personen so heftig kritisiert zu haben (zum Beispiel Chester, der Hayes gegen sich aufbrachte, als er sich weigerte, von der Newman Bay zum Schiff zurückzukehren), doch gegen Ende übermannt ihn die Lebendigkeit seiner Erinnerungen. Wieder greift er einzelne Personen und die Expedition als Ganzes an, auch erhebt er als einziger eine Anklage, die er jedoch weder vorher noch nachher wiederholte: Während der Expedition seien Arzneimittel gestohlen worden – »Chloroform, Chinin und genug andere Medikamente, um die gesamte Marine fünf Jahre lang damit zu versorgen«. Nur Hall geht bis zum Schluß unversehrt aus Hayes' Feder hervor. Bei der letzten Erwähnung Halls bestätigt der junge Mann noch einmal sein Vertrauen in ihn: »Vielleicht war er der einzige, der wirklich etwas von Wert tun und sich der Großzügigkeit der Regierung erkenntlich zeigen wollte, die ihn ausgeschickt hatte.«

Dennoch war es Hall nicht gelungen, in seinem Bewunderer die Liebe zum Norden zu wecken. In seinem Vorwort grübelt Hayes über sein Verhalten und das der anderen während des arktischen Winters nach und kommt zu einem bitteren Schluß, den man der *Polaris*-Expedition als Motto voranstellen könnte:

Ich glaube, kein Mann kann sich in einer langen Nacht so wider seine Natur zusammennehmen, daß es noch moralisch wäre . . .

Der Frage, ob einige Männer auf der *Polaris* unmoralisch gehandelt hätten, kam im Lauf der Befragung immer größere Bedeutung zu. Solange sich der Ausschuß nur mit dem Scheitern einer großangelegten Expedition, dem Verlust eines teuren Schiffs, den Anklagen und Gegenklagen über die Versäumnisse des Kommandanten auseinandersetzen mußte, konnte er den Punkt der moralischen Verantwortung an den Maßstäben der Marine messen und lediglich klärende Fragen stellen, inwieweit Offiziere und Mannschaft ihre Pflichten erfüllt oder vernachlässigt hatten. Indem sich der Ausschuß auf die Pflichterfüllung konzentrierte, konnte er die Augen vor den psychischen Ursachen, den inneren Zwängen und Hemmungen der einzelnen Männer verschließen, die ihre Handlungen erklärten.

Doch Robeson und die anderen Ausschußmitglieder wußten sehr gut, daß nicht nur das Scheitern der Expedition Gegenstand der Untersuchung war und daß die Frage nach der moralischen Verantwortung tiefer reichte als die Frage nach der Disziplin. Halls Geist spukte durch die Untersuchung, und sosehr die Ausschußmitglieder ihn auch ignorieren oder bannen wollten, sie konnten es nicht. Hall war mit der Anklage auf den Lippen gestorben, man habe ihn ermordet. George Tyson kam als erster Zeuge auf dieses finstere Thema zu sprechen:

Frage: War er nach Ausbruch der Krankheit noch einmal bei klarem Verstand?

Antwort: Ich glaube, um den 3. November: sieben oder acht Tage nachdem er erkrankt war, ging es ihm wieder besser, er sprach normal und schrieb auch wieder. Aber er schien immer nur eines zu denken: daß ihm jemand etwas antun wollte. Er war sehr mißtrauisch, er schien zu glauben, jemand wolle ihn vergiften.

Frage: Hat er in Eurem Beisein jemanden beschuldigt?

Antwort: Ja, Sir, fast alle. Und wenn ich nicht da war, hat er auch mich beschuldigt, soweit ich weiß. Er hat Kapitän Budington und den Doktor beschuldigt, ihm etwas antun zu wollen.

Die späteren Zeugen bestätigten Tysons Aussage, daß Hall in seinem Wahn praktisch alle Offiziere und auch einige Matrosen beschuldigt hatte, ihn töten zu wollen. Er war sehr wahrscheinlich nicht bei sich, aber der Ausschuß konnte Halls Bezichtigungen nicht einfach unter den Tisch fallen lassen. Robeson wußte, daß die Umstände von Halls Tod untersucht werden mußten, so unangenehm und kompliziert dies auch werden mochte.

Kompliziert unter anderem deshalb, weil Halls eigene Tagebücher verlorengegangen waren. Der Ausschuß wußte, daß Hall ein passionierter Tagebuchschreiber war, und fragte Tyson schon zu Beginn der Befragung, was mit Halls Unterlagen nach seinem Tod passiert sei:

Frage: Wurden sie nicht beglaubigt und versiegelt?
Antwort: Nein, Sir.
Frage: Habt Ihr nicht mit Kapitän Budington gesprochen?
Antwort: Doch, Sir.
Frage: Wißt Ihr nicht, was er mit den Papieren gemacht hat?
Antwort: Nein, ich weiß nicht, was er damit gemacht hat. Ich habe einige Tagebücher gesehen, ich weiß auch, daß darüber geredet wurde. Soweit ich verstanden habe, wurden sie verbrannt.
Frage: Hat jemand vorgeschlagen, daß die Papiere versiegelt werden?
Antwort: Ich selbst, ich habe gesagt, sie sollten versiegelt, verpackt und aufbewahrt werden, und habe es Kapitän Budington vorgeschlagen.
Frage: Was sagte er?
Antwort: Er hat nichts gesagt oder nur sein übliches »Scheißpapiere«.

Der Ausschuß wurde hellhörig bei Tysons beiläufiger Bemerkung, sie wären verbrannt worden, und fragte nach. Es stand zu vermuten, daß Budington damit zu tun hatte.

Frage: Hat Kapitän Budington ihn [Hall] im Wahn dazu gebracht, Unterlagen zu verbrennen?
Antwort: Er hat mir gesagt, er sei froh, daß die Papiere verbrannt seien, denn sie sprachen gegen ihn, und er selbst habe ihn [Hall] gedrängt, sie zu verbrennen.
Frage: Hat ihn jemand dabei gesehen?
Antwort: Das weiß ich nicht. Ich habe nur gehört, wie an Bord darüber geredet wurde, und ging davon aus, daß es stimmte.

Das bestätigten auch weitere Aussagen. Mortons Tagebuch wurde vom Ausschuß überprüft; am Tag nach Halls Begräbnis, am 11. November, hatte er geschrieben: »Heute morgen hat Kapitän B. alle Schlüssel für die Vorratsräume und auch Kapitän Halls Besitztümer an sich genommen, für die ich mich vom heutigen Tag an nicht mehr verantwortlich erkläre.« Frederick Meyer und andere sagten aus, Budington habe sich Halls Unterlagen bemächtigt und sie in einer großen Blechkiste verstaut. Laut Meyer gab es keine allgemeine Kenntnisnahme von Halls Tagebüchern, Budington selbst soll sie jedoch gelesen haben. Tookoolito sagte, Hall habe sie gebeten, im Falle seines Todes auf seine Briefe und Tagebücher aufzupassen, und diese nach ihrer Rückkehr Minister Robeson auszuhändigen. Nach seinem Tod habe sie Kapitän Budington ein paarmal vergeblich darauf angesprochen.

Budington leugnete im Zeugenstand, Halls Unterlagen beschlagnahmt zu haben. Der Schriftführer Mauch habe sie an sich genommen und in einer Kiste verstaut. Die Kiste, »eine große lackierte Blechkiste«, wurde verschlossen und in einen Kasten gelegt. Budington widersprach auch Tookoolito und behauptete, sie habe Zugang zu den Unterlagen gehabt. Mit

Tysons Aussage im Hinterkopf, Budington habe Hall gedrängt, Unterlagen zu verbrennen, stellte der Ausschuß die Frage, ob einige der Unterlagen verbrannt worden seien. Budington zögerte nicht mit der Antwort:

Irgendwann während seiner Krankheit sprachen wir über verschiedene Dinge. Er sagte, er habe mir einen Brief geschrieben, und holte ihn, war aber der Ansicht, ich solle ihn besser nicht lesen. Doch wenn ich unbedingt wolle, würde er ihn mir zeigen. Ich sagte ihm, daß ich kein Risiko eingehen wolle. Er sagte, dann solle der Brief verbrannt werden, hielt ihn an die Kerze und verbrannte ihn.

Der Ausschuß beharrte nicht weiter auf diesem Vorfall.

Erst ganz am Schluß der Befragung fand der Ausschuß etwas Konkretes über das endgültige Schicksal der Unterlagen heraus. Bevor die zweite Gruppe nach Washington zurückkehrte, hatte Frederick Meyer ausgesagt, er habe die lackierte Kiste in der Nacht der Trennung von der Eisscholle auf dem Tisch in Budingtons Kabine gesehen. Er ging davon aus, daß die Papiere immer noch auf dem Schiff waren. Doch Budington, der erst Monate später geladen wurde, glaubte, daß die Kiste auf die Eisscholle getragen wurde.

Später gab er an, Bryan habe die Kiste von Bord gebracht, doch Bryan stritt es ab. Erst Joseph Mauch, der vorletzte Zeuge, konnte zur Klärung beitragen: Er selbst hatte die Kiste von Bord geschafft und die Männer gebeten, sie an eine erhöhte Stelle auf der Scholle zu bringen. Ob sie tatsächlich an der erhöhten Stelle gelagert wurde, wußte er nicht. »Wir waren alle so in Eile, daß mir vielleicht gar niemand zugehört hat.«

Mauch blieb an Bord; er wußte nicht, was danach mit der Kiste passierte – auch auf der Scholle wußte das offenbar niemand. Vielleicht ist in dem ganzen Chaos dieser schrecklichen Nacht einfach die Kiste vom Eis gerutscht und gesunken.

Trotz der verschollenen Tagebücher konnte der Ausschuß einige Vorgänge rekonstruieren, die zu Halls Krankheit geführt hatten. Am frühen Nachmittag des 24. Oktober schichteten die meisten Männer Schneewälle um das Schiff herum auf. An jenem Tag kamen Hall, Chester, Ebierbing und Hans über die Ebene von ihrem zweiwöchigen Aufenthalt in der Newman Bay zurück. Der Heizer Walter Campbell, der hinter dem Observatorium beschäftigt war, sah und begrüßte den Trupp als erster. Hall machte keinen guten Eindruck auf Campbell, der ihn fragte, ob er krank sei. »Er sagte: ›Nein, ich bin nur müde, aber es geht mir gut.‹« Campbell begleitete die Männer zum Schiff. Bessels kam aus dem Observatorium, schüttelte Hall die Hand und schlenderte mit ihm weiter; sie diskutierten über die Erkundungsfahrt und weitere Pläne. Auf dem Weg vom Observatorium zum Schiff schlossen sich Frederick Meyer und Noah Hayes der Gruppe an. Hayes fand, daß Hall sehr erschöpft aussah, doch Hall sagte zu allen, er sei gesund, was alle außer Hayes und Campbell bestätigten.

Laut Bessels Aussage verließ er die Gruppe nach wenigen Minuten wieder und kehrte zum Observatorium zurück. Hall habe er erst anderthalb Stunden später wiedergesehen, nachdem ihn Frederick Meyer mit der Nachricht aufgesucht habe, Hall sei plötzlich erkrankt und wolle ihn sehen. Meyer bestätigte, daß er zum Observatorium gegangen war, nachdem Hall sich hingelegt hatte, er habe es aber nur getan, weil er Wache gehabt habe. Er erwähnte nicht, daß er Bessels gesehen, und schon gar nicht, daß er ihm etwas von Halls Unwohlsein gesagt habe. Aus irgendeinem Grund unternahm der Ausschuß nichts, um Bessels' Aussage, er sei zum Observatorium zurückgekehrt, bevor Hall an Bord ging, zu bestätigen – ein schweres Versäumnis, denn Morton und Mauch, die bei Halls erstem Anfall beide zugegen waren, meinten, der Doktor sei zu dieser Zeit ebenfalls an Bord gewesen.

Auf dem Weg zum Schiff schlossen sich noch andere Männer

Halls Trupp an. Tyson, Budington und Morton, die den Bau der Schneewälle überwachten, kamen übers Eis und begrüßten ihn. »Er sagte, es sei ihm niemals besser gegangen«, so Tyson, »er habe die Schlittenfahrt richtiggehend genossen und plane gleich die nächste Tour, auf der er mich dabei haben wollte.« Auf Budingtons Frage, ob er dachte, er könne den Nordpol über die eben erkundete Küste erreichen, sagte Hall, ja, das könne er.

Hall begrüßte erst die Männer an den Schneewällen und dankte ihnen für ihr gutes Verhalten während seiner Abwesenheit, dann ging er an Bord. »Er sah blendend aus«, sagte der Matrose Henry Hobby. Als Hall an Bord ging, wandten sich die meisten Männer wieder ihren Aufgaben zu. Nur Ebierbing, Chester, Campbell und Morton begleiteten ihn. Herron und Bryan begrüßten ihn auf dem Fallreep. An Deck sprach er eine Weile mit Bryan, dann ging er in seine Kabine. An der Tür traf er Joseph Mauch, der ihm sagte, daß er wie befohlen die Ereignisse während seiner Abwesenheit ausführlich festgehalten habe, und Hall entgegnete, er werde die Aufzeichnungen sobald als möglich lesen. Bevor er in die Kabine ging, sprach er noch mit dem Steward. Dieser gab an, Hall habe ihn um eine Tasse Kaffee gebeten, die er ihm geholt, aber nicht selbst gebrüht habe. Die Aussagen bezüglich des Kaffees sind widersprüchlich: Es bleibt ungeklärt, wer ihn wann, wo und für wen gebrüht hatte.

Während der Steward unten in der Kombüse Kaffee holte, half Morton dem Kommandanten, die nassen Stiefel auszuziehen und die Kleider zu wechseln. Bryan war mit Hall in der Kabine, als der Steward mit dem Kaffee zurückkam. Der Ausschuß fragte Bryan nicht, wer sonst noch in der Kabine war.

Ich erinnere mich, daß Mr. Morton ihm half, seine nassen Stiefel auszuziehen, und ich erinnere mich auch, daß er eine Tasse Kaffee trank. Dann stand er auf und wechselte sein Hemd. Er sagte: »Mir ist übel« oder: »Irgendwas stimmt nicht«, etwas in der Art. Er meinte, er fühle sich sehr schwach.

Der Ausschuß versuchte, von Bryan eine genauere Zeitangabe zu bekommen.

Frage: Geschah das innerhalb einer halben Stunde, nachdem er in seine Kabine beziehungsweise an Bord des Schiffes gegangen war?

Antwort: Ja, ich glaube, das kann man so sagen.

Frage: Hat er in dieser Zeit den Kaffee getrunken?

Antwort: Ja, ich glaube, ich habe gesehen, wie er den Kaffee trank, und gleich darauf –

Frage: Innerhalb der nächsten fünf Minuten?

Antwort: Das kann ich nicht sagen, es kann sein, daß er die Tasse abgestellt und sich noch unterhalten hat; ich war anderweitig beschäftigt, ich habe nicht gesehen, ob er wirklich getrunken hat, aber ich habe diese beiden Vorfälle miteinander kombiniert, denn gleich nachdem er getrunken hatte, klagte er über Unwohlsein und legte sich hin. Es kann mehr oder weniger Zeit vergangen sein, ich kann Euch nicht genau sagen, wie viele Minuten.

Morton hatte die Kabine verlassen, bevor der Kaffee gebracht wurde, kam aber nach 20 Minuten zurück und fand Hall erbrechend vor. Der alte Seebär war aufgeschreckt, er fragte, was los sei. »Nichts, überhaupt nichts«, betonte Hall, »ich muß mir den Magen verdorben haben.« Laut Bryan blieben Morton und »noch jemand« an Halls Koje. War dieser Jemand Doktor Bessels? Morton sagte: »Der Doktor war da, als es Hall übel wurde und er sich erbrach; ich glaube, er war auch da, als Hall den Kaffee trank. Er bat den Doktor um ein Brechmittel; soweit ich verstanden habe, sagte der Doktor soviel wie: Nein, er sei nicht bei Kräften und das Mittel würde ihn noch mehr schwächen.« Sollte Morton sich geirrt haben und Bessels nicht in der Kabine gewesen sein, als es Hall schlecht wurde, mußte man ihn umgehend geholt haben, denn auch andere sagten aus, daß er gleich zugegen war, als Hall im Bett lag, und sich weigerte, ihm ein Brechmittel zu verabreichen. Auch Budington ging in die Kabine: »Ich ging rein, er lag in der Koje, er sagte, ihm sei ein wenig schlecht geworden, als er von der Kälte in die Wärme gekommen sei, und er habe sich leicht erbrochen.« Trotz Unwohlseins erzählte er Budington, er wolle in wenigen Tagen noch einmal nach Norden gehen.

Bessels selbst sagte aus, man habe ihn aus dem Observatorium geholt, und gab dem Ausschuß eine detaillierte Diagnose von Halls Symptomen und der anfänglichen Behandlung.

Als ich kam, lag er im Bett. Es war ziemlich warm in der Kabine, und ich machte zuerst die Tür auf, bevor ich ihn ansprach. Er sagte, er habe sich erbrochen, habe Magenschmerzen und seine Beine seien so kraftlos. Während ich noch mit ihm sprach, wurde er ohnmächtig. Ich versuchte, ihn wieder zu Bewußtsein zu bringen, aber es half nichts. Sein Puls war unregelmäßig, zwischen 60 und 80, einmal erhöht, dann wieder schwach. 25 Minuten war er ohne Bewußtsein und zeigte keinerlei Regung. Währenddessen strich ich ihm Senfbrei auf Beine und Brust, außerdem machte ich ihm kalte Umschläge an der Stirn und setzte Schröpfköpfe im Nacken an. Schließlich kam er wieder zu sich. Ich hatte den Eindruck, er hätte eine halbseitige Lähmung erlitten, sein linker Arm und seine ganze linke Körperseite waren lahm, auch die Gesichtshälfte und die Zunge. Ich mischte ihm ein Abführmittel aus Biberöl und drei, vier Tropfen Krotonöl.

Bessels glaubte, Hall hätte »Schlagfluß« (Hirnschlag), wie im Logbuch der Expedition verzeichnet ist; die Symptome, die er beschreibt, weisen tatsächlich auf einen Schlaganfall hin. Der Stabsarzt der Armee, der gebeten worden war, dem Ausschuß während Bessels' Aussage beizusitzen, fragte den Doktor, was diesen Anfall so plötzlich ausgelöst haben könnte. Bessels antwortete:

Ich denke, der Grund für den ersten Anfall war die Tatsache, daß er auf der Schlittenreise sehr niedrigen Temperaturen ausgesetzt war und gleich nach seiner Rückkehr in die warme Kabine ging, ohne die dicken Kleider auszuziehen, und heißen Kaffee trank. Jeder weiß, welche Folgen das haben kann. Er war lange Zeit in der Kälte bei minus 50 Grad, kam dann in die Kabine, wo es sehr warm war, und reagierte unmittelbar darauf.

Vier Monate vor Bessels' Aussage hatte Herron erwähnt, daß Hall beim Betreten der Kabine »die Hitze offenbar schwer zugesetzt« habe, und damit Bessels' Worte glaubhaft gemacht.

Doch noch am nächsten Morgen und auch in seinen späteren klaren Momenten schien Hall von diesem Kaffee wie besessen zu sein. Ebierbing berichtete, Hall habe von »schlechtem Kaffee« gesprochen und wiederholt angedeutet, man habe ihn vergiftet.

Auch als Hall mit Tookoolito sprach, erwähnte er den Kaffee – und damals schien er nicht fiebrig, sondern bei klarem Verstand. »Er hatte Kopfweh, dann ging es ihm wieder besser«, sagte sie. »Er sprach über den Kaffee, der Kaffee mache ihn krank, sei zu süß für ihn.« Ihm sei schlecht geworden und er habe sich erbrechen müssen. »Normalerweise habe ich Kaffee und Tee für ihn gekocht. Er sagte, so etwas wie diesen Kaffee, als er an Bord gekommen sei, habe er noch nie getrunken.«

Den Verlauf von Halls Krankheit kann man grob Bessels' Aussage entnehmen:

25. Oktober: Hemiplegia (halbseitige Lähmung), Schluckbeschwerden, Sprechbehinderung, Taubheit der Zunge. Bessels verabreichte ihm mehr Abführmittel (eine starke Arznei aus Biber- und Krotonöl). Hall den ganzen Tag bei klarem Verstand. Am Abend war die Lähmung teilweise abgeklungen, er hatte aber eine unruhige Nacht.

26. Oktober: Aß Trockenobst. Doktor Bessels: »Er beklagte sich über Kälte, er hatte auch tatsächlich sehr starke Temperaturschwankungen, Temperaturschwankungen wie bei Wechselfieber. Ich versuchte, mit dem Thermometer seine Temperatur zu messen, sie stieg manchmal auf 44 Grad, dann fiel sie wieder auf 28 Grad. Ich legte das Thermometer in seine Achselhöhle, manchmal steckte ich es auch in seinen Mund.« (Bessels' Messungen waren ungenau, wahrscheinlich hat er zu oft in der Achselhöhle gemessen; bei einer Körpertemperatur von 44 Grad wäre Hall gestorben.) Doktor Bessels injizierte ihm Chinin, und seine Temperatur stabilisierte sich langsam wieder. Er war den ganzen Tag bei klarem Verstand.

27. Oktober: Mehr Appetit, doch Taubheit der Zunge trat wieder auf. Mehr Chinininjektionen. Den ganzen Tag bei klarem Verstand.

28. Oktober: Erste Zeichen von Wahn um 15 Uhr. Hall sprang aus dem Bett, schrie, Budington und Tyson wollten ihn erschießen.

29.–31. Oktober: Vom 29. Oktober bis zum 4. November lehnte Hall Bessels' Behandlung ab. Fiebrig.

1.–3. November: Laut Mauchs Aussage und auch den Aussagen anderer ging es Hall viel besser, er kam wieder zu Kräften und war klar im Kopf. Lehnte weiterhin Bessels' Behandlung ab.

4. November: Bessels durfte ihn wieder behandeln. Laut Bessels hatte er große Sprechschwierigkeiten, eine taube Zunge, war schwer von Begriff, zeigte aber nur noch wenige Symptome einer Lähmung. Aß mit Appetit.

5.–6. November: Bessels behandelte ihn. Am 6. Oktober stand er auf und ging sogar an Deck. Aß mit Appetit.

7. *November:* Um ein Uhr nachts Rückfall. Bis zum späten Nachmittag komatös, dann wieder kurz bei Bewußtsein.
8. *November:* 3 Uhr 25 Exitus.

Die anfängliche linksseitige Lähmung wies darauf hin, daß Bessels' Diagnose richtig war, solch eine Lähmung tritt oft nach einem Schlaganfall auf. Der Stabsarzt machte sich die Mühe, etwas tiefer in dieses Thema einzudringen, und fragte Bessels, wie er die Lähmung diagnostiziert habe.

Frage: Woher wißt Ihr, daß er gelähmt war? Lag er in seiner Koje?
Antwort: Ja, Sir.
Frage: Wie habt Ihr Euch vergewissert, daß er gelähmt war? Waren seine Muskeln gelähmt, und waren auch seine Reflexe gestört?
Antwort: Nachdem er wieder zu sich gekommen war, waren nur seine Muskeln gelähmt, die Lähmung hielt bis zum nächsten Tag an.
Frage: Eine Lähmung der Muskeln und Sinne?
Antwort: Ja, Sir.
Frage: Habt Ihr beim ersten Anfall getestet, ob er noch ein Gefühl hatte?
Antwort: Ja, Sir, mit einer Nadel.
Frage: Wie habt Ihr die Muskellähmung überprüft?
Antwort: Ich hob seine Hand an, sie fiel wieder herunter.
Frage: Ihr wart Euch zweifelsfrei sicher, daß es eine Lähmung war?
Antwort: O ja, Sir, da gab es keinen Zweifel. Wenn man seine Hand anhob, fiel sie wieder zurück. Er konnte sie nicht oben halten.

Die anderen Zeugen widersprachen sich jedoch in diesem Punkt.

Auch andere Symptome, wie der anfänglich rasende Puls und seine Ohnmacht, weisen auf einen Schlaganfall hin, doch die starken Temperaturschwankungen, die Bessels erwähnte, sind keine Begleiterscheinungen eines Hirnschlags. Vielleicht litt Hall zusätzlich unter einer anderen Krankheit oder Infektion, die er nicht diagnostizierte. Wenn Hall tatsächlich Temperaturschwankungen hatte, so hatte Bessels Grund, ihn im wesentlichen mit Chininsulfat zu behandeln. Im 19. Jahrhundert wurde Chinin oft als fiebersenkendes Mittel verabreicht, und Bessels bezeugte, daß es nach der ersten Injektion fast umgehend gewirkt habe und Halls Temperatur gefallen sei. Es bleibt aber die Frage, warum er diese Behandlung fortführte, nachdem Halls Temperatur offenbar wieder normal war. Nach dem damaligen amerikanischen Standardwerk der Pharmakologie, *The Dispensatory of the United States of America* von 1866, konnte Chinin »bei allen krankhaften Zuständen des Organismus mit guter Wirkung verabreicht werden«, dasselbe Buch warnt jedoch vor hohen und häufigen Dosen, denn sie reizen Magen und Gedärme aufs äußerste. Der Stabsarzt fragte Bessels nicht, warum er nach der Normalisierung der Temperatur die Behandlung fortgesetzt habe.

Einmal wurde Bryan Zeuge, wie Bessels Hall Chinin gab, und schilderte dem Ausschuß die Vorgehensweise: »Er hatte kleine weiße Kristalle, die er in einem Glasschälchen erhitzte. Dann injizierte er das Mittel subkutan in die Beine.« Die Aufbereitung des Chinins erklärt vielleicht den Verdacht einiger Männer, Bessels habe Hall Blausäure verabreicht – angeblich habe es in der Kabine danach gerochen. Blausäure ist ein starkes, tödliches Gift, das im 19. Jahrhundert manchmal in sehr verdünnter Form angewendet wurde, doch Bessels selbst äußert sich nicht dazu, und es gibt keinen Grund zur Annahme, daß er es verwendet hätte.

Doch wenn Hall von dem Verdacht erfahren hatte, könnte dies erklären, warum der sterbende Mann an furchterregenden

Wahnvorstellungen litt. Als Budington eines Abends mit Hall allein war, sprang Hall plötzlich aus der Koje und ging auf ihn los. Budington rief nach Chester und Tyson, die vor der Kabine waren, doch Hall packte Budington mit der einen Hand und den Türknauf mit der anderen und hielt die Tür zu. Er sagte zu Budington, er habe einen blauen Dampf vor der Kerosinlampe gesehen, dann, daß er gesehen habe, wie eine blaue Flamme aus Budingtons Mund schoß. Nachdem sich Chester und Tyson Zutritt zur Kabine verschafft hatten und Hall zusammen mit Budington ruhigstellten, sagte Hall, der blaue Dampf hänge an Chesters Jacke, und wollte ihn abwischen. Als er wieder in seiner Koje lag, setzte er sich auf, streckte die Hand nach Tysons Mund aus und sagte: »Was kommt aus Eurem Mund? Es ist etwas Blaues.« Diese Wahnvorstellung verfolgte Hall.

Hall beschuldigte im Grunde jeden an Bord, daß er ihn umbringen wollte, einmal als Einzelpersonen, dann wieder als Mitglied einer großangelegten Verschwörung, doch sein Verdacht konzentrierte sich im wesentlichen auf Bessels. Bessels wusch seine Füße mit warmem Wasser und machte Senfwickel – Hall meinte, er wollte ihn vergiften. Bessels verbot ihm Robbenfleisch – Hall meinte, er wollte ihn verhungern lassen. Bessels verabreichte ihm Arznei – Hall ließ sie erst von jemandem erproben, bevor er sie einnahm.

Auch wenn Hall glaubte, Opfer einer Verschwörung zu sein, so hielt er Bessels doch für den Rädelsführer, für die Spinne, die im Netz lauert. Die anderen bezichtigte er eines gemeinsamen Komplotts mit Bessels, doch Bessels selbst verhöhnte er öffentlich und nannte ihn »diesen kleinen deutschen Tanzlehrer«.

In den Augen der Männer, die Zeugen von Halls Wahn wurden, war Bessels lediglich besorgt und aufmerksam, und sofern Hall es zuließ, setzte er seine Behandlung unbeirrt und ungeachtet der Beschimpfungen fort, die Hall auf ihn herunterregnen ließ. Es schien ihn nicht zu berühren, wenn sein Patient ihn nicht sehen wollte, und als Hall dann nachgab und sich wieder behandeln ließ, kümmerte sich Bessels ohne sichtlichen Groll um ihn. Nachts schlief er manchmal auf einem Stuhl neben Halls Koje; seinen Arm hatte er mit einem Seil an Halls Arm gebunden, und Hall konnte daran ziehen, wenn er etwas brauchte, ohne die anderen Männer in der Kabine zu wecken. »Der Doktor hat nur wenig geschlafen«, sagte Emil Schumann. »Der Doktor war besonders nett zu ihm und tat, was er konnte.«

Zwei Tage vor dem fatalen Rückfall war Hall auf dem Weg der Genesung, er war bei klarem Verstand und kam wieder gut zu Kräften. Er hielt Joseph Mauch auf Trab, verlangte, daß die Logbücher aktualisiert würden, und sprach mit allen, die ihm zuhörten, eifrig über seine Pläne. An einem dieser Tage brachte ein Matrose, der Hall seit seinem ersten Anfall nicht mehr gesehen hatte, frisches Robbenfleisch an Bord und warf einen Blick durch das Kabinenfenster. Hall hatte erfahren, daß gerade eine Robbe erlegt worden war, und freute sich. »Ich hatte ihn seit seiner Krankheit bis zu diesem Tag nicht mehr gesehen, als ich die Robbe nach achtern brachte; dann sah ich ihn durch das Fenster, er lachte und war fröhlich.«

Da er sich so gut und so schnell zu erholen schien, war der Rückfall ein Schock. Am Abend des 6. November ging er bei scheinbar guter Gesundheit und guten Muts zu Bett. Am Nachmittag hatte er noch zu Budington gesagt: »Ich frühstücke morgen mit Euch. Mr. Chester und Mr. Morton müssen nicht an meiner Koje wachen. Mir geht es so gut wie immer.« Trotz Halls beharrlicher Behauptung, es gehe ihm gut, wachte Chester über seinen Schlaf. Gegen Mitternacht merkte Chester, daß Hall Atembeschwerden hatte, und weckte Bessels.

Ich fragte den Doktor. Er sagte, es sei alles in Ordnung, und ging gleich ins Observatorium. Er war erst ein paar Minuten weg, da setzte sich Kapitän Hall in der Koje auf, aber er konnte nicht sprechen. Seine Zunge war geschwollen. Er lallte, und ich rannte an Deck. Einer der Männer war auf dem Eis und verzeichnete die Tide, ich schickte ihn gleich zum Doktor ins Observatorium.

Nach Bessels' Rückkehr informierte Chester auch Budington. Budington sagte aus:

> Kurz nach Mitternacht hat man mich geweckt, ich glaube, es war Chester, er sagte: »Kapitän Hall stirbt.« Ich rannte gleich los. Er saß in der Koje, seine Beine baumelten über der Kante, der Kopf rollte hin und her, die Augen waren glasig, er sah aus wie tot – ein schrecklicher Anblick. Er wollte wissen, wie man »Mord« schreibt. Er buchstabierte es immer wieder in einer anderen Reihenfolge, so ging das eine Weile. Dann straffte er sich schließlich und sah den Doktor an. Er sagte: »Doktor, ich weiß, was hier vorgeht, Ihr könnt mich nicht zum Narren halten«, und er verlangte Wasser. Er wollte trinken, doch er konnte nicht schlucken und spuckte es wieder aus. Die Männer konnten ihn überreden, sich hinzulegen, was er auch tat. Er röchelte.

Bessels untersuchte Hall gründlich und sagte später aus, daß seine linke Pupille geweitet, die rechte zusammengezogen war, ein Zeichen, daß er einen zweiten Schlaganfall erlitten hatte. »Ich fragte ihn, wie er sich fühle, er sagte, er fühle sich wesentlich schlechter als tags zuvor, und er habe größere Probleme mit dem Sprechen. Er verlor das Bewußtsein, gleichzeitig konnte man seinen röchelnden, rasselnden Atem in der Kehle hören.«

Hall war fast den ganzen nächsten Tag über im Koma, lag flach auf dem Bauch und röchelte. Hubbard Chester saß neben seiner Koje und sah, daß er Entzündungen an Mund und Nase hatte. Bessels untersuchte ihn am Nachmittag, er stellte »Reflexe oder Zuckungen der linksseitigen Muskeln« fest, »wie bei einem einseitigen Veitstanz«. Am frühen Abend kam er wieder kurz zu sich, sah Bessels an, der dabei war, ihn für die Nacht herzurichten und die Decken zurechtzuziehen, und sagte: »Ihr wart sehr nett zu mir, Doktor, ich stehe in Eurer Schuld.« Dann drehte er sich auf die Seite und schlief ein. Es waren seine letzten Worte, ihr Tonfall kann nicht mehr nachvollzogen werden. Hatte er tatsächlich Bessels' Hilfeleistungen anerkannt? Oder schwang in seiner Äußerung Ironie mit? Der Ausschuß fragte nicht nach.

Nur Morton wachte neben Hall, als er starb. Der alte Seemann schilderte Halls Ende:

Ich hatte den Eindruck, er schliefe ganz fest, er lag auf der Seite, mit der Wange und dem Mund auf dem Kissen. Ich saß neben ihm, er röchelte stark. Mr. Chester sagte zu mir: »Er schläft, ich glaube nicht, daß es ihm bessergeht, er ist übel dran.« Chester legte sich wieder hin. Nach einer Weile sprach ich ihn an, doch er antwortete nicht. Ich hob seinen Kopf an, da sah ich etwas an seinem Mund – Speichel. Ich drehte ihn teilweise auf den Rücken und hob seinen Kopf noch weiter an, wischte ihm den Mund ab und schob ihm einen Teelöffel Flüssigkeit zwischen die Lippen, doch er reagierte nicht mehr.

Morton wachte noch ein paar Stunden still an seinem Bett, beobachtete ihn und horchte. Die anderen Männer in der kleinen Kabine schliefen alle tief, während Hall immer schwerer atmete.

Gegen 2 Uhr 20 oder 2 Uhr 25 Uhr hörte er auf zu atmen. Ich hielt mein Ohr an seinen Mund, doch ich konnte seinen Atem nicht mehr hören. In diesen letzten Momenten war sein Gesichtsausdruck sehr friedlich, nicht mehr verzerrt, nicht mehr rot und erhitzt, er war so blaß und fahl, als wäre er noch am Leben.

Morton weckte erst Bessels, dann Budington und die anderen Offiziere und sagte ihnen, daß Hall tot sei. Bald drängten sich flüsternde Männer in der Kabine und besahen ihren toten Kommandanten.

Der Ausschuß bat zwar nicht darum, doch Morton schilderte die Vorgänge bis zu Halls Begräbnis:

Nachdem er gestorben war, kleideten wir ihn an und richteten ihn für das Begräbnis her. Er lag in der Kabine, bis der Zimmermann unten im Maschinenraum einen Sarg gemacht hatte. Als der Sarg fertig war, legten wir ihn hinein, sahen ihn noch einmal an und nagelten den Sargdeckel fest. Den Sarg trugen wir aufs Achterdeck und schaufelten ein Grab. Tyson, Chester, ich selbst und noch ein paar andere gruben zwei Tage lang mit Pickeln und Brechstangen unter großen Mühen die Erde auf, die hart war wie Stein. Am zweiten Tag, am elften November, war das Grab fertig. Wir trugen ihn hinüber auf das flache Stück Ödland in der Polaris Bay gegenüber dem Winterlager des Schiffs. Mr. Bryan hielt einen Trauergottesdienst im Licht der Lampe, die ihm jemand hielt. Es war dunkel – arktische Nacht.

Die Stabsärzte des US-Heers und der Marine waren bei Bessels' Befragung zugegen und verfaßten eine kurze Stellungnahme, die der Ausschuß dem Bericht an den Präsidenten beifügte – sie waren zu dem Schluß gekommen, »daß Kapitän Hall eines natürlichen Todes starb, d.i. Apoplexie, und daß Dr. Bessels' Behandlung unter diesen Umständen die gebotenste schien«.

Der Ausschuß empfahl, gegen niemanden vorzugehen und auch keine weiteren Untersuchungen mehr anzustellen. Für die US-Regierung war der Fall abgeschlossen.

Weder während noch nach der Untersuchung äußerte sich der Ausschuß zu Charles Francis Hall selbst, seiner Person, seiner

Qualifikation als Forschungsreisender und seinem Kommando bei der Katastrophe um die *Polaris,* obwohl im Laufe der Ermittlungen genügend Material zusammengekommen war, um sich eine Meinung zu bilden.

Fest stand, daß Hall ziemliche Schwierigkeiten mit einigen Offizieren hatte. Um welche Offiziere es sich handelte, zeigt deren Reaktion auf seinen Tod: Wie zu erwarten war, nahm Budington kein Blatt vor den Mund, er soll gesagt haben: »Ein Stein ist mir vom Herzen gefallen.« Budington selbst bestreitet, jemals so eine Äußerung gemacht zu haben, doch er bestreitet nicht, daß er wenige Stunden nach Halls Tod an Deck den Matrosen Hobby traf, der von dem Vorfall gerade erst erfahren hatte. Zu ihm sagte er: »Nun ist alles in Ordnung.« Hobby, der Hall bewundert hatte, fragte scharf: »Wie meint Ihr das?«, und Budington soll laut Hobby geantwortet haben: »Nun müßt ihr nicht mehr verhungern, das kann ich euch versichern.« Hobby ging nach unten, doch zuvor entgegnete er: »Ich habe nie geglaubt, daß wir verhungern würden.« Was Budington mit »verhungern« gemeint hatte, ist nicht ganz geklärt, doch offensichtlich wollte er ausdrücken, daß mit Halls Tod die Expedition zu Ende sei. Unter Budingtons Kommando würden sie nun zu den Annehmlichkeiten der Zivilisation zurückkehren.

Kurz nach Halls Begräbnis soll Frederick Meyer sich laut Aussage eines Matrosen beklagt haben, daß Hall sich mit der Mannschaft besprochen habe und nicht mit den Offizieren. Er behauptete sogar, die Matrosen hätten das Kommando. Meyer ging davon aus, daß nach Halls Tod die Marinehierarchie wiederhergestellt, die Offiziere die Posten einnehmen würden, die ihnen gebührten, und die Expedition besser laufen würde. Offenbar waren Meyers Wunden von dem Streit mit Hall auf der Insel Disko nie ganz geheilt.

Auch Bessels soll über Halls Tod erleichtert gewesen sein. Einige Matrosen berichteten, er sei froh gewesen; Noah Hayes sagte, er habe das Ereignis sogar bejubelt:

Ich war mit Dr. Bessels drüben im Observatorium, wie so oft in jenem Winter. Er war sehr fröhlich und sagte, daß Kapitän Halls Tod das Beste sei, was der Expedition passieren konnte. Ich glaube, das waren seine Worte. Am nächsten Tag lachte er, als er seine Worte wiederholte. Mir hat das damals sehr viel ausgemacht, und ich sagte ihm, er solle sich ein anderes Publikum suchen, wenn er so etwas zu sagen hätte.

Diese drei Männer, Budington, Meyer und Bessels, hatten Hall auch zu Lebzeiten offen kritisiert und verhöhnt. Hall war vielleicht unsicher und defensiv im Umgang mit den Offizieren, doch aus den Aufzeichnungen geht hervor, daß sie die Angreifer waren und daß alle drei Halls Kommando auf die eine oder andere Weise unterminierten. Aus gutem Grund hielt sich Budington für arktiserfahrener als Hall und auch für geeigneter, die Expedition sicher durch die Gefahren des Meereises zu führen. Meyer und Bessels waren gebildet und sahen auf Hall herab. In ihren Augen hatte Hall keine Ahnung von der Naturwissenschaft und war daher nicht fähig, eine Expedition zu leiten, die sie in erster Linie als naturwissenschaftliche Forschungsreise betrachteten.

Die anderen Offiziere und die Mannschaft bewunderten Hall und respektierten sein Kommando. Laut Zeugenaussagen war Hall eine starke Führungspersönlichkeit. Morton nannte sich selbst einen »alten Haudegen, der weiß, was Disziplin ist« und lobte Hall für seine Strenge: »Er war ein netter Mann, aber streng. Er war kein Tyrann, aber jeder fürchtete und respektierte ihn. So jedenfalls sah ich ihn.« Hall war sehr anspruchsvoll und genau in den Operationen seiner Expedition, er überwachte alles und ließ nur wenig Spielraum für Fehler. Penibel erteilte er Budington Anweisungen, was während seiner Abwesenheit zu tun und zu lassen sei.

Er ließ die Männer jeden Tag zum Appell und zum Gebet antreten. Er verbat sich jegliches Fluchen. Er inspizierte das Schiff regelmäßig und gründlich. Hatte er den Eindruck, daß ein Mann bei der Arbeit bummelte, reagierte er sofort und sehr heftig. Als der Koch einmal trödelte, soll Hall ihn gescholten und gedroht haben: »Wenn du nicht sofort nach unten gehst und deine Arbeit tust, bekommst du zu Hause keinen Cent Heuer.«

Dennoch stimmten die Matrosen mit Morton überein, Hall sei nett gewesen, sie bedauerten Halls Tod. Hall tat, was jeder kluge, vernünftige Kommandant tun würde: Er kümmerte sich weniger mit Worten als vielmehr mit Taten um die Bedürfnisse und das Wohl seiner Männer. Vor dem Aufbruch in Washington hatte Budington der Mannschaft mitgeteilt, er und nicht Hall sei für das Essen zuständig; er hatte es aber offenbar so eingerichtet, daß die Offiziere in ihrer Messe etwas anderes bekamen. Hall hörte eines Tages, daß sich ein Matrose über das Essen beschwerte, und sorgte sofort für Abhilfe. Am nächsten Tag beim Appell teilte er mit, daß Offiziere und Mannschaft von nun an das gleiche Essen bekämen, schließlich seien sie Brüder in einer gemeinsamen Sache. Die Männer schrieben ihm dankbar einen Brief, aus dem deutlich ihre Gefühle sprechen:

Die Männer vom Vorschiff möchten Kapitän C. F. Hall öffentlich ihren Dank aussprechen für seine letzthinnige Freundlichkeit; nicht daß wir Hunger litten, aber es zeigt seine Absicht, uns wie normale Männer zu behandeln, die Vernunft besitzen und Respekt verdienen, der nur entzogen wird, wenn es verdient ist. Er kann immer davon ausgehen, daß es unsere größte Freude ist, uns so zu verhalten, daß er sich bei der normalen Arbeit und auch in jedem Notfall auf unsere Dienste verlassen kann.

Halls Strenge und Freundlichkeit waren zwar wichtig, doch sie waren für seinen Erfolg als Führungspersönlichkeit nur zweitrangig. Führungsmacht verlieh ihm vor allem sein Schwung, der ihm in der Vergangenheit Schwierigkeiten gemacht hatte:

Mit Gefolgsleuten, die nicht so begeistert und nicht so ehrgeizig waren wie er selbst, hatte er Geduld und Toleranz verloren. Und er hatte Patrick Coleman erschossen. Auf der *Polaris*-Fahrt hatte er offenbar gelernt, seine Energie zu kontrollieren, sich in eine Zusammenarbeit zu fügen und seine Ungeduld zu zügeln. Der Freigeist hatte sich den Bedingungen des Zusammenlebens auf dem Schiff unterworfen. Er hatte die Kontrolle über seine Männer und über sich selbst.

Doch seine Energie war ungebrochen, das spürten die Männer. Als er noch lebte, hatten Mannschaft und ein Teil der Offiziere keinen Zweifel an Ziel und Zweck der Expedition, ebensowenig zweifelten sie die Fähigkeit ihres Kommandanten an, das Ziel zu erreichen, zu dem er aufgebrochen war. Hall flößte ihnen Vertrauen ein. Fast ein Jahr nach Halls Tod schrieb Hayes: »Wenn der tatendurstige, mutige, aktive und standhafte Teil der Welt je einem Mann tiefste Sympathie und Mitgefühl schuldet, dann kommt Kapitän Hall dieses Verdienst zu.« Hayes war mitgerissen von Halls Schwung, er betrachtete ihn als Märtyrer für seine Sache, er glaubte, daß »die Schwerstarbeit ihn krank gemacht« habe. Die anderen schwelgten nicht so in Worten wie Hayes, doch auch sie drückten ihre Bewunderung für Hall aus. »Die Expedition hat mit ihm nicht nur ihren Kommandanten verloren«, sagte Kruger, »sondern wir haben in jeglicher Hinsicht einen großen Verlust erlitten.« Herman Sieman fällt in Krugers Worte ein: »Als Kapitän Hall starb, haben wir alles verloren. Ich meine damit, die Expedition war mit Hall gestorben. Kein Schiff hatte jemals unsere Möglichkeiten.«

Am meisten hätte Hall wohl Ebierbings Aussage gefreut. Die Beziehung zwischen Hall und dem Eskimo war nicht ausgeglichen. Hall kannte Ebierbing gut, aber bei der zweiten Expedition in der Tundra hatte er ihn als Fremden betrachtet, hatte ihn gehaßt und gefürchtet. Doch Ebierbing und Tookoolito waren seine engsten und vielleicht auch seine besten Freunde, die er im Leben hatte. Zehn Jahre hatten sie mit ihm gelebt, sie hatten ihm geholfen und auch seine Hilfe angenommen. Sie hatten ihm Zugang zum Norden verschafft und ihm alles beigebracht, was er darüber wußte. Sie waren das Verbindungsglied zu den arktischen Landen und Wassern, von denen Hall so besessen war.

Nach Ebierbings Befragung zur Expedition und zu Halls Tod interessierte sich der Ausschuß für seine Pläne.

Frage: Wollt Ihr in den Norden zurückkehren?

Antwort: Glaube nicht. Kapitän Hall mein Freund. Mit Mann wie ihm würde zurückgehen.

Frage: Fällt Euch noch etwas ein, oder wollt Ihr noch etwas sagen?

Antwort: Kapitän Hall guter Mann. Traurig, daß tot. Gehe nicht nach Norden danach. Mehr weiß ich nicht.

Nachdem die *Polaris* in Thank God Harbor Anker gelichtet hatte und durch das Eis ins Hall Basin gefahren war, ruhte Charles Francis Hall fünf Jahre lang ungestört von Menschenhand in seinem Grab. Eskimo hatten früher einmal in der Gegend gejagt, doch die Zeltringe, die ihre Lagerstätten markieren, waren frühgeschichtlich. Jahrhundertelang waren Jagdgruppen nicht mehr so weit nach Norden vorgedrungen. Schneestürme und Moränen griffen die Gedenktafel an, doch sie blieb stehen, und Chesters tief eingravierte Inschrift war immer noch klar und deutlich zu lesen. Lemminge wühlten im Grabhügel, Füchse tappten über das Grab, doch der Sarg blieb unversehrt, und die Polarweide breitete sich auf den Steinen aus.

Im Mai 1876 wurde Halls Grab seit dem Aufbruch der *Polaris* zum erstenmal wieder von Menschen besucht. Männer einer britischen Nordpolexpedition unter dem Kommando von George Nares brachten aus London eine Messingtafel mit, datiert auf den achten November 1871, weil sie wußten, daß sie an Halls letzter Ruhestätte vorbeikommen würden. 25 Teilnehmer der Expedition standen andächtig an seinem Grab, hißten die amerikanische Flagge und stellten die Tafel am Fußende des Grabes auf. Die Nares-Expedition sollte den Nordpol genausowenig erreichen wie die *Polaris*. Kurz nach dem Zeremoniell starben zwei Männer an Skorbut; sie wurden ein paar hundert Meter von Hall entfernt begraben.

Sechs Jahre später wurde das Grab erneut besucht. Männer der Greely-Expedition, die auf der anderen Seite des Hall Basin in der 30 Meilen entfernten Lady Franklin Bay überwinterten, prüften, ob sich in den Speichern der *Polaris*-Expedition Vorräte befanden, und besuchten Halls letzte Ruhestätte. Sergeant William Cross wühlte in den Überresten von Bessels' Observatorium, das noch vor dem Aufbruch der *Polaris* weitgehend niedergerissen worden war, und ritzte seinen Namen in ein Brett, das dort herumlag. Cross starb ein Jahr später als erster der 19 Mann, die bei der schrecklichen Tragödie um die Greely-Expedition ums Leben kamen. Zwischen 1898 und 1909 passierte Robert Peary mit der *Roosevelt* einige Male Thank God Harbor, aber er war so auf sein Ziel fixiert – was Hall gefallen hätte –, daß er sich nicht die Zeit nahm, an Land zu gehen. Knud Rasmussen kam 1917 auf seiner Thule-Expedition. Die alte Gedenktafel lag mit der Vorderseite nach unten auf dem Boden, wahrscheinlich hatte sie derselbe Bär umgeworfen, der seine Zähne tief in den Pfosten der Nares-Tafel geschlagen hatte. Rasmussen konnte die tiefen Bißspuren des Bären im Holz gut erkennen. Nach Rasmussen vergingen 40 Jahre bis zum nächsten Besuch. Im Jahr 1958 ging ein amerikanisches Forschungsteam unter der Leitung des Geologen William Davies und seines dänischen Assistenten Eigel Knuth von Bord des Eisbrechers *Atka*, des ersten Schiffs, das nach der *Polaris* wieder in Thank God Harbor ankerte. Ziel der »Operation Murmeltier« war es, eisfreie Fluglandebahnen als Ausweichmöglichkeiten zu den Stützpunkten in Alert und Thule zu sondieren. Einige Wochen lang war das Motorengeräusch eines Jeeps auf Polaris Promontory zu hören, dann trat in der Region wieder die gewohnte Stille ein. Diese Stille wurde erst Jahre später wieder für kurze Zeit gebrochen, als der britische Geologe Peter Dawes einige Tage dort verbrachte.

Im August 1968 kam ich mit drei Gefährten an Halls letzte Ruhestätte. Dr. Franklin Paddock, William Barrett, Thomas Gignoux und ich waren mit W. W. Phipps, einem der besten Buschpiloten Kanadas, von Resolute ganz im Süden des arktischen Archipels hinaufgeflogen. Das Wetter war gut, und Weldy Phipps konnte seine *Single Otter* knapp oberhalb der Hügel um die Ebene von Polaris Promontory fliegen. Unter uns lagen das tiefblaue Hall Basin und die Küste von Thank God Harbor; als wir tief flogen, konnten wir auch die Ruine von Bessels' Observatorium in der Nähe des Strandes sehen. Wir kreisten in der Luft und hielten Ausschau nach dem Grab. Erkennen konnten wir es nicht, aber wir wußten, daß es in der Nähe des Observatoriums lag. Weldy landete auf einer ebenen Stelle eine Meile südlich des Observatoriums, startete auch gleich wieder, nachdem wir unsere Ausrüstung abgeladen hatten, und ließ uns allein auf der Ebene stehen. Wir waren ganz benommen, als wir uns plötzlich bewußt wurden, wie abgeschieden wir hier oben waren. Weldy sollte nach zwei Wochen wiederkommen, in der Zwischenzeit hatte er andere Aufträge zu erledigen.

Zur Vorbereitung von Halls Biographie hatte ich das von der Regierung bestellte Buch über die Expedition, die Tagebücher der Männer, die Logbücher, die offiziellen Berichte, das Protokoll des Untersuchungsausschusses der Marine und eine Menge anderes Material gesichtet. Ich war zu dem Schluß gekommen, daß Hall nicht notwendig und auch nicht wahrscheinlich ermordet wurde, sondern daß Mord in diesem Fall am wenigsten wahrscheinlich und am wenigsten plausibel war. Es war dagegen durchaus möglich und plausibel, daß die Schlußfolgerung des Untersuchungsausschusses zutraf und er »eines natürlichen Todes, d. i. Apoplexie« starb, doch Robeson hatte unter Druck gestanden – er mußte die Untersuchung zügig abschließen und einen Skandal abwenden. Daß die Regierung nur allzu bereitwillig die dunklen Aspekte dieser Angelegenheit herunterspielte, wird in dem Buch *Narratives of the North Polar Ex-*

pedition deutlich, das Konteradmiral C. H. Davis ein Jahr nach der Untersuchung verfaßte. Davis vermittelt den Eindruck, daß die Expedition eine Art Pfadfinderveranstaltung war, ein bißchen ruppig natürlich, aber beseelt von Heiterkeit und jugendlichem Leichtsinn. Wie falsch dieser Eindruck ist, zeigen die Originalquellen, die Davis verwendet und entstellt hat.

Ich hatte beim dänischen Grönlandministerium um die Erlaubnis ersucht, nach Polaris Promontory zu reisen, und um die Genehmigung gebeten, Hall zu exhumieren und von Frank Paddock obduzieren zu lassen. Ich argumentierte, daß jedes Gericht bei dieser Beweislage eine Autopsie anordnen würde, wenn es sich um einen jüngeren Fall handelte. In Anbetracht der hohen nördlichen Breite seines Grabs war die Wahrscheinlichkeit groß, daß der Leichnam gut erhalten war. Die Genehmigung kam erst nach vielen Anschreiben und einer Reise nach Kopenhagen, wo ich Eigel Knuth traf. Der Archäologe und erfahrene Schlittenführer hatte als einer der letzten Halls Grab besucht. Knuth war Grönlandberater der dänischen Regierung, und ohne seine Zustimmung hätte ich die Erlaubnis niemals erhalten. Zunächst sah es so aus, als stände er meinen Plänen ablehnend gegenüber. Er sagte, Halls Ruhestätte sei ein heiliger Ort, seine Abgeschiedenheit würde das Geheimnisvolle und Schöne, das mit so einem einsamen Grab verbunden sei, noch verstärken, und die Vorstellung, man könnte Halls Ruhe stören, schreckte ihn ab. Ich versicherte ihm, daß wir das Grab wieder so verlassen würden, wie wir es vorfinden würden, und schließlich stimmte er zu.

Am Tag unserer Ankunft auf Polaris Promontory schlugen wir in der Nähe vom Ort unserer Landung das Lager auf, also eine Meile südlich von Grab und Observatorium. Wir wollten mit der Exhumierung erst am nächsten Tag beginnen, doch nachdem das Lager fertig war, gingen wir zum Grab. Wir erkannten die Nares-Tafel schon in einiger Entfernung über die steinige Ebene hinweg. Als wir näher kamen, sahen wir den

Grabhügel, der mit großen Steinen bedeckt war, und ein Brecheisen, das sonderbarerweise aus dem Kopfende des Grabs herausragte, dann entdeckten wir schließlich Chesters Gedenktafel, die mit der Vorderseite nach unten im Dreck lag. Im kalten, trockenen Klima der Hocharktis treten Veränderungen nur sehr langsam ein, und die Tafel sah aus, als wäre sie frisch gemacht. Auch die Weide wuchs immer noch auf dem Grab. Der Ort lag friedlich unter dem strahlenden Blau des Himmels und in der tiefen Stille des Landes.

Wir wanderten zum Observatorium. Wie überall in der Arktis lag auch hier Abfall, der inmitten der weiten, unbewohnten Region noch mehr ins Auge sticht. Das Gebäude stand nicht mehr, eine Wand war eingestürzt, die Bretter lagen im Umkreis verstreut wie nach einer Explosion. Verrostete Dosen, Messingnägel, Eisenöfen, ein riesiger Davit, eine Eissäge, Glasscherben und Segeltuchfetzen umgaben die Ruine. Überall sah man die Umrisse der kugelrunden Eisgranaten voller Schwarzpulver, das immer noch explodieren konnte. Als Tom Gignoux den Müll durchsuchte, drehte er ein Brett um und las darauf William Cross' Namen, Cross selbst hatte ihn vor 70 Jahren eingraviert. Bill Barrett fand eine zerbrochene blaue Phiole mit der eingeätzten Aufschrift »Gift«. Erst wurden wir von nervösem Lachen geschüttelt, doch dann wurde uns klar, daß das nichts zu bedeuten hatte; Phiolen mit dieser Aufschrift waren in einem wissenschaftlichen Observatorium normal, und das Gift mußte nicht unbedingt einer ominösen Anwendung zugeführt worden sein. Am Strand fand ich die Hülse einer dänischen Patrone, die vielleicht Eigel Knuth 1958 dort abgefeuert hatte. 100 Meter weiter lagen die Gräber der beiden Nares-Matrosen, und ganz in der Nähe befand sich ein frühgeschichtlicher Zeltring.

In der Nacht änderte sich das Wetter unter einer Sonne, die nicht unterging. Frühmorgens brachen wir auf, um unser Vorhaben in die Tat umsetzen. Die Wolken hingen angenehm niedrig, das Land war in ein trübes Licht getaucht – am Tag zuvor wäre es für eine so makabre Arbeit zu hell gewesen.

Ein Jahr lang hatte ich mich gefragt, was ich wohl empfinden würde, wenn ich den Sargdeckel hob. Vielleicht wären nur noch die Gebeine übrig, doch in der arktischen Luft über dem Permafrostboden, der tiefes Graben verhindert hatte, könnte er auch ausgezeichnet erhalten sein. Ich konnte unmöglich vorhersagen, was ich vorfinden würde. Und genauso, wie ich fürchtete, nur noch ein Skelett zu finden, das keine Beweise mehr liefern konnte, so sehr fürchtete ich mich auch vor Halls leibhaftigem Anblick. Drei Jahre lang war ich in sein Denken eingedrungen und hatte seine privaten Tagebücher gelesen, nun würde ich in seinen Körper eindringen. Kannten Biographen keine Grenzen?

Frank Paddock, Bill Barrett und ich standen angespannt um das Grab herum, Tom Gignoux hatte das Graben übernommen. Wir wollten uns dem Ernst des Augenblicks angemessen verhalten, doch unsere Nervosität durchkreuzte immer wieder unsere Ehrfurcht, und wir ertappten uns bei blöden Scherzen. Tom scharrte die Erde von dem langen Sargdeckel, das Kiefernholz strahlte hell und frisch. Frank sah hinunter und sagte fröhlich: »Den haben sie wohl nicht für den kleinen Hall gezimmert, was?« Wir lachten völlig unangemessen, doch das Lachen verging uns schnell, als uns der Verwesungsgeruch aus dem Sarg entgegenschlug. Wir standen regungslos da, während Tom zehn Minuten lang versuchte, den Deckel aufzustemmen. Dann splitterte ein Stück ab, wir sahen Eis und eine Flagge – einen Teil der Sterne des Banners.

Ich entfernte den Sargdeckel, und wir sahen den Leichnam, der komplett in die amerikanische Flagge gehüllt war; von der Hüfte abwärts war er mit mattem Eis überzogen, doch am Fußende schimmerten ein Paar Füße in Socken durchs Eis. Der Oberkörper war eisfrei, doch wir konnten sehen, daß sein Rücken am Sarg festgefroren war.

Frank löste sachte die Flagge vom Gesicht – wir sahen Fleisch, Barthaar, Kopfhaar, doch die Augenhöhlen waren leer, die Nase war fast verwest, und der Mund zu einem Lächeln verzogen, das in ein paar Jahren ein Totenkopfgrinsen wäre. Die Haut, von der Zeit gegerbt und fleckig von der Flagge, spannte sich um den Schädel.

Die Autopsie dauerte etwa drei Stunden. Wir wollten den Sarg nicht aus dem Grab und auch den Leichnam nicht aus dem Eisbett in seinem Sarg heben. Frank Paddock beugte sich breitbeinig über sein Objekt, eine ziemlich anstrengende Haltung für so eine langwierige Arbeit.

Es war deprimierend. Zuerst dachten wir, der Körper sei noch fleischig und gut erhalten, doch Franks Skalpell offenbarte uns, daß die inneren Organe fast völlig zersetzt und im umliegenden Gewebe aufgegangen waren. Frank machte sich an eine gründliche Suche, fand aber nur wenig Material für eine fundierte Analyse. Mit mehr als einem Fingernagel und ein paar Haaren für einen Arsentest konnten wir nicht aufwarten. Schließlich gab Frank erschöpft auf. Wir legten den Deckel wieder auf den Sarg, Tom Gignoux schaufelte die Erde zurück, wir legten die Steine auf den Grabhügel, und ich steckte das komische Brecheisen wieder an seine Stelle. Ich war froh, daß mir das noch einfiel. Die Grabstätte sah wieder so aus wie immer, mit einer Veränderung allerdings, die mich störte: Die Polarweide, die die Männer von der *Polaris* gepflanzt hatten, war nicht mehr in den Steinen verankert.

Nun mußten wir fast zwei Wochen auf Weldy warten. Wir vertrieben uns die Zeit und streiften über Polaris Promontory. Erst später merkten wir, daß wir uns hauptsächlich nach Süden bewegten – das Grab lag im Norden, offensichtlich mieden wir es. Am Strand machten wir die schönsten Spaziergänge. Die flache Ebene erstreckte sich etwa 40 Meilen ins Landesinnere und wirkte deprimierend tot, doch am Strand gab es Leben, Bewegung und Geräusche. Sanderlinge, Strandläufer und Regenpfeifer pickten Nahrung am Wassersaum, Eissturmvögel flogen vor der Küste auf. Manchmal störten wir brütende Seeschwalben in ihren Nestern auf und freuten uns an ihren pfeilschnellen, kreisenden Attacken und ihren aufgeregten und aufregenden Schreien. Einmal fegte ein steifer Wind über die Ebene, ich entdeckte einen Schwarm gackernder Schneehühner, die über den geschützten Strand staksten. Wir ernährten uns von Dörrfleisch und gedörrten Kartoffeln. Die Dänen hatten uns die Jagd verboten, und nur größte Selbstdisziplin bewahrte uns an jenem Tag davor, diese Vorschrift zu übertreten.

Himmel und Licht ändern sich in der Arktis ständig, weil sich die Wetterzonen so schnell verschieben. Bleierne Wolken senkten sich nieder, Wind kam auf, Schnee fiel. Ein paar Stunden später war der Himmel wieder tiefblau, und der Wind flaute ab. Plötzlich gab es wieder einen Tanz der Feder- und Schäfchenwolken, der den nächsten Sturm ankündigte, und der Reigen begann von neuem. Dunst schwebte unerwartet herein; dann konnte es passieren, daß wir plötzlich in klammem Nebel feststeckten und nur noch die geisterhaften Schatten der nahen Eisberge erkennen konnten, während wir kurz zuvor bei klarer Sicht über den Strand spaziert waren und sogar die 30 Meilen entfernten Berge von Ellesmere Island gesehen hatten.

Am Tag unserer Ankunft war das Hall Basin eisfrei gewesen, zwei Tage später hatte der Südwind Eis aus dem Kennedy Channel heraufgetrieben, sowohl Meereis als auch Landeis, das von den Gletschern im Süden, vor allem von dem mächtigen Humboldt Glacier abgekalbt war. Dem Eis zu lauschen und das Eis zu beobachten war eine unserer Lieblingsbeschäftigungen. Wenn wir still dastanden und über das Becken blickten, sahen wir das Eis mit der Strömung treiben, ganz langsam und ganz stetig. Viele Eisberge am Strand hatten sich in Wind und Wetter zu den tollsten Gestalten gewandelt, die immer anders aussahen, je nachdem, aus welchem Blickwinkel man sie betrachtete. Manche waren so glatt, daß sie fast maschinell gefertigt wirkten, andere waren ganz zerklüftet, die einen sahen aus wie Phantasietiere und Vögel, andere waren geometrisch rund, viereckig, rautenförmig. Und so faszinierend wie die Formen des Eises waren auch seine Geräusche. Am Strand hörte man die Schreie der Vögel, das Gurgeln der Wellen im Sand und den Wind, der unbehindert von Gräsern oder Bäumen übers Land pfiff. Doch am lebhaftesten erinnere ich mich an das Tropfen der tauende Eisberge und das gelegentliche Krachen und Donnern der großen Schollen, die in die Bucht hinausschwappten.

Unsere freien zwei Wochen hatten sich gelohnt: Es war wie ein Erwachen zu neuem Leben; die Bilder, die wir am Strand sahen, vertrieben die Erinnerungen an das Grab. Nach diesen zwei Wochen verstand ich auch den Mann besser, der in diesem Grab lag, und auch die anderen Männer, die wie er getrieben waren von dem Wunsch, die Arktis zu erkunden, und sich nach ihrer kühlen Schönheit sehnten.

Weldy holte uns planmäßig ab. Ein paar Tage später waren wir wieder in den Staaten. Nach Beratungen mit Pathologen und Toxikologen schickte Frank Paddock Fingernagel und Haar ins Centre of Forensic Sciences von Toronto, wo sie einer Neutronenaktivierung unterzogen wurden, einer hochsensiblen Methode zur Analyse kleinster Proben. Allerdings war ich wenig optimistisch, daß die Tests etwas Handfestes ergaben, und so war ich überrascht, als das Centre mitteilte, Hall habe in seinen letzten beiden Lebenswochen beträchtliche Dosen Arsen zu sich genommen.

Der Fingernagel lieferte das beste Ergebnis. Dr. A. K. Perkons vom Centre hatte ihn von oben bis unten in kleinste Teile zerschnitten und diese Teile der Neutronenbestrahlung unterzogen. Die Rückmeldung der Nuklide ergab zunehmende Mengen von Arsen in den unteren Nagelteilen. An der Spitze enthielt der Nagel 24,6 ppm (Teile Arsen auf eine Million), am unteren Ende 76,7 ppm. Bei einem durchschnittlichen Wachstum von 0,7 Millimeter pro Woche kam Perkons zu dem Schluß, daß der große Sprung im Arsengehalt in Halls letzten beiden Lebenswochen erfolgt sein mußte. Daß er auch schon vor Halls Tod hoch war, kann auf verschiedene Weise erklärt werden. Im 19. Jahrhundert wurde Arsen oft zur medizinischen Behandlung verwendet, und es war auch in Haarwasser enthalten. Damals hatten viele Menschen einen relativ hohen Arsengehalt. Heutzutage beträgt er durchschnittlich nur 1,5 bis 6 ppm. Außerdem enthielt der Boden um das Grab überdurchschnittlich viel Arsen (22 ppm), das, so Doktor Perkons, in den Körper gewandert sein könnte. »Doch so eine Wanderung kann die hohe Arsendosis in Haar und Nagel jeweils bis hin zur Wurzel nicht erklären«, schließt Perkons.

Wir berieten uns mit anderen Kapazitäten auf diesem Gebiet, die alle die Exaktheit von Perkons' Bericht bestätigten und mit seinen Befunden übereinstimmten: Charles Francis Hall hatte in seinen letzten beiden Lebenswochen tödliche Arsendosen zugeführt bekommen.

Welchen Schluß kann man daraus ziehen? Aufgeschreckt durch Perkons' Bericht ging ich im Licht der neuen Informationen noch einmal mein Material über die *Polaris*-Expedition durch und versuchte, Erklärungen für die Arsenvergiftung zu finden. Es zeigte sich jedoch bald, daß unterschiedliche Erklärungen möglich waren. Die folgende Liste der Symptome einer akuten Arsenvergiftung ist zitiert aus: Gleason, Gosslin, Hodge und Smith: *Clinical Toxicology of Commercial Products*, Baltimore 1969.

1. Die Symptome treten gewöhnlich eine halbe bis eine Stunde nach der Aufnahme auf.
2. Süßlich-metallischer Geschmack; Knoblauchgeruch von Atem und Stuhl.
3. Einschnüren der Kehle, Schluckbeschwerden, Brennen und kolikartige Krämpfe in Speiseröhre, Magen und Darm.

4. Erbrechen und starker, schmerzhafter Durchfall.
5. Dehydrierung, großer Durst und Muskelkrämpfe.
6. Zyanose, schwacher Puls und kalte Extremitäten.
7. Schwindel, Kopfschmerz. In manchen Fällen (»zerebraler Typus«) Schwindel, Stupor, Delirium und sogar Wahn.
8. Ohnmacht, Koma, gelegentlich Krämpfc, Lähmungserscheinungen, Tod.
9. Hautausschlag, oft als spätes Symptom.

Man erkennt viele von Halls Symptomen wieder: die anfänglichen Magen-Darm-Beschwerden, Schluckbeschwerden, Dehydrierung, Stupor, Delirium, Wahn und sogar der späte Hautausschlag, den Chester einen Tag vor Halls Tod bemerkt hatte. Nach dem Ergebnis der Neutronenaktivierung überrascht das nicht; es gibt keinen Zweifel, daß Hall während der Zeit, in der diese Symptome auftraten, eine hohe Dosis Arsen zu sich genommen hatte. Nun stellt sich jedoch die Frage: Wie?

An Bord hatte es bestimmt Arsen gegeben, und zwar in Form von Arsensäure, die im 19. Jahrhundert gemeinhin als Arznei verwendet wurde. »Arsenige Säure wird bei einer großen Anzahl von Erkrankungen verwendet«, kommentiert das *Dispensatory of the United States* von 1875. Es wurde gegen Kopfschmerzen, Geschwüre, Krebs, Gicht, Chorea, Syphilis und sogar gegen Schlangenbisse eingesetzt. *Fowler's Solution* war ein sehr verbreitetes Mittel gegen Fieber und verschiedene Hautkrankheiten und gehörte zur Ausstattung eines jeden größeren Arzneischranks, und der Arzneischrank der *Polaris* muß ziemlich groß gewesen sein.

Vielleicht hatte Hall es selbst eingenommen. Daß ein Mann wie er den Freitod wählt, ist fast undenkbar, aber es muß sich nicht notgedrungen um Selbstmord handeln. Vielleicht fiel er auch seinem Argwohn zum Opfer, der sein Leben und Denken so oft beherrscht hatte. Platt Evens, gegen den er wegen der Siegelprägemaschine prozessierte, William Pomroy, William Parker Snow, Isaac Hayes, Sidney Budington, Patrick Coleman und viele andere hatten immer wieder seine Angst geschürt, in Lebensgefahr zu sein, und seine Selbstgerechtigkeit herausgefordert. Von Anfang an mißtraute er Bessels, und vielleicht hatte er sich in seinem Zustand, der durchaus von einem Schlaganfall hervorgerufen sein konnte, lieber selbst behandelt, als sich in die Hände des »kleinen deutschen Tanzlehrers« zu begeben. Es ist nicht ausgeschlossen, daß er sich auch während Bessels' Behandlung noch selbst medikamentierte. Bessels sagte aus, Hall habe einen eigenen Arzneikoffer gehabt, der unter anderem auch »Markenmedizin« enthielt, und im 19. Jahrhundert enthielten viele Markenpräparate Arsen. Die Dosis ist bei den getesteten Medikamenten zwar nicht sehr hoch, aber vielleicht hatte Hall einfach zuviel eingenommen. Vielleicht hatte er auch Zugang zu Bessels' Apotheke und sich dort Arsensäure beschafft. Tookoolito könnte ihm dabei geholfen haben; der verschwiegenen Eskimo wäre darüber auch später kein Wort über die Lippen gekommen.

Doch auch Mord ist möglich. Der Kaffee, den Hall nach der Schlittentour an Bord trank, könnte vergiftet gewesen sein. Arsen ist normalerweise geschmacksneutral, aber es kann einen »süßlich-metallischen Geschmack« hinterlassen. Hall beschwerte sich bei Tookoolito über den Kaffee. »Er sagte, der Kaffee mache ihn krank, sei zu süß für ihn.« Eine halbe Stunde nachdem er den Kaffee getrunken hatte, bekam er Magenschmerzen und mußte sich erbrechen – Symptome, die auf eine Vergiftung hindeuten.

Magenschmerzen und Erbrechen könnten jedoch wie auch die anderen oben aufgelisteten Symptome Folgen des Schlaganfalls gewesen sein. Wenn Bessels die Wahrheit sagte und Hall tatsächlich halbseitig gelähmt war, treffen diese genausogut auf einen Schlaganfall zu. Vielleicht war es auch beides – Schlaganfall und Arsenvergiftung. Doch die Frage bleibt: Wie hat er das Arsen zu sich genommen? Und wer hat es ihm verabreicht?

Wer hatte Zutritt zu Halls Kabine? Budington, Tookoolito, Ebierbing, Chester, Morton, Bessels. Auch andere konnten ihn besuchen, vor allem die Männer, mit denen er die Kabine teilte, doch die obengenannten Personen verbrachten die meiste Zeit mit ihm, wenn sie ihn behandelten oder fütterten.

Budington ist verdächtig. Er hatte psychische Probleme, trank und fürchtete sich vor der Fahrt in den hohen Norden, doch er war seltener bei Hall als die anderen, offenbar mied er den Kranken und kümmerte sich nicht groß um ihn. Tookoolito, Ebierbing, Chester und Morton waren oft bei Hall, sie pflegten und fütterten ihn, doch sie haben kein Motiv für einen Mord.

Sollte es Mord gewesen sein, dann ist Bessels der Hauptverdächtige. Der gebildete Mann verfügte einerseits über das notwendige Wissen, und als Schiffsarzt war er auch im Besitz arsenhaltiger Arzneien. Er hatte die meiste Zeit Zutritt zu Halls Kabine, und als Hall Bessels nicht sehen wollte, trat umgehend Besserung ein. Am ersten November, einen Tag nachdem Hall Bessels' Behandlung ablehnte, notierte Joseph Mauch: »Kapitän Hall geht es heute morgen schon sehr viel besser – in den letzten beiden Tagen nahm er keine Medikamente mehr ein, und heute ist sein Zustand wesentlich besser, auch wenn er noch sehr geschwächt ist.«

Bessels gab Hall Medizin zur oralen Einnahme, vor allem Abführmittel – das mit Arsen versetzt gewesen sein könnte. Er gab ihm Injektionen, angeblich Chinin; doch er könnte ihm auch Arsen gespritzt haben wie bei einer Krebsbehandlung. Bryan sah, wie Bessels die Injektion vorbereitete und dabei »kleine, weiße Kristalle« erhitzte, um das Chinin flüssig zu machen. Auch Arsen gibt es in Form eines weißen Pulvers, das leicht als kristallin angesehen oder mit Kristallen gemischt und erhitzt werden konnte.

Hält man Bessels für den mutmaßlichen Mörder, so fallen in seiner Aussage ein paar Dinge auf, die verschieden interpretiert werden können. Da gibt es die widersprüchliche Aussage, ob er nun tatsächlich, wie er behauptete, im Observatorium war, als Hall besagten Kaffee trank, oder ob er an Bord war, wie Morton und Mauch annahmen. Dann ist da seine Weigerung, Hall beim ersten Anfall ein Brechmittel zu geben; wenn Hall einen Schlaganfall hatte, wäre ein Brechmittel gefährlich gewesen, aber es hätte auch seinen Magen vom Gift befreit. Außerdem führte Bessels die Chininbehandlung fort, als Halls Fieber schon gefallen war. Laut Budington soll sich Bessels eines Abends bei ihm beklagt haben, daß Hall keine Medizin einnehmen wolle. Budington erklärte sich bereit, freiwillig vor Hall die Arznei zu schlucken, doch Bessels hinderte ihn daran. Kleinigkeiten, Halme im Wind.

Bessels hatte eine Gelegenheit, er hatte das Wissen und auch das Gift. Doch warum sollte er Hall umbringen? Ein rationales Motiv gab es nicht; er hätte von Halls Tod nicht profitiert. Im Gegensatz zu Budington hatte Bessels keine Angst vor der Nordfahrt und wollte nicht nach Süden zurückkehren; Halls Beharren auf dem nördlichen Kurs war für Bessels keine Bedrohung. Joseph Mauch und Henry Hobby sagten sogar aus, Bessels habe heimlich versucht, ein paar Männer zu bestechen, damit sie mit ihm weiter nach Norden zögen, als die *Polaris* bei Etah auf Grund gelaufen war – ein ehrgeiziger Plan. Doch Ehrgeiz könnte ein Motiv sein. Nach Halls Tod ging das Kommando auf Budington über, Bessels war aber einflußreicher, unabhängiger und vor allem stärker als Budington.

Doch wem oder was sollte sein ehrgeiziger Plan nützen? Wollte er wichtige naturwissenschaftliche und geographische Entdeckungen machen, um sämtliche Anerkennung für sich beanspruchen zu können? Das scheint als Motiv für einen Mord nicht hinreichend. Und hier tauchen wir in die unterschwelligen Strömungen des Denkens, in die Dunkelheit, die der Ausschuß nicht zu erhellen versuchte. Als George Tyson gefragt wurde, ob er den Eindruck habe, daß es »zwischen Hall und dem wissenschaftlichen Stab Meinungsverschiedenheiten gab, die einen der Wissenschaftler veranlaßt hätten, ihm etwas anzutun«, antwortete Tyson überzeugt: »Nein, Sir.« Er hielt jedoch inne und fügte dann hinzu: »So etwas könnte niemand tun, es sei denn, er ist eine Bestie.« Der Ausschuß zog es vor, sich lieber nicht mit der Frage der Bestialität auseinanderzusetzten, und ging zum nächsten Punkt über. Doch vielleicht liegt hier die Wahrheit.

Joseph Henry hatte Hall gewarnt: Bessels sei »ein sensibler Mann«. Er muß wirklich sehr sensibel gewesen sein, sonst hätte Henry dies in seinem ansonsten eher sachlich und offiziell gehaltenen Brief kaum erwähnt. Bessels' Verhalten bei der Expedition, seine Wortwechsel mit Budington und Hall deuten darauf hin, daß er zumindest ein schwieriger Mensch war. Über seine spätere Laufbahn ist wenig bekannt. Noch über zehn Jahre war er am Smithsonian Institute beschäftigt und trug die wissenschaftlichen Ergebnisse der Expedition zusammen. Baird schrieb ihm drängende Briefe, er solle sich mit der Arbeit beeilen; offenbar wollte das Smithsonian ihn loswerden. War Bessels zu schwierig?

Ein Grund scheint in einer Kontroverse aus dem Jahr 1880 zu liegen. Für 1882/83 war ein Internationales Polarjahr angesetzt, und die amerikanischen Wissenschaftler planten 1880 ihre Beiträge. Auch Kapitän Henry Howgate meldete sich zu Wort; er hatte die etwas weit hergeholte Idee, die Arktis zu kolonialisieren. Am 16. Februar 1880 erschien zu diesem Thema im *New York Herald* ein Interview mit Bessels, das ein deutliches Licht auf ihn wirft. Im Interview gibt sich Bessels wie Doktor Faust in seiner übelsten Rolle – selbstsicher bis hin zur Arroganz, voller Geringschätzung für andere. Er legte dem Reporter dar, was die Vereinigten Staaten im Polarjahr tun und was sie lassen sollten. Daß vieles davon richtig war, mindert nicht seinen Hochmut, mit dem er Kapitän Howgates Plan verwarf: »Amüsant, daß ein Mann, der solch einen Humbug schreibt [Howgate], die Unverschämtheit besitzt, sich dazu zu äußern, woran andere Expeditionen beim Erreichen des Nordpols scheiterten und warum sie falsch geführt wurden.«

Howgate gehörte dem Ausschuß an, der die *Polaris*-Expedition untersuchte, doch nichts weist darauf hin, daß er bei der Befragung irgend etwas getan oder gesagt hätte, wodurch er sich Bessels zum Feind gemacht hatte. Möglich ist allerdings, daß Bessels einen tiefsitzenden Groll gegen ihn hegte, nur weil er dem Ausschuß angehört hatte.

Das Interview lenkte Spencer Bairds Zorn auf sich. Baird schrieb Bessels einen frostigen Brief und rügte ihn wegen seines losen Mundwerks. Bessels blieb noch ein paar Jahre beim Smithsonian, bis er mit der knappen Notiz »Sehr geehrter Doktor, wir brauchen dringend den Raum neben dem Nordeingang, den Ihr im Moment belegt. Wir wollen den Sanitärbereich für die Besucher ausbauen. Entfernt bitte Euren Besitz« aus dem Institut vertrieben wurde.

Das Smithsonian stellte bald die Gehaltszahlungen ein, und »Doktor Fausts Refugium« wurde zur Toilette umgebaut. Kurz darauf kehrte Bessels nach Deutschland zurück. Dort starb er 1888 – an Schlagfluß.

Bessels war ein schwieriger Mensch, aber war er eine Bestie? Die Enge auf einem überwinternden Schiff war ein Prüfstein für die psychische Gesundheit jedes einzelnen Mannes an Bord. Wie die Geschichte der Arktisforschung durchgängig zeigt, konnten sich Ehrgeiz, Antipathien und Anomalitäten verschiedenster Art auf unerträgliche Weise steigern und intensivieren. Budington und andere tranken, Tyson grübelte, Coffin wurde verrückt; Mauch, Hayes und wahrscheinlich auch viele andere glitten unhaltbar in die Paranoia ab.

Vielleicht hat Bessels seinen Kommandanten umgebracht. Vielleicht. Sicher wissen wir in diesem Fall nur, daß die Vergangenheit vorüber ist und sich uns für immer entzieht. Was sich zwischen dem 24. Oktober und dem 8. November 1871 an Bord der *Polaris* ereignete, kann nie mehr vollständig aufgedeckt werden. Was in Halls Kopf vorging, was Bessels und die anderen dachten und was sie in aller Heimlichkeit und eigenmächtig taten, ist vorüber, vergangen, vorbei. Die Fragen, die der Untersuchungsausschuß nicht gestellt hat, können heute gestellt werden, doch auf viele gibt es keine Antworten mehr.

Wie die Dinge auch lagen, Charles Francis Hall war auf jeden Fall auch das Opfer seines eigenen Strebens; das hatte sein Freund Penn Clarke vorausgesagt. Wenn er an einem Schlaganfall starb, dann hatte er ihn selbst herbeigeführt, indem er versuchte, noch im Alter von 50 Jahren den Nordpol zu erreichen. Wenn Bessels ihn ermordet hat, dann war Halls unnachgiebiges Streben eine Bedrohung für den Ehrgeiz des Doktors oder der verhaßte Grund für dessen Ängste. Wenn sich Hall selbst vergiftet hat, dann wegen ebendieses Strebens, das ihn einerseits zutiefst unabhängig, andererseits aber auch zutiefst mißtrauisch machte. Die finstere Seite seiner Unabhängigkeit war der Argwohn gegenüber jedem, der auf irgendeine Weise seine Person, seine Integrität, seine Wünsche zu bedrohen schien. Unabhängigkeit kann auch Einsamkeit sein, und Hall war ein einsamer Mann. Daß er sich lieber selbst behandelte, als sich jemand anders anzuvertrauen, wäre typisch, ja fast symbolisch für Hall gewesen.

Willensstärke, Energie und Unabhängigkeit waren seine starken Seiten, aber auch seine schwachen Punkte, an denen er letztendlich zerbrach. Im 19. Jahrhundert hallte Amerika wider von großen Sprüchen über Stärke, Tatkraft und Unabhängigkeit, doch Wissenschaftler, angefangen bei Frederick Jackson Turner, haben gezeigt, daß es auch ein Jahrhundert war, in dem Tatkraft und Wille des einzelnen immer mehr kontrolliert und in Kooperation und Gemeinschaftssinn gelenkt wurden. Ob gut oder schlecht, Hall war aus echtem Holz geschnitzt. Er war fromm und patriotisch, hatte jedoch auch etwas von einem einsamen Wolf. Als er sich von New Hampshire nach Westen treiben ließ, suchte er die Wildnis, auch wenn er sie nicht fand. Cincinnati gab ihm nicht, was er wollte, also ging er nach Norden, statt weiter nach Westen zu wandern. Damals ließ er sich nicht mehr treiben, sondern war getrieben von unbändiger Energie und gezieltem Streben. Doch auch im Norden mußte er feststellen, daß diese absolute Unabhängigkeit nicht möglich war, nicht bei den Eskimo und nicht an Bord der *Polaris*. Halls Arktisfahrten waren nicht nur geographische Forschungsreisen, sie waren eine Suche nach jener Form von Unabhängigkeit, die aus dem amerikanischen Leben verschwunden war, oder – je weiter er nach Norden fuhr – einer Unabhängigkeit, die immer nur in den Köpfen von Träumern wie Hall existiert hatte.

Kurz vor unserem Aufbruch von Polaris Promontory ging ich noch einmal alleine zu Halls Grab. Ich mußte nach arktischem Brauch ein Behältnis mit dem Bericht über unsere Aktivitäten vergraben. Danach besah ich mir noch einmal das Grab und hoffte, es würde sich endlich das Gefühl einstellen, das ich erwartet hatte, das aber am Tag der Autopsie ausgeblieben war. In mir hatten jedoch immer noch der Biograph und Detektiv die Oberhand, und unweigerlich rätselte ich über dieses Brecheisen am Kopfende des Grabs, das Brecheisen, das ich wieder sorgfältig an seinen Platz gesteckt hatte.

Als ich wieder zu Hause war und Noah Hayes' Tagebuch noch einmal las, fiel mir etwas auf, das mir entgangen war. Der Farmerssohn aus Indiana hatte für mich ein Rätsel gelöst, und somit gebührt ihm das letzte Wort über seinen Helden. Am Abend von Halls Begräbnis war es zu kalt und zu windig, um eine Gedenktafel anzubringen, und so steckten sie einfach das Brecheisen in den Grabhügel. »Es paßt genau zu seinem Willen, daß ein eisernes Denkmal sein Grab ziert.«

NACHWORT

In den 30 Jahren nach dem ersten Erscheinen dieses Buches erfuhr ich weitere Einzelheiten, die ich in den späten 6oer Jahren,
als ich das Buch schrieb, nicht wußte. Nachfahren von Menschen, die eine Rolle in Halls Leben gespielt hatten, schrieben
mir, doch sie konnten nur wenige neue Informationen zu Hall
und seiner Biographie liefern. Frank Lailers Sohn schickte mir
zum Beispiel den Nachruf auf seinen 1931 verstorbenen Vater.
Er war einer der fünf Walfänger, die Hall in jenem schrecklichen Winter in der Repulse Bay anheuerte, und er war der einzige, dem Hall voll vertraute. Nachdem Hall Patrick Colemann
erschossen hatte, erwähnte er Lailer und die anderen nicht
mehr in seinen Tagebüchern; vielleicht hatte er sie zusammen
mit der Erinnerung an diesen fatalen Gewaltausbruch verdrängt. Leider liefert der Nachruf auch keine neuen Erkenntnisse über diesen Vorfall. Lailer, so der Sohn, war ein schweigsamer Mann. Die Enkelin des Astronomen und Kaplans Bryan
teilte mir mit, daß einige seiner Instrumente und Unterlagen
der Universität von New Mexico übereignet wurden, doch auch
Bryan schien verschwiegen gewesen zu sein, vor allem hinsichtlich seiner Erlebnisse in der Arktis; auch seine Unterlagen
erhellen die Vorfälle im Herbst und Winter 1871/72 nicht. Tysons Nachkommen ließen mich wissen, daß sie noch im Besitz
einiger Papiere waren (die sie inzwischen großzügig dem Natio-

nalarchiv zur Verfügung stellten), die für die Frage nach den Umständen von Halls Tod jedoch nicht von großer Bedeutung sind. Auch zu Hayes' Verwandten bestand Kontakt, aber aus der Korrespondenz ging nur hervor, daß der Farmerssohn aus Indiana nach der *Polaris*-Expedition genug hatte von der See und für den Rest seines Lebens an Land blieb.

Ich bekam auch Schreiben anderer Art: Einige Leser waren unzufrieden mit meiner Weigerung, mich definitiv dazu zu äußern, ob Hall nun ermordet wurde oder nicht. Viele sprachen Punkte an, die ich nicht in Betracht gezogen hatte, und zeigten mit dem Finger entweder auf Budington oder auf Bessels. Ein scharfsichtiger verhinderter Detektiv wies mich darauf hin, daß doch der Koch den Kaffee bereitet hatte, der Halls Krankheit nach sich zog, und daß Hall den Koch einige Wochen zuvor wegen eines kleineren Vergehens gerügt hatte. Zu meiner Schande ist mir wegen meiner schlechten Deutschkenntnisse ein weiteres Verdachtsmoment entgangen. Lars Bergland, ein in Deutschland lebender Schwede, schrieb mir erst kürzlich eine E-Mail und wies mich auf eine merkwürdige Stelle in Bessels' Buch hin, das er einige Jahre nach der Expedition verfaßte und durch das ich mich mit Hilfe eines Deutschlehrers hindurchgequält hatte. Bessels erwähnt Halls Tagebücher der *Polaris*-Expedition und zitiert ihn auch, obwohl die Tagebücher angeblich in dem Chaos des Verladens von Material auf die Eisscholle verschwunden waren. Der Untersuchungsausschuß hatte sich lange Zeit intensiv um eine Klärung des Verbleibs dieser Tagebücher bemüht. Hatte Bessels die Existenz dieser Tagebücher und auch die Zitate erfunden? Oder hatte er sie in jener Nacht gestohlen und dem Ausschuß vorenthalten? Ein Ja auf die erste Frage würde nur ein weiteres Beispiel für seinen Hochmut liefern, ein Ja auf die zweite Frage aber würde auf Schuldgefühle hindeuten, wenn nicht gar einem Schuldeingeständnis an Halls Tod gleichkommen.

Viele Leser und auch mein Lektor Herbert Weinstock bei Knopf würden sich wünschen, daß ich einen eindeutigen Schluß ziehe; am liebsten wäre ihnen natürlich, daß eine Schandtat vorliegt (wir sind im Grunde eben doch alle kleine Teufel), aber schließlich habe *ich* das Buch geschrieben, und ich war froh, daß ich das Rätsel nicht lösen mußte. Wie ich im Buch erwähne, hätte eine Frage des Ausschusses dazu beitragen können, das Geheimnis aufzudecken: War Bessels an Bord, als Hall den Kaffee trank? Aber diese Frage wurde nicht gestellt, nun kann sie gestellt, aber nicht beantwortet werden. Zum Glück ist die Geschichte voll von solchen unbeantwortbaren Fragen, und ich bleibe meiner ursprünglichen Unverbindlichkeit verbunden: Hall könnte ermordet worden sein, aber er könnte sich aus Versehen auch selbst eine Überdosis Arsen in Form einer Markenmedizin wie *Fowler's Solution* zugeführt haben – beides ist möglich.

Ich schrieb das Buch nicht als Kriminalroman. Der Gedanke, nach Nordgrönland zu reisen und eine Autopsie vorzunehmen, kam mir eigentlich erst spät im Lauf meiner Recherche, nachdem ich den Bericht des Untersuchungsausschusses gelesen hatte. Mein Interesse galt zunächst der Arktis selbst (der wirklichen Arktis und der Arktis im Denken des 19. Jahrhunderts), der Geschichte der Arktisforschung im 19. Jahrhundert und Hall als einem typischen Amerikaner dieser Zeit mit seinem speziellen Charakter. Das Buch sollte zunächst Zeitgeschichte sein, kein Krimi, eine Studie der Arktis als der Herausforderung des westlichen Menschen jener Zeit, eine Herausforderung, die sowohl das Bewundernswerte als auch das Verwerfliche im Menschen weckte: Hingabe und Kampfgeist, visionären Idealismus und großen Ehrgeiz, echten Heldenmut und Macho-Gehabe, Aufopferung und Selbstüberschätzung. Vor einigen Jahren verfaßte Pierre Berton jenes Buch in großem Stil, das ich im kleinen Rahmen schreiben wollte. *Arctic Grail* bietet einen vollständigen Überblick über die Forschungsreisen des 19. Jahrhunderts und die oft irregeleiteten, lächerlichen und manchmal eindrucksvollen, ritterlichen Motive, die sie begleiteten. Ich kann nicht beurteilen, ob diese Männer, einschließlich Hall, Helden waren oder Dummköpfe. Daß ich drum herumrede, zeigt wahrscheinlich, daß die Menschen ganz allgemein dem Heldentum ambivalent gegenüberstehen. Wir sehnen uns nach Helden, aber wenn wir sie bekommen, spotten wir über sie, und wenn wir sie verspottet haben, sehnen wir uns wieder nach ihnen. Wir wissen, daß unsere Welt komplex ist, Helden jedoch wirken zumindest nach außen hin sehr simpel: Sie zerschlagen ganz einfach den Gordischen Knoten. Wenn uns die Komplexität zuviel wird, wenn uns schwindlig ist und wir müde sind von den Schutzmaßnahmen und Kompromissen unseres Lebens, dann erscheinen uns Helden glanzvoll. Aber wenn wir andererseits die Komplexität des Lebens bejahen, dann schimpfen wir Helden Dummköpfe und Schlimmeres.

Nachdem ich das Buch geschrieben hatte, erfuhr ich vielleicht nicht unbedingt etwas Neues über Hall, und ich habe auch meine Meinung über ihn nicht geändert, aber ich habe Neues über die Arktis erfahren; weniger über die geographische Arktis als vielmehr über die Arktis als Vorstellung, über das Phantasieprodukt des Menschen. Im Lauf der Jahrhunderte veränderte sich die Bedeutung der Arktis: ein Hindernis auf dem Weg zu den Schätzen des Orients, selbst potentielle Quelle des Reichtums, eine Herausforderung für nationale und individuelle Erfindungsgabe und Kühnheit, Topos des Abenteuers, ein riesiges Labor für wissenschaftliche Forschungen, ein geopolitisch-strategischer Ort, eine unberührte Wildnis, die vor Ausbeutung geschützt werden muß, eine aufregende neue Touristenattraktion. Die Abgeschiedenheit der Arktis (sie war bis vor kurzem wirklich abgelegen und ist es in unseren Köpfen auch weitgehend heute noch, obwohl sie leicht über Linienflüge erreicht werden kann) hat es möglich gemacht, daß sie ein Spielplatz für unsere Phantasie geworden ist, eine Leinwand, auf die wir unsere wildesten Hoffnungen und Ängste projizieren können.

Seit Anbeginn der Zeiten, Jahrhunderte vor Christus, hatten Kosmologen die Erde schon als Ganzes begriffen und spekulierten darüber, was wohl an den Polen läge. Die meisten Menschen glaubten, der Norden sei eine unfruchtbare, riesige Eiswüste, andere glaubten, daß man hinter der Eiswüste das Paradies fände, die Heimat der Hyperboräer, die in einer idealen Umwelt ein ideales Leben führten. (Boreas ist der Nordwind, der auf dem Weg nach Süden die tödliche Kälte mit sich führte; die Hyperboräer lebten jenseits der Reichweite dieses Windes.) Diese Vorstellung von der Arktis hat sich durch die Jahrhunderte hindurch bis heute erhalten. Im Lauf der Geschichte wurde die Arktis entweder als Himmel oder als Hölle betrachtet, als Protagonistin oder als Antagonistin. Im 16. und 17. Jahrhundert war sie ein Hindernis auf dem Weg nach Kathei (über eine Nordostoder Nordwestpassage), oder sie war ein nördliches El Dorado voller Schätze. Im 18. und noch bis weit ins 19. Jahrhundert hinein herrschte die Vorstellung der Eiswüste vor, doch viele glaubten an ein offenes Polarmeer hinter dem Eis, voller aquatischen und terrestrischen Lebens, vielleicht sogar wirklich die Heimat der Hyperboräer. Ende des 19. Jahrhunderts galt die Arktis dann vornehmlich als eine Feindin, die der Mensch besiegen mußte, heute ist sie eine Freundin, eine unberührte Wildnis, die vor dem Menschen geschützt werden muß.

Zu Halls Zeiten war die Arktis auch Gegenstand religiöser Verzückung, das Werk Gottes, ein Zeichen seiner Macht und seiner Güte. Als Hall seinen ersten Eisberg sah, schrieb er überschwenglich: »Ich stand mitten in Gottes Werk! Der große Baumeister verlieh ihm seine Gestalt! Er, der solcherart Monumente erschuf und sie in die Wellen des Meeres senkte, er ist Gott, und es kann keinen anderen Gott geben!« Nachdem er etwas mehr arktische Erfahrung gesammelt hatte, konnte er nicht mehr so einfach den Bogen von Gott zur Arktis schlagen, denn die Arktis war alles andere als wohlwollend. Nur wenige Monate nach seinem Loblied auf den Eisberg und nur wenige Stunden nachdem er John Browns erstarrte Leiche gesehen hatte, schrieb er: »O mein Gott! Deine Wege sind nicht unsere Wege!« Sein Glaube wurde nicht erschüttert, doch er sah ein, daß die Arktis nicht notwendig ein Zeichen Gottes war. Wenn sich Gott direkt in der Arktis zeigte, dann als Gott des Buches Hiob, ein Gott, der den Glauben aufs äußerste auf die Probe stellt.

Einige Jahre nach diesem Buch veröffentlichte ich den Aufsatz »The Arctic Sublime« in *Nature and the Victorian Imagination*, einem Essayband über die Naturvorstellung Viktorianischer Zeit. Darin vertrete ich die Ansicht, daß die Polarforschung, die nach den Napoleonischen Kriegen wiederaufgenommen wurde, auf ein ästhetisches Empfinden des 18. Jahrhunderts traf, das der Öffentlichkeit und auch den Entdeckern selbst half, die Arktis zu »sehen« und zu erklären, sie an ihre kulturellen Vorstellungen zu assimilieren und mit ihnen zu verzahnen. Es war eine Ästhetik der Erhabenheit. Dichter und Maler waren von einem keimenden Enthusiasmus über die Erhabenheit der Natur ergriffen und wandten ihre Aufmerksamkeit den Bergen zu, dem reinsten Ausdruck der Erhabenheit. Auch die Arktis verdiente schwülstige Reden, auch wenn nur wenige sie sehen konnten. Die Arktis war unergründlich, kalt, leer, sie war wunderschön und erschreckend zugleich und erinnerte die Menschen an die Unergründlichkeit der Seele und gleichzeitig an ihre Kleinheit im Universum. Byrons Gefühle für die Alpen könnten auch für die Arktis stehen, beide Regionen haben »alles, was den Geist beflügelt und schreckt«. Dieser emotionsgeladene Blick auf die Arktis wurde nicht nur in Künstlerkreisen geteilt, bis in die 70er Jahre des 18. Jahrhunderts war es ein gemeingültiges, beliebtes Bild, das in Büchern, Illustrierten und

Zeitungen hochgradig romantisch verklärt oder aber dramatisiert wurde. Auch wenn Charles Francis Hall noch so unromantisch erscheint, war er sicherlich getrieben von diesen Bildern, als es ihn nach Norden zog.

Am Ende des 19. Jahrhunderts aber änderte sich dieses Bild mit dem Verschwinden der Franklin-Expedition und der langen, vergeblichen Franklin-Suche. Die harte arktische Realität forderte ihren Tribut. Alles Erhabene kann auch angst machen, es verursacht allerdings ein prickelndes Schaudern, das nicht allzu unangenehm ist, doch so häßliche Dinge wie Skorbut, Hungertod und Kannibalismus sind nicht prickelnd, und sie sind nicht der Stoff, aus dem die Erhabenheit besteht. Außerdem hatte die Polarforschung die Arktis einiger Geheimnisse beraubt. Um 1860 war sie schon gut kartographiert, und berühmte Namen Viktorianischer Zeit lagen wie Konfetti auf dieser Karte verstreut: Victoria Island, Thackeray Point, Prince Albert Sound, Melville Peninsula. Das Erhabene jedoch kann man nicht kartieren, und man kann ihm auch keine Ortsnamen geben.

An den drei Forschungsreisenden Elisha Kent Kane, Charles Francis Hall und Robert Edwin Peary kann man sehen, wie sich die Einstellung zur Arktis in der zweiten Hälfte des letzten Jahrhunderts änderte. Kane hatte zwar auf seiner Expedition von 1853–1855 Schreckliches durchgemacht, aber in seinem Bestseller *Arktische Fahrten und Entdeckungen der zweiten Grinnell-Expedition zur Aufsuchung Sir John Franklins* behandelte er die Arktis nicht als Feindin. Als vielseitiger Amateurnaturkundler hielt er seine Entdeckungen genauestens fest, und als vielseitiger Maler und Dichter gab er die Erhabenheit der Arktis wieder. Besonders die Illustrationen seines Buches haben vielen Amerikanern diese Erhabenheit nähergebracht (die ausdrucksstärksten Bilder – Stiche von Eisbergen, Stürmen und spektakuläre Perspektiven – basieren auf Aquarellen des Malers James Hamilton, Hamilton jedoch orientierte sich streng an Kanes Skizzen). Zehn Jahre nach Kane war Hall hin- und hergerissen, manchmal sah er die Erhabenheit von Gottes Werk in der Arktis, dann aber wieder schien sie ihm feindlich. Peary, dessen Laufbahn als Entdecker 15 Jahre nach Halls Tod begann, verfolgte unbeirrt sein Ziel, er wollte den Nordpol erreichen, und dabei war die Arktis etwas, was es zu erobern galt. Bewußt oder unbewußt wollte er der Öffentlichkeit ein Bild der Arktis vermitteln, wie es härter und feindseliger nicht sein konnte, damit seine Heldentaten auf keinen Fall unterschätzt würden. Er selbst, nicht die Arktis, sollte Protagonist im Drama um das Erreichen des Nordpols sein.

Diese beiden Bilder der Arktis, Himmel und Hölle, Protagonistin und Antagonistin, existieren noch heute. Die höllische Arktis, die Antagonistin, die Eiswüste wird oft in beliebten Filmen, Science-fiction- und Abenteuerromanen beschrieben, so in Clive Cusslers *Eisberg* oder Alistair MacLeans *Eisstation Zebra*. Das Bild der Arktis, das heute in unserer Vorstellung vorherrscht, ist jedoch nicht das einer Hölle. Wer fernsieht oder Illustrierte liest, hat schon die tollen Filme und Fotos gesehen, die in den letzten Jahren von der Fauna des Nordens gemacht wurden. Wir kennen Moschusochsen, Karibus, Polarfüchse und Eisbären in ihrer natürlichen Umgebung und ungestört vom Menschen, es sei denn von den Inuit, die in diese Umgebung genauso gehören wie die arktischen Tiere. Auf diesen Bildern ist die Arktis Protagonistin, Antagonist ist explizit oder implizit der (nichteingeborene) Mensch; das vorherrschende Bild ist das des Himmels oder zumindest eines Paradieses, das noch unberührt ist vom Schlechten im Menschen – ein Reich des Friedens.

Hinter diesem Bild der Arktis stehen natürlich Umweltbewegungen, die den Menschen als Feind der Natur sehen – ein berechtigtes und nützliches Bild, wenn es wirklich hilft, dieses empfindliche Ökosystem zu schützen, aber ein solches Bild kann auch in die Irre führen. Die Arktis ist ein sensibles Öko-system, sie kann schön und erhaben sein, aber sie kann auch brutal sein. Wir vergessen gerne, daß gerade die Technik, die wir so oft als Bedrohung für die Natur betrachten, uns vor die-ser Brutalität schützt und uns erlaubt, uns darüber aufzuregen. Hall mußte der Arktis auf seinen beiden ersten Expeditionen nur mit wenig schützenden technischen Errungenschaften sei-ner eigenen Kultur gegenübertreten, er hatte im Grunde nur Feuerwaffen, Kompaß und Chronometer. Fast sieben Jahre lebte er wie ein Eskimo, von Angesicht zu Angesicht mit der Arktis und mit Hilfe der eingeschränkten, wenn auch den Umständen angepaßten Technik der Eskimo. Aus seinen Tagebüchern geht hervor, daß er in jenen Jahren einiges durchmachte und vieles erlebte, das er brutal fand, trotzdem ist er nach seiner ersten Fahrt noch zweimal in die Arktis zurückgekehrt. Unsere Sicht der Arktis als ein Reich des Friedens würde Hall wohl kaum teilen, dazu hatte er dort zu viel Menschen und Tiere sterben sehen, doch als er sich auf seine dritte und letzte Expediten vor-bereitete und mit seiner typischen Überschwenglichkeit einen Vortrag vor der American Geographical Society hielt, nannte er die Arktis immer noch einen Himmel:

Die Arktis ist meine Heimat. Ich liebe sie; ihre Stürme, ihre Winde, ihre Gletscher, ihre Eisberge. Wenn ich dort bin, ist mir, als wäre ich im Himmel auf Erden oder in einem irdi-schen Himmel.

Oktober 1999

ANMERKUNGEN

1 Zitiert in: Cyriax, R. J.: *Sir John Franklin's Last Arctic Expedition*, London 1939, S. 19.
2 Ebd., S. 22.
3 »Arctic Adventure«, in: *Blackwood's Edinburgh Magazine*, März 1857, S. 366 f. und 379.
4 Zitiert in: Houghton, Walter: *The Victorian Frame of Mind 1830–1870*, New Haven 1957, S. 34.
5 »The Navigator of the Antipodes«, in: *Blackwood's Edinburgh Magazine*, November 1847, S. 516.
6 Zitiert in: McClintock, Francis Leopold: *The Voyage of the »Fox« in Arctic Seas*, London 1869, S. XLV.
7 Zitiert in: Cyriax, R. J.: *Sir John Franklin's Last Arctic Expedition*, London 1939, S. 27.
8 Zitiert in: Woodward, Frances J.: *Portrait of Jane*, London 1951, S. 264.
9 Ebd., S. 267.
10 *The Daily Telegraph*, 2. Mai 1857, S. 2.
11 Rae, John: »Doctor John Rae's Correspondence with the Hudson's Bay Company on Arctic Exploration 1844–1855«, in: Rich, E. E. (Hg.) *Hudson's Bay Record Society*, Bd.XVI, London 1953, S. 267.
12 *The Times*, 15. April 1857, S. 2.
13 »Official Patriotism«, in: *Household Words*, 25. April 1857, S. 390.
14 »Traveller's Tales«, in: *Blackwood's Edinburgh Magazine*, November 1855, S. 589.
15 Stefansson, Vilhjalmur: *Unsolved Mysteries of the Arctic*, New York 1956, S. 36.

16 Blake, E. Vale (Hg.): *Arctic Experiences: Containing Capt. George E. Tyson's Wonderful Drift on the Ice-Floe*, London 1874, S. 113.

17 Ebd., S. 114.

18 Die Korrespondenz bezüglich dieses Patents (Nr. 10.554) ist in der Patentabteilung der National Archives auf Mikrofilm einzusehen.

19 *Cincinnati Occasional*, 5. August 1858. Die kompletten Bände von Halls Zeitungen sind bei der Cincinnati Historical Society einzusehen.

20 Ebd., 4. Oktober 1858.

21 Hall, Charles Francis: *Arctic Researches and Life Among the Esquimaux*, New York 1865, S. XIX.

22 Ebd., S. XX.

23 Hall, *Arctic Researches and Life Among the Esquimaux*, S. XXVII.

24 Ebd., S. 49.

25 Poncins, Gontran de: *Kabluna*, New York 1941, S. 70.

26 Stefansson, Vilhjalmur (Hg.): *The Three Voyages of Martin Frobisher*, London 1938, Bd. I, S. 48.

27 Ebd., S. 49.

28 Ebd., S. 49.

29 Ebd., Bd. II, S. 105.

30 Ebd., S. 57.

31 Ebd., S. 65.

32 Ebd., S. 59f.

33 Ebd., S. 89.

34 Ebd., S. 116.

35 Ebd., S. 58.

36 Ebd., S. 116.

37 *New York Herald*, 7. November 1862. Grinnell sammelte in einer großen Kladde Zeitungsberichte über alles, was mit der Arktis zusammenhing. Sie befindet sich nun bei Grinnells Dokumenten bei der American Geographical Society. Hall nahm hin und wieder Einblick in diese Kladde; einige Zeitungsausschnitte hatte er mit seiner unverwechselbaren Handschrift kommentiert.

38 Ich erstand 1965 in England Snows persönliches Exemplar des Buches. Zwischen den Seiten steckten Verträge, die Hall und Snow abgeschlossen hatten; sie befinden sich nun in meinem Besitz.

39 *New York Herald*, 30. April 1863.

40 Ebd., 8. Mai 1863.

41 Zitiert in: Nourse, J. E. (Hg.): *Narrative of the Second Arctic Expedition Commanded by Charles F. Hall*, Washington 1879, S. 40 f.

42 *The World*, 10. Juni 1864.

43 *New York Herald*, 4. Juli 1880.

44 Bayne wird ausführlich zitiert in: Burwash, L. T.: *Canada's Western Arctic*, Ottawa 1931, S. 112–116.

45 Scott Polar Research Institute, MS 248/207.

46 *Daily Gazette*, Cincinnati, 25. Juli 1870.

47 Eine Kopie von Walkers Brief sowie der Großteil von Halls Korrespondez mit Spencer Baird und Joseph Henry ist in den Smithsonian Institute Archives einzusehen.

48 Eine Kopie dieses Briefs befindet sich bei Spencer Bairds Papieren in den Smithsonian Institute Archives.

49 Kopien der Korrespondenz zwischen Hall und Henry finden sich bei Joseph Henrys Papieren in den Smithsonian Institute Archives.

50 Die meisten Originale, die Nourse und Davis für ihre Berichte verwendeten, sind bei der Hall Collection in den Smithsonian Institute Archives zu finden. Einige Unterlagen, darunter auch dieser Brief, RG 45, werden in der Naval Records Collection der National Archives aufbewahrt, OC-Special Cruises, *Polaris*, 1871–1873.

51 Blake, E. Vale (Hg.): *Arctic Experiences*, S. 145.

52 Ebd., S. 147.

53 Ebd., S. 340.

54 Ebd., S. 331 f.

55 Ebd., S. 155.

56 Ebd., S. 186.

Diesem Buch liegt größtenteils Manuskript- und Archivmaterial zugrunde, veröffentlichte Werke spielen nur eine kleine Rolle. Im Gewölbe der Divison of Naval History im Smithsonian Institute findet sich eine Sammlung der Handschriften und Objekte, die schlicht als »Hall Collection« bekannt sind (Katalog-Nr. 58909-44-N). Große Teile dieses Materials kaufte der amerikanische Staat kurz nach Halls Tod der Witwe ab. Die Sammlung umfaßt Tagebücher, Notizbücher, Briefe, Telegramme, Grußkarten, Fotos, Zeitungsausschnitte, Bahntickets, Plakate, Logbücher, Kartenwerke und Objekte wie Arzneikoffer, Nähzeug, Parkas, Stiefel, Gewehrkoffer, leere Flaschen, Steine und Ferngläser – eine Sammlung, die dem Smithsonian Institute in seiner Rolle als »Mansarde der Nation« würdig ist.

Diese Sammlung wurde 1870 zur Veröffentlichung zweier Bücher im Auftrag des United States Naval Observatory herangezogen, Davis' *Narrative of the North Polar Expedition* und Nourses *Narrative of the Second Arctic Expedition*, beide sind in der Bibliographie aufgeführt.

Auch ich habe mich für Halls Biographie zum größten Teil auf die Hall Collection gestützt, die meisten Zitate sind seinen Handschriften entnommen. Leider erschwert der Zustand der Sammlung genaue Angaben. Damals war erst ein Teil katalogisiert, und selbst dieser Teil war noch ziemlich wirr, wahrscheinlich war er von Davis und Nourse so hinterlassen worden. Im Laufe meiner Arbeit mußte ich die Sammlung in eine neue Ordnung bringen, und sie wird nun nach meinen Empfehlungen katalogisiert. Zur Zeit ist sie in drei Hauptteile gegliedert – erste, zweite und dritte Expedition. Jeder Teil beinhaltet Material zur Vorbereitung der jeweiligen Expedition, zur Fahrt selbst und zu ihren Folgen; das Material wiederum ist nach Tagebüchern, Notizbüchern, Briefen, Miscellanea und Sonstigem geordnet. Die Ordner sind beschriftet und datiert, und die Sammlung ist nun provisorisch und weitgehend chronologisch geordnet.

Wegen der lediglich provisorischen Ordnung sind Anmerkungen, die sich auf dieses Material beziehen, problematisch und wahrscheinlich auch sinnlos. Wer jedoch ein bestimmtes Zitat überpüfen möchte, kann es im jeweiligen Ordner finden; in den meisten Fällen kann man sich durch die Umgebung eines Zitats in der Sammlung zurechtfinden.

Bei den nicht indizierten Zitaten im sechsten Kapitel kann davon ausgegangen werden, daß sie der Hall Collection entnommen sind. Bei der Schilderung der *Polaris*-Fahrt bezog ich mich auf zwei weitere Quellen, die ich nicht vermerkt habe. Noah Hayes' Tagebuch ist aus irgendeinem Grund nicht beim handschriftlichen Material der Hall Collection, sondern im Besitz des Nationalarchivs (RG 45, Naval Records Collection). Die umfassendsten Informationen über die *Polaris*-Expedition sind enthalten in: *Annual Report of the Secretary of the Navy on the Operations of the Department for the Year 1873* (Washington 1873), wo auch das lückenlose Protokoll des Untersuchungsausschusses abgedruckt ist. Alle Aussagen sind abgesetzt, und keine ist so lang, daß der Leser Schwierigkeiten hätte, ein Zitat zu finden.

Hier noch ein weiterer wichtiger bibliographischer Hinweis: Halls Buch über die erste Expedition in die Frobisher Bay erschien 1864 in Großbritannien bei Sampson Low, Son & Marston unter dem Titel *Life with the Esquimaux*, 1865 erschien die amerikanische Ausgabe unter dem Titel *Arctic Researches and Life Among the Esquimaux* bei Harper & Brothers. Unter dem britischen Titel wurde das Buch 1970 von der Charles Tuttle Company wiederaufgelegt

Die Umschrift der Begriffe und Eigennamen der Eskimo ist problematisch. Hall hatte kein Wörterbuch, er schrieb ein Wort einfach dem Klang nach nieder, und es kann nicht geklärt werden, ob er es immer richtig verstanden hat. Heute gibt es Wörterbücher der Eskimosprache, und die Umschrift vieler Wörter ist standardisiert, zum Beispiel *angakok*, der Begriff für Schamane, Hall jedoch schreibt *angeko*. Ich habe seine Schreibweise in diesem und auch in allen anderen Fällen übernommen, die Silben jedoch nicht wie Hall mit Bindestrichen getrennt.

Zuletzt noch ein Wort zu den Illustrationen der *Polaris*-Expedition. Im Jahr 1967 entdeckte ich im Keller des United States Naval Observa-

tory eine große Sammlung grober Skizzen und professioneller Ölgemälde, die ich sofort als Grundlage für die Illustrationen in Davis'
Narrative of the Polar Expedition erkannte. Diese Skizzen stammen
vorwiegend aus Bessels' Feder, dessen fotografische Versuche auf der
Expedition gescheitert sind. Die Ölgemälde orientieren sich an den
Skizzen von Bessels und Schumann, die Holzschnitte für Davis' Buch
wiederum an den Ölbildern. Auf meinen Vorschlag hin wurden diese
wertvollen graphischen Dokumente aus dem Navy Observatorium ins
Center for Polar Archives der National Archives gebracht.

Nachfolgend eine Liste der Werke, die mir bei dieser Biographie hilfreich waren:

Bessels, Emil: *Die amerikanische Nordpol-Expedition*, Leipzig 1879.
Blake E. Vale (Hg.): *Arctic Experiences: Containing Capt. George E. Ty-
son's Wonderful Drift on the Ice-Floe*, London 1874. S. a. »Kapitän
Tysons wunderbare Eisdrift«, in: Mowat, Farley: *Im Banne der Ark-
tis*, Zürich 1975, S.137–204.
Burwash, L. T.: *Canada's Western Arctic*, Ottawa 1931.
Cooper, Paul Fenimore: *Island of the Lost*, New York 1961.
Cyriax, R. J.: »Captain Hall and the So-Called Survivors of the Franklin
Expedition«, in: *Polar Record*, Juli 1944.
Derselbe: *Sir John Franklin's Last Arctic Expedition*, London 1939.
Davis, C. H.: *Narrative of the Polar Expedition, U.S. Ship* Polaris, *Cap-
tain Charles Francis Hall Commanding*, Washington 1876.
Ferguson, Eugene: »John Ericsson and the Age of the Caloric«, in:
Smithsonian Institute Bulletin, Washington 1961, Bd.228.
Greely, A. W.: *Die Jahre im hohen Norden*, Jena 1887.
Harlow, Alvin, F.: *The Serene Cincinnatians*, New York 1950.
Hayes, Isaac Israel: *Das offene Polarmeer: Eine Entdeckungsreise nach
dem Nordpol*, Jena 1868.
Derselbe: *An Arctic Boat Journey*, Boston 1860.
Kane, Elisha Kent: *Arktische Fahrten und Entdeckungen der zweiten
Grinnell-Expedition zur Aufsuchung Sir John Franklins in den Jah-
ren 1853, 54, 55*, Leipzig 1858, 2 Bde.
Derselbe: *Zwei Norpolarreisen zur Aufsuchung Sir John Franklins*,
Leipzig 1857.
Kirwan, L. P.: *The White Road*, London 1959.

Markham, A. H.: *A Whaling Cruise to Baffin's Bay and the Gulf of Boothia*, London 1874.

McClintock, Francis Leopold: *The Voyage of the* Fox *in the Arctic Seas: A Narrative of the Discovery of the Fate of Sir John Franklin and His Companions*, London 1869.

Mirsky, Jeannette: *Elisha Kent Kane and the Seafaring Frontier*, Boston 1954.

Mowat, Farley: *Ordeal by Ice*, Boston 1960.

Nares, G. S.: *Narrative of a Voyage to the Polar Sea*, London 1878.

Neatby, L. H.: *Conquest of the Last Frontier*, Athens (Ohio) 1966.

Derselbe: *In Quest of the Northwest Passage*, Toronto 1958.

Nourse, J. E. (Hg.): *Narrative of the Second Arctic Expedition Commanded by Charles F. Hall*, Washington 1879.

Peary, Robert E.: *Die Entdeckung des Nordpols*, Berlin 1910/Tübingen 1981.

Derselbe: *Dem Nordpol am nächsten*, Leipzig 1907.

Poncins, Gontran de: *Kabluna*, Zürich 1943.

Rae, John: »Doctor John Rae's Correspondence with the Hudson's Bay Company on Arctic Exploration 1844–1855«, in: Rich, E. E. (Hg.): *Hudson's Bay Record Society*, London 1953, Bd. XVI.

Rasmussen, Knud: *Mein Reisetagebuch: Über das grönländische Inlandeis nach Peary-Land*, Berlin 1938.

Ross, John: *Zweite Entdeckungsreise nach den Gegenden des Nordpols 1829–1833*, Berlin 1835 und 1836. (*Die zweite Entdeckungsreise*, Leipzig 1835; *Zum Magnetpol in der Arktis*, Rostock 1983.)

Stefansson, Vilhjalmur: *Unsolved Mysteries of the Arctic*, New York 1939.

Derselbe (Hg.): *The Three Voyages of Martin Frobisher*, London 1938, 2 Bde.

Todd, A. L.: *Abandoned*, New York 1961.

Victor, Paul-Emile: *Man and the Conquest of the Poles*, New York 1963.

Williams, Glyndwr: *The British Search for the Northwest Passage in the Eighteenth Century*, London 1962.

Wood, George B. und Bache, Franklin: *The Dispensatory of the United States*, Philadelphia 1866.

Woodward, Frances J.: *Portrait of Jane*, London 1951.

Wright, Noel: *Quest for Franklin*, London 1959.

ANMERKUNG DER ÜBERSETZERIN

Für die Übersetzung waren mir Andrea Barretts *Jenseits des Nord-meers* (München 1999), Farley Mowats *Im Banne der Arktis* (Zürich 1975) und Barry Lopez' *Arktische Träume* (Düsseldorf 1987) eine große Hilfe. Bei ihm erfuhr ich, daß sich der Begriff »Eskimo« möglicher-weise aus dem französischen *esquimaux* ableitet (eine Verballhornung des Algonkinworts *eskipot* oder *esquimantsic* – Rohfleischesser) und die Nachfahren der Thule-Kultur bezeichnet. Wie Lopez und natürlich Loomis möchte ich die Bewohner der Arktis durchweg so nennen. Hall begegnete vor allem den Zentral-Eskimo um Baffin Island, zu denen auch die Nunamiut (oder Nunumiut) gehören; er nennt sie in sei-nen Tagebüchern oft »Inuit« (Menschen) nach dem Eigennamen der Eskimo in der ostkanadischen Arktis.

Bei den eskimosprachlichen Begriffen und ihren dialektalen Varian-ten übernahm ich Loomis' Schreibung (allerdings ohne das englische Plural-s), weil ich im Einzelfall nicht beurteilen konnte, ob sie phono-logisch ist und inwieweit sie von der englischen phonetischen Um-schrift beeinflußt wurde. In der Literatur finden sich auch andere Schreibweisen, so zum Beispiel *angekoq* oder *angekok* für den im Buch oft erwähnten Schamanen *angeko* oder Tukulitu für Tookoolito und Tukeliketa für Tukerliktu. Soweit die Wörter nicht bekannt sind, wie Iglu oder Kajak, sind sie kleingeschrieben und kursiv hervorgehoben.

In der Literatur und in den Kartenwerken ist die Schreibung der Ortsnamen uneinheitlich. Ich habe mich für die englische Variante entschieden und mich außer in Zitaten und bei den gängigen Bezeich-nungen Grönland, Kanada etc. an der Karte von *Collins* (London 1999) orientiert.

DANKSAGUNG

Alan Cooke, Arktishistoriker und Bibliograph am Scott Polar Research Institute in Cambridge, und seine Frau Jane ermutigten mich bei der Überlegung, eine Biographie über Charles Francis Hall zu schreiben. Ohne ihre Hilfe und ihre Förderung hätte ich wahrscheinlich nicht mit diesem Buch begonnen. In den frühen Phasen meiner Recherchen bekam ich auch Unterstützung von dem verstorbenen Paul Fenimore Cooper; er stellte mir sein Material über Hall zur Verfügung, das er für sein herausragendes Buch über King William Island, *Island of the Lost*, New York 1961, zusammengetragen hatte.

In allen Stadien der Recherche halfen mir viele Einrichtungen – die Cincinnati Historical Society, die Stefansson Collection am Dartmouth College, das Scott Polar Research Institute, die American Geographical Society, das Centre for Forensic Sciences, der Explorers Club, das United States Navy Observatorium, das Artic Institute of North America sowie das Grönlandministerium von Dänemark – und viele Einzelpersonen: Evelyn Stefansson Neff, Erica Parmi, Louis Tucker, Dorothy Powers, Philip Lundeberg, Edward Towle, Howard Chapelle, Melvin Jackson, Herman Friis, John Teal, Eigel Knuth, Peter Dawes, William Davies, W. W. Phipps, Dr. Philip Nice, Dr. A. K. Perkons, D. M. Lucas, Donald Jackson, Darrel Mansell, Noel Perrin, James Epperson, Michael Rewa, Robert Hunter und Kenneth Paul. Eine solche Auflistung wirkt unpersönlich, sie soll aber nicht meine herzliche Anerkennung ihrer Hilfe verbergen.

Drei Einrichtungen schulde ich besonderen Dank: dem Smithsonian Institute, das mir ein postdoktorales Forschungsstipendium verlieh und mir Zugang zu der hervorragenden Hall Collection gab;

dem Center for Polar Archives in den National Archives, das mir bei der Archivrecherche half, und dem Dartmouth College, das mir ermöglichte, meine eigentümlichen Interessen zu verfolgen, ohne mir je Vorhaltungen zu machen.

Auch vier Personen, die diesem Buch sehr viel Zeit gewidmet haben, möchte ich danken: Barbara Cunnigham tippte das Manuskript gegen alle Widrigkeiten, Herbert Weinstock von Alfred A. Knopf Inc. lektorierte mit großem Scharfblick, Alison Wilson vom Center for Polar Archives hatte die Gabe, in dunklen Ecken des Archivs wertvolle Dinge zu finden, und Mrs. Wilson Follett begleitete die Veröffentlichung dieses Buchs von Anfang bis Ende und korrigierte es noch einmal streng, bevor es schließlich gedruckt wurde.

Zum Schluß möchte ich den Männern danken, die mich auf meinen Fahrten an den Nordpol begleiteten: Job Potter, Bryan Pearson, Thomas Gignoux, William Barrett und Dr. Franklin Paddock.

Chauncey Loomis

Jon Krakauer

In die Wildnis

Allein nach Alaska. Aus dem Amerikanischen von Stephan Steeger. 302 Seiten. SP 2708

Eine kleine Pistole und ein Fünf-Kilo-Sack Reis – das war die einzige Ausstattung des jungen Chris McCandless, mit der er sich in die Wildnis Alaskas begab. Seine gesamten Ersparnisse von fünfundzwanzigtausend Dollar hatte er gespendet und das restliche Bargeld verbrannt – er wollte ein neues, ganz anderes Leben beginnen. Vier Monate später wurde seine Leiche in der Wildnis von Alaska von einem Elchjäger gefunden. Jon Krakauer, für seine spektakulären Reportagen bereits mehrfach preisgekrönt, hat die abenteuerliche Wanderung des Chris McCandless anhand von Tagebucheintragungen, Postkarten und Interviews rekonstruiert. War Chris ein hoffnungsloser Romantiker oder einfach nur ein Spinner? Oder wurde er von einer Sehnsucht getrieben, die nur zu typisch ist für unser zu Ende gehendes Jahrhundert?

In eisige Höhen

Das Drama am Mount Everest. Aus dem Amerikanischen von Stephan Steeger. 380 Seiten mit 33 Schwarzweißfotos. SP 2970

Im März 1996 beauftragte die amerikanische Zeitschrift »Outside« den Reporter Jon Krakauer mit einem Bericht über die Kommerzialisierung des Bergsteigens am Mount Everest. Selbst der Faszination des Berges erlegen, schließt er sich einem Team unter Führung eines erfahrenen neuseeländischen Bergsteigers an. Am 10. Mai 1996 steht er dann tatsächlich auf dem Gipfel, am Ende seiner Kräfte. Der gefährliche Abstieg folgt, zwanzig andere Bergsteiger drängen weiterhin verbissen zum höchsten Punkt. Keiner hat registriert, daß ein Schneesturm aufzieht, vor dem sich Krakauer gerade noch in sein Zelt retten kann. Es kommt zur bisher größten Katastrophe am höchsten Berg der Welt: Neun Bergsteiger aus vier Expeditionen sterben, und vor Ende des Monats werden weitere drei Bergsteiger den Tod finden.